《二战德军三大文件》

# 隆美尔
# 战时文件

[英] 李德·哈特 著
（B. H. Liddell Hart）

钮先钟 译

## THE ROMMEL
## PAPERS

民主与建设出版社　博集天卷
CS-BOOKY

图书在版编目（CIP）数据

隆美尔战时文件 /（英）哈特著；钮先钟译. -- 北京：民主与建设出版社，2015.7

ISBN 978-7-5139-0611-1

Ⅰ. ①隆… Ⅱ. ①哈… ②钮… Ⅲ. ①隆美尔，E.（1891～1944）—生平事迹

Ⅳ. ①K835.165.2

中国版本图书馆CIP数据核字（2015）第 157061 号

著作权合同登记号：图字 01-2015-5238

Originally published in the English language by Collins Ltd. under the title
The Rommel Papers © Basil Henry Liddell Hart 1953
Translation © China South Booky Culture Media Co.,LTD 2015, translated under licence from
HarperCollins Publishers Ltd.
Basil Henry Liddell Hart asserts the moral right to be identified as the author of this work.

本书翻译稿为台湾台北星光出版社授权

**隆美尔战时文件**

| | | | | | |
|---|---|---|---|---|---|
| 出 版 人 | 许久文 | 责任编辑 | 李保华 | | |
| 监 制 | 于向勇 马占国 | 特约策划 | 付立鹏 | 版权支持 | 辛 艳 |
| 营销编辑 | 刘 健 | 封面设计 | 苏 涛 | 版式设计 | 后声文化 |

出版发行　民主与建设出版社有限责任公司

电　　话　（010）59419778　59417747

社　　址　北京市朝阳区阜通东大街融科望京中心B座601室

邮　　编　100102

印　　刷　北京鹏润伟业印刷有限公司

开　　本　787mm×1092mm　1/16

印　　张　34

字　　数　460千字

版　　次　2015年9月第1版　2015年9月第1次印刷

书　　号　ISBN 978-7-5139-0611-1

定　　价　49.80元

注：如有印、装质量问题，请与出版社联系。

# 出版说明

第二次世界大战结束至今已经七十周年。这场史无前例，几乎将全世界卷入进来的战争，已经有太多的文字和影视资料进行了全面的记录和深刻的反思。这些记录和反思大多数来自于作为战胜一方的国家。他们为了取得正义的胜利，付出了血与火的代价。因此无论是亲历者，还是研究学者、文化工作者，都有责任去重现和凭吊这段可歌可泣的历史。然而还有另外一方，他们同样是亲历者，也是这场大战的主角。他们在不同程度上充当了法西斯的帮凶，单纯从军事角度来说，他们确实取得了相当的成就。他们如何看待这场战争的发动、进程，以至自己的失败？我们推出这套丛书，就是希望读者能从更全面的视角，来了解这场战争。

这套丛书包括了德国二战时期最著名的三位将领，隆美尔、古德里安、曼施泰因的作战回忆录，具有较高的史料价值。"沙漠之狐"隆美尔，国内读者应该比较熟悉。这位二战德国陆军中最年轻的元帅，统帅德军在北非战场屡出奇兵，彻底改变了非洲战局。虽然最终以悲剧收场，但是他却以其军事成就和个人魅力赢得了敌我双方的尊敬。海因茨·威廉·古德里安，德国装甲兵和"闪击战"理论的创建人。第二次世界大战爆发前，在他组织与推动下，德国建立了一支技术先进的装甲部队。以"曼施泰因计划"而著称于军事史的冯·曼施泰因元帅，是德国当年军事界所公认的战略家。

本书系不仅亲述者均是德军二战时期鼎足而三的著名将领，而且译者也是一时之选。《隆美尔战时文件》的译者钮先钟先生是著名军事史学家、中西方战略研究学者。《闪击英雄》和《失去的胜利》的译者戴耀先先生是中国人民解放军军事科学院研究员、从业三十余年，一直从事德国军事研究。

当然，三位传主都是二战纳粹德军将领，他们所从事的战争从本质上来说是侵略性的，是非正义的，给全世界包括德意志民族自己带来了深重的灾难。他们在叙述战事的过程中，难免带有主观的色彩，往往有自我辩解、自我开脱的成分，有的人甚至对自己的所作所为不以为耻，反以为荣。这些言论无疑应该受到严肃的批判。我们出版这套书系，主要是从他们作为战争的亲历者，提供了敌方角度的史料，有助于我们今天研究二战历史出发的，同时，他们作为现代机械化战争规律的探索者，其回忆有助于我们了解当时军事变革的情态，对我们今天探索未来战争的演变形态，保卫和平，遏制战争有一定借鉴意义。因此，我们希望读者朋友在阅读本书系时，对于这些纳粹将领在行文中表达出的错误的历史观、价值观要有正确的认识和判断。

# 编者赘言

　　《隆美尔战时文件》的主要内容是谈论北非战役。他自己所记载的全部，都已经印在这一本书里。唯一欠缺的一部分是 1941 年的冬季战役。所以这一章就请了当时非洲军参谋长拜尔莱因将军代写。他不仅以隆美尔的笔记和信件为根据，而且他本人与隆美尔也有极密切的关系，他所知道的事情足以补充文件的遗漏。拜尔莱因本人也是一个小型的"闪击英雄"，具有非常丰富的经验，所以他写的东西非常值得重视。

　　1943 年，当隆美尔在意大利的时候，他并没有参加实际作战，但是在他的日记里，许多地方对意大利的政变都有很有趣味的说明。曼弗雷德把这些日记和当时的信件拼凑在一起，写成了一个专章。

　　隆美尔生前对于诺曼底战役，没有留下有体系的记录，不过他却留下了很多的笔记和其他一些文件，尤其是关于他在盟军侵入前的观念和计划。拜尔莱因将军把它们拼凑成章，并且把当时的信件也放在一起。

　　最后一章中，曼弗雷德把他父亲的死亡经过，做了一个详细的描述。

　　在全书中，最有价值和最耐人寻味的还是他的信件。因为这代表着他在行动中的思想，除了内容生动以外，并且对事后的记录，还可以当作一个考核的标准。不管战况如何激烈，他差不多总是每天写一封信给他的太太，虽然常常只是寥寥数语而已。因为他的信件还是可能会受到检查，所以他对军事行动的进展，所说的话不能够不谨慎，不过他所做的批评，还常常照样是很坦白直率的。

　　由于原书一开始即叙述 1940 年的法国战役，为了帮助读者了解起见，在此将隆美尔在第二次世界大战前的生平择要介绍如下：

　　埃尔文·隆美尔，1891 年 11 月 15 日生于德国南部的海登海姆

（Heidenheim）。和许多德国将领不同，隆美尔并非出身在累世从军的贵族家庭，因此他的姓名中没有"冯"（von）这个字。他的父亲是位小学校长。幼年时的隆美尔并不特别聪明，到了十几岁后才慢慢开窍。1910年7月，他进入符腾堡第三十四步兵团担任下士入伍生，次年3月升入但泽（Danzig）军官学校，1912年春天，他回到部队任少尉排长。

1914年第一次世界大战爆发。隆美尔当时服役于乌尔姆的一个炮兵团，开赴西线作战。由于表现优异，第二年10月被调到新成立的符腾堡山岳营，升中尉连长。在1917年10月的第12次伊松佐河（Isonzo）会战中，这位中尉连长先后两次突袭意大利军，总计俘获近2万名意军官兵、火炮101门以及一支补给纵队。因有这种惊人的战果，隆美尔被升为上尉，并获颁功绩勋章，这是当时德军中最高的荣誉，很少颁给下级军官。

隆美尔在军校就读时认识了他后来的太太。经过5年的交往，他们于1916年11月结婚。但过了12年后他们的儿子曼弗雷德才出生——他是夫妇俩唯一的孩子。

隆美尔身材不高，不善交际，也没有传统普鲁士军人的贵族架子。他不抽烟、不好饮酒，对吃也不讲究，他们夫妇俩都喜爱田园生活：爬山、滑雪、骑马、跳舞等，也都喜欢马和狗。

第一次世界大战后隆美尔继续留在军中。1929—1933年，他在德累斯顿（Dresden）的步兵学校担任教官。在这段时间内，他以战时的经验为基础，写成了一本步兵战术教科书《步兵攻击》（Infanterie greift an）。这本书于1937年出版，希特勒对它大加赞赏，便把他调任元首侍卫营营长（1938年10月），此后他的军旅生涯一帆风顺：他从少尉升到上校花了25年时间，但只花了四年就爬升到元帅，成为德国陆军中最年轻的元帅。

1939年8月，隆美尔由上校升为少将，担任元首大本营参议，因此有观摩学习德军在波兰战场上"闪击战"的机会——以往他从未和装甲兵有任何接触。波兰战役结束后，渴望亲自指挥作战的隆美尔向希特勒请求担任一个装甲师的师长。1940年2月15日，他被任命为新成立的第七装甲师师长。

本书中有许多注解，编者李德·哈特先生的注解一律以仿宋体编排，其他人的注解则标示姓名（如"曼弗雷德附注"），也都以仿宋体排印。

# 第二次世界大战

# 德国三大名将回忆录重印前记

第二次世界大战是 20 世纪中最后也是最大的一次战争，尽管已经是50 年前的旧事，但其经过直到今天仍然还是一种非常值得留恋的回忆。在大战中德国固然终于失败，但其军人在战场上的表现则真是可圈可点，所有其他交战国的人员也都无不自愧弗如。至少，在作战的层面上，德军真可以说是盖世无双。因此，他们的确是虽败犹荣，甚至更可以问心无愧地说非战之罪也。

客观说来，德国的将领都相当优秀，他们在战争中大都能够忠勇任事，恪尽职守。不过若就全部过程加以精密的评审，则根据许多战史专家的意见，可以断定有三位是大家一致认为真正符合所谓"名将"的标准。他们就是号称"闪击英雄"的古德里安、扬威北非的隆美尔和以"曼施泰因计划"留名青史的冯·曼施泰因。尽管他们都已经作古，但研究战争的人仍然会感觉到他们的将星还在战略的天空中闪耀着夺目的光芒。

古德里安和冯·曼施泰因在战后都有回忆录。古德里安的书出版最早（1952 年），书名为 Panzer Leader，若直译为中文应为"装甲领袖"；当年为求生动传神起见，遂意译为"闪击英雄"。冯·曼施泰因的回忆录直到 1955 年才出版，原名为 Lost Victories，译为"失去的胜利"。从其书名上看来，可以显示出这位元帅的确认为德国本应赢得胜利。隆美尔在 1944 年即已被迫自杀，所以不可能有回忆录，但所幸他生前留下不少的文件，于是在战后由英国兵学大师李德·哈特负责编辑，并由其幕僚和家人提供补充资料，而在 1953 年以"隆美尔战时文件"（The Rommel Papers）为书名出版，就实质而言，也几乎无异于回忆录。

这三本书都是 50 年代由我译成中文，首先在《军事译粹》杂志上连载，然后再出单行本。说起来这已经是 40 年前的往事，现在要想看这些书可能只有向旧书市场中去寻找。现在有出版社有意将三书重印发行，我感到非常高兴并乐观其成。为什么这些回忆录仍然有重印的价值呢？我想以一位花了 40 余年光阴钻研战史和战略的学者身份来提出若干解释。

欲通兵学必读历史，因为战争是人类生活中的一种特殊现象，只能通过前人的经验来学习。回忆录又是历史中的一个特殊部分，能够提供其他历史著作所不能提供的资料。战争的主角还是人，而尤其是指挥作战的人，即所谓"将"。最好的历史对于各将如何指挥、如何决策也只能做客观的描述或分析，但无法真正表达其内心中的思想。只有当事人现身说法，始能使真相大白。简言之，历史的记载往往不免简化、浓缩、生硬，好像没有血肉的骨架，但回忆录却是由血、泪、汗交织而成的真实故事，具有启发性和人情味，对于心智的运作、意志的发挥，都有其详尽的自我表白。

所以只有读名将的回忆录始能了解名将之所以为名将。诚如李德·哈特所云，读古德里安的书就好像是坐在他的指挥车中，亲自看他如何指挥一样。凡是喜欢研究战争的人，而尤其是青年朋友，我敢凭我个人 40 余年来的治学经验向你们推荐这三本德国名将回忆录。它可以帮助你们了解什么是真实的战争，同时也让你们亲自感受到战争的滋味。经常有人指出历史比小说更奇妙，而我则说，读名将回忆录要比看任何小说都更过瘾。

钮先钟

1994 年 4 月写于台北

# 德国三大名将再版前记

　　《闪击英雄》，即德国古德里安上将回忆录；《隆美尔战时文件》，即隆美尔元帅未完成手稿，由英国兵学大师李德·哈特编辑成书；《失去的胜利》，即冯·曼施泰因元帅回忆录。这三本名著都是我在过去所译出，并先后由本社（编者注：军事译粹社）出版的。

　　凡是略有军事知识的人都一定知道在第二次世界大战时，德国真是名将辈出，其人才之盛实非其他各国所能及。尽管德国终于还是失败了，但从纯军事的观点上来看，那的确有一点输得冤枉，大有"非战之罪"的感想。无论如何，德国军人在战场上的表现，至少是可以名垂青史、永为后世的楷模的。

　　尽管一般德国军人都很够水准，但在优秀中再挑最优秀的，据我个人和一般评论家的看法，有三个人似乎真可以说"出乎其类，拔乎其萃"。他们不仅是一时之选，而且即令置于古今名将之林，也都还应是名列前茅的位置。他们是谁？也就是我所介绍的这三位德国将领。

　　概括言之，这三个人都是军事天才，而且其成就也很难分出高下；分别言之，则他们之间却又多少有一些差异。古德里安的专长是在装甲兵方面，不过他在战略方面的见解也自不平凡，所可惜的却是并没有机会让他去一展抱负。许多比他差的人都拿到了元帅的权杖，而他却只能以上将终其身，这的确是有"数奇不封"之感。

　　隆美尔也许要算是最幸运的，尽管他的结局是一个悲剧。他虽然是在一个次要的战场上作战，但他却有指挥的全权，可以任意发挥他的天才，这是其他德国将领都很羡慕的机会。一般的看法都认为他是战术优于战略，但从他自己所写的文件上来判断，连李德·哈特也不能不认为他是具有极高深的战略修养的。

以"曼施泰因计划"而在军事史上取得不朽地位的冯·曼施泰因元帅，是德国当年军事界所公认的伟大战略家。但事实上，他并非只能运筹帷幄，而不能冲锋陷阵。虽然不是装甲兵出身（实际上上面那两位也都不是），但他对装甲兵的运用也一样内行，尤其是他在东线战场上对大兵团的作战指挥，更可以说是已达超凡入圣的境界。

总的来说，这三位名将都的确值得后人景仰。而他们自己所撰写的回忆录，也的确能够把他们在战争中的一切思想和行动都很详细地表现出来。这些书已成为世界军事名著，其价值也可以永垂不朽。

从历史学家的观点来看，回忆录的价值也许不如经过编撰的战史。因为前者是以个人的观点来写的，自然难免不受主观因素的影响。而后者则可以利用多方面的资料，所以比较客观。但是从研究战争艺术的立场上来说，回忆录的价值却远较战史重要。因为战史的内容往往会过分地简化、浓缩和生硬，变成了一个没有血肉的骨架子。反之，回忆录却是由血、泪、汗所交织而成的真实故事。它不仅具有人情味和启发性，而且更有如李德·哈特所云，对于一位专家的"心"和这颗"心"怎样工作，有很详尽的自我表白。

作为一个职业军官，尤其是青年军官，其最大的责任就是应该学习怎样作战，兵者国之大事，虽可百年不用，但不可一日无备。怎样学习作战呢？拿破仑所告诉我们的，正是钻研古今名将的记录实为不二法门，因此这三本书是值得一读、再读、三读、甚至无数读的。

这一次再版这三本书，可以说是所费不赀，真是出了一身大汗。为了便于读者获得完整印象起见，现在把它们并成一个合集，定名"德国三大名将"。我们诚恳希望此一努力对爱好军事学术的社会青年能有极大的贡献。

钮先钟

1974 年 7 月 20 日于台北

目录

## ◆◆◆ 第一部　　1940 年的法国战役

## ◆◆◆ 第二部　　非洲战争的第一年

◆◆◆　　第三部　　非洲战争的第二年

# 导言

　　隆美尔对世界的影响，固然是由他的"剑"所造成的，可是其影响的威力却要靠他的"笔"来加以发挥。在历史上再找不到另外一位指挥官，其对战役的记载，可以和隆美尔的记载同样生动有力和有价值。这些记录的大部分现在都已经从秘藏的地方发掘了出来，于是才编成了这一本书。

　　没有其他的指挥官，曾经对自己的作战经过和指挥方法，做过这样栩栩如生的描写。对闪击战的机动性和装甲部队运动的速度，没有第二个人的文笔可以得上他。行动的迅速和决定的敏捷，使人在阅读的时候为之神往——隆美尔好像是把读者一同带上他的指挥车中作战一样。

　　伟大的指挥官多数都是笔拙的作者，同时他们也都有一种故意卖关子的习惯，不把自己的心思老实地说出来。换言之，他们都不肯把"如何"和"为何"（How and why）告诉人家。

　　隆美尔的记载不仅清楚，而且客观。当解释事实的真相时，他却表现出一种求真的精神，这是因为他对战役的军事教训，具有热烈的兴趣。他的叙述经得起严格的考验，并且可以和其他的史料互相印证。虽然其中也不免会有少数的错误，但是却比许多在战后所写的回忆录还要正确。书中有某些论断固可置疑，但是却绝非故意的歪曲。尤其要考虑到隆美尔的作战，是在沙漠地带中使用快速的战车部队，战局是混乱而瞬息万变的。

　　隆美尔之所以能够做如此清楚的记录，其主要的原因却与他自己的指挥方式有关——他总是习惯于身临前线，并且在最紧张的时候，在最重要的地点指挥。

　　隆美尔不仅在沙场上立下赫赫战功，而且更是在文笔上也扬名于后世。在他成为名将之前，便已根据他在第一次世界大战中的经验，写了一本非常优秀的步兵战术教科书。多数战术教科书的内容都是死气沉沉，毫无趣味可言，可是他这一本书却与众不同，显得异常活泼。在第二次世界大战中，战争更趋于机动性，他个人的地位也越来越高，所能写的范围也越来越广——他充分地利用了这个机会。他是一个天才的作家，也是一个天生的战士。

在第二次世界大战的过程中，他随时都在准备写一本巨著，为了这个目的，他不断记笔记——而且只要一有喘息的机会，他就开始把这些笔记改写成正式的记载。

由于希特勒的命令，他被迫自杀，所以这个伟大的计划并未完成。但是他所遗留下来的手稿，已经足以编成一本无与伦比的书。它可能在文字上还缺乏修饰，但是它在文学上的表现力量已非常地惊人，此外许多附带的评论更增加了它的价值。例如他的"沙漠战争守则"一节就是一篇军事思想上的杰作。这本书里充满了许多含有哲学意味的见解——例如他认为时间的集中重于空间的集中；速度足以抵消数量的优势；弹性可视为奇袭的工具；虚张声势可用来自保；对"经理官心态"❶的抨击；不要囿于旧规范，敢于建立新的准则；制人而非制于人；制空权对地面作战的重要性；以及"原则"与"权变"间的分界；等等。在我尚未看到隆美尔的私人文件之前，我只认为他是一个优秀的战术家和野战指挥官，但是却没有想到他具有那样深厚的战略素养。像他这样一个猛将，这么富有思想，一切都是谋定而后动，真使人拍案称奇，有时他的行动看似太冒险，但那绝不是赌徒式的盲目瞎撞。仔细分析一下，有些行动对他自己固然造成了损失，但是却往往使他的敌人们受到更大的打击。此外，有时他虽不免于败北，但是他一定早已为他的军队安排好了一个逃脱的机会。

要衡量一个指挥官的才能，最可靠的标准之一就是他在敌人心目中的印象。从这一方面来说，隆美尔的地位是非常高的。数百年来在英国人的心目中，只有拿破仑的伟大可以和隆美尔相提并论，但是拿破仑的成就表现在许

---

❶ 指小心翼翼畏首畏尾，不敢迅速追击敌人的态度。——编者注

多方面，不像隆美尔是完全在军事方面的。

甚至隆美尔已经由英国人的"敌人"变成了"偶像"。他的敌人——英国第八军团的士兵们，对他视若神明。当他们中间若是谁有什么好表现，大家马上就会恭维他："和隆美尔一样伟大！"

对敌方的将领产生如此强烈的敬爱心理，势必会使英军的士气为之动摇。因此，英国的当局不惜花了许多的工夫，想要肃清这种"隆美尔神话"的影响力量。他们故意做种种反宣传，去贬低他的军事成就。不过是非功过的重新评定，那却向来是后世史学家的责任。汉尼拔、拿破仑等都是战争中的败将，可是在历史的天平上，却都胜过了战胜他们的敌人。

当对一个指挥官的表现做公正的评判时，一定要考虑到许多客观的条件，那是他本人所无法控制的。在隆美尔的诸多卓越成就中，最引人注目的，就是他总是以寡敌众，以弱敌强，而且还是在没有制空权掩护的情况下。在第二次世界大战中，无论是同盟国或轴心国，从来没有第二个将领，在这种恶劣的环境中还能够打胜仗。也许只有一个例外，那就是大战初期的韦维尔将军（Gen. Wevall）❶——不过他的对手却是最无用的意大利人。

隆美尔的表现当然也并非毫无瑕疵，曾有好几次失败都是可以避免的——不过，当和一个优势的强敌作战时，一失手就可能铸成大错，而兵力强大的那一方，却可以用实力来补救他们一次又一次的错误。但是隆美尔在这种困难的环境当中，却眼明手快，靠着欺敌和快速运动摆脱敌人，总是不太吃亏。拿破仑曾经说过："最伟大的将军就是那个犯错误最少的人。"隆美尔似乎可以当之无愧。

拿破仑这种说法其实太消极了，我们可以把它改为："最伟大的将军就是那个能使敌人犯最多错误的人。"若是用这句话来作为测验的标准，那么隆美尔就更显得光芒万丈了。

要对各个不同时代的名将做一个比较，最好的标准就是他们的"作战艺

---

❶ 北非战区初期的英军统帅。——编者注

术"，这与随着时代改变的"作战技术"完全是两回事。我们可以借着他们在达到目标的表现上来研究他们的高下，也可以看出他们"知彼"的功夫，究竟深到了什么程度。

也正和具有活力的名将一样，隆美尔很难容忍反对者的意见。他对哈尔德和凯塞林等人，都有很多的批评，但是有许多地方都并不一定正确。在非洲战役的末期，他因为生病的缘故，所以脾气就更坏。不过"君子之过也，如日月之食焉"，当他的火气发泄完之后，便很少对人心存怨恨，对别人的表现也能做公道的论断，例如他后来对凯塞林的赞扬。此外，他对敌军的评价——不管是法国人、英国人、美国人，完全不受仇恨心理的影响，的确表现出了他"知彼"的功夫。

很多人不了解隆美尔何以甘于向希特勒这样的暴君效忠如此长久的时间。我们只有在明白一个职业军人——尤其是德国军人——的养成教育和了解他们的思想习惯之后，才可能客观地正视这个问题，获得一个完全的视野。从这本书里面，可以归纳出影响他的态度的两个因素：隆美尔是一个活力充沛的人，他最初对希特勒表示同情。不过等到他与希特勒有了密切的接触之后，一切又都使他感到灰心失望了。同时因为他在非洲，向来都是独当一面，处理问题范围愈大，对于盟军的物质优势，愈有深刻的认识。因此他的眼界也就愈宽，而使他的思想逐渐发生了基本的变化。这种变化的过程，他当然不敢记录在纸面上，不过却也可以找到很多的暗示。他的儿子和他的部下，曾经补充了一些证据，说明了他的确是因为决心推翻希特勒，才丢了性命。

不过，这本书中最重要的地方，还是对隆美尔的军事领导能力的详细说明。现在，他的实际观念和思考的方式，都已经公开在这里，任凭大家批判，一切都可以证明他的成功绝非偶然。这些文件都是"隆美尔是军事天才"的真正铁证。

本书并没有为隆美尔的一生事业，做一个传记性的检讨——杨格（Desmond Young）❶的《隆美尔传》，在这一方面可说是一个很有价值的补

---

❶ 英军准将。——编者注

充材料。我在这里只想把隆美尔在"将道"方面的主要特征和它们与战争一般经验的关系，加以简略地讨论。

在许多方面，天才都是与发明创造有关系的。可是对一般号称"军事名家"的人，这种情形却反而很少见。其中多数的人，都只是以善于应用普通的武器和工具而获得了成功，只有极少数的人才会寻求新的工具和方法。这实在是很奇怪，因为历史告诉我们，只有在兵器和战术（尤其是后者）彻底地改变之后，才足以决定一个民族的命运。

不过这种发展通常是由纯粹的学者所创始，而逐渐获得军界开明之士的注意，至于高级将领反而多是麻木不仁的。在战争史上，伟大的观念要比伟大的将军为数更少，但其影响范围却要大得多。所以我们就有了两种不同的军事天才——一种是创造性的，一种是执行性的。

对于隆美尔的情形而言，这两种天才却合二为一了。当闪击战的理论在英国萌芽的时候，他还没发迹，不过很快他就抓到了这种理论的要点，并且别出心裁地发展成了他本人的新观念。除了古德里安以外，他变成这种新观念的第二个代表人。尤其令人佩服的，就是他在 1940 年 2 月出任第七装甲师师长之前，对战车还毫无经验。他只花了不到 3 个月的时间，就学会了一切理论，接着马上就开始参加行动了。他在法国战役中的优异表现，使他获得在非洲应用这种新观念的机会，尤其难得的是，他具有独立的指挥权——这种机会是古德里安在欧洲战场上所从来没有的，那也真是德国敌人的万幸。而在非洲，他把这种理论的运用发挥到了极致。

隆美尔总是能充分利用机会。要了解他在这一方面的功力，我们就应该先检讨历史上许多名将所具有的共同性格——虽然每个人可能在这些性格中各有所长。

古代从事战争的人数很少，而所用的武器射程也极短。一位将领作战的范围只是一个"战场"，而不是一个"战区"。这时指挥官最重要的特质就是独具"慧眼"（Coup d'oeil）——这是一个生动的法国名词，即指一种敏锐的观察力和迅速可靠的直觉。所有的古今名将都具有这种慧眼，他能够在一刹那之间，认清当前情况的要点。隆美尔毫无疑问是具有这种慧眼的。在非洲战场上，由于战争的机动性和兵力有限，使得这种能力更显得重要。

到了近代，由于兵器的射程延长和军队的数量增加，所以战争的范围日益扩大，指挥官所需要的才能相对也提高了。威灵顿（Wellington）❶曾经形容它是一种"透视的能力"，这比所谓"慧眼"境界更高。指挥官一定要能看透敌人的战线，晓得山那一面的事情（The other side of the hill），甚至还要能透入敌人的内心。在今天，身为指挥官对心理学一定要有很深入的研究，尤其是要善于揣摩敌方指挥者的心理。隆美尔对此道也极为拿手，在他的文件当中，随时都可以找到证据。

这个料敌的能力又成为另一重要因素的基础。那就是用奇的能力，随时都能够出其不意，使敌人惊慌失措。这也可以说是军事天才中的最积极主动的一面。诚如历史所证明的，要充分发挥奇袭的威力，就一定还需要下列诸因素的补充：敏感的时间观念和极高度的机动性。速度和奇袭是一对双生子，也是将才战力的主要代表。必须要有创造性的想象力，才足以语此。

就上述的几个因素来说，除了"闪击英雄"古德里安以外，近代似乎再找不到另外一个人，足以与隆美尔相提并论。往前追溯，历史上懂得用速度来达到奇袭目的的人也不多，不过塞德利茨（Seydlitz）、拿破仑、弗里斯特（Beaford Forrest）和成吉思汗等，真是屈指可数。至于有什么能真正阐释这种结合的奥秘，隆美尔的文件就更可以说是独步古今了。

一方面要使敌人丧失平衡，另一方面自己却绝不可以丧失平衡。一个指挥官一定要能够临危不乱，在任何复杂的环境中，都要保持头脑的冷静。大将必须具有这种品性，才能使计算合理，谋而后动。

在这一方面，隆美尔似乎有一点问题。他固然具有超人的勇气，但是也有一点艺术家的脾气，常常会从兴高采烈的情绪中突然变得心灰意冷——这从他的私人信件中可以得到印证。

最后在一切其他能力之上的，即一个伟大的指挥官一定要具有领导的才华。这就像是战车的马达，不管驾驶的技术如何高明，若是马达出了毛病，

---

❶ 在滑铁卢之战中击败了拿破仑的 19 世纪英国名将。——编者注

仍然是走不动的。在伟大的领袖领导之下，军队可以完成普通人所认为是不可能的任务，而完全超出了敌人的"正常"估计之外。

在这一方面，毫无疑问，隆美尔具有一个大将所应该具有的将才。他成为全军官兵所崇拜的对象，大家把他视若神明，愿意为他效死。虽赴汤蹈火，亦在所不辞，所以他们的成就，才会远超过任何"合理"的估计之外。

李德·哈特

# 本书地图代号对照表

| 英文 | 中文 |
|---|---|
| Bde. | 旅 |
| Tk.Bde. | 战车旅 |
| A.Bde. | 装甲旅 |
| Mot.Bde. | 机械化旅 |
| Gds.Bde. | 近卫旅 |
| Ind.Bde. | 印度旅 |
| F.F.Bde. | 自由法国旅 |
| Pz. | 装甲师（德国） |
| L.T.Div. | 轻装师（德国） |
| Pz.L. | 装甲训练师（德国） |
| S.S.Pz. | 党卫军装甲师（德国） |
| S.S.Pg. | 党卫军装甲掷弹兵师（德国） |
| A.Div. | 英装甲师 |
| Aus.Div. | 澳大利亚师 |
| Ind.Div. | 印度师 |
| N.Z.Div. | 新西兰师 |
| S.A.Div. | 南非师 |
| Spt.Gp. | 特种群（德国） |

# 隆美尔文件的故事

　　我父亲逝世的时候，遗留下了相当数量的文件，这都是他在战争期间一直积累下来的。其中有军队中的命令、战况的报告、向最高统帅部的日报；除了这些官方的文件以外，他还留下了许多私人日记，以及有关1940年法国战役和非洲沙漠战争的综合笔记等等。

　　第一次世界大战之后，我父亲曾根据他自己的作战经验，出版了一本研究步兵战术的专著。当他写那本书的时候，就发现了自己所保存的必要文件实在是太少，而他的日记也没有多大的帮助，因为在最重要的阶段中，常常存在着极大的"缺口"，那是由于专心作战而没有时间详细地写日记的缘故。

　　毫无疑问，父亲是想根据他在第二次世界大战中的经验，再写一本有关军事教训的书籍。所以这一次，他就决定不再重蹈上次的覆辙，尽量保存他手里所有的资料。

　　自从1940年5月10日他越过了法国的国界时起，他就开始对自己的作战经过，做了一个私人的记录，通常都是由他口授，而由他的一个副官加以笔记。假使稍有喘息的机会，他还会把所经过的情形，略加评注一番。

　　他把所有的命令、报告和文件都全部保留了下来。此外还有好几百幅地图和略图，这些略图都是由他和他的僚属用彩笔绘成的，有些图是他准备在将来所出版的书籍里面刊出的。

　　当局势逆转之后，父亲就渐渐地感到焦急，害怕在他死后，这种对他的作战的客观记录会被湮灭，以致他原有的意图会被人误解。当他从非洲回国之后，他就秘密地开始手稿的整理工作，通常都是由我的母亲和他的一位副官为他打字。1944年8月，当他从法国回家之后，他就开始写有关盟军侵入战的记录。不过当他知道自己被诬陷与"7月20日事变"有关之后，就赶快把这一部分稿件毁掉了。而有些稿件之所以能够有幸留下来，是因为他当时没有足够的时间来烧毁它们。

我的父亲是一个摄影狂。为了《步兵攻击》一书中的照片，在第一次世界大战之后，曾经再回到意大利的境内去拍照，因为他需要1917年的战场景象，以供战术上的说明。不过这个工作遇到不少困难，因为当时的意大利人并不欢迎德国军官到他们的边境上去照相。于是我的父亲化装成一个工程师，骑着摩托车，后面带着我的母亲。为了他计划中要写的这一本有关第二次世界大战的书籍，他决心配以丰富的照片作为佐证。他在欧洲和非洲照了好几千张照片，其中有许多还是彩色的。不过他只在进军的时候才拍照片，有一次他跟我说："在我自己退却的时候，绝不照相。"

此外，他差不多每天都写信给我的母亲，所以她曾经保存着1000封左右的信件。

可惜这许多的资料，在浩劫之后，只侥幸存留了一部分而已。


在战争爆发之前的几个月，我的父亲正在维也纳新城（Wiener Neustadt）担任军官学校的校长，那个地方在维也纳的南面30英里❶处。这所军校设在一个巨型的古堡里面。到了1943年，英美的轰炸机开始对这个城镇实行空袭，我们的家随时都有被毁的危险。于是我们把父亲的文件中的一部分，藏在那个古堡内的地窖里面，其余的就运往德国西南部的一座农舍里面，暂存在那里。1943年秋天，我们由维也纳新城迁往黑林根（Herrlingen），该地距符腾堡（Württemberg）的乌尔姆（ulm）只有5英里远，我们就把余下的文件也都带在身边。

我父亲死了之后，母亲十分关心如何保存这些文件，不仅是为了私人的原因，而且也是希望将来有信史可传。早在举行丧礼仪式的时候，就有一个党卫队的军官，设法在谈话之中，探听出这些文件的下落。我们当然很小心，所以并没有上钩。虽然如此，局势仍很危急，因为他们很可能强

---

❶ 1英里约等于1.61公里。

行夺走这些文件。

所以，母亲就立即开始集中留在家里的各种文件。而我就到维也纳新城的古堡中，去把那一部分藏留的文件取了回来。因为显而易见，苏军不久就要进攻维也纳。果然6个月之后，苏军就冲入了这个古堡。在军校学生的强烈抵抗之下，它变成了废墟。一切可以移动的东西也都被苏军抢掠殆尽。

幸好有姑母和我父亲的副官艾丁格上尉（Capt. Aldinger）的帮助，我的母亲开始把这些文件捆扎起来，准备在必要时撤退。她主张分散收藏，因为她认为也许有一个隐藏的地方会被发现，但是绝不可能全部都被发现。

1944年11月中旬，艾丁格上尉正帮着我的母亲料理父亲各项身后的事务，突然接到乌尔姆市长的通知，叫他到该市的火车站上去报到。据说梅塞尔将军（Gen. Maisel）幕僚中的一位军官，有要事要和艾丁格上尉面谈。一个月以前，就是这位梅塞尔将军来做了我父亲的勾魂使者，而且这位军官奉命此后继续与艾丁格上尉保持联系。这一次的事情使我的母亲和艾丁格上尉都感到非常担心。是不是准备要拘捕我们呢，或者是准备要搜查我父亲所遗留下来的文件？谁也猜不到。

于是收藏文件的工作就只好快速进行。到了11月14日的夜里，除了那些官方的军事"密件"以外，其余的东西都完全藏好了，至于这些密件，则是我们准备放弃的。

11月15日上午，艾丁格离开黑林根到乌尔姆去。他向我母亲说："我把我的汽车留在这里，只有老天爷晓得我是否能回来。也许我马上就要被捕了。如果没被捕，我一定马上赶回来。"

母亲静静地等待着。到了下午，她非常关心艾丁格是否已经被捕了。因为除了我和母亲以外，他是唯一知道我父亲真正死因的见证人。快到3点钟的时候，我们的园门打开了，艾丁格走了进来。他还是一个人回来，不过手里却夹了一大包东西，外面用白纸包着。感谢上苍，我母亲的恐惧并没有成为事实。梅塞尔的副官只是把我父亲的元帅权杖和军帽交还给艾丁格，这两件东西是我父亲在10月14日死后，为那两位将军顺手牵羊取去，作为他们的"胜利品"。他们把这些胜利品带回了元首大本营，以后我们听说，它们有一段时期，是放在希特勒的副官夏卜（Schaub）的桌子上面。

在我父亲死后，艾丁格上尉为了这件事，曾经用我母亲的名义，一再提出严重的抗议，现在居然发生了效力。

在这个时候，大部分的文件都已经疏散了。它们分别隐藏在德国西南部的两个农庄里面，一部分埋藏在地窖的墙壁内，另外一部分就藏在许多空箱子堆的后面。另外有一个小箱子，里面装着有关诺曼底战役的记录，由我们的一个朋友，把它埋藏在一个炸后的废墟中，这个地方已经炸得很惨，所以绝不会有再挨炸的危险。我父亲在1943—1944年的日记，被存放在一个医院里面，而另外还有些其他的资料，则寄存在斯图加特的姑母家中。我母亲的身边保有那些有关非洲战役的原始笔记、父亲在1940年法国战役中所拍的照片，以及他的私人信件。

说也奇怪，我的母亲只是担心纳粹当局会没收这些文件，却完全没有想到盟军方面对它们也有同样的兴趣。

到了1945年4月下旬，轰炸越来越厉害。每个钟头都有美国的高空炸弹落在乌尔姆的上空，许多地方大火昼夜不停。西面和北面都可以听到隆隆的炮声，局势一天比一天更紧张。许多徒手的德国兵，像潮涌一样退到黑林根这个谷地中，有的坐在农村的马车上，有的就徒步行走，大家都非常害怕美国战斗轰炸机的攻击。本地的人民自卫队，包括14岁的小孩子和65岁的老头子在内，也都已经动员了。各处都张贴着标语，上面写着："任何不努力保卫乌尔姆的人都是猪！"

有一天，应该是4月20日，母亲从窗口向外面一望，就看见了美军的战车正在向乌尔姆前进。于是大批的难民都纷纷向黑林根逃走，到了这个时候，我的母亲才开始着急起来，因为有许多文件还放在房子里面，并没有藏好。她一直都把信件、笔记和底片等放在手边，准备随时都可以携带出走。至于其他的东西，则丢在一个大旧箱子里面，最后靠着邻舍的帮忙才把它埋在花园里面。

随后美军就占领了黑林根。四处都有哨兵，无法再埋藏什么东西。第一批来见我母亲的美国人中间，有一位是第七军团的马歇尔上尉（Capt. Marshall）。他问这个屋子里还藏有什么文件。我的母亲深信私人的信件绝不在没收之列，于是就回答道："我这里只有我丈夫写给我的私人信件。"马歇尔说："这些信在哪里？"

他和我的母亲一同走进地下室。当他发现了那个装信件的箱子之后，说道："我要把它们带回去检查一下，过一两天就送回来。"

后来，他们又通知我的母亲，说还要再过几天才能归还。14天之后，马歇尔上尉的译员跑来见我的母亲，说道："马歇尔上尉感到十分的抱歉，我们这一次不能够遵守诺言，因为军团部已经决定要把这些文件送回华盛顿去。"

到了5月中旬，有一天上午8点钟的时候，我的母亲突然收到命令，要我们在9点钟的时候离开这所房子。因为有一支美国部队要驻扎在我们家里。当我母亲还正在收拾行李的时候，美国兵已经在翻箱倒柜，四处搜查起来了。有许多的文件当时还放置在书架上、案头上和地窖内，从此就都完全不见了。我母亲所能携带出来的东西，就只有一口箱子，里面藏有我父亲所摄照片的底片、非洲战役的文稿和1940年法国战役中第七装甲师的官方战史，这个文件只有三份副本。

至于疏散到其他地方去的东西，所遭遇到的情形也都不尽相同。在德国西南部的那一个农舍里，有一天突然有几个美国兵走进来，宣称他们是隶属于美国反情报组织的，要求检查隆美尔元帅家属所寄存在这里的箱子。不幸的是，有一部分箱子已经由地窖内的墙壁里面挖了出来，所以他们得来全不费工夫。美国兵没收了两个箱子。其中一个所装的是我父亲在第一次世界大战时的文件——那就是他写《步兵攻击》一书时所用的参考资料。另外一个箱子所装的是他所用的全套徕卡照相机，此外还有他所拍的3000多张照片。其中有些彩色照片是他最引以自豪的，有些甚至是不顾生命危险才抢拍到的精彩镜头。另外还有他所搜集的几千张照片，那都是1940—1944年，由许多战地新闻记者和其他的军人所拍摄的。

那几个美国人开了一张收条，就扬长而去了。以后，我们在追回这些东西的时候，曾经把这个收条拿给负责的美国军官看，他们却认为这些人可能是冒牌的，不一定真的是来自反情报组织。在这个农舍中，还藏有一个箱子，里面装有我父亲从1940年到1943年之间的私人日记、1940年法国战役的笔记；另外还有两箱地图。这个农舍的主人是我父亲的一个朋友，虽然在威胁之下，却始终没有把它们交出去。尽管如此，这些箱子却因为与其他的废物放在一起，在没有看守的状态之下，又被一个不知名的小偷顺手牵了一部分去。等到他打开箱子一看的时候，恐怕不免要大为失望了。

另外一个农舍，在这个时候，正为法属摩洛哥的部队所占据着。他们把牲畜都屠杀了，大吃一顿，并且在广场上烧起火来。几乎所有地方都给他们搜遍了。所幸收藏在许多箱子里面的文件安然无恙。

此外，我姑母所保存的一部分，以及埋在废墟中的一部分，也都历劫不灭。

我母亲离家之后，就暂时寄住在邻居家里，并在那里开始整理残余的东西。埋在黑林根花园里的箱子，也趁机挖了出来，移到了别的地方去。在摩洛哥兵撤走之后，那个农庄内的文件也马上取回来了。所以，当我母亲迁移到黑林根学校里面的新住宅中时，这些文件就都已经回到了她的手边。

以后又有一种传言，要对我的父亲实行一种身后的清算工作，把他所有的遗产都完全充公。于是我的母亲又开始准备将这些文件再次收藏起来，所幸这个威胁终于没有成为事实。

受了英国杨格准将的鼓励，并且承蒙李德·哈特上尉愿意出任主编的工作，我开始从各个收藏的地方，把这些文件又集中了起来。那时，杨格准将为我父亲所写的传记已经在付印中，我还匆匆忙忙地摘译了一部分资料放在那本书中，作为附录。

希排德将军（Gen. Speidel）是我父亲过去的参谋长，曾经极力帮助我母亲收回那些信件。杨格准将要求艾森豪威尔将军设法帮忙。最后还是由于李德·哈特上尉的奔波，这些文件才又由华盛顿的美国陆军史政处送回。最有趣味的是，这些文件在档案上的分类，并没有列在"隆美尔"的项下，而是用"埃尔文"（Erwin）的名字，另外开了一个新的户头。"埃尔文"是我父亲的教名，这些信件上的签字都是用的这个名字。有些信件还是遗失掉了，是在盟军侵入欧陆时所写的那部分。不过，其他有关诺曼底登陆的文件，都陆续地归还了。

历经战火的摧残和我父亲为了自己的安全而焚毁的，以及战后不可避免的劫掠之后，重见天日的文件已经是残缺不全了。不过当这些信件收回之后，我们颇感欣慰，因为我们已经尽了最大的努力了。

曼弗雷德·隆美尔

第一部

1940 年的
法国战役

# 第一章

# 马斯河上的突破

1940 年 5 月 10 日，希特勒在西线战场发动了其期待已久的侵入战。它获得了一个闪电式的胜利，足以改变历史的进程，并且影响到全人类的未来前途。

这一幕震动世界的戏剧，其中最具有决定性的一场，就在 5 月 13 日上演了——当时古德里安的装甲军在色当（Sedan）的附近，隆美尔的装甲师在迪南（Dinant）附近，双双越过了马斯河（Meuse）。这两个狭窄的裂缝不久就扩充成为一个大口子。德军的战车如潮水般从这里冲入，一个星期之内，就到达了英吉利海峡的海岸，于是把留在比利时境内的联军后援完全切断了。这一场大战打垮了法国，同时也孤立了英国。但是英国人凭着这一道海洋的天险，勉强守住了，战争延长了下去，变成了世界性的大战，慢慢地才转败为胜。所以，1940 年 5 月中旬的突破战，在历史上的价值实在是太重要了，简直无法估计。

在这一幕大悲剧之后，大家都认为将面临一场无可避免的挫败，因为希特勒的攻势实在太厉害了，根本不可能抵挡得住。可是战后仔细地加以研究，才知道这种想法与真正的事实并不相符。

完全与一般人的想象相反，德军并不曾拥有绝对优势的兵力，而且他们所能调集的兵力，甚至还不如对方。德军只剩 136 个师可发动攻势，但是对手，包括法英荷比四国的兵力在内，相当于 156 个师。只有在飞机方面，德军在数量和素质上具有较大的优势。他们的战车尤其不如敌人——德军共有 2800 辆，而联军则在 4000 辆以上。一般而言，德国战车在装甲和火力方面都比较逊色，只有在速度方面略占上风，以及在运用的技术方面比较优秀。关于装甲战的新理论，本是在英国萌芽的，但却不为英法两国军政当局所认识；而德国的"闪击英雄"们却采取了这一套理论，并且付诸实践，因此才缔造了这个空前的胜利。

在德军 136 个师当中，只有 10 个是装甲师——但是利用这一点微弱的兵力当作矛头，已完全决定了整个战役的胜负，而德军其他部队，只不过是配合装甲部队而已。

由于这种"装甲兵突击"的结果如此辉煌，使人们忽视了它们的规模是那样小，而且这一次侵入战的成功，其机会也还是十分偶然——最主要的是因为德军有了古德里安和隆美尔这样的优秀将领。

德军原有的攻击计划，是以 1914 年以前的施利芬计划（Schlieffen Plan）为蓝本。其重点是放在右翼方面，博克将军（Bock）所辖的 B 集团军应直向比利时平原进攻。但是到了 1940 年年初，这个计划就开始改变了——由于曼施泰因将军（Gen. von Manstein）的建议，决定采取一个更果敢且更出人意料的行动。全军主力改由阿登高原（Ardennes）冲出。于是攻击的重心移到伦德施泰特将军（Gen. von Rundstedt）所辖的 A 集团军方面。它管辖 7 个装甲师和大批的步兵师。

向马斯河突破的主力是由克莱斯特将军（Gen. von Kleist）的装甲兵团（Panzer Group）来担负，它又构成李斯特将军（Gen. List）的第十二军团的前卫。它一共有两个矛头，较强大的一个是古德里安军（辖 3 个装甲师），在色当附近负责做决定性的突击。另外一个装甲军由赖因哈特将军（Gen. Reinhardt）率领，共辖两个装甲师，在古德里安的右侧前进。在更右方，由克卢格将军（Gen. von Kluge）的第四军团指挥的，是霍斯将军（Gen. Hoth）的装甲军，从阿登高原的北部进攻，以掩护克莱斯特的侧翼，而以在吉非特（Givet）与那慕尔（Namur）之间渡过马斯河为目的。这个次要的攻势，也有两个小型的矛头，由第五和第七两个装甲师分别负责。

第七装甲师的师长就是隆美尔。这本是原有四个轻装师（Light Division）中之一，冬天时才刚刚改编为装甲师。它只有一个战车团，而其他正式装甲师都有两个团。不过这个团却有 3 个营（通常只有两个营），因此战车总数也有 218 辆之多，但其中过半数都是捷克造的。

下面是第七装甲师的编制表：

装甲兵：第二十五战车团（下辖3个营）、第三十七装甲侦察营。

摩托化步兵：第六步兵团、第七步兵团、第七机车营。

工兵：第五十八工兵营。

炮兵：第七十八野炮团（下辖3个营）、第四十二战防炮营。

轻装师被改编为装甲师的原因，是由于波兰战役的教训。❶隆美尔，原本是一个热心的步兵主义者，在这个时候就认清了战车的威力。2月15日，他才在莱茵河上的高德斯堡（Godesberg），接任第七装甲师的师长，但是他对这些新技术却学习得非常迅速。他过去在步兵团时，就一直有猛将之名，因为他从来都是把步兵当作机动部队使用，现在他更认清了这一新兵种具有更大的机动能力。

在攻势开始的当天，德军简直没有遭遇到什么抵抗。比军的大部分都集中在一起，准备担负比利时平原的防御工作，他们的主要城市都在那个平原上面。至于马斯河的东岸，丘陵起伏、森林遍地的卢森堡地区，则由一个特种的阿登高原部队，负责实行迟滞的行动，以待法国援军的赶到。以上所说的就是比利时的防御计划。

至于法军的计划，则是用比较富有攻势意味的观念来做基础。第一和第七两个军团，拥有法国机械化师的大部分，与英国的远征军会合在一起，直向比利时平原开进。同时，法军第九军团形成了这个作战的枢纽，用较短的旋转运动，越过比利时边境，沿着马斯河布防。它共拥有7个步兵师，其中只有一个是摩托化的，另有两个骑兵师——为乘马单位和机械化单位的混合体。5月10日夜间，法国骑兵奉命渡过马斯河，第二天就向阿登高原地区深入推进。在那里，他们就遭遇到了正在迅速挺进中的德军装甲师，这些师早已把当地比军肃清得差不多了。

在攻击的前夕，正在紧张备战之中，隆美尔就写了这样一封简短的信

———————————

❶ 轻装师是由骑兵和装甲单位混编而成的，在波兰战役上证明这种混合是大而无当的，不久都改成了装甲师。后来在北非战场又使用过这个名称，不过已经和原本的编制有很大的不同。——编者注

给他的太太，并且开始对他的作战经过加以记载。**❶**

　　最亲爱的露**❷**：

　　　　我们终于要出发了。希望我们这一次不会徒然地回来。过几
天你可以从报纸上面看到这一次的消息。请你不要为我而感到担
心。所有的事情都会一帆风顺的。

1940 年 5 月 9 日

　　过去几个月来，敌人在我这一师所被指派负责攻击的地区中，早已开始建立各种不同的障碍工事。所有的道路和森林中的小径，都已经被封锁住，而主要的公路上，也都被炸出了深坑。但是比军的大多数的障碍物，却并没有设置火力掩护，所以我们还是一路扫荡前进，只是在极少数的地方，曾经被羁留较长的时间。

　　第一次与法国机械化部队交手，我们一开火，法军就仓皇撤退了。从许多次的经验里面，我已经发现了一条定理，那就是在两军对战之中，谁先动手用火力来压制敌方，多半就可以获得胜利。而停止不动、等候战况发展的一方，则多会被敌人击败。先头纵队应该让他们的机关枪做好随时射击的准备，只要一听到敌人的枪声，马上就开火还击。即使我们还未发现敌人的正确位置，这条定理也还可以照样应用，那就是把火力向着敌人所占地区扫射。根据我的经验，只要能遵守这一条规律，己方的死伤数字一定可以大减。若只是就地观察动静、寻找地形的掩护，而不先开火，或者是想等待援兵到达之后，再采取行动，都是犯了根本上的错误。

---

**❶** 以上是李德·哈特所写的引子。在以后全书中，凡是由李德·哈特所增补的附注，一律用仿宋字排印。——编者注

**❷** 隆美尔夫人的闺名是 Lucie Maria，隆美尔通常昵称她“露”（Lu）。——编者注

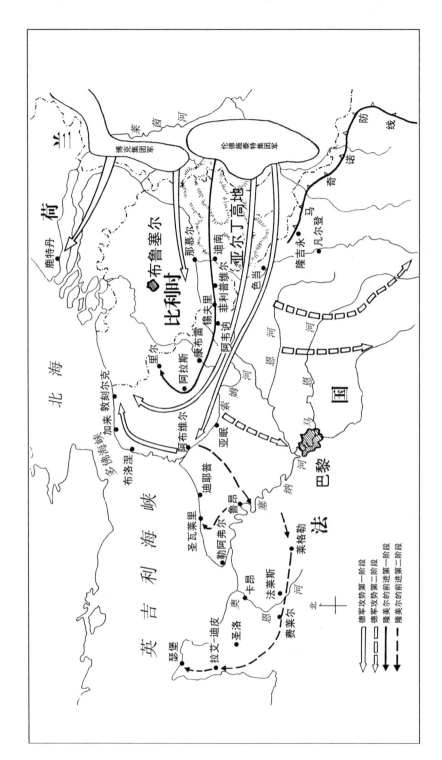

图 1　从莱茵河到瑟堡

最亲爱的露：

今天一整天到现在，我才第一次稍微可以有个喘息的机会，于是抽出一点时间来写一封信给你。一切的进展都顺利得惊人。邻近友军比我落后。由于不断发命令和高声喊叫的原因，我的嗓子几乎全哑了。仅仅睡了三个钟头，然后胡乱吃了一餐。不过我的身体还是非常好。请你勿念，我太疲倦，所以不多写了。

1940 年 5 月 11 日

尾随着法军第一和第四两个骑兵师的撤退，隆美尔的前卫部队在 5 月 12 日的下午就到达了马斯河。他的目的是想尽可能跟在法军的后面，以期一举冲过马斯河，在西岸占领一个桥头阵地。但是当领头的战车刚准备要渡河的时候，在迪南和豪克斯（Houx）的桥梁却已为法军炸断，于是隆美尔被迫实行一个敌前渡河的攻击，用橡皮艇把部队载运过去。这个攻击在第二天清早发动，虽牺牲惨重，但仍获得了成功。

5 月 13 日凌晨 4 点钟左右，我带着希拉普内上尉（Capt. Schrapler）向迪南驱车前进。师炮兵全体早已进入指定的阵地，其前进观测所则设在渡河点上。由马斯河西岸法军炮兵阵地射来的炮弹，纷纷落在这个镇内，在通向河边的街道上，还有几辆被击毁的战车。从马斯河河谷中传来的战斗声音清晰可闻。一方面，步兵团正在准备用橡皮艇渡到彼岸，但因受法军重炮的阻击，损失颇重；另一方面，部署在西岸岩石中的法军，也用轻武器射击，对我们造成很大的困扰。

当我到达现场的时候，情况并不乐观。我们的小艇接二连三地为法军的侧射火力所击毁，最后渡河的行动终于停顿了。敌人的步兵掩蔽得非常巧妙，甚至用望远镜搜寻了好久，仍不容易发现他们的位置。他们一再地向我们射击。

时间一分一秒地流逝，敌人的火力使我们更感到压迫。河面上有一艘被打坏了的橡皮艇，上面有一个受了重伤的人，声嘶力竭地向我们求救——

这个可怜的人快被淹死了。但是谁也不敢去救他，因为敌人的火力实在是太猛烈了。

此时，在西岸的格南基村（Grange，在豪克斯西面 1 英里半、迪南的西北面 3 英里处）已为第七机车营所占领，不过他们却并没有如预期地把河岸上的敌人完全肃清。于是我就下命令要他们立即肃清西岸岩石上的敌人。

我带着希拉普内上尉，坐上一辆Ⅳ型战车，沿着马斯河谷的公路向南驶去，以便视察第七步兵团方面的情形。在路上，我们曾经数度受到来自西岸的袭击，希拉普内上尉的手臂也为炮弹碎片所击伤。当我们前进时，常常碰上被打散了的法国步兵，他们很快便投降了。

当我到达目的地的时候，第七步兵团已经有一个连渡过了西岸，不过敌人火力又开始转烈，把所有的渡河工具都打成了碎片，渡河行动只好就此停止。有许多伤兵都被安置在被炸毁的桥头边的一座房屋里，伤口只能做临时的包扎。这里和北面的渡河点一样，表面上根本就看不见敌人。很明显，除非用强大的炮兵和战车来击毁敌人的巢穴，否则渡河是绝无希望的。于是我转回师部，与海德开普少校（Maj. Heidkaemper）商谈，对目前的情况做了一些必要的安排之后，我们又开车沿着马斯河前往李费村（Leffe，迪南郊外的一个小村庄），想看看如何推动那里的渡河工作。我早已下令调集几辆Ⅲ型和Ⅳ型的战车和一部分炮兵到渡口来，由我直接指挥。我们把通信车留在距离东岸约 500 码 ❶ 远的地方，然后徒步从田野中走向马斯河边。到了河边后，马斯河谷中的炮火此时突然停歇了一会儿，我们就趁机穿过一些房屋，向右边一直走到了真正的渡河点。现在渡河的工作已经完全停顿了下来，因为部队的死伤惨重，使军官们的信心发生了动摇。在河对岸，我们可以看见几个已经渡过河的士兵被困在岸边，其中也有不少的伤兵。此外更有许多被击毁的小艇，也被弃在对岸的河边。军

---

❶　1 码约为 0.91 米。——编者注

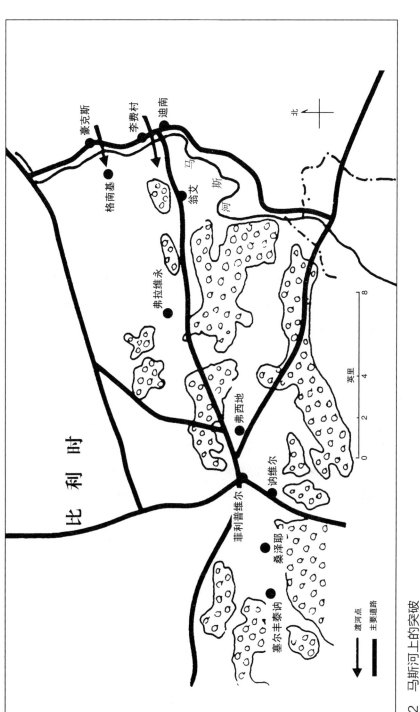

图 2　马斯河上的突破

官们向我报告说：没有一个人敢走出掩蔽物以外来，因为一旦被敌人发现，马上就会有性命之忧。

不过，我们调集的战车不久就赶到了，接着两门榴弹炮也随之而来了。它们立即对着西岸所有我们认为有敌军隐伏的地区开火，不久对岸的岩石和房屋都已经被炮火打得四分五裂。接着那些战车把炮塔偏向左面，每一辆以相隔 50 码的间隔，沿着马斯河的河谷，一面慢慢地向北行驶，一面严密地监视着对岸的斜坡。

在火力的掩护之下，渡河的工作就又慢慢地恢复了，几艘大型的浮架船开始构成了一个缆渡。橡皮艇也在河中来回跑着，把对岸的伤兵都由西岸运了回来。

我直接指挥第七步兵团的第二营进行渡河的工作。和莫斯特中尉（Lt. Most）坐在第一艘船上，渡过了马斯河，并且立即与早晨就已经渡过河的那一个连会合。从连部的指挥所里，我们可以看到恩克弗（Enkefort）和李希特（Lichter）的两个连，都已经在迅速进展之中。❶

于是我沿着一条深沟，向北走向恩克弗连。当我刚刚走到的时候，突然有一个警报传来，说："敌人的战车就在我们战线的前面。"这个连并没有战防武器，所以我下令把一切的轻武器都向着战车猛射，愈快愈好，接着我们就看见敌方的战车向后撤退，退进了在李费村西南面约 1000 码处的一个洼地中。许多落伍的法国兵，都纷纷从丛林中跑了出来，慢慢地放下了他们的武器。

从局外人的观点来看，隆美尔的亲自指挥在这个时候所发生的作用，比他自己所想象的还要大。当他到达现场的时候，德国的军队早已为法军的猛烈火力吓得失去了斗志，由于他个人以身作则奋勇前进，才又把德军

---

❶ 德国军人常常爱用指挥官的名字来称呼该部队。——译者注

的士气重新激励了起来。不过隆美尔的胜利其实颇为侥幸，因为当时负责防御迪南地区的法军，是第十八步兵师，他们经过长途徒步行军，刚刚赶到就进入了阵地；而第一骑兵师则因为在阿登高原受到德军战车重创之后，到现在还没有恢复它的元气。所以在他果敢的领导之下，攻击部队终于能在西岸占得相当宽的立足点，并突破守方的防线，继续前进。

于是，我带着莫斯特坐船回到东岸，再乘坐着一辆战车，带着一辆通信车，向北驶往第二步兵团的渡河点。这里的部队也已经开始用橡皮艇展开渡河的工作，而且已在顺利进行之中。战防炮营的营长米克尔上校（Col. Mickl）告诉我说已经把20门战防炮运到西岸那面去了。有一连工兵正忙着架设一个8吨的浮筏，我立即命令他们停止，赶紧改换为16吨式的。我的目的是要使战车团的一部分赶紧渡过河去，愈快愈好。当第一架浮筏刚刚造好之后，我就带着我那八轮的通信车，冲过河去。这个时候，敌人又发动了猛烈的攻击，他们战车上的炮声已经清晰可闻。敌人的重炮弹也纷纷落在渡河点的周围。

当我到达西岸之后，发现情况已经很恶劣了。第七机车营的营长已经负伤，他的副官也已经战死，在一个强烈的反攻之下，法军已经使格南基村中的我军受到重大损失。法军的战车随时可能会冲进马斯河的河谷来。

把通信车留在西岸，我又跑回东岸来，命令首先是一个战车连，接着就是整个战车团，都要趁黑夜渡过河去。不过在黑夜里要使一辆战车渡过120码宽的河流，实在是一个很费工夫的事情，所以到了第二天上午才一共只有15辆战车到达了西岸，这个数字实在是太少了。

5月14日拂晓的时候，我们听说俾斯麦上校（Col. von Bismarck）已经拼命攻到了翁艾（Onhaye，在迪南西面3英里远）的附近，他们在那儿遇到强大的敌军抵抗。不一会儿，就有求救的无线电来，说他这一团已经被围了。我决定马上带着这一点已经集中的兵力，去援救他。

在大约上午9点钟的时候，第二十五战车团在隆森堡上校（Col. Rothenburg）指挥之下，使用了30辆战车（这是当时已经渡过西岸的全部数字），沿着马斯河河谷向前挺进，一直前进到翁艾东北面500码处的一个洼地中，并没有遇到任何的抵抗。到了这个时候我才发现俾斯麦上校把电码打错了，他本是说"到达"（eingetroffen），结果却误为"被围"（eingeschlossen），害我们一场虚惊。他现在正派遣一个突击连，绕着翁艾的北面行进，以确保它西面出口的安全。这个行动，正如我们过去在高德斯堡演习中所做的，对下一阶段作战具有极大的重要性。所以，我拨了5辆战车，交由俾斯麦上校直接指挥——这不是准备要做个一般性的战车攻击，而只是以机动的火力，来掩护步兵向翁艾西面的隘道进攻。我主张把战车团驻扎在翁艾北面1000码处的森林里，从那里就可以视情况发展再决定向北面、西北面，或是西面继续进攻。

我命令隆森堡绕着森林的两边进入这个集结地区，而我自己则坐在一辆III型战车里，紧跟在他的后面。

隆森堡带着那指定掩护步兵进攻的5辆战车，通过一个洼地向左面驶去，他自己的战车约在先头100码到150码处，领先前进。这时完全没有听见敌人的枪炮声。另外有二三十辆战车就跟在后面前进。当那5辆战车到达了沿翁艾森林南端的步兵连阵地时，隆森堡上校的战车就沿着森林的边缘，改向西南去了。我们刚刚还只走到森林的西南角，正准备通过一个低洼的田地，由那里我们可以看到那5辆战车，掩护着步兵在我们的下面，向左面进攻。突然，从西面袭来了一阵弹雨，重炮弹和战防炮的炮弹，都纷纷落在我们的上方。我们的战车连续中了两炮，一炮打中了炮塔的上半截，另一炮打进了潜望镜。

驾驶兵立即把油门踩到底，直向最近的丛林中冲了过去。不过，只走了几码之后，战车就在森林的西边滑下一个险陡的斜坡，最后停止、倾覆了。处在这种位置，敌兵是不难发现它的。我的右颊被从潜望孔中飞入的碎片擦伤了一块，虽然并不严重，但是仍流了不少的血。

我想把战车上的炮塔旋转过来，以便用我们的37毫米炮去对着对面森林中的敌人射击，但是由于战车倾斜得太厉害，已经转不动了。

法军的炮火迅速地向我们这里射来，我决定立即放弃这辆战车，率领全车的人员跳下车来。我们在这个沙砾的洼地里，慢慢地向上爬，炮弹就一直在我们周围飞舞着。在我们的前面，隆森堡的战车已经中弹起火，火焰从车后喷了出来。我起先以为那辆指挥战车一定是被击中了油箱才会起火，所以很为隆森堡团长的安全担心。幸好只是发烟烛被烧着了，而这种烟现在对于我们却极为有利。

我立即命令战车通过森林朝东方行进，装甲运兵车却无法跟上，就暂留原地不动。隆森堡的战车在前领导，慢慢地在森林中向前推进，一路撞倒了许多的大树。由于那个巧合的烟幕，才使我们的车辆没有再受到更多的损失。假使我们的战车能先对那个可能认为有敌人埋伏的森林进行炮轰，那么法军在火力威胁之下，也许就早已逃走了，这样我们的损失就可以大为减低了。第二十五战车团在那一天黄昏时分，又发动了一次攻击，结果成功了，于是才把我们的集结地区占领下来。

我确信：像这次在马斯河西岸的战斗，一个师长若想充分了解瞬息万变的战况，必须亲临现场，带着通信工具奔驰于各个前线阵地之间，并对前线上的各团长直接下令。这样才能充分掌握战况，才能随时应付突来的变局。若是由下级用无线电把情况报告到师部，再由师部发出命令来，那就未免缓不应急了。不过另一方面，师长必须不断地用无线电，与留在后方的师部保持着密切的联系，每天上午和下午，师长都应该和他的 Ia.❶ 互相交换一次意见。实际的战况证明这种指挥的方法是非常有效的。


隆美尔这一天的进展，已经在敌人的防线上打开了一个裂口，足以产生严重的后果。尤其是对法军第九军团司令柯拉普将军（Gen. Corap）的心理，更产生了重大的影响。

在 5 月 13 日这一天，德军已经在三处渡过了马斯河，隆美尔一马当先。到了下午，赖因哈特将军在蒙泰梅（Montheime），古德里安军在色当，

---

❶ Ia. 为主管作战的负责人。——译者注

也都渡过了河。不过赖因哈特却只获得了一个狭窄的立足点，并且经过了一番苦战，才算是勉强站稳了脚跟。一直等到5月15日的上午，他们才架好了一座桥，使战车得以渡过，而由此前进的路线，却比较险阻崎岖，法军很容易阻挡。古德里安的部队就比较成功，但是他的3个师当中，也只有1个师建立了良好的桥头阵地，而在5月14日拂晓时，也只架好一座桥梁。这座桥梁又不断遭到联军空军的攻击，不过侥幸并未被炸毁。在这关键性的一天里，德国空军却没能给古德里安充分的支援，但是他的高射炮兵却很不错，一共打下了150架左右的联军飞机，从而有效地阻止住了轰炸机的攻击。到了14日，古德里安的3个装甲师都已经渡过了河。他一方面抵住了法军从南面所发动的激烈反攻；另一方面向西挺进，直扑法军第二和第九两个军团的交界处。在他这种凶猛而灵活的压迫之下，法军开始不支、溃退。

那一天晚上，法军第九军团司令做了一个错到了极点的致命决定，因为古德里安正在威胁着他的右翼，而隆美尔又已经突破了他的防线的中心——当时谣传，几千辆德军战车都已经由这个缺口中冲入——所以在双重威胁之下，就快撑不住了。他立即下令放弃马斯河之线，整个第九军团都向西撤退。

在隆美尔这一方面，法军准备撤到沿着菲利普维尔村（Philippeville）以东的铁路线，距离马斯河约15英里。在法军尚未占领阵地之前，第二天（5月15日）上午就已经为隆美尔所突破，在他这种深入突破的威胁之下，正败退的守军大乱，很快就全线崩溃了。当时法军第十一装甲师和第四北非师，刚刚赶到战地，正准备向迪南发动一个反攻，在隆美尔这一个猛冲之下，也就无形中打消了原有的计划。法军第十一装甲师曾在隆美尔的右翼出现，但是在这个紧要关头，却突然发觉汽油用完了，只有少数的战车能够参加作战。隆美尔的部队就像狂风扫落叶一样地前进，多数的法军战车都无法逃走，纷纷被俘获。此时，那个北非师也在德军战车和难民潮的冲击之下，不战而溃了。

更糟的是柯拉普的总退却命令，顺便把蒙泰梅的僵局也打开了，本来法军第九军团的右翼，还能够阻止住赖因哈特装甲军的前进。实行退却之后，很快就变成了混乱不堪的溃逃，于是赖因哈特的先头部队就绕过法军第九军团的右翼，迅速地溜了过去——到达法军的背后，与古德里安的部队实行前后夹击——这样向西面挺进了不少的距离，简直如入无人之境。到了那一天黄昏，古德里安也已经把他前面的敌人击败并冲进了平原地带。现在法军战线上的缺口已经有60英里宽。

在明了上述的一般情势之后，再去看隆美尔对5月15日这一天的战事记载，就更可以明了它的决定性价值。

5月15日的作战，意图是想单刀直入地向我们的目标进攻，以第二十五战车团当作先锋，用炮兵作为掩护，若是有俯冲轰炸机就更好。步兵跟在战车后面前进，一部分徒步，一部分乘车。还有一个要点，就是炮兵一定要同时掩护着进攻部队的两翼，因为这个时候我们是孤军深入，两侧的友军都早已落后了很远。第二十五战车团的进攻路线是先绕着菲利普维尔村的外围（在迪南以西约18英里处）前进，直接向我们的目标塞尔丰泰讷（Cerfontaine，在菲利普维尔西面8英里处）进攻。我自己也乘车随着第二十五战车团一同前进，以便直接指挥攻击，并且指挥炮兵和俯冲轰炸机，把火力运用到恰到好处。为了使无线电通信发挥最大效用，我又和参谋长及炮兵指挥官，事先商定了一条"冲刺线"（Line of thrust），所有的军官都把它画在地图上面。以后需要炮兵支援的时候，只要用无线电发出一个简单的信号，大家就都知道了。炮兵指挥官对我这个方法感到十分的满意——若用原本的老法子，无线电报还需要翻译，重要的通信往往因为耽搁太久，而丧失了时效。

差不多9点钟的时候，我遇见了一位空军少校，他告诉我今天可以让俯冲轰炸机来助我一臂之力。因为战车在这个时候早已开始行动，所以我就立即叫他们轰炸我们前方的敌人。

在弗拉维永（Flavion）附近，和敌军匆匆交战了一番之后，战车团就排成纵队，通过森林地向菲利普维尔村进发，沿途看见了不少的大炮和车辆，都是法军遗留下来的。在菲利普维尔村西北面约3英里处，有些法军防守着该村南面的小山和森林，曾经和我军互相交火打了一阵子。我们的战车边走边打，不久敌军的炮声就不响了。我们随时用简明的无线电报，把我们的进展告知师部和炮兵，结果使炮兵的合作十分顺利。不久就到达这一天的目标线。

我亲自率领着一连战车，又从刚刚的进路上驶了回去，以便与在后面跟进的步兵建立接触。在菲利普维尔以西 1000 码处的高地上，我们找着了两辆我军的战车，它们是因机件故障而落后的。那些战车上的兵员正在收容俘虏，有些已经投降的敌军就站在战车的周围。有好几百名法军士兵，从丛林里面钻了出来，其中还夹杂着他们的军官，都慢慢放下了武器。另外还有一部分法军就沿着大路向南面逃走。我花了一点时间来处理战俘问题。其中有几位军官向我提出了一些要求，包括准许他们到菲利普维尔去收拾他们的行李。我想到这样就可以利用他们向菲利普维尔的守军招降，于是立即答应了他们的要求。

我的护卫战车连正向讷维尔（Neuville，在菲利普维尔的南面约 2 英里处）方面进发，其目的是要切断法军从菲利普维尔向南撤的退路。当我和莫斯特赶到连上的时候，发现他们正在讷维尔的附近与敌人发生激战，并且有再向西南发展、转为追击的模样。不过我却并不想再向南面进展，于是命令他们立即停止战斗，并由讷维尔继续向东面前进。在弗西地（Vocedee）南面约 500 码的地方，我们又碰到胡特曼（Huttemann）战车连的一部分，他们便和我们会合在一起行动。在弗西地的南部边缘上，我们和相当数量的法军战车发生了遭遇战，很快我们就占了优势。法军自动停火投降，我们的士兵走到他们战车的旁边，勒令乘员出来就俘。我们一共俘获了 15 辆法国战车，有些已经被击伤，有些是完好的，我们无法留下人员来看守它们，于是就命令把完好的法国战车带着一起走（仍然由法国人驾驶）。又再过了一刻钟，我们就到达从迪南往菲利普维尔之间的主要公路，在那里我碰到了步兵旅的先头部队，其中包括第八机枪营，他们是预定跟在战车部队后面前进的。我带了几位军官坐在我的装甲车里，而整个纵队则跟在我的后面，大家都以高速度沿着一条尘土飞扬的公路，通过菲利普维尔的北郊向前驶去。（隆美尔此时已经掉过头来，再向西面前进了。）在路上走的时候，我就把当前的情况解释给各位指挥官听，并且交代给他们新的任务。

第二天（5月16日），军部有命令来叫我留在师部里，至于是什么理由我不知道。一直到大约9点半的时候，我才获得军部的许可，准我自由行动，不久我就奉到命令，从锡夫里（Sivry）突破马奇诺防线并在夜间到达阿韦讷（Avesnes）附近的丘陵地。

这并不是真正的马奇诺防线，真正的马奇诺防线只到隆吉永（Longryon）附近，再向西延伸的就是所谓"小马奇诺防线"，其工事的强度远不如"大马奇诺防线"。但是德国方面的记载对原有的防线与延长线之间是一向不加区别的。

古德里安和赖因哈特两军，在越过马斯河不久之后，就已经分别突破了这个"小马奇诺防线"，现在正在向西挺进中。但是霍斯这一军，因为渡河点远在北面的比利时境内，此地的"小马奇诺防线"距离马斯河较远，所以当他们向西南面挺进的时候，就还要穿过这一道防线。锡夫里在塞尔丰泰讷西面12英里处，阿韦讷又在锡夫里西面12英里处。

我正在与我的参谋长讨论对于马奇诺防线的攻击计划，突然军团司令克卢格上将走了进来。他对我们这一师还没有开始行动，感到很惊异，于是我就把我的全盘计划讲给他听：第一步首先是要占领锡夫里附近的地区，此时侦察营以广泛的正面监视着马奇诺防线，而炮兵的主力就趁机进入锡夫里附近的阵地。然后战车团在强大炮兵火力的掩护之下，开始攻入敌军阵地。最后，步兵旅也在战车掩护之下，开始攻入敌军阵地，并扫除障碍物。在这些工作全部完成之后，开始向阿韦讷突破，由装甲兵前导，全师的主力跟在后面前进。克卢格将军听了之后，马上就批准了我的计划。

不久，领先的那一营就迅速攻入了锡夫里，几乎完全没有遭到抵抗。炮兵和战防炮也就立即跟着进入阵地，并且奉命马上向边界两面的某些地区开炮，以便试探敌军是否会还击。此时，第二十五战车团也已经到了锡夫里，并奉命越过边界，并攻占克来费兹（Clairfayts，约在 3 英里以外）。敌人的炮兵竟全然不还手。

我还是和昨天一样，坐在团长的指挥战车里，一同进攻。不久我们就越过了法比两国的国界，战车成纵队慢慢地向克来费兹前进，此刻它距离我们不过是一英里左右。敌方还是毫无声息，虽然我方的炮兵还在断续地向着敌境的深处发炮射击。不久我们就发现在我们的周围都是果树和高高的树篱，它们使我们的前进速度减低。隆森堡的战车居于领先的位置，我的副官汉克（Hanke）就坐在一辆Ⅳ型战车里，紧跟在后面。他所奉的命令就是注意我的信号，立即发炮，去指示其他战车射击。[1]以往的战斗中，战车兵往往花了太多时间才找到他们要攻击的目标，因而浪费了不少的时间。


曼弗雷德附注：汉克是一名纳粹党的中坚分子，同时也兼任戈培尔（Goebbels）的宣传部工作。由于他恃其身份大为骄横，使得我父亲麾下其他幕僚都很讨厌他。最后我父亲也忍不住把他轰走，因为汉克公开说他有权力把我父亲从其位置上拉下来。

后来汉克担任西里西亚（Silesia）地区的纳粹党部领袖，他下令防卫布里斯劳（Breslau）的守军要"战至最后一块石头为止"，结果当苏联军队攻入布里斯劳、全城被摧毁殆尽时，他却搭乘一架飞机逃走了，把全城军民留给苏军去"友善"对待。汉克逃走以后就下落不明了。


突然我们看见大约在 100 码以外，有一个法国要塞工事的轮廓。在它的附近有一些全副武装的法军，当他们一看见战车之后，马上本能地做出准备投降的模样。我原以为可以不必经过战斗，就过了这一关，突然我方

---

[1] 隆美尔当时乘坐的是一辆指挥战车，为了在炮塔内放置地图桌而把主炮拆除，又在外表上装了一根木制的假炮管来作为伪装。——编者注

的一辆战车，向着其他方向的敌人发射了一炮，结果这些法国守兵马上就躲进他们的碉堡里面去了。不到几分钟，领先的战车群的左面受到强烈战防炮火力的攻击，同时法军的机关枪也到处打响。我们死伤了一些人，有两辆战车被击毁。当敌火暂时沉默后，才发现在要塞的旁边有一个极深的战防壕。在敌人的后方和由克来费兹到阿韦讷的公路上，还有很多的工事以及用钢铁做的拒马，专供阻止战车之用。

此时，第二十五战车团的所属各部，已经分别在克来费兹西面和南面2000码处，与敌人发生了激战，炮兵在我的命令之下猛烈射击，并且在马奇诺防线中的某些地段上施放烟幕。法军的炮兵现在才开始向克来费兹和锡夫里轰击。不久机车兵就和第三十七装甲侦察营的工兵排一同开到了最前线。在战车和炮兵的火力掩护之下，步兵开始向敌人阵地进攻，同时工兵也着手扫除那些拦路的钢铁拒马。

天色开始转黑，夜色茫茫。在克来费兹和更西的地方，已经有几处农舍起火燃烧。我命令部队立即前往要塞地带，并且尽可能向阿韦讷方向深入。

当第三十七侦察营的工兵还正在爆破那些钢铁的拒马时，敌人的战防炮和藏在克来费兹西面1000码远的房屋丛中的几门野战炮，就和我们发生了激烈的炮战。他们不断地向我们的战车和步兵射击，最后，还是一辆Ⅳ型战车发了几炮，才把他们打得不响了。

现在向西的道路已经畅通无阻了。月亮已经升起来，我下达命令：在整个突破的计划中，领先的战车在驶向阿韦讷的道路上，一定要用炮火和机枪向前方扫射，因为我希望这样就可以阻止敌人去埋设地雷。其他紧跟在后面的战车，一定要准备随时向路两边开炮。至于师部的大批兵力就奉命坐上卡车，跟着战车团的后面前进。

此时，战车排成一个绵长的纵队前进。在月光之下，可以看见第七机车营的士兵在我们战车的两侧徒步前进。偶尔可以听到敌方的机枪声和炮声，但是却没有一颗炮弹落在我们的附近。我们的炮兵早已向装甲兵前头的村落和道路发出了准备性的射击。慢慢地，速度加快了，引擎发出了怒吼，履带轧轧发响。在这种震耳欲聋的环境中，已经听不见敌方是否还在射击。我们在索勒尔堡（Solre le Chateau）西南方约 1 英里处，越过了铁路，然后转向北面，不久就来到了主要的公路。沿着这条路，很快就经过了一堆房屋。房屋中的居民都被我们战车的响声吵醒了。有许多法军正在路旁宿营，军用车辆停在农场上和道路旁边。法国的军队和平民，都骇得面无人色，纷纷躲在沟道里、篱墙边和洼地上面。我们在难民的纵队旁边擦身而过，路上丢满了农家的大车，它们的主人已经顾不得它们，而纷纷向田野里落荒逃命了。我们完全不管这些事，一心用高速度直向目标挺进。我时常在遮掩着的灯光下，略略地看一看地图，然后用简短的无线电，把我们现在的位置和第二十五战车团的战果，报告给师部知道。在清冷的月色之下，平坦的原野显得分外凄凉。我们已经突破了马奇诺防线！这简直令人有一点不敢相信。22 年前，我们曾经花了四年半的漫长时间，在此和同样的敌人做殊死的搏斗，虽然我们曾经一再获得胜利，但是最后还是输掉了战争。而今天，我们又已经突破了这个世界闻名的马奇诺防线，并且正在向敌人境内深入。这并不仅是一个美丽的幻梦，这是千真万确的事实。

突然，从道路右边约 300 码远的一个小山中，出现了一个闪光。那毫无疑问是一门隐藏在混凝土碉堡里面的大炮，正在从侧翼方面，向第二十五战车团发炮射击。接着从其他的地点上，也都可以看见许多的闪光，但是炮弹的爆炸却还是看不见。我赶紧把这个危险告诉隆森堡——他正在我的旁边——叫他立即下命令，叫各辆战车加速一鼓作气冲过这个第二道防线。

战车上的兵员早已学会了在攻击前先开炮射击的方法，现在就都纷纷迅速发炮了。我们多数的炮弹都是曳光弹，当这个战车团冲入敌人防线时，大量的弹雨就纷纷向两侧的田野里射去，不久我们就通过了这个危险地区，而并没有受到太严重的损失。敌人现在已经被打得昏头昏脑。军用车辆、战车、炮车和难民的大车，把道路差不多都堵塞了，必须用力把它们推开，才能继续前进。四方八面都是法国兵，通通是卧倒在地面上。所有农场上也都塞满了战车、炮车和许多其他的军用车辆。现在向阿韦讷的进展不得不慢下来。不久公路就分岔了，一条向右的路，通到莫伯日（Maubeuge）；

另外一条路向左，通过谷地直达阿韦讷。这条路上此时也已经挤满了难民和大车，他们看到战车来了，就纷纷靠边让路，有时我们还不免要指挥他们如何行动。愈是靠近阿韦讷，路上就愈拥挤，我们的前进也就愈困难。

我并没有叫纵队停止前进，却随着领先的战车营，一同冲上了阿韦讷以西的高地，我准备在那里停下，以便进行收容俘虏和清理俘获武器的工作。在半路上，曾经派遣了两辆战车，组成了一个侦察队，从阿韦讷的南郊，沿着大路向南搜索。差不多越过镇市约有 500 码的时候，我们在通向朗德勒西（Landrecies）的公路上暂时停了下来，把部队集中起来，以便围捕在附近的法军。这里的情形也一样混乱，到处是车辆和散兵。我们立即将交通加以管制，并且组成了一个临时的战俘收容所。

这时我们与后续的战车营和第七机车营，都已经丧失了联络。这些事暂时还没有使我感到担心，因为在这种混乱的环境当中，交通的阻塞是难免的。我们已经到达了我们的目标，这就是一件大事了！不过，阿韦讷镇的法军还至少有一个战车营，恰好就在我方战车团的中间，而且法军的重型战车不久就把通到镇内的道路全都阻塞住了。第二十五战车团的第二营马上就向阻塞道路的敌军进攻，但是并未得手，而且还损失了几辆战车，在阿韦讷以内的战斗也转趋激烈。不久我们与第二营之间恢复了无线电联系。阿韦讷镇内的战斗一直打到 5 月 17 日清晨 4 点钟，才渐渐停止。

天慢慢亮了，战斗也已近尾声。此时，我就命令师部用无线电向军部请示，在我们已经突破了马奇诺防线之后，是否还应继续前进。结果迄无回示，可能是无线电叫不通的缘故，于是我就决定在拂晓之后，继续进攻，以占领和确保在朗德勒西的桑布尔河（Sambre）渡口为目的。我用无线电向各单位发出命令，叫他们都跟在战车团的后面，向朗德勒西（在阿韦讷西面约 11 英里处）前进。

差不多凌晨 4 点钟的时候，我率领战车团的第一营开始向朗德勒西挺进。第七机车营现在已经赶上，就紧随在后面，而且我也确信其他各单位也都一定是照计划，一个跟一个随在后面。此时无线电已经发生了故障，但是我却不知道，因此我的命令只是向太空中发送而已。

因为在前一晚并没有得到补给，所以我们必须节省弹药。路上和路边仍然还是塞满了战车、大炮和军用车辆，以及老百姓所用的大马车。我们一炮不发，有时还绕道路边越野前进通过了这些纵队。法军看见我们突然从天而降，骇得手忙脚乱，他们丢下武器，纷纷向东面逃走，几乎没有抵抗的企图。我们在道路上若是遇见了敌人的战车，一律加以破坏，使其不堪使用。沿途有很多的法军向我们投降。

有一位法军中校对他们的溃乱感到特别愤怒，他的座车被堵在逃难的车流中，因而被我们俘虏。当我们问他的官阶和职务时，他表现出一股愤怒的表情。因为局势还很紧张，纵队随时都有可能被混乱的车流阻断，如果把这名中校放走，难保他不会在我们后方制造问题，于是就决定叫他跟着我们一同前进。他那时已经向东走了50码远，又再被喊了回来。当隆森堡命令他走进战车的时候，他却毅然拒绝，经过再三的劝告，他还是不肯听从，于是只好把他就地枪决了。

当我们经过马鲁瓦耶（Maroilles，在阿韦讷西面约8英里半处）的时候，街道上简直是挤满了人，虽然我们一路高呼着"让开！"但是却少有效果。这时，温暖的阳光从薄薄的晓雾中透了出来，照在我们的背上，而我们正加速地向西前进。出了村落，路上也还是那样地拥挤，战车只好在路旁的田野中行进。最后，我们终于到达了朗德勒西。在这个靠着桑布尔河的镇里面，到处都是车辆和法军，但是他们并未抵抗。我们从桑布尔桥上面辚辚地碾过，桥那一头就有一个法军的营舍，里面住满了法国兵。当我们的纵队还是一直往前进的时候，汉克一个人冲进了那座营房，命令法军的军官把士兵集合起来，向东面开拔。

当时我还以为整个师都是迅速地跟在后面跑，所以我就继续向勒卡托（Le Cateau，在朗德勒西西面约8英里处）进攻。我们通过了一大片森林，那是敌军用来当作弹药堆栈的。敌军的哨兵由于面向着朝阳，没有分辨出有德军来袭，等到我们走近时，他们就只好投降了。我一直冲到了勒卡托东面的小山上，才停了下来。那是清晨6点15分。我现在第一要务，就是要设法和后方联络上。

隆美尔从前一天上午算起，已经前进了50英里。他那种在夜间拼命猛冲的战法，实是一种极果敢的行为。在他的以前和以后，有许多指挥官都认为，即令是在胜利后做扩张战果的行动，像这样在黑夜里让战车向前狂奔的方法，也还是过于冒险的。

在隆美尔的左面，赖因哈特和古德里安的两个装甲军，也正在和他竞赛，差不多是在齐头并进。同一天清早，古德里安的左翼师已经到达瓦兹河（Oise）上的利贝蒙（Ribemont），约在勒卡托南面20英里处。向西狂奔的"战车怒潮"，已经冲开了这样大的一个缺口，直向海岸勇进，切断了在比利时境内联军的后路。一切想阻止它们的企图都完全失败了，因为法军的反应速度太慢：每逢法军统帅部选定一条新的防线时，不等到姗姗来迟的法军预备队开到，就早已为德军的战车所突破了。


现在最重要的工作就是要确保我师已经攻占的地区，并且收容这么多的俘虏——约相当于两个机械化师。前进时，虽曾一路用无线电把经过告诉师部，但是只有我们的去电，却始终未收到他们的回电。虽然如此，当我知道战车团和机车营都只有一部分兵力到达了这个小山的时候，我却并不太着急。我立即派了一个军官到后方去建立联系。此时，隆森堡率领的一部分战车已经与敌人的战车和战防炮展开战斗，不久就击溃了守军。当我回到战车营的时候，发现他们正在建立阻塞工事，以等待哈根上尉（Capt. von Hagen）机车营的增援。当时我认为勒卡托前线是不会有什么问题了，并且仍然相信全师的其余单位也一定距离不会太远，所以命令隆森堡指挥机车营，共同守着现有的阵地。我则坐上通信车，由一辆Ⅲ型战车担任护卫，开回去召集全师的部队。在路上，我们遇见了一些机车营和战车团中迟到的车辆，上面的乘员告诉我们说，在朗德勒西一定要小心，因为已经有一些我们的车辆，在那里遭到了敌方战车的袭击。于是我就用高速度向朗德勒西狂奔。当我们最后到达了通往阿韦讷的公路时，发现到处都有法军的战车和战防炮，所以我们不敢再停留，两辆车都以最高速度冲过了危险地带，驶上了到马鲁瓦耶的道路。这时，那辆Ⅲ型战车又因机件故障，中途落伍了。

现在公路两边都停满了车辆，法军的官兵就在他们的武器旁宿营。但是很明显，他们的恐惧心理却还没平复，我们从疾驶的车辆里向沿路的法军打手势、喊叫，命令他们跟着走。沿途一个德国兵都没有，当我们穿过马鲁瓦耶时，在村落东面赫然发现一辆因为机件故障停在那里的Ⅳ型战车，不过它的75毫米大炮却还可以使用。我们如释重负地喘了一口大气，在这种时候，一辆Ⅳ型战车就是一个强有力的护身符。

这里公路的两旁也都是法国兵，但我们没有押送战俘的兵力，无法把他们编成行军的队形。有时我们可以叫他们跟着走，可是当我们的装甲车一走远之后，他们就向丛林中四散奔逃了。

于是我就命令那辆Ⅳ型战车守住马鲁瓦耶以东的小山，并且把从西面来的战俘都往东面送去。接着我们继续前进，但只走了几百码之后，驾驶员就报告说，必须停车加油了。幸亏他还携带了几桶油。这时，汉克告诉我，根据那辆Ⅳ型战车中乘员的谈话，似乎下面的村落已经被敌人重新占领了。用我这种轻型装甲车，当然无法与法军的战车和战防炮交手，所以我就又驶回Ⅳ型战车的位置，想在那里利用无线电和全师各单位取得联系，命令他们迅速进入我们已攻占的地区。

当我刚刚回到那辆Ⅳ型战车所在地的时候，突然有一个我军的摩托化步兵连从地平线上出现了，他们从马尔拜（Marbaix，在朗德勒西西面5英里处）方面快速驶来。我希望有其他的部队会跟在这个连的后面，于是我又再向阿韦讷方向驶去，结果却一无所获。

在马尔拜东面不远的地方，有一辆法国车辆正从我的装甲车前面横越过去。在我们高声喊叫之下，它停了下来，一位法国军官走了出来，向我们投降了。在这辆汽车的后面，有一大队法军的卡车跟在后面，激起一大堆的尘土。我立刻要求这个车队改向阿韦讷方面开去。汉克跳上了第一辆卡车，而我就站在十字路口，指挥法军放下他们的武器，告诉他们说战争已经过去了。从烟雾里，看不出来这个车队一共有多长，所以在过去了十几辆以后，我就赶到了纵队的前面，带着他们向阿韦讷驶去。最后，我们到达了阿韦讷的西南面出口，在那里我们找到了巴里斯营（Paris）的一部分。

一点都没有停顿，汉克立即把那个车队引入一个停车场，开始解除敌军武装。现在我们才知道所有车辆总数在 40 辆以上，多数都载有敌兵。

师部在大约 16 点钟的时候，才到达了阿韦讷，各单位纷纷开入我们已经攻克了的地区。在行进中，炮兵团的第二营顺便制止了 48 辆法军战车在阿韦讷的正北面企图反击的行动。这些战车沿着公路一字排开，有的引擎还没熄掉。许多驾驶员还在他们战车里就被俘了。这个行动解除了第二十五战车团后方会受到攻击的威胁。

根据官方战史记载，在 5 月 16 日到 17 日之间，第七装甲师为了突破小马奇诺防线，一共只死了 35 人，伤了 59 人，这是来源于该师正式战史的数字。在该师地区中所收容的俘虏数约为 1 万人，另外加上 100 辆战车、30 辆装甲车和 27 门大炮。这个数据的结论说：“本师因为没有时间，所以无法收集大量的俘虏和装备。”

把全师安置在勒卡托和锡夫里以西之间的地区以后，我大概休息了一个半钟点。刚刚过了午夜之后，我们就奉到命令，在明天（5 月 18 日）继续向康布雷（Cambrai）进攻。大约在第二天上午 7 点钟的时候，第二十五战车团副团长来到师部，报告说有一支强大的敌军正在潘美伏里（Pommereville）的森林中布置他们的阵地——约在朗德勒西和勒卡托之间。第二十五战车团现在仍守住勒卡托东面的小山坡，不过十分需要燃料和弹药的补充，团长命令他尽可能把这些物资带回前线去。

大约 8 点钟的时候，我命令剩下来的战车营，都立即向朗德勒西和勒卡托前进，一直到与团部会合为止，好将弹药与燃料补充给他们。第三十七装甲侦察营的剩余部分也就跟在后面前进。我带着莫斯特和汉克，从后面跟上了战车营，他们正在潘美伏里以东半英里远的森林中，和阻塞进路的法军战车对阵。双方在路上展开了激战，我方根本没有机会从两边向敌人实行迂回。我们的火炮对法军战车的厚重装甲，根本就没有效果。（当时法军战车的装甲厚度，约在 40—60 毫米之间，而德军的中型战车，钢板厚度只有 37 毫米，至于轻型战车的装甲当然就更薄了。）

我们站在很近的距离，看着他们打了一会儿，我最后就决定把战车营从这个森林里，向南由阿尔斯（Ors，在朗德勒西西南方 4 英里处）绕道走。在阿尔斯的北郊，我们又遇着了法军，现在势必要打开一条进路，所以进展就更慢了。由于某种不可知的原因，为战车团运输弹药和燃料的纵队并没有能够跟上。当我们到达隆森堡的位置时，已经是中午了。他报告说，他们一再受到敌人强大战车部队的攻击，但是仍然守住了阵地。不过现在因为没有燃料和弹药的缘故，已经不能再做进一步的行动了。不幸得很，此时我也没办法帮助他。

我派了必要的兵力到潘美伏里去，以求打通到朗德勒西的最短路线。此时，法军的重炮兵开始向我军的阵地猛轰。他们的火力很准确，逼得我方一部分的阵地非撤出不可。我自信在潘美伏里的战斗即将顺利地结束，于是命令战车团立即准备向康布雷进攻。到了 15 点钟，情况已经够清楚，攻势便又开始了。


以下一段的隆美尔记事太琐碎，且并无太多的意义，所以只简明地综述如下：又过了几个钟点，物资的补充才赶到。此时留在原地的两个战车营开始接收补给，而隆美尔本人则已经率领着一个战车营，走上了向康布雷进攻的大路。


我命令巴里斯加强营尽可能用最快的速度，抢占由康布雷通向东北方和北方的两条公路。由少数的战车和两小队的高射炮领先，这个营以广正面和极大的纵深，采取越野的行动，直向西北方前进。战车和高射炮，都不断地向康布雷的北郊发炮射击。尘雾中，康布雷的敌人看不见我方兵力的虚实，以为又是一个大规模的战车攻击，于是马上就停止了抵抗。


天下再找不到比法军统帅部使用装甲兵力的方法更糟的了。他们一共有 53 个战车营，而德军一共只有 36 个营，但是所有的德军战车营，都已经编成装甲师(一共10个师),而法军战车的一半却用来作步兵的支援单位。连他们的7个装甲师,也都被分割使用而糟蹋掉了。

在战前,法军唯一的装甲师,就是所谓"轻型机械化师"(一师有200辆战车),是由骑兵改编的。法军一共有3个这样的师,现在都已经开入了比利时境内。另外还有4个所谓"装甲师"(一师却只有150辆战车),那是在开战后的冬天(1939年)里新成立的。当7个德军的装甲师(每师平均约有260辆战车),组成一个巨型方阵,从马斯河上排山倒海地冲过来时,这4个法军的装甲师,却个别且逐次向它们迎击,大有以卵击石的味道。法军第一装甲师本来是直向迪南进攻,可是因为燃料用完了,而被德军轻易地击毁——这个事实已见前述。第三装甲师位置在色当附近,但是却担负着支援步兵的工作,结果在古德里安3个师的压力之下,这些碎片也化为乌有了。第四装甲师的师长是著名的戴高乐将军(Gen. de Gaulle),但是他这个师是最近才编成的,兵力还不足额。当古德里安军向瓦兹河横扫直前的时候,戴高乐试图袭击德军的侧翼,但是却为强大的德军所扫开,一点都没能发生作用。第二装甲师则沿着瓦兹河布防,战线长达25英里,对这样脆弱的阻力,古德里安只是一跨步,就迅速地通过了。

在比利时境内的3个法军机械化师,正集中在康布雷的正北面,虽然他们在比利时平原上,已为德方霍普纳将军(Gen. Hoepner)装甲军所击败,但仍不失为一支强大的力量。他们本来奉命在19日,向南朝着康布雷和圣昆丁(St.Quentin)反攻,但是这个命令却并未付诸实行——因为有相当数量的战车都已被分散用在各处去支援步兵作战了。

至于英国方面,他们在法国只有10个战车营,也都分散配属给各个步兵师了。在德军发动攻势时,英国第一装甲师还待在国内,尚未启程到法国去。

# 第二章

# 合　围

　　对隆美尔而言，这个闪电式的突破战，就是以攻占康布雷为其结束。从 5 月 16 日起，被隔断在比利时境内的联军，也已经从比利时边境最远的防线，开始向后撤退，到了 5 月 18 日，德军装甲部队的右翼就已经和法军第一军团的后卫交战了。装甲军的庞大冲力，终于把勒卡托到康布雷之间的法军扫退，但是由于侧翼的威胁越来越大，使得德方的统帅部，感到很不放心。所以，当古德里安和赖因哈特两军还继续西进的时候，在右翼上的霍斯装甲军（包括隆美尔师在内）却奉命暂停原地不进，以等待后续的步兵到达，以接防北面的侧翼。

　　隆美尔对以下两天的记事，可以很简略地表述如下：在守住了勒卡托和康布雷之间的缺口以后，他就开始整顿他的部队，补充物资的损失，并且使士兵有一个睡觉和恢复精力的机会。他计划在 19 日的夜里，继续进攻，以到达阿拉斯（Arras）西南的高地为目的。

　　那天下午，他正在师部与他的幕僚们讨论进攻计划。突然军长霍斯将军走进了师部，命令暂缓行动，他的理由是部队在过去几天的战斗中，已经非常疲倦了。隆美尔不同意霍斯的见解。他说："部队在原地已经停留了 20 个钟点以上，而且趁着月夜进攻，可以减少损失。"最后霍斯才同意了。

　　向阿拉斯的进攻，开始于 20 日深夜 1 点 40 分，隆美尔还是随着战车带头前进，到了 6 点钟的时候，就到达了包内恩斯（Beaurains，在阿拉斯南面约 2 英里半处）。但是摩托化步兵团却未能如计划紧紧跟上，于是隆美尔又亲自驱车回去催促他们快走。哪知道此时法军却已经渗入了他的交通线。以后几小时之内，隆美尔的处境非常危险，一直等到一个步兵团带着炮一同来到之后，才算是解了围。这些部队就奉命守住在阿拉斯南面的防线，此时已经有消息传来，说有好几个师的联军，正在以该城的周围当作集中地。

5月21日，第七装甲师绕着阿拉斯的侧翼向西北面前进，而一个党卫军的"骷髅"（Totenkopf）师在它的左翼，至于第五装甲师则向阿拉斯以东进攻。隆美尔这一次再度用炮兵来掩护他那个暴露的侧翼，并且将装甲侦察营与战车团合并在一起，当作攻击的矛头，而步兵团则紧随在后面。这种布置的方式是很正确的。

差不多15点钟的时候，我命令战车团开始攻击。由于故障和损失的原因，装甲车辆的数量已经大为减少，但这次攻击的表现之佳却可以算是一个典范。当我看见它们作战时的架势时，已经确信第七装甲师和前几天的行动一样，都能获得成功。我本想带着莫斯特中尉（我的传令官）、装甲车和通信车等，一同随着战车向敌方进攻，以便用无线电直接指挥这个战斗。不过因为步兵团老是赶不上，我又只好亲自赶回去，催促第七步兵团赶快行动。四处都找不到他们的踪影，在费巧克斯（Ficheux）北面约1英里处，才终于碰到了第六步兵团的一部分，于是和他们一路转向威里（Wailly）方面。在该村东面约半英里处，我们遭遇到了从北面来的敌火力袭击。我们有一个榴弹炮连早已在该村北面的出口处占领了阵地，于是迅速地向从阿拉斯对面来的敌人战车发炮射击。

这个攻击是由联军指挥官在匆忙中组织起来的，其目的是想突破德军的包围，以便在比利时境内的联军突围退出。为了这个目的，英军第五师和第五十师，就带着第一战车旅冲向阿拉斯的南面，而法军也计划使用两个机械化师和两个步兵师，来配合这场攻势。这个攻势的准备时间实在太长，一直到发动攻击时，准备都还没有全部完成。5月20日那一天，古德里安军冲进亚眠（Amiens），而夜间就已经到达阿布维尔（Abbeville）附近，联军的供应线完全被切断——这是致命的一击。

在迫不及待的危急情势之下，英军指挥官决定不再等待法军的协助，马上展开行动。可到了真正进攻的时候，英军的兵力却只剩下了两个战车营（一共只有 74 辆战车），外加两个步兵营的支援。另外法军第三轻型机械化师的一部分（约 70 辆战车）也在右翼方向做配合的行动。

　　我们已经处在机关枪火力威胁之下，步兵们早已隐蔽了起来，我和莫斯特从装甲车的前面跑过去，到了炮兵阵地。从炮兵阵地方面的情形看来，他们对付敌方的战车，是很游刃有余的，因为炮手们都在冷静地发炮，一点不慌张。沿着炮兵阵地的后面，我们跑到了威里，并且在那里召集我们的车辆。敌人战车的炮火使我们留在村落内的士兵们相当惊慌，他们的车辆都挤塞在路上和广场中，好像忘了用手里的武器去打击来犯的敌人。我们尝试着恢复部队的秩序。在把威里附近的严重情况通知了师部注意之后，我们就驱车驶上了该村西面 1000 码处的一座小山，在一个凹下的小森林中，我们找到一个轻高射炮连和几门战防炮。在我们位置西面大约 1200 码的地方，敌军的一辆重型战车，早已越过了阿拉斯和博梅特（Beaumetz）之间的铁路线，并且已经击毁了我们一辆Ⅲ型战车。同时，另外有好几辆战车，正从北巴克（Bac du Nord）方面，沿着公路前进，也越过了铁路线，向威里进攻。这是一个非常紧张的局势，在相当距离以外，有一个榴弹炮连的炮手们，已经放弃了他们的炮位，随着步兵一同逃走。在莫斯特的协助下，我命令所有可用的火炮，都一律用最高的速度向敌人的战车发射。不管是高射炮，还是战防炮，都一律由我个人对每一门炮指示他们的目标，立即射击，因为敌人战车已经接近到这样的程度，除了赶紧射击以外，就再无其他的方法以来挽救这个危局了。炮兵指挥官本认为射程还太远，无法做有效的射击，但是我们却不管这一套理论。此刻我所最重视的问题，就是要用强烈的炮火，以来阻止敌人的战车。不久，我们就使敌方领头进攻的战车，丧失了它们的作用。

　　我们现在就把火力转移到另外一群敌人的战车头上（那是从北巴克方向来攻的），结果也使一部分战车起火燃烧，并且还迫使其余的战车向后退却。虽然在整个作战之中，我们也一直受到敌方战车的猛烈火力攻击，但是这些炮兵的作战精神却很值得敬佩。最坏的局势似乎已经过去了，敌

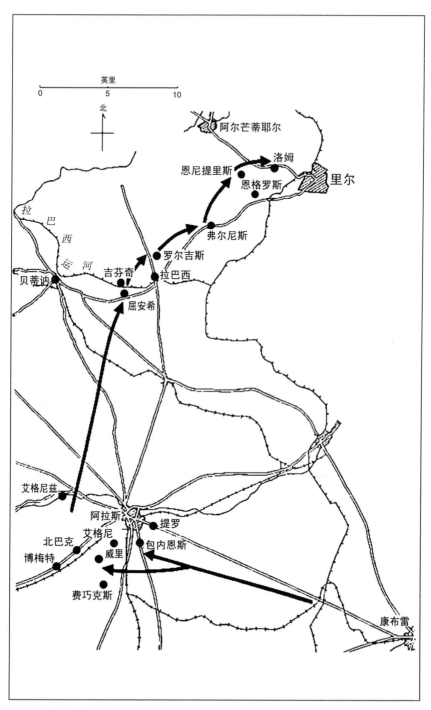

图 3　在阿拉斯和里尔附近的战斗

人的攻势已经被击退，可是就在这个时候，莫斯特突然倒在一门20毫米高射炮旁边，他受了致命的重伤，鲜血从嘴巴里流了出来。可怜的莫斯特，在没有把他从炮位旁边运到掩蔽地区之前，就已经瞑目长逝了。这个英勇的军人在此时死去，真是使我悲痛到了极点。

在这个时候，提罗—包内恩斯—艾格尼地区（Tilloy-Beaurains-Agny）也早已发生了惨烈的战斗，敌军非常强大的装甲兵力从阿拉斯冲出，向正在前进中的第六和第七两个步兵团进攻，使其在人员和物资上都受到极大的损失。我们所匆匆建立起来的战防炮阵地，对英国人的重型战车显得毫无效力，多数的炮位都为敌人所毁，人员死伤枕藉，敌方的战车就在他们身上轧了过去。我们的车辆有许多都已经起火燃烧，在我们邻近的党卫军部队，也因为吃不消敌方战车的压迫，一直往南面败退。最后，靠师炮兵和88毫米高射炮连等单位的努力抵抗，才算是在包内恩斯—艾格尼之线的南端，把敌人阻止住了。

第六和第七两个步兵团正在浴血苦战的时候，隆森堡的第二十五战车团，在一个猛冲之下，就到达了他们的目标。他们在那里焦急地等待着侦察营和步兵团的增援。大约在19点钟的时候，我下命令给战车团，叫他们向东南方进攻，以便从侧面和后方，对正在向南进攻的敌军装甲兵予以夹击。在这次作战中，战车团在艾格尼兹（Agnez）的南面，和大批的敌方轻重型战车相遇。马上就发生了极剧烈的战斗，战车与战车互相厮杀，一场恶战之余，战车团击毁了7辆重型战车和6门战防炮，并且冲过了敌方的阵地，不过我们的损失也不轻，一共有3辆Ⅳ型战车、6辆Ⅲ型战车和一些轻型战车受损。（根据第七装甲师的正式战史，在这一天该师一共有89人死亡，116人受伤，173人失踪。这要比突破法兰西国界时，所遭到的损失大了4倍以上。）

这个行动使敌人的装甲兵产生极大的混乱，所以虽然他们在数量上是居于优势，结果还是退回了阿拉斯。在夜幕低垂的时候，战斗停止了。此时在威里东北的情况已经完全恢复正常。

这一场攻击，是联军在被合围之前所做的垂死挣扎之一。虽然规模很小，但却也把德国人吓了一跳。

主要使德国人震惊的原因不是攻击行动的成功，而是英国战车的装甲太厚。英军所使用的是一种速度迟缓而装甲厚重的步兵战车——马蒂尔达型（Martildas）。其中 58 辆为小型的第一型（Mk.Ⅰ），上面的武装只有机关枪；另外还有 16 辆是较大的第二型（Mk.Ⅱ），上面的武装也只有两磅的炮。❶ 即令是第二型，它的最大速度也只有每小时 15 英里，但是它的装甲却有 75 毫米厚，普通的德制 37 毫米战防炮对它毫无作用，甚至炮弹都会跳飞了起来。

这次英国战车的进攻——在数量上并不占优势——因为缺少步兵、炮兵和空军的支援，最初虽然发展得很好，但是不久就渐次停顿，而终于不免以失败收场。

可是它在精神上和士气上，对德军最高统帅部的打击却足够大——这超出物质作用的比例之外，在战后检讨 1940 年战役的时候，伦德施泰特元帅曾经这样说道："当我们兵力刚刚到达海峡地带的时候，突然发生了一个紧急的情况。那就是英军在 5 月 21 日，从阿拉斯向南发动了一次反攻。有一段时间，我们很害怕，我们的装甲师，在步兵师尚未能跟上之前，曾被敌人切断了联络。而法军的反攻则没有一个具有这样的严重性。"克卢格和克莱斯特两个人最感到惊慌。克卢格主张一定要等到情况完全弄清楚了以后，才能再从阿拉斯地区向西进攻。克莱斯特也感到紧张不安，所以当古德里安从阿布维尔转向北面，朝着布洛涅（Boulogne）、加来（Calais）和敦刻尔克（Dunkirk）前进时，马上就遭到了克莱斯特的阻止，使他无法引兵穷追。

于是，到了 5 月 24 日，古德里安和赖因哈特两军，在距离敦刻尔克仅仅 10 英里的地方，奉着希特勒的命令，就地停止，不准再进——这样

---

❶ 早期英国人是以炮弹重量而非口径来区分火炮。——编者注

才使英军能够从这个最后的港口，仓皇遁走了。不过这个影响整个战局命运的命令，是希特勒在与伦德施泰特会谈后才发出的，很明显，伦德施泰特是受了克卢格和克莱斯特两个人的影响。过了两天，5月26日，德军才再奉命进攻，可是阻止英军逃出陷阱的机会却已经丧失了。

最亲爱的露：

小睡了几个钟点之后，现在又是该写信给你的时候了。我一切都好。我这一师已经有了光荣的成就。从迪南、菲利普维尔村，突破了马奇诺防线，一夜之间在法国境内前进了40英里，到达勒卡托，然后是康布雷和阿拉斯。一路战来，我这个师比其他任何人总是居于领先的地位。现在围猎的对象就是60个被圈禁着的敌军师（英法比都有）。你不要为我担心。我看法兰西之战不出两个星期就要胜利结束了。

1940年5月23日

此刻正在贝蒂讷（Bethune）的前方。我身体非常健康。一天到晚忙忙碌碌地工作。不过照我的估计，战争在两个星期之内是一定可以获得胜利。天气真好——只是阳光太强烈了一点。

5月24日

这一两天来没有作战，对我们是很有益处的。一直算到今天为止，本师的军官已经战死27人、负伤33人，而士兵的死伤总数为1500人，也就是损失了12%的人数。不过比起他们的成就，却可以说是太有价值了。现在最坏的阶段已经过去了，似乎以后不会有什么太严重的战斗。饮食睡眠都已经恢复了常态。希拉普内早已回来了。可是他的代理人却在距离我只有一码远的地方，英勇战死了。

5月26日

5月22、23日两天内，隆美尔绕着阿拉斯的西郊，继续向西挺进，在这个迂回攻击的威胁之下，阿拉斯的英军在5月23日的黑夜里，撤往运河边（在该城北面约 18 英里处）。这条运河经过拉巴西（La Bassee）和贝蒂讷，流到敦刻尔克的西南面，在"坟墓线"（Gravelines）入海。5 月 24 日，希特勒命令所有的装甲师，都停止在这一条运河线上。隆美尔就利用这两天的时间来整编他的部队。

希特勒在 26 日才取消了禁止前进的命令，而此时英军也决定由敦刻尔克从海路撤退了。此时扼守运河线的英军大部分都早已抽往北方，以增援比利时方面的防线。因为博克集团军在迫使比军投降之后，已经大量地增强他们的压力。

当再奉到命令进攻时，隆美尔就很快地向北挺进，其目标为里尔城（Lille）——想要切断位于该城以内和以东的联军。

在这个阶段的作战中，联军的指挥官因为交通线已经被切断，所以对当时的局势充满了悲观的描述。但是从德国人眼里看来，情形却完全两样，隆美尔的记载即为一例。当他渡过拉巴西运河时所遭到的困难，就是一个明证，比起马斯河来，这实在只是一条防守极单薄的防线。在他所进攻的地区中，英军一共只有一个营的防御兵力。

根据 5 月 26 日下午师部所接到的空中侦察报告，在运河以北的敌人已有向西北方撤退的迹象。我立即向军部要求，准许我在这一天黄昏前，在运河彼岸建立一个桥头阵地。这个要求不久就获得了批准。

在整个夜间，我都在运河边和部队在一起。第三十七侦察营，虽然饱受敌军狙击手的袭击，但是由于炮兵的协助，其装甲巡逻队已经直达运河的对岸，不过在那里却受到强大敌军的抵抗，使他们无法建立一个桥头阵地。在第七步兵团方面，那天晚上却获得了一个惊人的成就，它的两个营里各有一部分兵力，渡过了已经塞满沉船的拉巴西运河，并站稳了脚跟。我很有理由相信，在这一夜当中，该团两个营都可以在北岸建立坚强的立足点。

5 月 27 日，也就是第二天的清早，我驱车往屈安希（Cuinchy）渡河点，想看看实际的情形已经发展到了什么样的程度。敌方的狙击手还是非常活跃，主要的攻击都是从左面来的，有很多人都已经被击中，工兵营已经在运河旁边一个小港口里，建造好了几个浮筏，足够架桥之用。不过，他们所建造的却是 8 吨型的，而不是比较大的 16 吨型，因为在这个到处都塞满了沉船的河道内，那种大型的浮筏恐怕很难调动。工兵也已经在使用炸药，想炸出一条通路，不过因为沉船是一个很笨重的东西，所以一时还很难收效。

这次渡河攻击前途似乎并不太乐观。第七步兵团的第二营，已经有一部分兵力坐着橡皮艇，渡过了河，现在正驻扎在对岸的丛林里。不过，并没能够如我的理想，这个营既没有能够深入北岸，掘壕固守；同时也没有把吉芬奇（Givenchy）村占领下来，他们也没有把西边沿着运河北岸几百码以外的敌军肃清，更没有把战防炮和其他重武器运过河去。在南岸方面重武器连的火力掩护也不太有效。关于第一营方面的情形，料想大概也差不多（该营在东面某点也已经获得了一个立足点）。

我马上就命令第六三五工兵营（这是新近拨给我指挥的）在屈安希原有被炸毁的桥梁附近，建造一座 16 吨的便桥。

于是在我个人指挥之下，几门 20 毫米的高射炮，另外加上一辆Ⅳ型战车，开始肃清敌人的狙击手。我把位置在第二营架桥点以西的房屋，凡是距离在 300 码到 600 码以内的，都完全加以摧毁，并且用一把火将那些灌木丛林也都扫荡干净了。两天后，当我们又从这个运河上面通过的时候，我才有机会亲眼看到我们火力的威力，是如何的有效。有些英军藏在一个水闸的管理室里，从他们所遗留下来的许多弹药空壳，就可以知道他们一直是在侧翼方面袭击我们。我们只打了几炮就把那些英军全部都赶跑了。满地所遗留的就只有许多血渍斑斑的绷带和一具英国兵的死尸。

当我们正在消灭这些据点的时候，工兵们就在忙于布置他们架桥的工作。这时突然有一个报告来说，有一支敌人战车所组成的强大兵力，正从拉巴西方面向第七步兵团的东面桥头阵地猛攻，克拉米（Cramer）营已经被迫退过运河了。敌人的战车，其中包括几辆英国的重型战车（隆美尔所说的重型战车，实际上就是马蒂尔达 Mk. Ⅱ 型步兵战车，总重不过 26 吨。而德制的Ⅲ型中型战车重量为 20 吨，时速 22 英里，Ⅳ型中型战车重量为

22 吨，时速 20 英里。不过英国战车装甲奇厚，而行动极慢，所以使人感觉到它是"重"型了。实际上，此时的英军战车旅，只剩下了一个连，其中只有 16 辆七拼八凑的东西，而只有一辆是马蒂尔达 Mk. II 型的。）已经到达北岸，用机关枪和火炮，向着南岸猛射。局势已经非常危险，因为敌方战车此时大可以沿着运河河岸，向西进攻巴赫曼（Bachmann）营。该营在北岸上的阵地既没有纵深，且除了战防枪❶以外，就更无其他的战防武器。要是敌人晓得利用这个扩张战果的机会，他们只要几分钟的时间，就可以攻占西面的渡河点。

我驱策着工兵们拼命加快工作，希望把浮桥勉强搭起来，以便至少可以把几门炮和几辆战车火速运到对岸去。因为运河里面塞满了许多的沉船和其他的障碍物，所以浮桥无法拉成一条直线，因此在结构上也就没有什么力量。当第一辆IV型战车渡过的时候，这座桥就摇摆不定，显出惊险万分的样子。当这辆战车刚刚开始渡河的时候，我就同时命令一辆IV型战车，沿着我们这一边的河岸，向东开进 50 码，并且立即向从拉巴西方面来攻的敌方战车开炮痛击。这辆IV型战车的火力使领先的敌方战车停止了下来。过了一会儿，又有一门榴弹炮被用人力推过了河。不久就把敌人的战车攻击完全阻止住了。

我们开始设法增强这个浮桥的载重力，不久以后，车辆就一辆接一辆的，开始向北岸移动。首先通过的是野战炮、战防炮和 20 毫米高射炮，接着就是第二十五战车团的部队，中间还夹着一个 88 毫米高射炮连。到了中午的时候，在这块刚刚在北岸上所赢得的地区里已布满了各种火炮。差不多正午的时候，海德开普就用无线电催我赶紧回师部去，因为刚接到军部的命令，说第五战车旅——旅长为哈第将军（Gen. Harde）——已经配属给我们，以便参加里尔城的攻击战。我回到师部后不久，哈第将军就带着他的团长们，来到师部向我报到。

---

❶ 指使用穿甲弹的大口径步枪，反战车能力很有限。——编者注

第五战车旅本属于第五装甲师（该师属于霍斯装甲军）。该旅下辖两团，每团两营。而隆美尔这个师却只有一个战车团，下辖三个营。在开战之始，这个旅有 324 辆战车，而隆美尔全师却只有 218 辆战车。

我带着哈第将军一同坐上汽车，又回到屈安希附近的桥头，当我们到达时，桥梁已经完全架好了。车辆正在加速渡河，不过两岸都有陡坡，使行动无法太快。步兵旅早已渡过了北岸，但车辆却跟不上。第二十五战车团在吉芬奇的附近，已经完成了备战的准备，炮兵和轻重高射炮也都已经在北岸分别占领了他们的阵地。不过敌人的炮兵却还继续向我们的桥头阵地实施扰乱性射击。我们在北岸所占领的地区似乎还是太狭窄，于是我就命令第二十五战车团立即向罗尔吉斯（Lorgies）进攻，以扩大我方阵地。差不多 15 点的时候，第五战车旅开始经过屈安希桥实施渡河。因为桥头的坡度太大，所以渡河工作进行得远不如我们理想中那样顺利。有些重型车辆陷在斜坡上，必须把它们拖出来。哈第将军建议在这种环境之下，延缓攻击的时间，可是我却不同意他的见解。我命令该旅用已经渡河的战车，准时在 18 点发动攻击。

第二十五战车团此时已经冲得很远，到达了罗尔吉斯的附近。在前进时，他们撞上了敌人一条坚强的防线，经过一番激烈的战斗后才突破了敌阵。那些本来把炮弹向我军桥头阵地发射的敌方炮兵，现在都在挺进中的德军战车的前面，纷纷抱头狂奔。战车团一直向前进攻，用它的火力在敌人的战线上打开了一个显著的缺口，于是整个师，外加上第五战车旅的增援，都从这个缺口里钻了进去。因为战车采取越野的行动，一路战斗前进，所以速度很慢，步兵就跟在它们的后面前进。不久第五战车旅的魏纳（Werner）战车团从右面赶上，齐头并进，该旅所属其他单位也都跟在后面前进。使我特别感到眼红的，就是第五战车旅拥有许多崭新的战车，其实力要比我们这个师还要大很多。

当我们到达弗尔尼斯（Fournes）以东一英里半附近的一个谷仓时，天早已黑了。在到里尔的公路上，我们追上了隆森堡的指挥车。在弗尔尼斯（约在里尔西南面 10 英里处）的战斗似乎早已结束了。大约在东面半英里远的地方，可以看见第五战车旅的先头单位正在集合。虽然是在夜里，我还是命令第二十五战车团继续进攻，以封锁里尔的西面出口和到阿尔芒蒂耶尔（Armentieres）的公路为目的，这个团奉命在洛姆（Lomme，位置在里尔的西边）的附近，形成一个阻塞阵地，以候增援兵力的到达。

隆森堡问我是否想要亲自参加这一次的攻击，在这种情况之下，指挥全师的工作已够困难，所以这一次我只好放弃了亲自出击的机会。这个时候，无线电又再度失效，所以我认为必须要有我个人的指挥，其余的部队才可能如期到达我们在洛姆的最后目的地。我向第二十五战车团保证，可靠的增援在拂晓的时候一定可以到达，并且为他们负责办理弹药和燃料的补给工作——这可不是一件容易事。我愿意不惜一切代价，以使战车团避免再度遭遇到上次在勒卡托外围所处的困难情况。

最亲爱的露：

我一切都很好。这个时候我们正忙着包围在里尔的英法联军。我所负责的是西南方面。最近我的衣服洗得很勤，根舍（Gunther，隆美尔的勤务兵）负责照料一切。我最近拍了不少的照片。

1940 年 5 月 27 日

我亲爱的隆美尔夫人：

我要向您报告一个喜讯，元首已经命令汉克中尉代表他把骑士级铁十字勋章颁发给您的丈夫。

全师中的每一个人——尤其是我个人——都认为再没有第二个人，会比您的丈夫更有资格获得这个勋奖。这一次我师大获全胜，都是他一人之功。

将军现在又和战车一同出发了。假使他知道我正写信给您，他一定会要我把他出自内心的思念和他一切平安的消息，转达给您。

我要请您原谅我的不敬，因为我用打字机写了这封信，原因是我的手伤还没全好，无法执笔。最后，我代表师部全体同僚，敬祝夫人健康！

您的忠仆，希拉普内谨上

　　此时，隆森堡已经趁着黑夜，尽量向北推进。他所击毁的敌军车辆，发出熊熊的火光，照出了他的路线。我现在就命令第六和第七两个步兵团，采取纵深的配备，防御这个刚占领的地区。第三十七侦察营奉命进到弗尔尼斯，并由我个人加以控制。这些命令下达了以后，我亲自坐镇弗尔尼斯，监督他们开始行动。一路上都是大石头和深沟，使通过弗尔尼斯的我军在行动上感到十分困难。有些车队齐头并进，彼此纠缠在一起，很久都分不开。我就命令多数车队都先从路面上驶到旁边的田野里，等到交通秩序完全恢复了以后再走。我发现它们中间有第二十五战车团的燃料和弹药补给纵队，于是命令它们停在路边，等候我的命令再行动。我的目的是要等到下半夜之后再用第三十七侦察营的兵力，掩护着它们一直送到第二十五战车团的位置。

　　差不多半夜的时候，我在弗尔尼斯的西面郊外，遇到了侦察营营长艾德曼少校（Maj. Erdman），并告诉他明天（5月28日）的行动可能很早，叫他事先准备一切。于是我就带着我的僚属，在弗尔尼斯西部的一所房屋里，暂时休息了一下。28日凌晨1时40分的时候，隆森堡打来一个无线电报，说他已经到达了在洛姆附近的目标，这样一来，里尔城在西面的出口已经被封锁住了。于是我就通知侦察营准备行动，并且把战车团的补给纵队移到弗尔尼斯的西北面，准备尽可能提早开往洛姆，全部车队大约在凌晨3时左右出发。除了避免通过恩格罗斯要塞，曾经一度向西绕道外，一直都沿着通过恩尼提里斯（Ennetieres）的公路前进。在黑暗中，我们驱车前进，沿途遇见许多敌军的车辆、战车和大炮倾倒在沟道里面，一定是那些敌兵在惊恐之中，就把它们丢在那里逃走了。天快亮的时候，我们发现只有我们本身在里尔—阿尔芒蒂耶尔公路上飞跑着，并不见隆森堡战车的踪影。

这时我们开始感到十分的不安，因为当太阳光照在我们身上的时候，就会有随时吃炮弹的危险。最后，我们终于找到了第一辆战车，隆森堡看到援兵和补给一同来到，真是开心到了极点。他把夜里战斗的情形，简单向我报告了一番。这个攻击起先一直沿着弗尔尼斯—里尔公路进行。在越过了铁路线之后，该团就转向北面，不久就和敌人的战车以及一支强大的摩托化部队遭遇了。在短时间的猛烈攻击以后，敌人就像被秋风扫落叶似的，四散逃命了。战车团一直推进到洛姆为止，并占据了里尔的西面出口。

我现在就把在洛姆附近的部队重新整理了一下，使他们做有计划的布防。不久以后，在里尔城的西面出口处，就发生了激烈的战斗，困在该城内的敌人，利用战车前导和炮兵的支援，想向西面突围而出。

侦察营的一部分和一个重武器连，现在负责防守里尔—阿尔芒蒂耶尔公路的两侧。到了上午七八点钟时，我发现敌军兵力逐渐增强，便赶紧通知重炮兵来助战。

我决定把第六和第七两个步兵团，从原先位在恩格罗斯和弗尔尼斯以南的阵地抽出来，赶紧开到洛姆南北两边的防线里去，以使整个防区打成一片。

这个命令刚刚发出去，突然有一阵弹雨落在战车团指挥所的周围——师长也在这里。当他们开始轰击，我们就想到：那一定是我方的炮弹，于是我们马上发出绿色的信号弹，我想利用无线电命令他们停火，可火力却异常密集，使我们很难到达通信车——停在房屋的后面。我们的炮弹很可能是150毫米的，它们的威力为我们所深知。我向通信车冲了过去，艾德曼少校在我前面几码远的地方奔跑着，突然一颗炮弹就落在门边。等到烟雾散开了以后，艾德曼少校已经趴在地上——被打死了。虽然这颗炮弹还伤了另外几个人，可是我却侥幸没有受伤。我们一方面发信号弹，一方面用无线电叫他们停止，乱了好一阵子之后，炮弹才没有再打来。后来，我们才知道是由于一个中间的通信站把命令传错了，才闹出了这一场大乱子。这些炮火是由邻近一个友军师的重炮兵发射出来的。

因为封锁住了里尔城的西面道路，隆美尔几乎把法军第一军团的一半兵力关在陷阱之中。当他们突围不成之后，这些被围的各师就在 5 月 31 日被迫投降了。

此时，英军的大部分，连同法国第一和第七两个军团的残部，都已经退到了敦刻尔克——那里成了一个桥头阵地，利用低地的泛滥作为天然的保护。这种水面障碍物，除了无法对付空袭以外，在地面上却具有极大的防御力量。这个防御战一直打了下去，使得联军在 5 月 26 日到 6 月 4 日之间，从海路把 33.8 万名士兵撤回了英格兰——其中法军 12 万人。联军被俘的只有几千人——那是英勇的法军后卫部队，他们不惜一切牺牲以掩护最后的撤退。不过在 3 个星期的整个闪击战中，德军俘虏了联军 100 万人以上，而他们的代价却不过 6 万人的死伤。

5 月 20 日，魏刚将军（Gen. Weygand）代替甘末林将军（Gen. Gamelin）做了联军最高统帅，他一上台就面临着这个严重的局势。他现在手里只剩下 66 个师的兵力，多数都不是精兵，而所要据守的防线却比原有的还要长。英军的 12 个师虽然逃过了海峡，可是他们的装备却差不多丢光了，没有好几个月无法将他们再武装起来。留在法国境内的英军只有两个师，另外还有两个没有完全训练好的师也准备要开往法国。这一条新防线从阿布维尔附近的海边起，沿着索姆河（Somme）和埃纳河（Aisne），与尚未被突破的马奇诺防线连在一起。要想把这一条所谓"魏刚防线"加以设防，事实上已不可能，因为德军不等他们有喘息的机会，就又开始了新的攻势。

隆美尔在参加了里尔的包围战以后，有几天可以好好休息。接着全师向南移动，准备参加下一期的作战。

最亲爱的露：

里尔的战斗已经成为过去了（我们又是第一个站在最前线上的师），我们现在已经在战线后方稍做休息。

5 月 26 日，汉克中尉代表元首把骑士级铁十字勋章颁发给我，并传达元首的赞赏。三个半钟点之后，我这一师开始向里尔西部进攻，半夜时已到达目标。我睡了一个半钟点以后，便率领生力军和战车团的补给，一同来到最前线。

现在我们可能会有几天的休息。也许法国会放弃他们这种毫无希望的顽抗。假使他们还执迷不悟，那么我们最后也还是会把他们全打垮的。我一切都好，勿念。衷心地祝你生日快乐。现在还有许多事情要做。我们的部队在进攻中损失了不少的装备，现在正在设法补充中。

1940 年 5 月 29 日

今天准备迎接元首。我们一切都很好，明天可能还会更好。

6 月 2 日

元首的光临使人感到兴奋。他一见到我就说："隆美尔，在攻击的时候，我们都相当关心你的安危。"他脸上显出高兴的表情，我一直都陪伴着他。在师长一级中，只有我一个人享有此项殊荣。

6 月 3 日

今天我们又要开拔了。六天的休息对我们有极大的帮助，我们的装备多少补充起来了，恢复了原有的军容。

新的行动似乎并不太困难。来得愈快愈好。现在所处的地方几乎完全没有受到战争的蹂躏，因为战争进行得太快了。请你把报纸上一切有关我的消息，都剪留下来。虽然我现在没有时间看它，但是将来有空看时，一定会很有趣味的。

6 月 4 日

# 第三章

# 索姆河上的突破

最亲爱的露：

　　第二阶段的攻势在今天开始了。再过不到一个小时，我们就要渡过这一条运河。❶我们还有充分的时间，照目前看来，一切情况都可以说是很乐观的。我希望在两个星期之内，大陆上的战争就可以告一段落了。每天都收到大批的邮件，全世界都在向我道贺，但我尚未打开来读，因为根本没有那样多的时间。

1940 年 6 月 5 日凌晨 3 点 30 分

　　博克集团军沿着索姆河，在右翼方面首先发动攻势。伦德施泰特的集团军面对着埃纳河，一直过了四天之后，才开始参加这次作战。博克所指挥的装甲军一共有 3 个（全部为 5 个）：其中两个军组成克莱斯特兵团，对于亚眠—佩罗讷（Peronne）地区实行钳形的攻击。此外，霍斯装甲军则在最右端，从亚眠与阿布维尔之间进攻。其他两个装甲军则另组成一个古德里安兵团——由于他最近的战功，已升任兵团司令——现在也正掉转过头向东前进，在色当的西南面勒泰勒（Rethel）附近，进入埃纳河地区。每一个装甲军的编制都是两个装甲师和一个轻装师。

　　在最右翼方面，隆美尔师在两天苦战之后，获得了一个迅速的突破，在 6 月 18 日的夜里，德军已经在鲁昂（Rouen，距离 70 英里以外）以南，

---

❶ 索姆河的这一段已经运河化。——译者注

直冲到塞纳河（Seine）。并且跟在正在退却中的敌人后面，渡过了塞纳河。但是由克莱斯特兵团所担任的主要右翼攻击，却进展得很慢，而愈向巴黎方面推进，则所遭受到的抵抗也就愈大。相较之下，古德里安兵团在6月9日强渡过埃纳河之后，却已经有了迅速的进展。所以克莱斯特兵团就转向东面进发，以作为埃纳河突破战的支援——这里现在倒变成了决定性的打击了。于是古德里安兵团又转向东南，直趋瑞士边境，以切断法军的右翼，使其不能退入马奇诺防线。到了这个时候，法军的抵抗已经完全瓦解，不得不在6月16日的夜里要求停战。

当古德里安突破埃纳河，正在扩张战果的时候，隆美尔的突击在另外一边促使法军开始崩溃。

隆美尔开始发动攻击的地区，是在朗格皮里（Longpre）和汉格斯特（Hangest）之间。在索姆河北岸的德军阵地和该河南岸斜坡上的法军阵地之间，是一片平坦沼泽构成的"无人地带"，宽约一英里。有两条铁轨越过这个地区，在索姆河上分别都有桥梁，轨道沿着堤岸，通过河畔的草地，再经过两个旱桥，越过汉格斯特至朗格皮里的公路。

法军早已将在汉格斯特和朗格皮里附近索姆河上的公路桥梁炸毁。但是对这两处铁路桥梁，尤其是那两处与他们阵地非常接近的铁路旱桥，却并未加以破坏。因为他们原来还想利用它们对德军发动反攻，结果由于这几座桥梁没有破坏，使他们吃了大亏。为了不让敌人再有炸毁它们的机会，隆美尔在他6月5日发动攻势之前，就使用大炮和机枪的火力，日夜对这几个地点做封锁性射击，终于在那一天清早，把这四座桥梁一口气都抢到了手。在铁路被控制之后，他的战车和其他车辆，就可以迅速地越过河流和沼地，这比临时修建便桥和栈道，都要方便得多了。


差不多凌晨4点15分的时候，我带着鲁弗特中尉（Lt. Luft）和我的通信人员，一同驱车前往炮兵指挥所，在那里监督这场重要的索姆河渡河攻击战。炮兵的预备射击准时开始，在时间上连一分钟都不差，从我们这个视界最好的地方看过去，真是十分壮观。到处所看到的都是我军炮弹爆炸时所发出的闪光，很少听到敌人还击的声音。

于是，我们又驱车赶到第六步兵团第二营的渡河点，在那里我们接到了一个好消息，说是大约清晨5点钟的时候，那些铁路和公路桥梁都已经完整无恙地落入我们的手里。工兵营已经开始在修整铁路桥梁，以便师部的车辆可以迅速地渡河。在河对岸，步兵团在恩格尔上校（Col. von Unger）指挥之下，正顺利地前进。我把我的通信车留在北岸，并且命令它的乘员在桥梁修妥后，尽快把车辆开过河去。我和鲁弗特中尉一同徒步从铁路桥上走过河去。我的通信车在6点钟渡过了索姆河，接着就是炮兵和高射炮单位，再后面就是第二十五战车团。

这个时候，通信车直向最前线驶去。在爬上险坡的时候，车辆遇到相当大的困难。我带着鲁弗特中尉和海登莱赫下士（Heidenreich）走进一处玉米田，想用望远镜观察第六步兵团两个营的作战情形。当我们离开车辆大约有几百码距离时，在我们前面的玉米地中突然钻出一个法国兵的脑袋，但马上又缩回不见了。海登莱赫走过去，发现是一个法军伤兵，还有一挺机枪在他身旁。在附近，我们看到更多的法军士兵，有的已死，有的负伤。是我们的预备射击使敌军阵地蒙受了重大的损失。

此时，战车团领先的车辆和炮兵及高射炮兵各单位，都已经到达索姆河西南面的险坡上面。隆森堡上校和他的副官在团部的最前面渡河，奉命跟在第六步兵团的后面，沿着一个宽广的谷地，到达第一一六号高地后面的某一点。从那里他们准备向勒凯努瓦（Le Quesnoy，距索姆河河岸约5英里处）进攻。当我们举行会谈的时候，法军的机枪曾经一再地向我们射击，逼得我们不得不掩伏起来。

现在铁路桥上的交通又发生了问题。一辆Ⅳ型战车的右侧履带突然出了毛病，于是把路塞断了，使其他的车辆都无法通过。整整花了半个钟头，才由其他战车勉强把它拖过了桥，交通才又慢慢恢复通畅。

12点以后，敌人的重炮就开始向我军在索姆河上的渡口轰击，而在我师部队慢慢向前推进的道路两旁，也落下了不少的炮弹。索姆河以西的丘陵地，以及我军准备进攻的洼地，也都成了敌人射击的目标。虽然死伤很轻微，可对士气上的影响却不可忽视。在索姆河西面的桥头阵地中，陆续

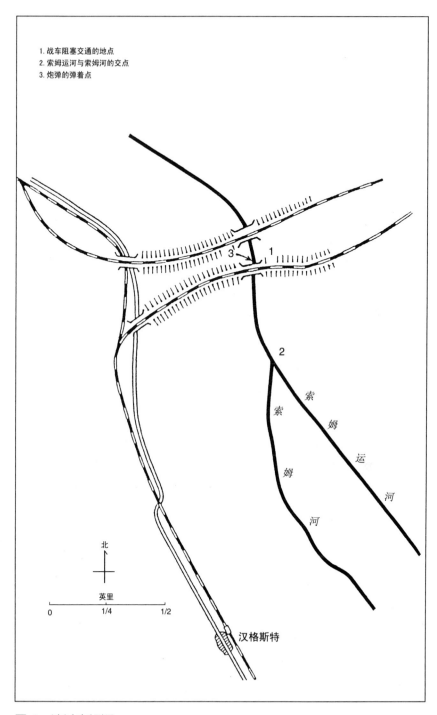

北

英里

0      1/4      1/2

索姆运河

索姆河

汉格斯特

图 4　渡过索姆河

有部队开入，不久就显得拥挤不堪。

中午的时候，海德开普向我报告说，第五装甲师一直要等到16点钟以后才能开始发动攻击，而第二轻装师一共只向前进展了2000码的距离。在这种不利环境之下，我还是命令在16点钟继续向前进攻。

第二十五战车团奉命从第六步兵团的空隙中通过，直向勒凯努瓦进攻。第三十七装甲侦察营紧跟在战车团的后面，保护它两翼的后方。第七步兵团就坐在他们的卡车上，随着后面前进。炮兵和高射炮兵所奉到的命令，是首先用火力掩护本师发动攻击，然后再用蛙跳的方式前进。在攻击之后，凡所克复的领土都由步兵加以占领，而炮兵、战防炮和高射炮等单位，则在整个地区中做纵深的配置，这样就可以获得最大的炮兵支援，击退敌人无论是从西面、南面或东面所发动的逆袭。我一口气把这些命令用口头的方式，下达给各级指挥官。在16点整的时候，战车就开始进攻。所有各兵种合作得非常好，像是平时的演习一样。

对抗我们的敌人在第一一六号和第一〇四号高地的南面斜坡上的小森林中，掘壕固守，并且拥有大量的地雷和战防炮。不过，当战车和侦察营通过的时候，他们向着那些森林疯狂地射击，敌火力就开始减弱了。我和鲁弗特同坐在我的指挥车中，紧跟着战车纵队后面前进，与师部和各团之间都保持着良好的无线电接触。敌人的枪弹一再打到我们的车身上面，逼着我们非把头缩进去不可。在勒凯努瓦的北面郊外，已经展开了恶战。虽然敌人构筑有非常精巧的工事，可是战车团还是和平常一样，很快地就把他们扫荡干净了。

当有一个营的战车绕着勒凯努瓦向西前进的时候，隆森堡就带着战车的主力向前进攻，紧逼着城墙，以火力压制着敌人，以便步兵赶上来将敌人消灭掉。之后战车从勒凯努瓦的两旁绕过，一直进到它南面那个宽广而毫无掩蔽的平原中。

军部所规定的目标，是要我们在今天到达奥尔努（Hornoy）的东面地区，所以我决定在19点25分出发，继续通过蒙特格尼（Montagne le Favel），一直再向前进攻。命令很快下达了。当战车团再向前进攻的时候，他们用火力打垮了在莱考特（Bois de Riencourt）附近的大量敌军集中兵力。在我们的左方，有一个巨型的烟柱向天空升起，那是敌人的一个油库正起火燃烧；在平原上，可以看见许多上好鞍的战马，没人骑着，到处乱跑。从西南面打来的敌人重炮弹，虽然落在本师的上方，却并不能阻止我们前进。在一个宽广正面和一个纵深的地区中，战车、战防炮、野战炮上面都载满了步兵，从道路的东面做越野式的赛跑。在这个平坦的平原上面，烟尘四起，落日照耀下的景色真令人惊心动魄。

突然军部发来命令，拒绝批准我们通过蒙特格尼（距索姆河8英里远）继续前进，因为若再前进，就有受到我们自己的俯冲轰炸机误伤的可能性。于是我立即用无线电通知各单位就地停止，并立即构筑工事，以防敌人逆袭。接着我们就开始和强大的敌军展开激战，主要是在右翼方面。敌人的战车也出现了，不过很快就被我们的88毫米高射炮、战防炮和战车全部击毁。我们更动员所有的各种火炮，轰击南面、东面和西面的敌占区，使得他们不再有发动攻击的能力。21点10分的时候，师部发出了一个报告说："前方平静无事，敌人已经溃不成军。"于是我就驱车回我的司令部。

第二天（6月6日），我一早就离开了师部，汉克跟我一起赶去和第二十五战车团的团长碰头。一直到9点钟，我才把各团营长召集齐，开始和他们讨论本日作战问题。

攻击于10点钟开始。全师呈散开的战斗序列，正面在2000码以上，纵深达12英里，整个向前推进，好像是一场演习一样。用这样的阵容，我们冲上了山坡，又冲下了谷地，越过了公路和道路，采取越野的路线，一直往前推进。因为战车总是要一面走一面打，所以攻击的速度恰到好处，使步兵可以赶得上，而不至于失去联络。

在一度苦战之后，赫米莱（Hermilly）即为第七步兵团所攻占。战车团以宽广的正面向南运动，没有经过战斗就越过了考里内斯—艾普里西尔（Canlieres Epiessier）公路（距索姆河约20英里）。有几个莫名其妙的平民，还驾着车在公路上跑着，结果被我们拦了下来。往后面看，可以看到大量浓厚的烟尘，那表示运着第六步兵团的车队，马上就要追上来了。

在 6 月 7 日这一天，隆美尔又一直冲过 30 多英里的距离，结果把防守从亚眠到海岸间地区的法国第十军团切成了两段。这个军团当中有英军两个师——第一装甲师和第五十一（高地）师——后者位置在海岸上侧翼方面。

大约 9 点钟时，我带着希拉普纳离开师部，通过波以克斯（Poix）向艾普里西尔前进。在到波以克斯的大路上，我遇见第六团所属的许多由马拉的纵队和炮兵。波以克斯本身已被炸得很惨，在所有的道路上，都还堆着法军所遗留下来的沙袋和障碍物，还有很多地方正燃烧着，火还没有熄灭。不过似乎却并没有经过激烈的战斗。

在艾普里西尔，我和军长霍斯将军曾短暂地会晤过。他首先称赞第七装甲师在索姆河以南地区的战绩，然后对未来的计划加以扼要地解释。霍斯将军批准了我所拟订的 6 月 7 日攻击计划。他甚至认为以目前的敌情而论，在那一天之内说不定还可以冲到鲁昂。

于是我们一同驱车到提罗里（Thieulloy la Ville）南面的第一八四号高地。在路上，我们越过了第六步兵团和第三十七侦察营。在第一八四号高地，我又与隆森堡再做一次简要的讨论，说明这一天进攻中的要点：避免经过村落——多数都有敌人设防——和一切主要的公路，一直采取越野的运动，这样就可以在敌人的侧翼和后方，以奇袭的姿态出现。

在 1944 年到 1945 年之间，盟军装甲部队很少试图做这种全面性的越野行动。若是他们也肯充分地采取这种运动的方式，那么在行动上就不会受到那样多的延误了。

战车开始行动。

我们一直越野前进，走过没有道路的田野，上山下坡，穿过树丛、篱笆和高高的玉米田。战车所选择的路线，是以不大崎岖为原则，以便第三十七侦察营和第六步兵团的越野性能较差的车辆，也可跟着履带所轧出的路线前进。

除了少数散兵游勇以外，我们一路都没有遭遇着敌人的部队，不过从到处都有军用车辆和马匹的情况上来加以判断，就知道他们是在我们到达之前刚刚才仓皇逃去的。在所有的道路上，都有逃亡的平民和军队。有时当我们通过时，发现难民的车辆留在空地上，男男女女，老老少少，都趴在车底下，骇得面无人色。我们向他们高声地喊叫，叫他们赶快回家去。

从过了巴藏库尔（Bazanconrt）以后，我们就先沿着田野中的小径行驶，然后再直接采取越野的行动，向梅勒伐尔（Menerval）山地冲去。17点30分，我们兵不血刃地到达了目的地。在我们所经过的农村中，农民们还正在匆匆忙忙地收拾行李，准备逃难。若不是我们来得快，他们也许就要上路了。在其他的村子里，有些马车都已经套好了。妇女小孩子一看见我们来了，骇得返身飞逃，我们拼命地喊叫，告诉他们不要害怕，可还是喊不回他们。唯一的例外发生在梅勒伐尔小山上面，我们找到了一个农人，他过去做过德国人的战俘。他全家都出来接待我们，和我们握手，并且到地窖里面去拿出苹果汁酒，使这些渴得要命的德国军人，可以润润喉咙。他说，他很懂得德国人的心理，他一点都不害怕。

于是，第二十五战车团暂时占领着梅勒伐尔附近的山地（距索姆河45英里），而第三十七侦察营则奉命向西面和西南面侦察，一直远到昂代勒河（Andelle）为止，它要到达西格（Sigy）的两侧（距梅勒伐尔7英里远），其主力则以到达米桑古维里（Mesangueville）为次要一个目标。

战车团把梅勒伐尔周围的重要山地都占稳了以后，我感到很满意，于是就又驱车赶往舒尔兹上尉（Capt. Schultz）的战车连，它正奉命从沙蒙特（Saumont）以西的森林地中，向前直冲到主要交通要道。在巴黎和迪耶普（Dieppe）之间的主要公路上面，突然有德军部队在沙蒙特附近出现，那么多法国的车辆，其命运就可想而知了。当我到达该地的时候，已经截获了40多辆汽车，而两头来的车辆还是陆续地赶到，一点都不知道这里已经被我们夺了下来。在沙蒙特东面的森林中，这个战车连也获得了极大的成功，俘获了大批的军火。在一场激战之后，他们很快就收容了300名俘虏，其中包括法国某军团的补给处全体人员在内，还缴获了 10 辆战车和 100 辆卡车。当我们沿着迪耶普—巴黎公路驶返的时候，中途超过了一个德国的战车兵，他正驾着一辆法制的牵引车，后面拖着一辆战车。这个青年士兵满脸高兴的表情，对自己的成就十分得意。我们回到了师部的新地址，我的幕僚刚刚在马尔柯奎特（Marcognet）设好了营。正和平常的惯例一样，在回程的时候总不免有行路难之感，路既狭窄而灰尘又大，沿途还要让开绵长的前进纵队，所以天黑之后我们才回到师部。当我们到达的时候，恰好碰着情报科长齐勒尔少校（Maj. Ziegler）在庭院里面审讯许多英法两国的军官。这一天收容的俘虏很多，战利品更是堆积如山。我们的损失却少得微不足道。

最亲爱的露：

你的生日恰好是一个我成功的日子。我们的一切都照理想实现了。对方的崩溃已经近在眼前。一切都顺利，太好了。然后我睡得简直像块石头一样。

1940 年 6 月 7 日

昂代勒河现在仅由薄弱的英国兵力加以扼守。为了应付德军突破后所造成的危急局势，英军临时凑成了 9 个步兵营（都是从保护交通线的兵力中抽出来的），从迪耶普到塞纳河之间，一共要扼守住一条 60 英里长的防线来保护鲁昂城。他们没有炮兵，战防炮也少得可怜，不过所改编成的第一装甲师勉强抽出了一个旅（约 90 辆战车），驻扎在这条防线的中间，担负着支援的任务。隆美尔在第二天就穿过了昂代勒防线，把这个装甲旅切成两截。于是该旅即刻向南撤退，从格仑（Caillom）逃到塞纳河，总算是没有被俘。

6 月 8 日清晨 6 点钟刚过，我到军部与军作战处处长商谈，向他报告目前的情况，并且对于攻击鲁昂的方式提出一些建议。我主张第七装甲师

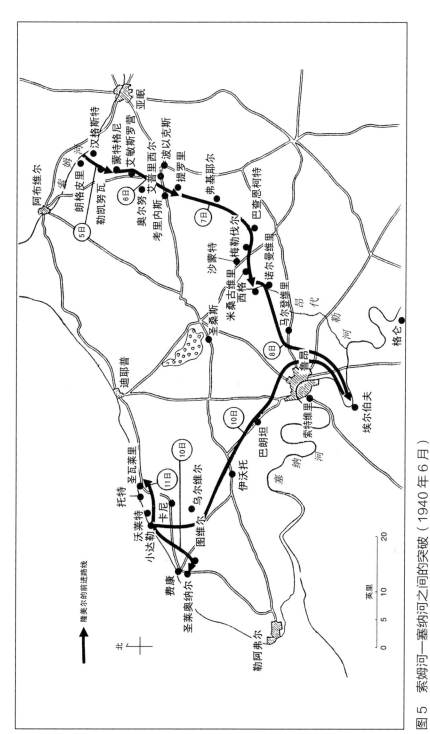

图 5　索姆河—塞纳河之间的突破（1940 年 6 月）

应该一直推进到鲁昂东面 4 英里处的地方，然后用炮火直接向该城实行佯攻。接着本师的主力就转移到西南面，用突袭方式占领埃尔伯夫（Elbeuf，在鲁昂西南面 15 英里处）地方的塞纳河桥梁，并且以切断塞纳河湾为目的。

在获得了军作战处处长的同意之后，我就赶紧把各级指挥官召集来举行汇报。为了强迫他们加速前进，我本人直接指挥先头营。10 点 30 分开始行动。我们通过了阿尔古尔（Argeuil）的南郊，发现该镇并无敌踪，于是全师主力迅速向西格推进。到了那里时，领先的战车连却遭到敌人的攻击，我军立刻开火还击。

在这个简短的序战中，敌人已经把昂代勒河上的桥梁炸毁了。我们距离最前线只有几百码远，一切战况尽在眼中。榴弹炮连本来在我们的后面，现在赶紧拉到前方，就在开阔地面上实施射击。这个时候，我马上想到把战车弄过河去的可能性，结果发现了在西格以南 400 码的一个地方，也许可以徒涉而过。于是战车连的一部分立即开始从那里涉渡，以便支援正在对岸作战的步兵。

虽然在接近东岸的地方，水深在 3 英尺以上，第一批战车并没遇到太多的困难就上了岸，立即追上了步兵。但当 II 型战车中的第一辆渡河的时候，才到河中央，引擎就不动了，于是后续的车辆都卡住了。这个时候，恰好有几个英国士兵，双手举起，涉水向我们这边走了过来，由于他们的帮助，我们才得以改善渡河点的情况。他们把已经炸毁的铁路桥梁中的大块，投掷在徒涉场最深的地方，再把沿河岸上的柳树也锯断，铺在河里。然后我们召回一辆已经渡过河的 III 型战车，把这辆阻路的 II 型战车拖曳了过去。

在这个时候，我通过无线电接到了一条消息，说沙凡特中尉（Lt. Sauvant）的侦察部队，已经制止了敌人企图炸毁在诺尔曼维里（Normanville）地方的公路和铁路桥梁的行动。沙凡特已经稳稳地控制住这两座桥，他的侦察部队也在那里建立了一个小型的桥头阵地。听到这个好消息之后，我马上命令停止在西格地区的一切作战，迅速把所有的兵力都转移到诺尔曼维里，以便从那里渡过昂代勒河。师攻击部队在过桥之后，立即向西推进。

14点钟的时候，我们占领了西格，俘获英军百余人。

快到20点的时候，战车团中的一个连奉命沿着鲁昂公路前进，占领该城东面5英里处的十字路口，以掩护即将到达那里的炮兵和高射炮单位。我打算做长射程的轰击，以扰乱在鲁昂城周围的敌军，使他们忽略我的真正计划——趁着黑夜，攻占在埃尔伯夫地方的塞纳河桥梁。到了20点的时候，战车连到达了那个十字路口，可是左面的纵队却并未能如我的理想中推进得那样快，这个纵队的尾巴还在马尔登维里（Martainville）附近，很明显已经被敌人纠缠住了。所以我们无法迅速地把重炮和高射炮迁到这个十字路口的周围。

他们似乎遭受了英军残部的攻击，正准备跨过隆美尔的前进线，向南撤退。这一连串小型战斗是隆美尔首度与英军交手，似乎此时已预示他未来的前景。

天已经慢慢地黑了，我一直在等候这个纵队的到达，可是毫无消息，最后第七步兵团有一部分兵力先到了。很明显，右翼纵队现在也和敌人发生了战斗，有时这种战斗很接近我们，几乎有生命危险。因此我们不得不离开公路，而暂时退到丛林里面去。从各方面都有俘虏送来，偶尔也会发现被敌人掩藏的车辆。我们一直等了好久，终于在完全黑暗之前，右翼纵队赶到了在东面的距离鲁昂城5英里远的十字路口，和左翼纵队取得了接触。于是我们赶到第二十五战车团方面，命令他们立即准备向塞纳河上的桥梁进攻，大约15分钟以后，包括第二十五战车团的左翼纵队，以第七机车营为前卫，直向塞纳河边开进。我和通信部队一起，紧跟着战车团的后面前进。不久天就完全黑了。

我们在黑暗中行进，事实上非常困难，由于地图不正确，常常搞不清楚道路。我们的车声一路把村落中的老百姓从睡梦中惊醒，他们冲到街头来欢迎我们——他们误把我们当作英国人。我们就这样经过了敌军一个高射炮连的驻地，守卫室里还点着灯，卫兵还在向我们敬礼。我们在奥西克斯（Les Authieux）向南转动，午夜的时候到达了索特维里村（Sotteville）——我们是第一支到达塞纳河岸的德军部队。

在弯曲的道路上，战车辚辚作响地走着。对岸只偶尔看到一两处亮光，我们根本看不见敌人的踪影，从各方面看来，这一次奇袭大有成功的希望。那些桥梁离我们只不过9英里远了。

无线电通信已经失灵——这是夜里常有的现象——我们和师部以及其他纵队早已丧失了联系。战车纵队一步一步地沿着塞纳河谷向埃尔伯夫前进。当我们从一座铁路旱桥下面驶过的时候，路旁的一间小屋里突然冲出来一个女人，她跑到我的指挥车边，用手抓着我的手臂，非常焦急地问："你们是不是英国人？"我们的答复使她深感失望。我现在就命令战车团暂停前进，把机车营调到前面，外加5辆Ⅲ型战车的支援，让他们开始冲锋，以期攻占塞纳河上的两座桥梁。攻下之后，他们就要紧守着它们，以便后续部队可以源源不断地通过。花了相当的时间，才把攻击的部署弄妥。这时我们和全师其他单位，还是没有接触。

时间已经到了凌晨1点30分，我们焦急地等候着冲锋部队的好消息。他们应该早已到达埃尔伯夫大桥。在2点多一点的时候，我决定率领着第二十五战车团向埃尔伯夫前进，以便亲自去视察一下。我知道在一个半小时之内，天就要亮了，若是整个战车纵队都摆在塞纳河谷的公路上，那实在是不妥，因为敌人在南岸可能会有炮兵阵地。所以我决定不顾一切要在天亮以前把我的主力部队移动到两岸的丘陵地中去。

到了埃尔伯夫之后，我发现我们的车辆都挤在狭窄的街道上，情形非常混乱。我下车步行找到第七机车营的先头部队。在那里，我才发现冲锋队还没有开始向大桥攻击——虽然该营到达埃尔伯夫已经一个钟头以上了。他们向我报告说：当他们进入埃尔伯夫的时候，桥上的军用和民用车辆络绎不绝。另外有一个军官说，敌人在桥边早就已经开始射击了。

情形既然如此混乱，成功的希望当然很小，这个营在这个地方已停留了整整一个钟头，距离大桥不过几百码的距离。不过也许还有成功的机会，所以我就命令该营营长立即向两座桥同时发动突击。街上四处都是老百姓，十字路口上堆着沙袋，有一个地方还躺着一具法国兵的死尸。他们又花了一些时间才把冲锋队组成。最后等到第一支冲锋队开始出动时，已接近3点了。可是他们却始终没能到达那个桥梁，因为他们刚前进了约100码的时候，法军就把桥炸毁了。接着从西到东，从近到远，连续传来一片沉重的爆炸声。法国人把塞纳河上的全部桥梁都炸断了。

这一次的计划失败了，令我十分愤怒。我现在还不知道我的全师主力在什么地方。在黑夜中我们已经冲过了许多个被敌人所占领的村镇，当天刚拂晓的时候，我们看见在鲁昂附近的天空中，还挂着两个观测用气球。于是我决定立即收回这一支孤军。很侥幸，塞纳河盆地正被浓雾笼罩着，所以我们可以不必害怕对岸敌人的炮兵射击。


最亲爱的露：

这两天皆在光荣地追击，先向南方，然后再转向西南。昨天我们前进了45英里，那是一个大为轰动的胜利。

1940年6月9日

再过不久，我们就将到达索姆河与塞纳河之间，然后到达海岸。虽然我整天都坐在车上不停跑着，但身体却还是很好。我们的成功可以说是非常惊人，我认为对方已经垮定了。

我们从来不曾想象到西线战场的战争会这样发展。已有好几天没有接到你的来信。

6月10日清晨5点


现在全师的兵力开始肃清我们已经攻克的地区。此时第五装甲师也已经占领了鲁昂。那一天下午，我师奉命准备向勒阿弗尔（Le Havre）进攻。我们的计划是迅速冲到海岸边，阻挡两三个师的英法军残部从那个港口中逃出。第二十五战车团奉命首先开入皮赛（Pissy）西南的地区。装甲侦察营应该用最快的速度，占领伊沃托（Yvetot）的东郊（在鲁昂西北22英里处），并由此向海岸突击。我准备率领全师的主力，跟随在侦察营的后面，也尽快地冲到海岸。

6月10日上午7点30分，我绕过鲁昂的北面，向巴朗坦（Barentin）进发，沿途用无线电发出命令，叫全师各部队来与我会合。侦察营报告在伊沃托以东的公路已经被破坏。他们同时也一再报告俘虏到不少的英军战俘，有的有车，有的没有车。有一个自称清晨5点钟离开勒阿弗尔的平民，被带来由我亲自讯问。他告诉我们说，昨天他曾经看到几个英国兵坐在咖啡店里，此外就再没有什么其他的部队和单位。一星期以前，在这些道路上就有若干点准备采取破坏行动，不过并未布雷。这个人说他准备到巴黎去，他的话似乎还算可靠。所以在这个时候，我们似乎可以不必担心勒阿弗尔方面会有敌人的威胁出现。我立即把这个人的供词用无线电传到后方去。9点20分战车团在加油之后，开始向伊沃托前进，同时我也命令侦察营立即向沃莱特（Veulettes，在海岸上、伊沃托北面20英里处）方面实行侦察。

这些命令刚刚发出，我的参谋长海德开普少校突然用无线电向我报告说：据报有一支强大的敌人摩托化纵队，正从圣桑斯（St.Saens）北面的森林中开出来，向西运动。若照计算，这支兵力应该马上就要到达伊沃托了。于是，侦察营立即奉命封锁圣桑斯—伊沃托间的公路，并且只要一发现敌踪，就马上开火。我自己又率领着重型和轻型各一个高射炮连，用最高的速度向伊沃托赶去。在上午10点钟的时候，我到达了该镇东面的三岔路口，几分钟后，两个高射炮兵连也都到了。他们马上进入阵地，用最高的速度向公路方面做猛烈的射击，路上已经可以看见有许多敌人车辆驶来了。

10点30分左右，战车团到了伊沃托，于是我命令侦察营向乌尔维尔（Ourville）以东两英里处的十字路口前进，战车团也沿同一条路线紧跟在后面。全师其他各部队，也从无线电里收到迅速跟进的命令。现在路上同时组成了两条纵队，战车在左，侦察营在右，有时几乎齐头并进。现在全师以平均25—40英里的时速，直向海岸冲去。我下令所有各单位尽量提高速度。直到目前，我们还没有发现有值得注意的敌军。

当我们接近卡尼—费康（Cany Fecamp）间的主要公路时，侦察营方面报告说鲁克上尉（Capt. von Luck）已经发现在大路中有敌人的卡车纵队，现在正打算加以包围。我们马上赶到公路上，发现虽然有零星的敌方车辆已经向西面逃去，可是仍有许多车辆还是被阻止在东面的公路上。看样子这个部队人数并不算少。我立即命令刚刚赶到的战车先头单位、装甲车和轻型高射炮都迅速向路上的敌人开火。没过多久，就有许多英法部队沿着公路跑过来向我们投降。略加讯问之后，得知他们是法军第三十一师的先头部队，准备在那天下午赶到费康上船撤退。其中也还混杂着一些英国士兵。敌人的纵队很快被击散，于是我们又再用最高速度向海岸前进。我带着我的通信排跑在各团的前面，经过小达勒（Les Petites Dalles），一直冲到了海边——在费康东面 10 英里处，在沃莱特西面 6 英里处。

面对大海，我们每一个人都激动得心旌乱摇。我们脑海中只有一个念头，那就是我们已经到达了法国的海岸。我们爬出车辆，从沙滩上向海边走去，一直到海水冲击我们的军靴时才停止。紧随在我们的后面，隆森堡也乘着他的指挥战车冲过了滩头上的海堤，一直开到海边。我们的任务完成了，敌人到勒阿弗尔和费康的退路都已经被切断了。

过了一会儿，法军的旅长弗尔斯特上校（Col. Fuerst）同一位法军炮兵团长及其他几个法国军官，到此地来向我们投降。这位法军上校对我们前进的速度，深表敬佩和意外，可是除此以外，他却一句话都不肯说。

此时，我又接到侦察营的一个报告，说他们在费康东面的丘陵地上，正受到敌军的严重威胁。我就又赶到费康方面，此时侦察营已经把局面控制住了。沙凡特中尉所率领的冲锋队，已经攻下了一个海岸炮台，所以该营不再感到重炮火力的威胁。我们又驱车去看这个已被占领的炮台，从这个炮台上面向下看，可以很清楚地鸟瞰这个城镇和港口，似乎里面还藏着不少的敌军。

增援的两个战车连和一个机车营到达了以后，我决定通过费康的东郊，直向该镇以南的山地推进。我希望能够阻止仍然留在城镇内的敌军向南面逃窜，并且在极短时间之内，占领这个港口。这个行动一路都和敌人发生冲突，所以我们曾经几度被迫改变我们的计划。最后我们从托尔维里（Tourville）钻过，其目的是想赶快到达从南面通到圣莱奥纳尔（St. Leonard）的主要公路。我们不能再浪费时间，因为现在早已过了22点。当我们冲入托尔维里的时候，曾经受到许多当地人的欢迎，这回他们还是弄错了，又把我们看成了英国人。

我们在路上遇见一个平民，他用手指着北方说，在那边可以找到很多英国的军队。再过了一会儿，领先的战车突然放了几炮。我不知道他们为什么要开炮，同时也没有听到敌军的还击，于是走向前去查问，原来他们是在用炮射击一个路障。一个小时之内，天就会完全黑了，所以我无法再慢慢地试探前进，而只好命令战车立即用高速向圣莱奥纳尔冲去。沿着昏暗的村落街道，我亲自率领着他们走了一段距离，一声枪响也没有。我们又走到了开阔地区，看见英军把他们的车辆驶出道路以外，然后自己躲藏在丛林和树篱的后面。我们没有时间停下来，仍然继续向圣莱奥纳尔迅速挺进。在我们后面的机车营曾经和英军发生冲突，但很快就击败了他们。

哈根上尉奉命率领6辆战车，占领从费康南向通过圣莱奥纳尔的两条公路，禁止一切车辆通行，并且建立一个防御工事。没有经过战斗，他就完成了这个任务。不过这条公路上的交通却十分拥挤，机车兵向前进，而战车连则纷纷向后掉头，都挤在了一起。我已经命令一等到机车营到达圣莱奥纳尔之后，那两个战车连马上在夜间撤回团部。我想到明天一早要赶回师部，所以决定先和战车一同驶回。

我们在23点起程，路上还是给机车营塞满了，只有一个战车连可以勉强和我们一同走。我在第三辆战车的后面，驾车进发。突然从正前方的村落中有战防炮射来，我们第一辆战车的履带被打坏了。敌人的炮兵于是沿着公路迅速地发炮，炮弹从我们的头上飞过。我们前面的战车还来不及还击，就都驶上了公路两侧的堤岸。那辆被击伤的战车停在原地不能动弹。我的车辆现在所在的地方，距离敌人炮位只有150码远，敌人的炮弹连续地飞来，间不容发——这个局面真不舒服。过了两三分钟后，我们的战车仍未开炮，我从车上跳了下来，跑到一辆II型战车的旁边，命令它马上开火，用炮火和机关枪同时向敌人战防炮阵地射击，以便整个纵队可以向左边绕道过去。当战车发炮之后，不出我所料的，敌人马上就一声不响了。我们设法把我的指挥车推上堤岸，可是坡度太大，除了战车以外，指挥车、装甲车都爬不上去。于是我就命令他们驶回去，和机车营一起过夜。

之后，我们就和战车连一同再向前走。在这一片漆黑的夜晚，越野前进的确不是一件容易事，我们随时都有碰上敌人的可能，所以更需要提高警觉。

最亲爱的露：

　　昨天一天追过 60 英里以上，然后到达了海岸，在迪耶普以西截断好几个师的敌军，占领了两个港口。一直到凌晨 3 点钟，我才赶回师部。今天我们可以洗澡和睡觉了。

1940 年 6 月 11 日

第二天（6 月 11 日），本师大约在正午的时候，撤出沃莱特，连同战车团和第六步兵团的一部分，开始沿着海岸线向圣瓦莱里（St. Valery，在沃莱特东面 6 英里、迪耶普西面 20 英里处）前进。我带着我的幕僚车队与战车团一同行驶。走到沃莱特东面 1 英里远的山地上，敌人就开始用重炮和城防炮向我方射击，于是我们就转向东南方前进。可是敌人的炮火却益发转烈，并且海防重炮也参加了，我军一切的运动都被敌火压制住，我们一发现敌火有空隙，马上就趁机向前推进。第二十五战车团则在猛烈的敌火力之下，逐渐迫近敌人。在托特（Le Tot）附近，英军曾建了一道坚固的防线，抵抗颇为激烈，甚至在许多地点发生了肉搏战。这时，第二十五战车团冲上了圣瓦莱里城西北面的邻近高地，用他们所有的炮火，阻止敌军上船撤退。我的指挥车一直跟着战车团前进，以便对圣瓦莱里的周围情况做一个鸟瞰式的观察。我们可以看见英国部队在港口设备之间行动着，此外在该镇的北部还有更多带着大炮和车辆的军队。

战车团的人员和我的那些传令兵，都尽可能地向敌人招降，他们距离我们只不过几百码的距离。在以后几个钟点之内，我们在圣瓦莱里的北部居然劝降了一千多人，其中有许多是军官。多数都是法国人，英国人比较少。在英国人当中有一个海军军官在不断地大声疾呼，叫那些英国兵不要投降，真的把许多人劝了回去。最后我们只好用机关枪向这个军官射击，他倒在一堆石头后面，我们以为他死了，没想到他只是躺在那儿装死，过了半个钟头，他没法逃走，只好站起身来投降。他的德语说得很流利，希拉普内少校指责他不应如此坚持抗拒，害得那么多人死伤，他却回答说："假使你今天处于我的地位，你的行动难道会与我不同吗？"

那一天黄昏的时候，我把一大批会说德语的战俘放回圣瓦莱里城，因为那里挤满了敌军。我叫他们去劝其他人投降，在21点前以白旗为前导，走到该城西面的山地来向我们投降。我所派去的说客都空手走了回来。可能英国人是希望能撑到夜里，然后他们就可以上船撤退。

到了21点，他们仍不肯投降，我下令集中全师的火力，包括战车团和侦察营在内，开始向城内轰击。不久到处都是一片火光。一刻钟之后，我命令把炮火集中向该城北部轰击，结果非常惨烈，可是顽强的英军还是不肯投降。

尽管那一天下午的战斗十分惨烈，可是本师的损失却还是异常轻微。这个时候，步兵也已经到达了圣瓦莱里以西的山地上，夜幕低垂的时候，战车开始撤出最前线，而改由轻重高射炮进入原来的阵地接替他们的任务。步兵奉命终夜做扰乱性射击，以阻止敌人上船撤退。

当我回到我的司令部后，马上就和参谋长讨论当前的情况。我们有很多的理由，可以证明敌人想趁着黑夜，向西方或西南方实行突围。海德开普已经很慎重地做了一切的预防措施，但是他仍很担心这个办法是否真的有效。我却认为一定有办法阻止敌军突围，于是在第二天（6月12日）清晨6点30分的时候，我又赶到前线敌人最可能发动突围的地方。当我越野前进的时候，我看见各处的部队都已经掘下很深的堑壕。战防炮和高射炮也都已经埋伏在预定的位置上。

在视察完步兵团后，我就接到无线电的报告，说敌人正企图凭着军舰掩护，利用小船逃往一些运输船上，那些船只正停在圣瓦莱里的东面海岸外，距离陆地约为一两千码。

大约10点钟的时候，战车团又回到了前一天原来的位置，那边的我军现在正好在用88毫米高射炮同一艘敌舰做激烈的相互射击，已经有两门高射炮被他们击毁了。在圣瓦莱里城东北面大约1000码远的海面上，有一艘敌人的运输船已经开始向海港外驶去，而我们的高射炮却已经不再打了。于是我马上命令最近的一门88毫米炮，再度向那艘运输船射击，那一门炮的炮架已经被击毁，所以发炮时无法保持稳定。但那些炮手打得很好，炮弹纷纷落在那艘船的附近，不过因为炮架坏了，无法做必要的修正。此时，有一艘英国的辅助巡洋舰，正停在距离海岸1000码的海面上，便马上向这一门高射炮回击。我方却早已施放了烟幕，以来阻碍英国军舰的瞄准，这个办法很有效果。不过，我们却始终没有能够把那艘运输船击毁。于是只好用无线电叫来俯冲轰炸机助战。不久以后，我遇见了一个100毫米重炮连的前进观测人员，于是我就命令他指挥他们连的火力攻击那艘辅助巡洋舰。10点40分，这艘军舰中了几炮，燃烧起火，船上的人把它搁浅在海滩上面。

这个时候，我也带着我的指挥车辆，经过了圣瓦莱里城西北面的森林，一直驶到城边第一栋房子的地方。隆森堡奉命带着他的战车团，沿着通到谷地的道路，逐渐逼近城区，那里还有好多地方仍然在燃烧中。战车上面插满了树枝作为伪装，慢慢沿着狭窄曲折的道路前进，最后进入了该城。城中心周围的地方，一片火光，军用品堆积如山，包括许多车辆在内。战车一辆又一辆继续向南推进，炮口对着东方。我们劝诱对面的敌人投降。经过了几分钟之后，英国人才答应投降。最先只有几个人，成单行，稀稀落落地走了过来，慢慢地人才增多了。同时，我们的步兵也到了，他们立刻走上前去，就地接受那些人的投降。

当战车正在绕过港口的南面，向该城的东部驶去的时候，我又随着步兵的后面向城中心的广场前进。周围的市政厅和其他许多建筑物，有的已经烧毁了，有的还正在燃烧。到处都是碎瓦颓垣，这都是我们的炮兵火力的功效。现在英法两国的官兵纷纷从各处出来投降，向城中心广场集中，我们命令他们在广场上排成纵队，再向西面走去。此时步兵正沿街沿户，肃清残余的敌兵。

不久后，有一个军士跑来向我报告说：有一位法军高级将官在该城的东部被俘，他要求见我。几分钟之后，法国的伊纳尔将军（Gen. Ihler）穿着一件普通的军用大衣，走来见我。当他走来的时候，他的随从却落后了很远。我问这位将军，他是哪一个师的师长，他却用蹩脚的德国话回答我说："不是师长，我是第九军的军长。"

我要求他的部下立即投降，这位将军马上就宣布他愿意接受我的要求。不过，他又补充一句说，假使他们手里还有剩余的弹药，他们是绝不肯投降的。我要求这位军长马上回到他的司令部，经由他自己的指挥体系，命令他的部下投降。投降的部队，在向圣瓦莱里集中的时候，应携带明显的大幅白旗。我希望我的部队在很远的距离以外，就可以清楚看到他们已经放下了武器。

另外，我答应了这位将军的一些要求，准许他保留他自己的车辆和一切生活用品。接着我立即命令炮兵停止向城区轰击，改为射击海上的船只。第五装甲师，据报正在曼尼维里（Manneville）附近（约在圣瓦莱里东南面两英里处）与敌人的战车对战，于是我就立即告诉该师圣瓦莱里的敌人已经投降了。在以后的几个小时，有不少于 12 个人的联军将官做了俘虏，其中有四个是师长。之后，我和邻近由克鲁威尔将军（Gen. Cruwell）率领的第二摩托化师，划定了我们之间的防线。此时，被俘的将领和幕僚人员也都集中在广场南部的一间房屋里面。有一位德国空军的尉官，本来是被联军俘虏着的，现在刚刚获得了自由。我派他担任守卫的工作。他不禁喜形于色，对于这种身份的变换感到十分的愉快。

尤其使我们感到奇怪的，就是那些英国军官乐天安命的态度。将军们，而尤其是那些参谋人员，居然会站在房屋前面的大街上高声说笑，一点都不感到难受。唯一使他们感到烦恼的，就是我们的宣传连以及其他的官兵都纷纷对着他们照相，使他们多少有点不舒服。

我请那些被俘的将军参加一次露天的会餐，但他们很客气地谢绝了，说他们自己的东西还没吃完。此刻还有许多事情要安排，例如如何运送俘虏和俘获的物资，以及确保海岸安全，并撤出圣瓦莱里城。差不多 20 点的时候，我才回到奥贝维里（Chatean Auberville）的师部。

这个时候，我方无法估计所俘获的人员和物资的数量。光是用我们第七装甲师的车辆，就已经运输了 1.2 万人以上，其中有 8000 是英国人。在圣瓦莱里所俘获的敌军总数，据说在 4.6 万人以上。


最亲爱的露：

这里的战事已经结束了。今天有一位军长和四位师长，来到圣瓦莱里的市区广场，亲自向我投降。这真是最光荣的一刻！

1940 年 6 月 12 日

视察勒阿弗尔这个城市，一路都没有流血事件。今天我们用长射程重炮向海上射击，已经击沉了一艘运输船。

当 12 位英法两军的将官，走到圣瓦莱里的广场内向我报到，并且接受我的命令时，你应该可以想象到我当时的心情是多么愉快。那位英国的将领和他的整个师部投降，更是使我们高兴。全部经过都已经用摄影机拍了下来，毫无疑问地会当作新闻片在各地放映。

现在我们可以有几天休息的时间。我可以想象得到：在法国境内已经不会再有严重的战斗发生。沿途经过的时候，有些地方甚至还有人向我们献花。当地老百姓看到战争已经过去了，都感到很高兴。

6 月 14 日

在今天清晨 5 点 30 分，正要准备启程的时候，接到了你的来信，由衷地感谢你，我亲爱的。今天我们要渡过塞纳河，回到南岸去。巴黎和凡尔登都已经易手，马奇诺防线也被冲破了一个大洞，所以今后的战争似乎就只是和平地占领法国全部而已。我们对待老百姓很友善，有些地方的人民态度也很友好。

6 月 16 日

# 第四章

# 向瑟堡追击

经过了短时间的休息整补之后，隆美尔的第七装甲师又调到鲁昂以南的塞纳河上。德军跟在法国第十军团的后面，在 6 月 9 日渡过了塞纳河。法军当时已溃不成军，所以没有经过太多的战斗，德军就渡过了这条宽广的河流。法国第十军团向西退到里勒河（The Risle）之线，而它右方的法军却转向南面退却。因为法军战线已经分裂，所以德军没放过这个扩张战果的机会，领先的德国步兵军继续向南压迫，以卢瓦尔河（The Loire）为目的。而隆美尔师则在 6 月 16 日奉命移动到他们的后面，第二天向西面发动对瑟堡（Cherbourg）的追击。

16 日夜间，法国第十军团又再向后撤退，其中由它所指挥的英军奉命向瑟堡撤退，以便上船撤回英国——抵抗是早已崩溃了。这个命令下达得间不容发，因为他们所驻守的地区恰好在隆美尔第二天进攻路线的南面。在尚未被切断之前，他们勉强逃到了瑟堡。

1940 年 6 月 17 日，本师奉命继续向塞纳河以南前进，第一步以进入莱格勒（Laigle）地区为目的。我们并奉命尽量推进以到达诺南—塞（Nonant Sees）公路。在到达这一条公路之后，本师就可以获得森格尔旅（Senger）的增援，进一步以攻占法国海军重要港口瑟堡为最后的目标。据空军侦察的报告，在瑟堡已经集结了一些军舰和运输船舶，所以很可能在那里已经开始了撤运的工作。

我们分为两个纵队前进，在这个阶段中，我们都没有遇着什么重大的抵抗。沿途消灭了几个敌军据点，收容了一些俘虏，也虏获了几辆战车。

当我听到两路纵队的先头部队都已经到达了诺南—塞公路之后，我立即下令继续绕着塞的侧翼，向前进攻。其路线如下：

右纵队，经过马罗奎斯（Marogues），绕过埃库谢（Ecouche）的南面，然后沿着大路向布里尤兹（Briouze）前进，再从那里经过弗莱尔（Flers）的南面，以到达南地沙克（Landissacq）。

左纵队，经过梅斯（Mace）、米黑南（Meheran）、圣布里斯（St. Brice）、李米尼尔（Le Monil），到拉沙佩勒（La Chapelle）。

我率领着我的行动指挥所和左纵队一同进发。到蒙特梅里（Montmerrli）为止，一路都很顺利。在法兰齐维里（Francheville），我接获了一个报告，说敌人的战车守住了向布塞（Bouce）的入口，并且封锁了道路。因为我们这个纵队没有战车，只有装甲汽车，没有对抗敌战车的能力，所以我立即命令改向北面绕道前进。沿着道路旁边，我们遇着几小队法军，很容易地就把他们俘虏了。他们当中有几个人是军官，其中有一位会说德国话，于是被请出来充任临时翻译官。因为我们沿着侧路前进，不久就使路上尘雾遮天。过了一会儿，我们又碰到了一个徒步行军的法军纵队，不过已经丧失了斗志。第三十七装甲侦察营营长鲁克上尉和指挥这些法军的上尉进行谈判。法军上尉宣称，贝当元帅（Marshal Pétain）已经向德军提出了休战的建议，并且命令法军放下他们的武器。我就经过我们的翻译官，告诉那位上尉，我对于休战这件事毫无所闻，所以我仍会照旧前进。我又补充着说：对于任何放下武器投降的法军部队，我们绝不开火。我要求那位法军上尉把他的纵队带到路边的田野中，把路面让出来，以便我们继续前进。那位法军上尉似乎还有点犹豫，不知道是否应该照办。无论如何，我们在这儿已经耗费了太多时间，所以我命令我的纵队立即向前移动。我们从法军纵队的身边擦过，他们站在路上，还携带着大炮和战防炮。当我们通过时，那位法军上尉似乎有一点不愉快，可是他的部下对于这种解决方式却好像很满意。离开这个纵队之后，又碰到了不少的法军零星部队，我们一面从他们身边擦过，一面用白手巾向他们打招呼，告诉他们战争已经过去了。前进速度提高到每小时25—30英里。就这样，我们一路兵不血刃地向前直进。大约 17 点 30 分，我们到达蒙特勒伊（Montreuil，在莱格勒以西 40 英里处）附近。我命令休息一个钟头，以便大家用餐，同时为我们的战车加油。

因为前面似乎不会再有什么强烈的抵抗，所以我决定在 18 点 40 分时继续前进，以 140 英里以外的瑟堡为最后的目标。我决定在最后的旅程中，全师构成一个纵队，经过弗莱尔、库唐斯（Contances）和巴讷维尔（Barneville）的主要公路，直向瑟堡前进。

这是一种间接的攻击方式。因为库唐斯在科唐坦（Cotentin）半岛上，离西部海岸非常近。隆美尔一直等到抵达这里之后，才沿着西岸的路线，转朝北面，向瑟堡进攻。

关于新的目标和路线的详情，都已经用无线电通知本师各部分，不过有一两个单位，在通信上却已经丧失了联系。

18 点 40 分的时候，第三十七装甲侦察营开始向瑟堡前进。他们奉命加速行动，右纵队已经从无线电里面接到我的命令跟在左纵队的后面，经由弗莱尔向瑟堡前进。我们以最快的速度，向弗莱尔狂奔。许多法国兵在道路的两旁宿营，我们一面走，一面向他们挥动白手巾。当他们看到有一支德军的纵队从他们的旁边狂奔而过的时候，都不免用惊异的眼光看着。此时不曾听见一声枪响。在以后几个钟头里，我们都以完整的队形，保持着大约 30 英里的时速，从一个村落进到又一个村落。只有在弗莱尔时，因为找不到正确的路略有停顿。当我们快速通过那些市镇时，街上挤满了人，军民都有，他们都用惊奇的眼光望着我们，却没有采取任何含有敌意的行动。

在弗莱尔的西郊，我们又碰到一大堆法国人，也是军民混杂在一起。突然，有一个老百姓抽出他的手枪，向前跑了几步，冲到我的车旁，准备开枪射击。可马上就有法国兵把他拉住了。我们继续驱车前进。我在整个部队的前面行进，领着他们向瑟堡狂奔，希望能尽快到达。当然我也知道，全师的大部分不见得都能保持着这样快的速度，不过我相信，他们也都可以赶上来。我们已经一路跑了 12 个小时以上，冲过了许多法国的村落，连一枪也没有放。夜幕低垂，在我们的右前方可以看到熊熊的大火，可能是莱赛机场（Lessay）中的敌人（在库唐斯北面约 30 英里、瑟堡南面约 34 英里处），正在那里焚毁油料。和平常夜间的情形一样，无线电又中断了。我知道森格尔旅本应在我们右面前进，可是现在却还没有跟上，估计可能还在法莱斯（Falaise）的附近（即已落后了 130 英里）。不过，我还是没有变更我的决心，因为我认为只凭我一个人的力量，也照样可以攻下瑟堡。

天色一片漆黑之后，突然有两个军官跑来向我报到，他们是乘汽车才追上了这个纵队。在黑暗之中，我最初没认出是谁，后来才认出他们是元首大本营中的柯尔贝克上尉（Capt. Kolbeck）和豪斯堡中尉（Lt. Hausberg）。豪斯堡向我报告说，他已经调到本师来服务，于是我委派他为我的副官。柯尔贝克却并未调职，他只是借着这种机会，到最前线上来"游览"一次。我命令斯托尔布鲁克上尉（Capt. Stollbruock）——他是我的护卫官——骑一辆摩托车沿着原路回去，与后续各单位取得联络，并且把向瑟堡进攻的命令，当面传达给各团。尽管前面会有障碍，我们在三个钟头之内，应该可以赶到目的地。

黑夜之中，我们一直不停地向前奔。差不多是半夜时，侦察营通过了拉艾—迪皮（La Hayes du Puits）的市中心广场（在莱赛北面约 5 英里处）。有相当多的人穿着工作服站在广场里，而在他们的后面有许多都装满了货物的卡车。他们中间大都是平民工人，只有少数的军人，我们看见有几个法国军官在那里忙乱地东奔西走着。其中有一个人，从我们纵队中间，也就是我的车辆前面跑了过去，躲进一扇门里。我们还是照样前进，侦察营的先头车辆在伊瑟梅耶中尉（Lt. Isermayer）领导之下，奉命改取旁边一条小路前进，以波里维里（Bolleville）为目标继续前进。我开始考虑到了瑟堡的前面，全师部队应如何部署。此时纵队的前面却突然碰上了一个设在道路上的防御工事，马上遭到敌人火炮和机关枪的猛烈射击。最前头的车辆被击中，有三辆已经起火燃烧。伊瑟梅耶中尉正坐在第一辆车上，头部受了重伤，失去知觉倒在他那辆正在燃烧中的车辆旁边。

从表面看来，这个阵地有相当多的防守兵力。月亮已经升起在天空中，但我不想让我手下这些疲惫的部队在没有战车和炮兵支援之下，就开始攻击。所以我马上命令侦察营脱离战斗，在拂晓之前，不要再向敌阵地采取行动。

隆美尔这个师从清早起，已经跑过 150 英里以上的距离，而从下午停止加油的时候算起，也已经超过了 100 英里。这种前进的速度打破了历代战争的纪录。

于是我又带着随身的通信队回到拉艾－迪皮，我们与后方的步兵团始终没有取得联络。当我回到拉艾－迪皮之后，见从瑟堡方面的大路上，有一辆汽车驶来，车立即被我们拦住。上面坐着一位法国海军军官，他说他是一位工程人员，奉命到这里来监督民工修筑工事，以抵抗德军的进犯。我就请他再回转瑟堡去，告诉他的上司说：已经来不及了。

几分钟后，有几个英国军官坐着汽车也从此经过，他们是从南面洗海水澡回来，恰好自投罗网做了我们的俘虏。又过了好一阵子，恩格尔上校（Col. Unger）才带着第六步兵团姗姗而来。我命令他们在第二天清早，向敌人的防御阵地实行攻击。假使我们能够突破在拉艾－迪皮西北 10 英里地的敌人阵地，而在上午又继续向瑟堡挺进，那么我就感到非常满意了。

6 月 18 日拂晓时，我带着豪斯堡驾车前往第六步兵团。我在夜里早已命令：天一亮，就放几个法军被俘的军官过去，叫他们要求守兵立即投降。当我到达的时候，恩格尔团长早已在与敌人展开谈判。法国军官已经进入他们的阵地，它所占的形势很险要，我们可以看见手持步枪的敌兵，正站在他们据点的旁边，担负着守望的工作。从望远镜里面，我们可以看见一些隐藏着的大炮和机关枪。通向敌阵的道路是在一个桥口上，用三棵树干所做成的障碍物把它封锁着。

这时第六步兵团的士兵都站在路旁，他们把枪搁在地上，我方的人则站在开阔的位置上，丝毫没有掩蔽物，而法军都隐身在修筑好的掩体里。

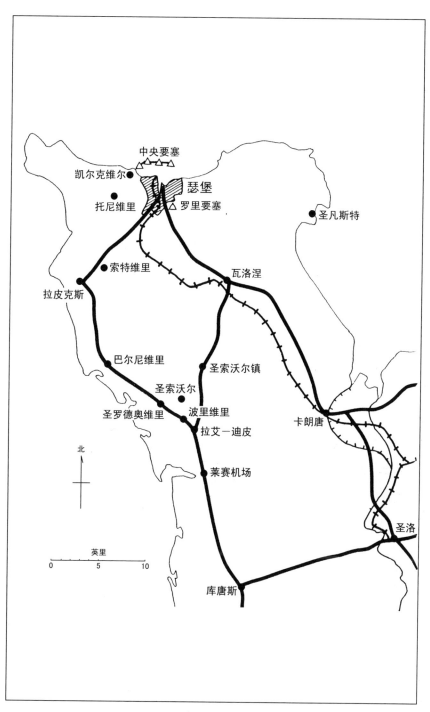

中央要塞

凯尔克维尔

瑟堡

托尼维里

罗里要塞

圣凡斯特

索特维里

瓦洛涅

拉皮克斯

巴尔尼维里

圣索沃尔镇

圣索沃尔

波里维里

圣罗德奥维里

拉艾—迪皮

卡朗唐

莱赛机场

圣洛

北

英里

0　　5　　10

库唐斯

图6　向瑟堡追击

如果现在突然爆发战斗，我方一定死伤惨重，我对于军官如此粗心大意非常光火，要他们立刻重新部署部队。

过了一会儿，恩格尔和那些法国军官一同走了回来，向我报告说对面的敌军并不知道贝当要求停战的消息，而且也不肯相信有这样一回事，所以他们不准备放下武器让我们通过。这些谈判实在是在浪费我们的宝贵时间，所以我再派一位法国军官到那边告诉敌人说：他们在8点钟以前若再不放下武器，我方就要进攻了。

我接下来就迅速部署攻击。此时，海德开普也已经赶来，他告诉我全师在夜里的行军并不顺利。由于在维尔（Vire）的路上，把"DG7" ❶ 的路标画错了，所以全师中有一部分走错了方向，到圣洛城（St. Lo）方面去了（在库唐斯以东约17英里处）。虽然后方并没有发生严重的战斗，可是纵队中有一部分，包括师部人员在内，都曾经遭到从玉米田里突然冲出来的敌人战车的攻击。此外，我的副官之一，鲁弗特中尉，在黑夜之中，也几乎为敌人所俘虏。

在我们已经通过的地区中，一直都没有发生过任何重大的战斗，所以我预计全师的其他单位在上午，至迟在中午，一定可以赶上我们。因此，现在就可以立即开始进行我的瑟堡攻击计划。到了8点钟，我们发现在圣沙维尔附近的敌人，已经突然遁去。我们冲进他们放弃了的阵地，发现只有几个受伤的人和一具死尸。于是我们对着敌人的后方地区，开始用火炮和机关枪射击。而第六步兵团的先头营完全占领了敌人阵地——它的防御工事的确相当坚固。同时，我们开始加紧清除河川的桥梁上以及北面深沟中的障碍物。这些道路上的障碍物布置得很周密：法国人用粗铁链把大木头拴在铁路桥两头的铁轨上，我们还得越过一片100码宽的障碍带，路上铺满了三英尺粗的白杨树桩，我们的战斗工兵开着推土机，很快地把它们推开。

---

❶ DG7 是 Durchgangstrasse 7 的缩写，意为"第七师通过"。——译者注

大约上午9点钟的时候，第六步兵团的先头连，因为配有装甲运兵车，便担任全师的前卫，向瑟堡挺进。在圣罗德奥维里（St.Lo d'Ourville）东北一英里又四分之一的地方，先头排——我和我的通信队也和他们一起走——突然受到从右边一个小山发来的火力侧击。经过短时间的激烈冲突之后，全师又恢复原有的秩序，继续向瑟堡前进。从巴讷维尔到莱皮约（Les Pieux）之间，我们的速度有时只有6—10英里，实在太慢了，所以我一再地催促他们快走。我们在路上所花的时间越长，敌人在瑟堡附近和海港中就越有时间准备。所有各处的电话线路还是没有被切断，所以毫无疑问，瑟堡的守军对于我们的行动一定已有很详细的情报。

当我们进入巴讷维尔的谷地时，可以看见海水在我们的左边。在南面的小山上有一些巨型的建筑物，外形看起来很像兵营，但看不见一个敌兵的踪影。最后在巴讷维尔的入口处，我们找到几个老百姓，他们正在清除一些已部分完成的道路阻塞工事，沿途都是这样的情形。到了12点15分，我们才到了莱皮约（在瑟堡西南面12英里处）。我们一路都没有使用过武力，碰到的敌兵都很愿意放下他们的武器。

纵队经过莱皮约后，便尽快向瑟堡前进。在港口那边的天空挂着几个系留气球❶，没多久，一门要塞里的重炮就开始向我们纵队的后方发炮轰击。几分钟之后，领先的单位又停止不进了，虽然正前方并没有枪炮声。我马上又赶到最前面去查询停止的原因，发现步兵的装甲车停在一个强大的防御工事前，距离在100码之内。他们已经在和敌人谈判，看样子敌人是很愿意投降的。恩格尔走了过来，准备向我报告一切。法军已经准备好了白旗，马上也要走过来投降。可是突然一颗75毫米的炮弹落在我们的中间，接着又是第二颗。于是战斗展开了。

大家都急忙找掩蔽物卧倒下来。第六步兵团的领先车辆早已被敌弹击

---

❶ 指挂钢缆及铁丝的气球，用以保护重要地区或设施，防止低空飞机的袭击。——编者注

中，开始起火燃烧了。很不幸，我们的部队还是犯了老毛病，不先用机关枪向敌人还击，而都只忙着寻找掩蔽物。

为了尽最快的速度向敌人射击，我命令我的装甲车的机枪手马上朝着敌人可能藏身的方位开枪扫射。同时，我命令最近的一个步兵排长，率领他的部下向路上的阻塞阵地进攻。但是敌人的炮弹纷纷落在我们的周围，碎片一阵阵呼啸着从我们耳边飞过。在这样的情况之下，要已经躲在掩蔽物后面的步兵马上跑出来向敌人进攻，实在不是件易事。此时，海登莱赫军士和我的驾驶军士肯尼格（Konig）却特别冷静、勇敢。他们督促步兵前进，不过机枪手却等了很久才开始射击——很明显是因为他们没看见敌人，也没有受过训练，不习惯向敌人的假定位置开火。

这个时候，我又命令恩格尔带着他的先头营，绕道右翼向瑟堡前进。柯尔贝克上尉也早已奉命赶回后方，去急调一部分炮兵来参加这里的战斗。

因为我和我这个小型的幕僚组织在前线已经没什么事可做，最重要的任务也只是设法使全师其他各单位能够赶紧参加作战。于是我又带着豪斯堡中尉和海登莱赫军士，一同回到后方去。我那通信车中的驾驶员和工作人员，却还是和他们的车辆在一起，仍然留在原地不动。敌人的炮弹现在不断地落在公路上面，逼得我们必须大转弯走，沿途还要当心碰上敌人的步兵。

路上我碰到了凯斯勒尔中校（Lt.-Col. Kessler），他是第七十八炮兵团第一营的营长。我马上命令他把麾下各连的火炮部署在公路两侧，并且尽可能地向瑟堡附近的高地，尤其是港口中的设施，开始猛烈射击。我们又用最高速度向后方跑去。不久后，我又遇见了一位 37 毫米高射炮兵连的连长，便马上要他把炮兵也集中在凯斯勒尔营已经放列的地区内，并命令他马上用快速的火力向瑟堡附近的高地和船坞猛射。

此时凯斯勒尔的炮兵营早已开始射击。几分钟之后，高射炮也迅速地向瑟堡猛轰。敌人匆忙地降下了他们的系留气球。情况的发展似乎已经对我方有利了。

我把我的指挥所设在大路旁的一所农舍里面，在那里可以听到从北面传来的枪声，现在已经完全停息了。海登莱赫军士设法从最前线把我的随从车辆弄回来，车完全没有受到损害。现在我已经可以用无线电和海德开普取得联络。情况看来很顺利，可是到了16点的时候，突然又发生了一个严重的逆转：在连续几分钟之内，瑟堡的许多炮台，忽然用各种不同口径的大炮，包括超级重炮在内，朝着我们所占领的地区和我们想要进攻的地区猛烈轰击。英国的军舰也使用舰炮参加这一场炮战。炮兵营和高射炮连所处的位置，特别吸引敌人的注意，不久就死伤惨重。我的指挥所同样也受到严重的威胁，所以我决定沿着一道树篱，移到西面500码以外的开阔地上，虽然那里也可能被敌人所发现，不过总比坐在房子里挨炸好一点。

唯一令人欣慰的事，就是无线电还没有失灵。敌人要塞炮的密集轰击差不多有一个钟头之久，此时我想到，假使敌人自瑟堡方面发动一个强大的步兵攻势，那么我们的情形就会十分危险。于是我马上设法调集援军——尤其是第七步兵团和第二十五战车团。

因为听说师部已经到达索特维里（在瑟堡西南面9英里处），所以我就决定移到那里去指挥作战。不久后，第七步兵团和第二十五战车团赶到了，此外还有师部所属的全部轻炮兵和高射炮单位。不过，在黄昏之前，重炮兵却不可能来得及参加作战。在这个长达210英里的追击过程中，他们无法保持那样快的速度。

我决定照我们原定的攻击计划行事：第七步兵团，加上战车的支援，从汉尼维里（Hainneville）到凯尔克维尔（Quergueville，在北部海岸上，距瑟堡西面约3英里远）。当凯尔克维尔南面的山地落在我们手里后，就很容易用炮火控制住瑟堡的市区和港口了，瑟堡防线的东面也就可以用森格尔旅来加以"切穿"。在明天以前，该旅还没有到达的希望。

从昨天上午到现在，我都还没有睡过觉，所以在大约17点钟的时候，我休息了一个钟头。稍后，第七步兵团和第二十五战车团的团长都走了进来，我把当前的局势向他们简略交代了一下，并且把攻击命令交给他们。隆森堡注意到这个地区的地形是树篱交叉、路面松软，对于战车的行动极为不利。不过，尽管他表示反对，我还是命令从第二十五战车团中抽调一个加强连，配属给第七步兵团，协助其向凯尔克维尔进攻。攻击的路线要经过托尼维里（Tonneville）。

在这两位团长离去后不久，马上就有一大批重要的地图送来，我马上仔细地研究。我们占用的别墅是属于瑟堡要塞司令本人的产业，所以关于瑟堡要塞地区的全套地图，都可以在他的秘密抽屉中找到。这里包括瑟堡以南防御部署的各种地图，其中最有价值的一张，是要塞周围所有轻重炮位的火力射界图。我把这张地图仔细地研究了一番，马上就得到一个结论，就是我们原定从托尼维里进攻的路线实在不聪明，因为敌人可以用好几个炮台的联合火力来阻断我们的进路。这个时候，突然有一个好消息传来，说巴里斯营已经占领了第七十九号高地，那个地方正好在都托特要塞（Redoute du Tot）的西面。所以我马上就决定让步兵团绕过第七十九号高地的西面，向凯尔克维尔进攻。我又决定在那一天黄昏的时候，亲自随步兵团一同前进，其目的是使我自己对于兵力的部署可以更有把握。

我的行动指挥部在21点钟的时候追上了步兵团，就跟在那个担任矛头的战车连后面前进。我们经过的每一个村落，里面都挤满了从瑟堡逃出来的法国水手和难民，不过他们却并没有抵抗。天开始暗下来了。我们来到汉尼维里的南面，经过了一个大型的水泥建筑物，其四面都用铁丝网和高墙保护着，很像是一个防御要地。稍微再往北去一点，我把指挥车停到几棵大树底下，从那里可以监督第七步兵团部署他们的兵力。那个水泥的建筑物已经查明是一个地下油库的一部分。

此时，我的传骑已经观察了一下周围的地区，发现有一个地点，可以看见整个海军船坞，距离不过2000码左右。在最后的暗淡天光中，我们可以看见内外防浪堤上的防御工事和海军港口，只有一些小船停在那里。港口的其他部分空空如也。很明显英国人早已撤走了。（最后一艘运兵船是在16点钟开出去的。）当我们向瑟堡远眺的时候，第七步兵团的绵长行列正经我们后面向前移动，经过汉尼维里，并且占领了在凯尔克维尔以南和汉尼维里周围的丘陵地。跟在步兵团后面的轻重高射炮兵，也都纷纷占领阵地，以能用火力阻止敌船从港口里向外逃走为原则。周围的敌人要塞现在都是一片沉寂，不久天就完全黑了。我们的地位现在已是十分牢固，自信在明天一定能够迫使敌人投降。

到午夜，我才回到师部。夜里，弗乐里赫中校（Lt.-Col. Frohlich）开始部署全师的炮兵兵力，另外从森格尔旅中又抽出了一个重炮营，这样一来，天亮时我们就可以集中大量的炮兵火力，向不同的防区和要塞猛轰了。

第二天（6月19日）早晨6点钟以前，我就带着希拉普内上尉和豪斯堡中尉，一同去到前线。在前线各地，我们把不少的法军战俘送入瑟堡城，他们身边带着用法文写成的传单，要求守军无条件投降。在都托特要塞的正南方地区中，我遇见第六步兵团的一部分兵员，他们的指挥官是荣克中校（Lt.-Col. Jungk）。

敌人似乎已不准备再做抵抗。和前一夜的情形一样，到处都有法国的水手、大批的平民沿着每一条道路逃离瑟堡，还有一些人怕在大路上遭遇战事，经由田野逃跑。我下令立即制止这种混乱的情形，老百姓都被劝阻，要他们重回瑟堡城，因为我们根本不想轰击这个城市，我们只攻击军事目标——像周围的要塞和海军船坞。

我赶到第七步兵团设在汉尼维里的指挥所，但是却发现团长俾斯麦上校并不在那里。在路上，我们经过了一个重型高射炮兵连，他们的车辆和火炮把一条路完全塞断了，搞了几个钟头，还没能进入阵地。我把那些军官喊过来申斥了一顿，并且命令他们马上沿着公路的旁边开始部署，把一切车辆都开出道路以外去。

在汉尼维里的北部边缘上，我接到一个报告说，杜尔克中尉（Lt. Durke）刚刚被中央要塞（Fort Central）的炮火所击毙，于是我就用无线电命令炮兵，集中全力向这个要塞射击。几分钟之后炮击就开始了。在第七步兵团的指挥所里，我们有极优良的观察视界，可以对于炮火做微小的修正，以使火力都集中在要塞的中心点上。最后，火力的精确度高到四颗炮弹中就有三颗直接命中，于是要塞停止发炮了。

不久以后，巴里斯少校就向我报告说，考普里兹要塞（Redoute des Couplets）的守军，一共10名军官、150名士兵投降了。我马上就跑上那个要塞，因为从那儿可以鸟瞰整个瑟堡的设防情形。我们乘指挥车上山，但最后500码是山路，于是改用徒步前进，这个要塞位于山顶上，形势极为险要。这个炮台的观察所完全没有受到损害，备有极优良的望远镜，可以纵览港口和市区的全部。

我用无线电把攻击的进展告诉了海德开普少校。这时我听到一个消息说，俾斯麦上校已经在与敌人谈判市区受降的条件。这也许是受了师部所发招降传单的直接影响。

这个谈判已经开始，我马上就赶到考普里兹要塞以北半英里处。海军船坞还在敌人的据守之中，他们似乎还不准备投降，任何向这个地区的行动，都遭到他们的射击。这个时候，海岸上所有各要塞的炮声都停息了。凯尔克维尔要塞的指挥官还是不肯投降，不过他向我们说，只要我们不攻击，那么他们也绝不发炮。但是他说一定要奉到命令才肯投降。中央要塞此时已经一声不响。

12点15分，有两辆民用汽车从市区中开了出来。车上坐的人是巴黎法国国会中的议员和瑟堡的警察局长。可惜他们不是来宣布投降的，但他们自告奋勇愿意到海军船坞中去找这个地区的最高司令官，要求他立即投降。他们的目的是不惜一切价避免炮轰，这样他们的故乡才不至于被毁灭。我就告诉他们还是赶紧回城区去，找到军方的代表人，以便立即向我们投降。我给他们的时限是13点15分。他们希望能自己赶回来，亲自给我答复。

当他们回去的时候，这两辆汽车受到海军船坞方面的射击，逼得他们中途弃车，沿着路旁的深沟爬了一段很长的距离。不过当时我并不知道，所以限时一到，回信还没有来，俯冲轰炸机准时开始攻击，炸弹投在海军要塞的上面，那个中央要塞马上就被命中了。我们的炮兵也随同一起开火。我赶快又跑回考普里兹要塞，从那个视界最良好的观测所里，亲眼观察我们火力的效果。

炮弹像雨点一样落在海军船坞上面，不久到处都发出了火光。浓黑的烟幕，表示已经发生了大火。在轰击的时候，步兵奉命占领那个市区。当整个海军船坞都已经给浓烟罩住了的时候，我又把火力移转到凯尔克维尔要塞的上方，以便压迫那里的守军尽早投降。

有一批法国军官来到考普里兹要塞，谈判整个要塞的投降条件。我把那些军官带到我的观察塔里面，主要目的是要让他们见识见识我们炮兵的强大威力。他们中间有一个人就是凯尔克维尔要塞的指挥官，他是一个长着黑色长须的海军军官。当他看到他的要塞正在浓烟之中，受到强烈的打击，便大惊失色。他马上向我问道："为什么炮击那个要塞，它不是早已停火了吗？"我回答说："虽然如此，不过它却并没有投降。"

于是投降的谈判进行得很快。法军方面的发言人是一个上尉，似乎拥有全权，他要求我们把条件做成书面的形式。于是我口授如下："我已经承认瑟堡要塞地区有准备投降的事实，并且已经命令立即停火。我要求每一个炮台上的守兵都要挂起一面白旗，以表示投降之意，然后所有兵员沿着公路从瑟堡向莱皮约集中。我要求法军的军士负责照料他们的部队。所有军官则应全部集中在海军军区里面。他们可以携带勤务兵。所有的兵器都应该有秩序地放在各个要塞里面。"

正式的受降仪式定在17点钟，在海军司令部里举行。在法国代表宣布同意接受这些条件，并保证他们将使其实现以后，我才命令停止射击，然后带着我的僚属驱车向瑟堡进发。

到了瑟堡之后，法军要塞司令部的人员早已把投降的条件转知各单位。大概还要等候一个钟头以上，才能举行正式的受降礼式，所以我带着海德开普一同去视察瑟堡的市区和海港。我们首先去看英军的港口地区和港口火车站。英军已经匆匆地逃走，但是车辆都没带走，许多物资都是崭新的。

回到海军基地司令部时，第七装甲师的各级指挥官已经在广场中列队站在一边；而法军瑟堡守兵的全部军官，连同各个要塞的司令都在内，则列队站在另外一边。当我入场的时候，全体都肃立致敬。我很快地向他们回礼，然后经过翻译官的传译，向法军高级军官做下列的简单致辞："我以在瑟堡地区的德军最高指挥官的身份，接受各要塞已经投降的事实。并且对于平民在这场战争中没有受到流血伤亡，感到特别欣慰。"

法军的参谋长代表全体军官向我报告说，假使各要塞中还存有足量的弹药，他们一定不会投降。

这个时候，我们却发现瑟堡的防卫司令并不在场，而且该地区的最高级军官——指挥法国海峡舰队的海军上将——也不在场。所以我命令师部的联络官普拉顿上尉（Capt. Platen）去把这两位老先生请出来。他们的司令部设在一个别墅里面，四周都布有战防炮和障碍物。当他们到达之后，我又经过翻译官把刚刚说过的话再向他们两人重说一遍。那位阿德莱尔海军上将（Adm. Adrial）向我说，要塞地区的投降并未取得他的同意，我回答他说我可以把他的话记录下来，立此存证。这样瑟堡投降的戏结束了。

这个时候，凡是可以从陆路到达的要塞，都已为我军所占领，对于市区和要塞区的肃清工作也已经开始进行了，我和海德开普去视察罗里要塞（Fort de Roule），这个要塞位于一个山坡上，控制着市区和港口。这个要塞的司令官和他的副手，都在前一天被德军炮火击毙。我们走进炮台里去，还有一些守兵守在那里，法国兵默然地向我们举手敬礼。

然后，我们又到凯尔克维尔要塞去视察，那里的飞机场安然无恙，可是摆在飞机库里面的 14 架飞机，却多少都有一点损伤。使我感到奇怪的，就是我们的炮兵对这个要塞并未能形成太大的损害。司令的住宅虽位于广场的中心，但连窗户玻璃都没有震碎一块。


和法国第十军团一起作战的英军，能够顺利逃脱的机会可以说是间不容发，甚至比三个星期前的敦刻尔克还要惊险。

布鲁克中将（Lt.-Gen. Brooke）13 日才赶到瑟堡，接任英军的总司令，第二天他得到一个结论，认为法军的情势已经无可救药，于是在获得了英国政府同意之后，立即开始安排把所有留在法国的英军都设法撤回，包括最近刚刚调来的两个师在内。不过已经和法国第十军团在一起作战的部队，却很难抽调出来。其中主要的部队是第一五七步兵旅和第三装甲兵旅。当月的 15 日，他们奉令立即向瑟堡撤退。

英军在半夜里开始撤退，24 个钟头之内就到达瑟堡。这可以证明摩托化所带来的机动性利于逃命。通过卡朗唐（Carentan）到瑟堡的主要大路早已布下了地雷，英军只好沿西面海岸线的小路走。几个钟头之后，隆美尔的军队也紧跟在他们的后面追击。他们都是选择最不为人注意的小路，可以说英雄所见略同。

英军本打算慢慢地撤退，连物资都不肯丢，可是因为法军已无斗志，德军的进展快得出乎他们意料之外。等到最后一艘运兵船离港的时候，德军距离港口只有 3 英里远了。

在这 6 个星期的战役中，隆美尔的第七装甲师一共阵亡了 682 人，负伤 1646 人，失踪 296 人。至于战车被毁的数字则只有 42 辆。他们一共俘获了 97648 人，加上 227 门野战炮、64 门战防炮、458 辆战车和装甲车、4000 多辆卡车、1500 多辆汽车和 1500 多辆马拖车辆。

6 月 20 日，当瑟堡刚刚攻占之后，隆美尔写信给他的太太：

最亲爱的露：

我不知道日子弄错了没有，因为在过去几天当中我几乎已经没有时间的观念了。

本师一口气追过了 220 多英里，攻下了强有力的要塞地区。有一个时期我们实在很危险，因为敌人的实力可能为我们的 20—40 倍。他们有 20—35 个要塞可以随时作战，此外还有独立的炮台。可我们还是完成了元首特别命令所赋予的任务，尽最快速度，占领了瑟堡城……

1940 年 6 月 20 日


在攻陷瑟堡后，第七装甲师在西线战场上就已经不再有战事。现在他们奉命南移。隆美尔从雷恩（Rennes）写信给他的太太：

最亲爱的露：

安全到达此地。战争已经逐渐变成了在法国境内的愉快旅行。几天之内可以完全结束。此地的人民都有如释重负之感。

6 月 21 日

总算是休战了。我们现在距离西班牙的边境已经不到 200 英里，希望能一直冲到底，那样的话，整个大西洋海岸线就都在我们的掌握之中了。所有的一切真令人感到不可思议。昨天吃坏了肚子，今天已经好了。住的地方也还勉强。

6 月 25 日

法国人和英国舰队之间的战争，多少是有一点特别的。法国人若肯为胜利者效力当然对他们有利，和约条件一定也可以比较宽大。❶

7 月 8 日

从隆美尔 6 月 30 日的信件中，可以看出来他对于苏联人的扩张感到忧虑：

> 苏联人对于罗马尼亚的要求相当强硬。我很怀疑这种发展对于我们是否有利。他们后来是有什么要什么的。不过他们迟早会踢到铁板……

曼弗雷德附注：在第七装甲师奋勇前进的时候，我父亲曾经发明了几种新型的作战技术，结果都很具成效。第一，他的指挥方法很不合乎正统；第二，他建立了"冲入线"（Line of thrust）的观念；第三，他违反了一切训令，沿着他的交通线上树立"DG7"的路标，以使部队尽快跟进。

这种独特的试验，曾经引起各方面的批评。甚至他的作战处长海德开普少校都批评他，6 月 11 日那一天，海德开普曾向军部提出一份备忘录，表示自己不赞成他的计划，令他大发脾气。他强烈地为自己这种做法辩白，

---

❶ 法国于 6 月 22 日投降，由贝当元帅在法国中部的维希（Vichy）成立傀儡政府。希特勒在攻下法国后本想与英国讲和，但为丘吉尔断然拒绝，丘吉尔为表示英国抗战到底的决心，于 7 月 3 日下令英国皇家海军向停泊在奥伦（Oran）的法舰开火。——译者注

而他的成就也证明他做得对。事实上，因为他这个师是临时组编的，所以各级军官都不熟悉他这种作战的方法。在战争的最初阶段，他不得不采取一些权宜措施，到了最后，大家就都习以为常，作战的情形才变得很顺利。

在以后几个月当中，隆美尔也和许多其他的德国军官一样，在法国担负占领的任务。从他在这个时期中所写的许多封信件里面，我们挑出一两封来看看他当时生活和思想的情形。

昨天我收到一大堆邮件，其中包括你在 12 月 21 日和 23 日所写的信。似乎邮政的情形已经有所改善。今天下午，我们看了一场电影，片名《女王心》，我很喜欢。预料明天会有贵宾来视察我们的营地。我们的生活并不太舒适：原始的石砖所建筑的房屋，正和罗马人所用的完全一样。许多村落里都没有自来水，还在使用井水。同时没有哪一间房屋够得上御寒的标准。窗户关不上，冷风直向屋里吹。不过，我想情形马上会有改善……

1941 年 1 月 6 日

昨天的视察圆满地通过了。部队无论在哪里都给人以好的印象。我准备在 2 月初请假回家。到了那个时候局势应该比较明朗了。我们的盟友（意大利）在北非的作战并不如预期理想，我对此一点都不觉得奇怪。他们可能以为战争是一件很容易的事情，所以现在也要想表演一番。当年在西班牙（内战中），他们在开始的时候也是这样，不过吃足了苦头以后已逐渐进步……

1 月 8 日

这里没有什么新的事情发生。通常晚上我都是和幕僚们在一起，谈论 1940 年 5 月间的战争，他们似乎都还记忆犹新，印象深刻。

英国的地中海舰队已经受到了几次狠狠的打击。我们希望以后还会有更多的这一类事件发生。

1 月 17 日

第一部

非洲战争的第一年

# 第五章

# 格拉齐亚尼失败的前因后果

1941 年 2 月间，意大利的元首墨索里尼曾经做过一次演讲，他说在 1936 年到 1940 年之间，意大利曾经派遣军官 1.4 万人、士兵 32.7 万人到利比亚（Libya）去，为了提供这些军队的补给，用掉了大量的物资。他的话听起来信心十足，但是事实上，这支军队距离近代战争的标准，实在差得太远。这支兵力在设计上只够应付一个殖民地性质的战争，最多能剿灭一些叛乱民族，像意大利元帅格拉齐亚尼（Graziani）过去曾经和赛努西族人（Senussi）和尼古斯族人（Negus）作战一样。他们的战车和装甲车都太轻了，引擎的马力不足，行动半径也太短。炮兵所使用的火炮都是第一次世界大战中的旧货，射程极短。战防炮和高射炮都不多，甚至步枪和机关枪也都是旧式的。

不过最糟的，却是意大利陆军中的绝大部分，都还是非摩托化的步兵。在北非的沙漠地区中，对抗一支摩托化的敌军，非摩托化的军队其实毫无用处，因为敌人几乎到处都占了上风，它可以向南面绕道，将作战变成流动性的。非摩托化的部队只能占领已经准备好的阵地，采取守势行动，始能与摩托化的军队相对抗。在强调机动性的沙漠作战中，是发挥不了什么作用的。在机动战争中，哪一方在战术上受非摩托化部队的牵制愈少，则愈占优势。

1940 年 9 月间，格拉齐亚尼的军队开始采取行动，那个时候，英国人在埃及还没有任何力量可以阻止意军到达亚历山大港（Alexandria）。以拜尔迪（Bardia）地区为起点，意军在塞卢姆（Sollum）越过了埃及的边界，沿着海岸向西迪拜拉尼（Sidi Barrani）进攻。英方守军自知实力不够，便采取技巧的行动向东撤退，避免与意军接触。在到达西迪拜拉尼之后，格拉齐亚尼便不再前进，开始巩固他所占领的地区，并且沿着海岸建立他的交通线，接着又集中补给物资、增援兵力、组织水源的供应。他决定由这个新基地继续向东面发动攻势。

一个星期又一个星期、一个月又一个月地过去了，格拉齐亚尼还是停在西迪拜拉尼，一步都不向前推进。于是英国人就利用这个时间来布置埃及的防务，以来应付意军的新攻势。他们从大英帝国各地方抽调兵力，尤其是大量的机械化部队，带着很多的战车，开入埃及境内。英国的战车在素质上远比意大利的优秀。

虽然英军在数量上仍少于意军，但是装备精良、具有较好和较近代化的空军、更快和更新式的战车和长射程炮，而尤其重要的，是他们的攻击纵队已经全部摩托化了。英国的舰队控制着西地中海，意大利的战舰和巡洋舰却不敢出海去扫荡那个在数量上处于劣势的英国海军。最后，英国人沿着海岸线的一条铁路，一直到达马特鲁港（Mersa Martruh），与埃及的铁路系统连成一气，以便将物资运到最前线——在整个非洲战役中，这都是一个最重要因素。

在11月底（实际上是12月9日），英国的韦维尔将军突然发动了一个奇袭式的攻击。他的空军首先开始行动。英军所有的飞机，从最新式的到最老式的，全部起飞作战，向盘踞在西迪拜拉尼的意军阵地和前进机场投下了炸弹。同时，英国军舰上的重炮，也从海上向西迪拜拉尼和沿海岸的公路猛烈地轰击。

到了正午的时候，英军即开始向西迪拜拉尼的意军阵地实行迂回式的突击。攻击兵力由英国、澳大利亚、法国、波兰、印度等国的部队组成，所有各单位都已完全摩托化。经过了短时间的战斗之后，在西迪拜拉尼以南15英里处的意军阵地已被攻陷。2000多名意军走进了英军的战俘营。

攻击军的大部分为英国人，其他占多数的为印度人。地面部队包括英军第七装甲师、印军第四师（其中一部分为英国兵）和英军两个步兵旅——

总数为3.1万人。在前进地区中的意军总数约为8万人，但一共只有120辆战车。而英军却有275辆战车——其中35辆为厚装甲的马蒂尔达型。

最初的攻击是以尼拜瓦营（Nibeiwa Camp）为目标，意军被俘总数为4000人——比隆美尔所记载的还多了2000人。印军第四师以皇家战车团第七营为其矛头，继续向北面推进，攻击在西迪拜拉尼地区中的意军阵地。

现在英军的摩托化纵队分兵两路，一路继续向北推进，以西迪拜拉尼地区为目标，另外一路向西深入，到达意军的后方。向西深入的为英军第七装甲师，事实上，自始至终它都一直采取独立的行动。

同时，英军的步兵攻击波与步兵战车一同从东面向西迪拜拉尼的意军主阵地进攻，以与从后方进攻的迂回纵队相呼应。这个时候，英国海军的炮火又猛烈地向战场上射来。意军经不起这种惊涛骇浪式的猛攻，略一接战之后，在西迪拜拉尼的三个意军步兵师，就被扫荡干净了。

韦维尔仍然继续推动他的攻势。12月16日，韦维尔到达了利比亚的边界，并且在卡普佐（Capuzzo）击败了格拉齐亚尼的主力。轻型的意大利战车也被英军炮火轰成碎片。意大利非洲装甲军的军长马里提将军（Gen. Maletti），素以英勇著称，也在战场上战死了。意军被俘者在3万人左右。意大利第十军团事实上已经全军覆没。

这一场会战中，意军被俘者为3.8万人、大炮400门、战车50辆——英军所付出的代价，不过死伤500人而已。

英军大获全胜，很明显意军已经瘫痪了。他们退入他们在拜尔迪和托布鲁克（Tobruk）的坚固据点内，等候着敌人采取第二步的行动。

12月19日，韦维尔的兵力在拜尔迪地区的前面出现，并且开始了对要塞地区的围攻战。在英国海空军的强大火力支援之下，步兵开始向要塞地区冲锋，迫使两万意大利守军投降。意军的指挥官安然逃到了托布鲁克。

只有英军第七装甲师尾随在意军的后面追击，并且"出现在拜尔迪的前面"。至于印军第四师在西迪拜拉尼会战结束之后，即被调往苏丹地区去了，所以，一直等到增援的生力军——澳军第六步兵师——到达之后，才开始进行对拜尔迪的攻城战。攻击在 1 月 3 日展开，仍由皇家战车团第七营的重型战车担任攻击的矛头。到了第三天，这个要塞全部被攻下——共俘获了兵员 4.5 万人、大炮 462 门。

英军再继续向西进攻，于 1941 年 1 月 8 日包围了托布鲁克。尽管这是一个极强大的据点，守兵人数达 2.5 万人之多，并且拥有强大的炮兵部队和充足的物资，但这个第一等的要塞，也只勉强守了 14 天就完全崩溃了。而英军的进攻武器主要还是步兵战车。对于这种厚装甲的英军战车，意军简直毫无办法。

实际上，英军第七装甲师在 1 月 6 日已包围住了托布鲁克，不过，澳军第六师却一直等到两个星期之后才完全集中了起来。攻击自 21 日开始，到了第二天清早，一切的抵抗即已成过去。一共俘获了 3 万人左右和 236 门大炮。

在托布鲁克失陷之后，英军更直向昔兰尼加（Cyrenaica）的境内深入，在德尔纳（Derna）和默基利（Mechili）都曾经发生过小型的战斗。尽管昔兰尼加境内的地形异常恶劣，利于守而不利于攻，可是英军北面由澳军领先的一个纵队，却还是进展得很快。早在 2 月 7 日，班加西（Benghazi）即已落入英军的手里。同时，另外有一支强大的英军装甲纵队，已经通过孟沙斯（Msus）向前推进，而意大利人几乎不曾注意到这点。这个纵队在班加西西南 20 英里的地方，切断了沿海岸线的公路，与正在从这条公路上退却的意军，发生了遭遇战。战斗就在巴尔比亚大道（Via Balbia）的两侧展开，结果英国人摧毁了 100 多辆意军战斗车辆；另外意军有 1 万多人用行军纵队走进了英军的战俘营。

在这次会战中,在比达夫门(Beda Fomm)附近,英军一共俘获了两万人、216门大炮和120辆战车。英军加上第七装甲师的一部分兵力仅3000人,其所拥有的战车也不过32辆。而意军的战车分成小组,沿着公路撤退,所以一路均为英军所击破——英军机动性高,每次均占住了侧击的火力位置。当战车被毁之后,意军其他部分即很少抵抗了。

2月8日,英军的先头部队占领艾阿格海拉(El Agheila),站在了昔兰尼加和的黎波里塔尼亚(Tripolitania)之间的边界上。格拉齐亚尼的军队到此几乎已不存在了。剩余的兵力只不过是一些运输车辆纵队和许多徒手的士兵,他们纷纷向西面逃走。意军看到英军的部队和装备,自知根本无法阻挡,整个军队惊恐不堪。结果12万人被俘,死伤的人数还不包括在内,同时损失了600辆装甲车辆和全部的炮兵、卡车和物资。在英国空军的猛攻之下,意大利驻非洲的空军也被歼灭,其飞机和地面组织损失了一大半。

隆美尔这次估计英军所俘获的总数,比对其他会战中的估计都要准确。在这次战役中,英军共俘获意军13万人以上,缴获大炮1300门、战车400辆(但不包括装甲车及机关枪载运车)。

假使韦维尔再继续向的黎波里塔尼亚进攻,可能会势如破竹,不会再遇到什么抵抗。为迟滞韦维尔的前进,意军在艾阿格海拉、阿尔柯戴费里尼(Arcodie Fileni)和苏尔特(Sirte)之间的公路上埋置了地雷,并且破坏了伟地斯河(Wadis)上的好几处桥梁。这些爆破工作却没有发挥出太大的阻碍作用,因为英国人可以很容易地绕道通过。势单力薄的意军后卫,包括一支意军残余兵力,全开入了的黎波里(Tripoli)的外围阵地,以及的黎波里防线的本身——以城市为中心,在12英里之外呈一半圆形——以来保护这个港口。这条防线建筑在沙土上,包括又宽又深的战防壕,但墙壁因为泥土太松始终无法筑好。在野战阵地之外,还有一层铁丝网的保护,另有几处用轻量混凝土筑成的观测塔,几英里外就可以看得很清楚。

把它与托布鲁克和拜尔迪来做一比较，这个在的黎波里周围的防御工事，可以说是不及格的。

可是英军却停止不进了，也许是以为的黎波里会像熟透的果实一样，自动地落入他们的手里。毫无疑问，韦维尔也需要时间来集中物资，组织补给线，然后再前进。但正因为如此，轴心国多了一个卷土重来的好机会。

英军奉政府命令，停止前进，是因为英国政府想派遣一支远征军到希腊去，他们认为在巴尔干境内，可以对德国形成一个强大的侧翼威胁。早在1月间，丘吉尔就向希腊施加压力——此时希腊已与意大利发生了战争——要它接受英国的援助。不过，希腊政府领袖梅塔克萨斯将军（Gen. Metaxas）却拒绝接受，因为他害怕英军参战会引起德军的侵入，而英军的兵力不足以阻止德军的攻势。

他委婉拒绝的同时，托布鲁克沦陷了；于是英国政府决定让韦维尔继续在北非进攻，并占领班加西。英军照计划前进，在昔兰尼加的残余意军遂全部被肃清。可是这时候，希腊的梅塔克萨斯将军却死了，丘吉尔于是再度向希腊政府提出要求，这一次希腊同意了。英国政府遂命令韦维尔在非洲暂停前进，只留下极少量的兵力守住被征服了的昔兰尼加，准备把大部分的兵力全数调往希腊。

巴尔干的冒险只不过是昙花一现而已。英军3月7日开始在希腊登陆，德军于4月6日侵入希腊，不到月底，英军即全部被逐回到原登陆的港口，仓皇撤走。5月间，德军又使用空降部队攻占了克里特岛（Crete），使英军蒙受了极大的损失。

阿康纳尔将军（Gen. O. Connor）本是北非英军大胜中的一位最得力的主将，他是力主从班加西尽快向的黎波里进攻的，认为假使不是补给问题延误了时间的话，那么这个新的进攻是可能成功的。其他许多与此次作战有关的军官都有同感。隆美尔也是力主这种见解的人。

当一个指挥官获得了一次决定性胜利之后，假使他把战略目标看得太狭窄，将是一个严重的错误。因为这正是扩张战果的最好时机。胜利者得一直在后面拼命穷追，否则四处乱跑的敌人就会逐渐集合起来，很快组成一支有力的军队，继续作战。

之所以会放弃追击，通常都是因为补给线越拉越长，使军需人员感到应付不了。一般来说，大多数的指挥官都太纵容军需人员了，让他们去估计补给上的可能性，甚至是决定战略计划的限度。所以，军需人员都养成了一个坏习惯，遇到一点小困难，就要抱怨发牢骚，而不会想办法去解决困难。

每当打完一次决定性的胜仗之后，指挥官若是听信军需人员的意见，放弃追击，那么历史会告诉我们：你丧失了一个可以彻底歼灭敌人的最好机会。在做这种决定时，饱读兵书的将领，通常可以找到许多统计数字和前例，以证明还是不要追击的好。可是事实却告诉我们，常常有智力极高的将领被智力差一些而意志较坚定的敌人击败。

意军失败的最严重后果就是士气完全崩溃了。意大利部队对自己的武器已经丧失信心，他们心中有一个非常严重的自卑情结。在此后整个战争期间都一直如此，因为法西斯政府始终都没有能力提供足够的装备给它在北非战场上的战士。在心理上来说，这是整个战争中的第一回合，尤其是意大利人事先又怀了一个极大的希望，因此，这一次的失败实在是非常不幸。要想再恢复意军的信心，已经非常困难。

# 第六章

# 第一回合

## 非洲之行

1940 年年底，因法国的情况突然紧张，我临时缩短了我的圣诞假期，赶紧从铺满冰雪的公路上回到波尔多（Bordeaux），那是我师的驻地。（当时德军统帅部获得报告，说在法国尚未被占领的地区中可能会发生叛乱。所以他们决定：若一旦事起，即准备占领整个法国南部。）最后只是虚惊了一场，我们并没有采取行动。

接着就是好几个星期的加强训练。我原本想在 2 月初请几天假，补足圣诞假期的损失，但这一次军中又有要事。当我在家里的第二个晚上，元首大本营里派了一个副官来通知我立即销假，因为元首和陆军总司令布劳希奇元帅（Field Marshal von Brauchitsch）要立刻召见我。

2 月 6 日，布劳希奇元帅授予我一个新任务：由于盟国意大利的情势非常严重，所以决定派遣德军两个师——一个轻装师和一个装甲师——到利比亚去救援他们。我被任命为这个德国非洲军的军长，并且奉命以最快的速度赶到利比亚去了解当地的实际情形。

原先预定德军的先头部队在 2 月中旬到达非洲；第五轻装师的运输工作应在 4 月中旬完成，而第十五装甲师的运输工作则应在 5 月底完成。

要供给这些援助的先决条件，就是意大利政府应同意坚守在苏尔特湾地区的的黎波里塔尼亚防线。这一条防线大约从布拉特（Buerat）向南伸展，而这又与意军现在的计划完全脱了节，因为他们只以坚守的黎波里防线为其目的。意军在北非的一切摩托化兵力都交给我指挥，而我又被格拉齐亚尼限制住了。

那一天下午，我向元首报到，他详细地说明了非洲目前的情况，并且告诉我说，大家都推荐说，只有我可以很快地适应非洲战场上那种完全不同的环境。元首的侍卫长希孟德上校（Col. Schmundt）在我考察的最初阶段，奉命一路陪伴着我。元首又建议我应该把德军的兵力集中在的黎波里附近，这样他们才可以构成一个整体去参加作战。


最亲爱的露：

12点45分在斯塔根（Staaken）着陆。首先会见陆军总司令，他当面指派了我的新职务，然后我才再去谒见元首。事态发展得极为迅速。我的行囊已运到这里。我只能携带最少量的生活必需品。我想你可以想象得到，一下子碰到许多的事情，我的脑袋里是如何地天旋地转。

所以"我们的假期"又只好缩短了。你不要感到忧烦，那是无可奈何的，我的新任务非常伟大，也非常重要……

1941 年 2 月 6 日

昨天夜里，我把新职务想了一整夜。这可能是治疗我的风湿病的一种方法。我有不少事情要做，可是时间却很短，只好尽力为之。（隆美尔正害着风湿病，此信之前有人劝他到埃及去易地疗养。所以这么写，他太太一定猜得出他的新职务是在非洲。）

2 月 7 日


2月11日上午，我向罗马意军最高统帅部的参谋总长古左尼将军（Gen. Guzzoni）报到，他们已经同意把的黎波里塔尼亚的防御计划重点向东移到苏尔特湾。意大利陆军的参谋长罗塔将军（Gen. Roatta），奉命陪同我到利比亚去。那天下午，我飞往西西里岛上的卡塔尼亚（Catania），在那里我遇见了盖斯勒尔将军（Gen. Geissler），他是德国空军第十军军长。从非洲传来的最新消息非常不利。韦维尔已经占领了班加西，并在该地的南面把意军最后一个装甲师也都击毁了，现在正准备向的黎波里塔尼亚进攻。事实上，意军已经无法再做任何重大的抵抗。所以，英军的先头部队很有可能在以后几天攻入的黎波里城的外围防线。因为德军的第一个师要到4月中旬才可能全部到达，所以假使敌人再继续进攻，那么这个援助就太迟了。因此必须采取某种有效方法阻止英军的攻势。

所以，我就要求盖斯勒尔将军，在那天夜里向班加西港口发动一次空中的攻击，并且在第二天上午派遣轰炸机攻击在该城西南面的英军纵队，盖斯勒尔将军最初并不肯听我的话——很明显，意大利人都要求他不要轰炸班加西，因为有许多意大利的文武官吏在那里都置有产业。我对这种态度感到很不耐烦，于是希孟德上校就这个问题直接报告了元首大本营，在那天夜间我就获得了授权，命令空军采取行动。几个钟头之后，第一架德国轰炸机就起飞了。

第二天（2月12日）上午大约10点钟的时候，我们这个前线考察团从卡塔尼亚起飞，向的黎波里出发了。我们在海面上低飞着，中途遇见许多架德国容克型（Junkers）运输机，都是从的黎波里飞回来的，因为当时德国空军在非洲没有基地，它们可能是担负补给工作的。大约中午的时候，我们在卡斯特尔贝尼多（Castel Benito）着陆。海根芮勒中尉（Lt. Heggenreiner）是德国驻罗马武官派驻在意军北非总部的联络官，他在机场欢迎我们，并告诉我们格拉齐亚尼元帅已被免职，遗缺由他的参谋长加里波的将军（Gen. Gariboldi）继任。他大致说明了在非洲的意大利军队的组织，同时告诉我们意军溃不成军的情况。意军的士兵丢弃了他们的军械和弹药，拼命地爬上已经超载的车辆，不顾一切地向西逃走。在逃走过程中，秩序极为混乱，甚至互相开枪射击。在的黎波里的军人，士气已是低落到了最低点。多数的意大利军官都已经捆好了行李，希望能够早日撤回意大利去。

大约13点钟的时候，我向加里波的将军报到，并且大略地说明我来此的任务。他对于在苏尔特地区建立防线的计划并不感兴趣。我利用地图把我的的黎波里塔尼亚防御计划大致解释给他听。重点就是不能再后退，在强大的空军支援之下，所有的人力都应该用来保卫苏尔特地区，包括即将到达的第一批德国援军在内。照我的判断，假使英军发现前面已经没有阻力，一定会继续向前推进；不过当他们感觉到又要展开另外一次苦战时，可能会暂时停止不进攻，而先行建立他们的补给线。我希望能利用这一点时间，逐渐增强我们自己的实力，一直到我们能够击退敌人的攻势为止。

加里波的对我的计划表示怀疑。因为大败之后，他几乎丧失了勇气，他劝我先去实地看看苏尔特地区的情形，因为他觉得我刚到此地，并不知道这个战场上的实际困难情形。我用特别强调的语气向他说，除非他真正下决心坚守苏尔特地区，否则我们就无法帮助他了，我又补充说："我相信不用多久的时间，我就可以把这个地方的状况弄清楚，今天下午我会乘飞机进行一次空中侦察，晚间会向高级司令部提出我的报告。"

情势既已如此紧张，而意军的指挥官又如此不济事，于是我决定违反接到的训令，并不以"侦察"为我的工作限度，而准备尽可能提前接管前线上的指挥权——至少到第一批德军到达之后。林提仑将军（Gen. von Rintelen）是德国驻意武官，他是德方派驻意军统帅部的代表人。我在罗马的时候，曾经把我的计划说给他听；可是他反对我采取这样的办法，因为他害怕这会使双方的荣誉和名誉都受损。

那一天下午，我和希孟德上校开始在非洲的上空飞翔。在看过了的黎波里东方挖得很深的野战工事以后，我们又飞过一个沙漠地带，从它的外表上看来，可确定是一道天险，不利于轮式或履带式车辆的通过，对的黎波里的防御，可以算是一个天然的障碍物。接着又继续飞过泰尔胡奈（Tarhuna）和胡姆斯（Homs）之间的丘陵地带——截至目前，我们还没有找到任何一块地形特别适合使用摩托化兵力。但是，在胡姆斯和米苏拉塔（Misurata）之间的平原地带，却很适合此种用途。巴尔比亚大道在这个孤寂的地形上面，好像是一条向天边伸展过去的黑线，在目力所及的范围之内，我们看不见一棵树木、一簇丛林。除了在苏尔特和布拉特之间有一个咸水的沼泽以外——它向南延伸约几英里远——在这个地区中找不到任何一个裂口，例如一道河川或深谷。这一次飞行更增加了我对计划的信心。我决定坚守苏尔特以及在海岸公路两旁的地区，而把摩托化兵力当作预备队，以供机动防御之用。

晚上和加里波的将军会晤时，我把我们侦察的结果报告给他。这个时候罗塔将军也已到达，并带来意大利元首的新训令。我的计划因而顺利通过，不再有障碍了。

第二天，意军第十军和布里西亚（Brescia）、派维亚（Pavia）两个师，奉命开往苏尔特、布拉特地区建立新的防线。在它们的后面，阿里埃特师（Ariete）奉命占领布拉特以西的阵地——此时，这个师只剩下16辆战车，且都是落后的装备。这个阶段我们所能集中的兵力，仅此而已。至于想把这些部队调动一下，对意军总司令部而言，也是一个伤脑筋的难题，因为他们缺乏足够的车辆，而从的黎波里到布拉特之间却有250英里的距离。

所以，我们无法指望意大利部队能快速到达前线，换言之，目前我们可以用来抵挡敌人的，除了苏尔特地区的少数意军守兵以外，就只有德国的空军了。于是我就先向德国空军驻非洲的指挥官弗乐里赫将军（Gen. Frohlich）解释，空军攸关非洲战场的前途，并要求他担负起这个重大的任务。同时我又要求空军第十军负责供应补给物资。他们的兵力虽很有限，但尽了最大的努力。他们的努力颇具成效，因为韦维尔将军的部队始终留在艾阿格海拉，徘徊不前。

几天之后，我又飞往苏尔特去视察扼守该线的意军。他们的总数约为一团人，由桑塔马利亚少校（Maj. Santa Maria）和格拉提上校（Col. Grati）率领。假使英军马上进攻，可以用来抵抗的就只有这一点兵力，所以不难想象我们对于局势的焦急。我们其余的部队都还在西面200英里以外的地区中。

由于我的坚持，第一个意大利师才在2月14日徒步向苏尔特增援。同一天，德军的最先头部队——第三侦察营和一个战防炮营——也到达了的黎波里港。因为情况非常危急，我催促他们赶紧下船，并且在夜里利用灯光继续工作。我丝毫不考虑敌人空袭的危险。这艘6000吨的运兵船夜以继日地卸货，对的黎波里港而言，可以说是打破了过去的纪录。第二天11点钟的时候，士兵们佩戴热带装备，全体集合在当地市政府广场的前面。他们的到来增强了胜利的信心，使的黎波里的沉闷空气为之豁然开朗。在街上游行了一番之后，第三侦察营营长魏赫马尔中校（Lt.-Col. Baron von Wechmar）率领他的部下向苏尔特进发，26个小时之后就到达最前线。16日，德军的侦察部队和桑塔马利亚的意军纵队取得了联络，开始对敌人采取行动。我正式接管了前线上的指挥权。希孟德上校在几天以前已回元首大本营去了。

最亲爱的露：

希望一切都能如我所愿。不久就可以渡过难关。我一切都好。你没有什么好为我担心的。工作多得要命。我已经把周围的环境都观察清楚了。

1941年2月14日

在太阳照耀之下，我感觉愉快无比。我和意军指挥官们相处得极好，可以说是再不会有比这个更好的合作了。

我的小伙子们都已上了前线，战线已经向东推进大约350英里。

2月17日

一天又一天，越来越多的意军和德军开往前线。尽管意大利人反对，非洲军军部的军需处长奥托少校（Maj. Otto）还是利用小型船只在沿海岸的地区组成了他的补给线网，这个办法使我们运输车队的压力大为减轻。不幸得很，意大利人始终不曾在沿海地区修建一条铁路线。若是有这样一条铁路线，那么现在就可以看得出它无可比拟的价值与意义了。

为了尽可能虚张声势，以吸引英国人的注意力，我命令在的黎波里南面3英里远的工厂制造大批的假战车。这种假战车装在德制汽车的底盘上面，从外表看来几乎可以乱真。2月17日，敌军非常活跃，我害怕他们会向的黎波里发动攻势。这种迹象到了18日就更明显了，因为我们在艾阿格海拉和艾季达比亚（Agedabia）之间，已经发现了更多的英军部队。为了让他们也看看我们的战力，我决定让第三侦察营在意军桑塔马利亚营和第三十九战防营的增援之下向前推进，直到诺夫里亚（Noflia）地区为止，并设法和敌人发生接触。

2 月 24 日，英德两军在非洲第一次正式交手。我们击毁了敌人两辆侦察车、一辆卡车和一辆汽车，俘获了 3 个英国人，其中包括一名军官在内，而我方则毫无损失。

我们还是很怀疑敌军的动机，为了使情况明朗化，第五轻装师师长斯徒来赫将军（Gen. Streich）——现在担任前线总指挥——就在 3 月 4 日，一直进到了马格塔（Mugtaa）隘道，并且用地雷将它封锁。但没有发现任何敌人。

这一行动使我们获得了一个相当重要的地区，对我们所处的地位具有实际增强的作用。这个名叫西布恰（Sebeha el Chebira）的盐水沼泽，从此地向巴尔比亚大道的南面延展出去 20 余英里，除了少数几点以外，任何车辆都无法通过——这些要点，我们都布上了地雷。敌人若向这些狭窄的隘道实施正面的攻击，我们很容易就能挡住他们；若是要采取迂回的方式，那么就要在沙地上长途行军，这似乎也是不可能的。我们从的黎波里算起，到了马格塔，已经向东进展了 500 英里。


最亲爱的露：

经过了两天的前线旅行——或者可以说它是飞行——刚刚回来，现在前线已经向东推进了 450 英里。一切的情形都很好。

我的部队正在前进。目前最重要的因素就是速度。这里的气候非常适合我。我甚至睡得太多了，今天早上就是 6 点以后才起来的……

今天在这里放映电影《西线战场的胜利》。在向客人致欢迎词的时候——客人很多，还有太太们在内——我说我希望不久大家又可以看到"非洲大捷"的电影……

1941 年 3 月 5 日


我们对于马格塔的行动，其结果竟使英军更向东撤退。我们现在猜想他们的主力应在艾季达比亚的周围和沿着海岸到德尔纳为止。

此时英军却在质和量方面都下降了，这是隆美尔不知道的。2月底，那个战绩辉煌的第七装甲师已经撤回埃及，进行休整和补充。它的原有位置由第二装甲师的一半兵力填补——该师刚刚从英国调来，都是新兵，而且另一半兵力则已经送往希腊。澳军第六师也调换为澳军第九师，而且该师有一部分因为补给上的困难还停留在托布鲁克，并未开入前线。这些新成立的部队，除了缺乏战斗经验以外，他们的多数装备和运输工具也都被截留下来，改送到希腊去了。此外阿康纳尔也已经返回埃及，其继任人为尼梅将军（Gen. Neame），他对沙漠上的机械化战争毫无经验可言。

为了使在希腊的作战能够获得"最大量的支援"，就不得不冒这种危险。韦维尔在做此种假定时，认为在的黎波里塔尼亚的意军可以暂时置之不理，因为意大利海军如此缺乏效率，相信德国人不会冒险把大量的装甲兵力送往非洲助战。他对德军最高统帅部所持态度的判断并没有错误，而且照他精密的计算，已经登陆的德军也不过相当于一个"装甲旅"的兵力（即德军第五战车团）。根据正常合理的想法，韦维尔在3月2日所做的结论是："我不相信敌人凭着这一点兵力，敢企图收复班加西地区。"可是这种想法碰到"敢于冒险的隆美尔"，就不免大错而特错了。

3月11日，第五战车团在的黎波里登陆完毕。这一支兵力——携带着当时大家所认为是最现代化的装备——曾经使意大利人精神为之一振。（该团一共有120辆战车，但其中只有60辆是Ⅲ型和Ⅳ型的中型战车。此外，意军阿里埃特师也有80辆战车，这就是当时隆美尔手里的全部战车实力。）

3月13日，我把我的司令部移到更接近前线的苏尔特。我原先想带着我的参谋长一路，乘坐一架"基布力"（Ghibli，一种意大利飞机的名称。在阿拉伯文中，这个"基布力"当作"沙暴Sandstorm"解释）飞往苏尔特。不过，当我们起飞不久，在陶尔加（Tauorga）附近就碰到了沙暴。尽管我发脾气要那个驾驶员继续向前飞行，他却不听我的话，还是返回了基地，逼得我只好改乘汽车向米苏拉塔进发。现在我才晓得，我们是多么不了解这个沙暴的巨大力量：一大片红色的飞沙挡住了一切视线，逼迫汽车把速度降低，简直和爬行差不多。沙粒像雨点一样，在挡风板上面扫过。我们把手巾包在脸上，使呼吸感到十分困难，同时遍身臭汗，感到热不可耐。这就是那个号称"基布力"的沙暴。我向那个驾驶员表示了歉意。同一天，有一位德国空军的军官在这场沙暴中失事，机毁人亡。

3月15日，希维林中校（Lt.-Col.Count Schwerin）指挥一支由德意两国兵力所混合组成的纵队，从苏尔特向迈尔祖格（Murzuch，在苏尔特南面约450英里远）进攻。意军总司令部曾经要求我们采取这个行动，因为法国戴高乐将军的部队在利比亚的南部活动，逐渐成为一个讨厌的目标。但是对我们自己而言，这一个行动的主要目标却是为了想获得长途行军的经验，尤其是要试验我们的装备，对于非洲的环境到底能否适用。不久，意军布里西亚师的全部兵力，都已经到达了马格塔防线，这样就可以把第五轻装师抽调出来，来担负机动性的任务。

3月19日，我又飞往元首大本营，做到任后的第一次述职，并且听取新的训令。为了嘉奖我在第七装甲师师长任内的功绩，元首曾经为我补行授勋典礼，把橡叶加在我的铁十字勋章上。陆军总司令布劳希奇元帅告诉我在最近并无在非洲做具有决定性打击的计划，所以就目前而论，我不可能再获得更多的增援。第十五装甲师于5月底抵达以后，我应该向艾季达比亚周围的敌人发动攻击，并且将敌人击溃。班加西也许可以争取到手。我指出不能仅攻下班加西，而必须攻占整个昔兰尼加，因为班加西地区本身是无法固守的。但是布劳希奇元帅和哈尔德将军，都主张减少派往非洲的兵力，完全将这个战场的前途付诸天命，这使我感到相当沮丧。目前英军在非洲的兵力很脆弱，应该好好把握这个机会，以便一劳永逸地获得主动权。

在我离开非洲之前，我曾经命令第五轻装师准备在3月24日进攻艾阿格海拉，其目的是要夺取该地的飞机场和小型要塞，并且驱走现有的英国守兵。几天以前，南面不远的迈拉代绿洲（Marada Oasis）早已为德意混合部队占领。如果这支兵力要维持下去，则我们的补给纵队会经常受到艾阿格海拉地区英军的威胁。

在我飞返非洲之后，第三侦察营在3月24日的清晨，即顺利地攻占了艾阿格海拉地区的要塞、水源地和飞机场。英军守兵实力很单薄，他们曾在整个地区布以浓密的地雷，然后就在我们进攻之前撤走了。

在我们占领了艾阿格海拉之后，根据我们空军的侦察报告，英军的前哨似乎已经退到了梅尔沙隘道（Mersa el Brega）上面去了。

最亲爱的露：

今天是我们在海边度过的第一天。这是一个非常可爱的地方，在我那辆舒适的沙漠旅行车里面，简直和住旅馆一样安逸。上午在海水里洗了澡，水很温暖。艾丁格和根舍❶住在我旁边的帐篷里面。上午我们在自己的小厨房里煮咖啡喝。昨天，意大利的贝哥罗将军（Gen. Calvi de Bergolo）送了我一件礼物，是一件极美丽的衣料，深黑的底子上有红色的刺绣。做你的晚礼服一定十分漂亮⋯⋯

前线上没有什么新消息。我要部队停下来，以免前进得太快。我们的意大利朋友当中，有人面有愧色。

1941 年 3 月 26 日

# 昔兰尼加的出击

5 月间，我们准备向艾季达比亚周围的敌军进攻，第一个目标就是梅尔沙隘道。自从英军被逐出了艾阿格海拉之后，他们就占领了在梅尔沙地区可以控制全局的高地，在那里构筑工事，准备固守。我们不能坐视他们建立这些阵地，因为他们可以使用地雷和铁丝网，来增强这些天险的防御力量，这样一来就会像我们在马格塔的阵地一样，无法从正面或是从南面迂回攻击。在法里格干河（Wadi Faregh）以南，隘道南面二三十英里的距离，都是崎岖的沙丘，几乎任何车辆都难以通过。我就面临着一个重要的抉择：若是等我其余的兵力在 5 月底到齐之后再进攻，那么无异于把时间

---

❶ 他们分别是隆美尔的副官和卫士。——译者注

送给英国人，使他们可以建筑好极坚固的工事，结果将会使我们难以进攻。否则就只能用现有的兵力向梅尔沙隘道进攻，以期一鼓作气，击败敌人。我最终选择了后者。事实上，我预料我们这支相当脆弱的兵力可以攻下这个隘道。对我们的目的而言，梅尔沙隘道的位置也正和马格塔同等重要，可以把它当作集中地点，发动5月攻势。另外一个该迅速进攻的理由，是我们的水源最近已经深感枯竭，要赶紧开钻新井。占领了梅尔沙隘道，可以使我们获得一个丰富的水源地。

3月31日，我军开始向梅尔沙英军阵地进攻。我带着副官艾丁格和参谋长波尔尼中校（Lt.-Col.von dem Borne），整天都在战场上督战。到了黄昏时分，终于把敌人赶得向东面撤退，然后占领了梅尔沙隘道。敌人被我们杀得弃甲丢盔，一共有50辆布伦载运车（Bren carrier）和30多辆卡车，都落入了我们手中。4月1日，我命令部队向梅尔沙和马吞果费尔（Matten Giofer）地区集中。

空军的报告表示敌人有撤退的迹象，同时，斯徒来赫将军派出的侦察巡逻队也证实了这一点。虽然我奉到的命令说5月底之前不得向艾季达比亚进攻，但是这样好的机会绝不能放过，于是我命令部队立即前进。4月2日，第五轻装师沿巴尔比亚大道的两侧向艾季达比亚进发。敌人虽布有雷阵，但对我们并不能发生太大的阻碍作用。意军则沿着海岸边的公路前进。那天下午，经过短暂的战斗，我军就攻下了艾季达比亚，于是先头部队乘胜追击，迅速开入祖韦提奈（Zuetina）地区。

到了黄昏的时候，我们已经占领了艾季达比亚周围的各地方，向东面延伸到12英里远之处。意军也随之靠拢上来与我们会合。4月3日，我把司令部移到艾季达比亚，以便监视敌军的行动。敌人似乎正全面撤出昔兰尼加。很明显他们误以为我们的兵力强大，也许我们的那些假战车发挥功效了。


自从隆美尔的部队夺回了艾阿格海拉之后，韦维尔开始感到紧张。尼梅已经奉命行动：若被敌人压迫过甚时，可以退到班加西附近的阵地上，必要时，也可以撤出这个港口。当4月2日艾季达比亚被德军占领之后，韦维尔又匆匆下命令放弃班加西，全体向东撤退，其目的是想要保全军队的实力。可是在混乱之中，这种撤退不久就变成溃散了。

上午突然接到一个报告，说在艾季达比亚北面约 20 英里的地方有 20 辆敌人的战车，于是我命令贝恩特中尉（Lt. Berndt）去侦察清楚。他沿着通到班加西的公路，一直驶到马格仑（Magrun），结果证实那只是被英军俘获并遗弃在那里的意大利战车。

到了这个时候，我们已经收容了 800 名英军俘虏。英国人无论在哪种环境之下，似乎都避免做决定性的战斗，所以当天下午我决定"跟在敌人的脚后跟上"实行追击，准备在一击之下，占领整个昔兰尼加。为了达到这个目的，我立即从意军阿里埃特师中抽出兵力组成一支前进部队，由法布里斯上校（Col. Fabris）指挥，并命令他们向本盖尼亚（Ben Gania）进攻。

意军将领查波尼（Zamboni）曾告诉我，从艾季达比亚到果夫马塔（Giof el Matar）之间的路线是一个必死的陷阱，所以他力劝我不要派兵经过这条路线向昔兰尼加进攻。可是，我却更相信我自己的观察，于是我带着副官艾丁格中尉向果夫马塔前进。经过了 12 英里的距离，我们赶上了意军的侦察营——由桑塔马利亚少校指挥，为法布里斯的先遣部队所派出。这个营正在前进之中，队形十分整齐，没有遇到什么困难。

大约 16 点钟的时候，我回到司令部，马上就听见第五轻装师的人员说，需要 4 天的时间来补充汽油。照我看来，这样长的时间简直就是骇人听闻，于是我立即下令，叫他们把所有车辆上载运的物资都卸下来，然后全部开往阿尔柯戴费里尼的师部仓库，在 24 小时以内，把一切所需要的燃料、粮食和军火都运回来，然后立即进攻。换言之，这个师在 24 小时之内，将会完全丧失机动性，不过因为敌人已在撤退，所以我们不妨冒一次险。

此时，可以确定的是，敌人高估了我们的力量，所以我们更应摆明要展开大规模的攻势，这样的欺敌行为才不会被英军识破。当然，这个时候，我无法出动主力来实行真正的追击；不过先头部队要保持相当的压力，使敌人无丝毫喘息的机会。在 24 小时以后，我希望调动比较强大的兵力，

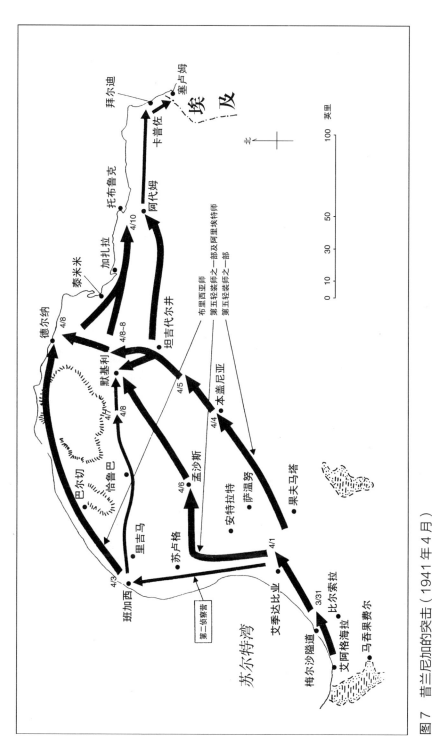

图 7　昔兰尼加的突击（1941 年 4 月）

把它集中在南翼方面，其目的是要从本盖尼亚推进到泰米米（Tmimi），切断英军的退路，使他们丧失作战能力。

那一天夜间，我又驱车向北进发，目的是想看看第三侦察营的进展如何——该营已奉命向班加西方面推进。当我追到马格仑地区与他们会合的时候，营长魏赫马尔报告我，截至目前他还没有遇见一个英国兵。

回到司令部之后，我遇见了意军总司令加里波的将军，他对这几天的战果似乎并不感到兴奋。他很粗暴地向我提出抗议，主要原因是作战方向完全与罗马的训令相反。他又补充说，补给的情形不够妥善，所以这次作战以及它的后果，应该由我个人负责。他要我立即停止进攻，在没有获得他的批准之前，不得再采取进一步的行动。我老早就准备坚持我的立场，要在作战和战术两方面保持最大的自由，同时，我也决心不让良机轻易溜过。结果我们争论得颇为激烈。正当此际，突然来了封德国最高统帅部的电报，说明给予我行动上的完全自主权，这场争论就这样解决了。

4月3日夜间，第三侦察营进入班加西，当地的居民欢欣振奋。英国人纵火焚烧了他们的物资。

最亲爱的露：

自从31日开始进攻以来，我们已经获得了辉煌的胜利。在的黎波里和罗马，甚至在柏林的老板，都不免感到十分惊异。因为机会太好了，所以我不顾一切命令的限制。毫无疑问，事后这些人会说，假使他们是我，也会和我一样采取行动。我们早已到达预定的第一个目标，而这原本是定在5月底才能到达的。英军已经在慌忙中逃走了。我方的损失极小，战利品还无从估计。我高兴得连觉都睡不着，你一定了解我的心情。

1941年4月3日

4日清早，布里西亚师约一个加强团的兵力，进到班加西接防，以便调出第三侦察营来担负新的任务。第五轻装师的主力准备向本盖尼亚前进。

意军阿里埃特师仍照原有路线前进，到了坦吉代尔井（Bir Tengeder）之后，再折向北面以攻取默基利为目的。现在第一个问题就是速度。我们要不惜一切代价，迫使一部分英军与我们做一次战斗，而不能让他们全部安然撤出昔兰尼加。

在那一天夜间，敌人的部署大致如下：有少数部队在本盖尼亚的东面，而其他英军部队则继续守住孟沙斯。黄昏的时候，第三侦察营在里吉马（Regima）曾与微弱敌军兵力发生接触，并将其逐退。

> 最亲爱的露：
> 　　元首为这个意外的胜利拍贺电给我，同时更给我一个命令，说以后的作战中可以由我自由指挥。我们的领土正在扩张中，现在我们可以进退自如了。
> 　　　　　　　　　　　　　　　　　　　　　　　　1941 年 4 月 4 日

第二天，我命令军部的警卫连在清晨 4 点钟出发，向本盖尼亚推进。我想一旦情况许可时，我就自己赶到领先的单位中，亲自指挥他们向泰米米或默基利前进。

空军的报告说英军还在继续撤退中。大约中午的时候，我命令阿尔布里赫上校（Col. Olbrich）带领一支强力的装甲部队——包括第五战车团，外加 40 辆意大利战车——立即通过马格仑和苏卢格（Solluch），向孟沙斯进攻，击溃那里的敌人，然后再向默基利进攻。

> 最亲爱的露：
> 　　今天清晨 4 点出发。非洲有好戏看了。希望这一次的大型攻击会成功。我的身体状况极好。这里的简单生活要比法国的大鱼大肉更适合我的身体。不知你们两人的生活现在怎样……
> 　　　　　　　　　　　　　　　　　　　　　　　　1941 年 4 月 5 日

那一天大约14点的时候，我又搭容克机飞往本盖尼亚。当我着陆之后，空军人员报告说在默基利及其以南地区已经找不到英军的踪影。于是我发了这样一个命令："默基利已无敌踪。迅速前进。隆美尔。"我方其他前进部队也转向默基利进发了。到了黄昏的时候，我又飞回来寻找第五轻装师的纵队，发现他们正快速向东北前进。我命令飞机单独飞回基地，我自己乘我的"猛犸"（Mammoth）❶沿着小路向本盖尼亚前进，想体会行军的滋味。两个半钟头后，我们才带着满身的灰沙回到了飞机场。在那里我们接得报告，说第五轻装师已经转向默基利进发了。不久以后，舒尔兹中尉（Lt. Schulz）做了一次侦察飞行回来，报告说现在在默基利及其周围，都已经有强大的英军据守了。今天上午，海莫尔少校（Maj. Heymer）曾经奉命带两架飞机去默基利以东的小路布雷，到现在还未见他回来。我的情报处长（Ic）包迪生上尉（Capt. Baudissin），乘坐一架He-111型机时被击落，已为敌人所俘虏。

现在天已黑了，这时飞返艾季达比亚已经太迟，所以我决定驱车赶往第五轻装师方面，以便亲自指挥作战。我们起先开着车灯行驶，一路避免撞进雷阵，唯一的标志就是旁边正在燃烧中的车辆。差不多半夜的时候，我们这一条火龙似的车队正在沙漠中飞奔着，突然遭到英国飞机的攻击。虽然并未遭到损失，可是我们不敢再开灯了。大约凌晨3点，我们追上了第五轻装师的先头纵队，在那里找到了该师师长。

不久之后，有两架德国飞机从北面飞了过来，那是一架亨舍尔（Henschel）和一架斯托尔赫❷。驾驶员发现了我们，尽管地面崎岖不平，他们还是降落下来。是海莫尔少校等人——他们的任务已经完成了。他们告诉我默基利已有重兵防守，更有大批车辆向东行动。现在已经没有时间可以浪费，否则煮熟的鸭子就会飞了。因为距离默基利还有12英里，所以我命令贝伦德中尉（Lt. Behrewd）率领他的小型战斗组，快速冲向默基

---

❶ 隆美尔的装甲指挥车，是从英军方面缴获的战利品。——译者注

❷ 也称鹳式机，是一种双座观测机，可以在很短且不平整的跑道上起降。——编者注

利与德尔纳之间的路上，并且选择一个适当的封锁点。波拉斯中校（Lt.-Col. Ponath）现有的兵力只不过是15辆战车，也被派往德尔纳，负责从两个方向封锁巴尔比亚大道。不久，希维林中校也带着一部分兵力赶到了，立即奉命去拦住从默基利向东走的道路。

很不幸的是，在4月6日，我们仍不能照预定计划向默基利发动攻势——预定是法布里斯的兵力从东面进攻，希维林的兵力从南面和东南面进攻——因为法布里斯的部队到那天黄昏时，都还没到达默基利以东的山地。那一天夜里，我和本军的大部分兵力都失去了联络，因为距离过远使无线电通信失去了效力。

阿尔布里赫上校的纵队向留在艾季达比亚的作战处处长报告说，由于受了沙暴的阻碍和燃料缺乏，所以他们向孟沙斯的进展受到了很大的限制。尽管已经耽搁了不少的时间，到了黄昏的时候，他们还是占领了孟沙斯，并且继续向默基利进发。4月7日凌晨2点的时候，法布里斯的纵队报告燃料已经全部用完，无法让炮兵进入阵地。为了在拂晓前使法布里斯的车辆把火炮送入阵地完成部署，我带着行动指挥所和整个师部所有的储备油料——一共35桶——于凌晨3点出发赶往他那里。黑暗中一点星光也没有，我们完全找不到那支纵队。虽然如此，天亮之后，我们再度尝试，突破不少困难，最终是成功了。其中有一次，我们冲到了一个英军前哨阵地的后面。我们虽然有三部车子，但其中只有一辆装有机枪，我们用最高速度向敌人冲去，激起漫天的尘雾，使得敌人猜不到我们后面到底有多少车辆。果然敌人中计了，他们匆匆放弃了阵地。

当我把燃料送给法布里斯之后，这支意大利兵力得以继续向目的地前进。不久我们就看见了默基利要塞。有大批的敌人车辆停在那里，从望远镜里可以看见旁边站着的人员。最初，敌人似乎不准备抵抗，于是我命令格罗尼中尉（Lt. Grohne）持着一面白旗，走过去向英军指挥官招降。对方拒绝了。

不幸得很，我们还没看见阿尔布里赫部队的影子。他们早就应该到达的，于是那天上午我坐上了我的斯托尔赫机，亲自去寻找他们。我们以2000英尺的高度飞过这个沙质的平原，不久就接近了默基利附近的山地。

在要塞的西面，我突然发现了黑黑的长列车辆纵队，我以为那就是阿尔布里赫的部队。有几个人在车辆的旁边，铺出了指示着陆的布板。我们朝他们降下去，直到最后一分钟我才发现他们头上戴着英军的平顶钢盔。我们立即转过机头，向上直冲了去，下面的英军马上用机枪向我们扫射。幸好我们飞得快，只是尾翼上中了一枪，并不碍事。

回到司令部之后，还是没有等到阿尔布里赫到达的消息。下午我又再度乘飞机去寻找他们。可四处都找不到，很明显阿尔布里赫的部队是迷失了方向。但是他们到哪里去了呢？固然在盐水沼地里可以看见车辙，但不久就在碎石地区消失不见了。我真的非常生气，因为在昔兰尼加的东部，这一场会战的决定因素就是要看这支兵力是否能早日到达。太阳早已下山，我们知道在一个半钟头之内，天就会黑了。我们现在朝北飞。地面灰尘大起。因为上一次几乎上当，所以我们这一次十分小心。最后，我们降落在阿尔布里赫上校的身边。我不禁大发脾气，痛骂他们为什么这样一再地迟误——事实上这也难怪，因为他们完全不认识路线——接着就命令他们加速赶上去。

最亲爱的露：

我不知道日子有没有记错。我们在这个无穷无尽的沙漠中，进行攻击已经有好几天了，所以早已丧失了时间和空间的观念。你也许已经看过了政府的公报，一切都很顺利。

今天将会是另一个决定性的日子。我们的主力在满地沙砾的荒原中，经过了 220 英里的长途行军，终于到达目的地。马上就有一个现代化的"坎尼"（Cannae）会战❶发生了。

我一切都好，你不要担心。

1941 年 4 月 8 日

---

❶ 坎尼位于意大利半岛中部，公元前 216 年，汉尼拔率迦太基军在此将罗马军队打得全军覆没，此役是西方军事史上相当重要的会战。——译者注

我们的攻击定于明天上午开始。4月8日上午大约6点钟的时候，我又坐飞机飞往在默基利东方的前线，以便亲自督战。正在大约150英尺的高度飞行着，我们接近了一个意军的贝尔沙格里里营（Bersaglieri），那是法布里斯上校昨天所带来的。这些兵大约在过去从来不曾见过斯托尔赫机，所以当我们在他们的头顶上出现的时候，他们不禁为之大骇，于是从各个方向向我们射击。距离不过在50—100码之间，我们居然没有被击落，真是一个奇迹——不过也可以看出意军的枪法实在不高明。因为我们并不想让盟友击落我们，所以马上爬到了3000英尺的高度，从那里，我们可以平安地观战了。向默基利的攻击已经很有进展。有一大队的敌军车辆正在向西行动，于是我们继续向前飞，希望找到阿尔布里赫的部队——他们现在应该可以赶上来了，但还是找不到他们的踪影。我们发现了一门88毫米炮，它的炮手们在英军的西面，大约有一两英里远。我以为可以在那里找到我们更多的部队，便决定降落，结果飞机撞上一个沙丘，不能再飞了。炮长报告说炮在前一天被敌人的战车击伤，所以留在那里不能行动。附近并无我军的踪影，他派了一个人开着卡车去找其他的友军。我问他是否可以向快要接近的尘雾开炮射击，因为那是英军车辆激起来的。起先他说可以，不久却发现他所派走的那个人把炮上的撞针带走了。英军的车队越走越近，我们此时若不快走，就有被邀请到加拿大去旅行的可能了。幸亏这些炮手还留着一辆卡车，我便坐上去向东南方急驶，不久就找到了一个盐水沼泽，那是我昨天在飞行中见过的。我们从那里跑回了军部。

回到军部之后，我马上命令海莫尔少校再乘飞机去寻找阿尔布里赫的部队，希望把他们引到默基利。这个时候，意军阿里埃特师的部队陆续到达，奉令向默基利进攻。从上午开始进攻以来，我还不知道前线上的进展怎样了，所以带了几个随从人员向默基利前进，亲自去视察战况。走了不久，就碰上了一场狂烈的沙暴，我们凭借罗盘在飞沙之中狂奔，终于到达了默基利机场。我们在那里沿着电话线向默基利前进——此时，我军已经占领了该地。之后，斯徒来赫将军告诉我们说，上午英军曾经几度企图向东突围，但均为德意两军的炮兵击溃。由少数德军战车和高射炮支援着，我们的步兵开始进攻，终于获胜了。此时，阿尔布里赫的部队终于赶到了。

希维林的部队中午向德尔纳进发，不久之后，我就带了我的军部和一个高射炮排，也跟在后面走了。在要塞过去不远的地方，我们又撞上了一场沙暴，它把整个纵队吹得七零八落，花了很长的时间，才把人员集中起来继续前进。经过这一度的延误，我们在18点钟到达了德尔纳。负责在德尔纳封锁巴尔比亚大道的波拉斯中校报告我说，已经俘获了800人，更令我高兴的，是内中包括了全部的英军司令部人员。其中有尼梅将军，他是英国驻埃及和外约旦军的总司令，和阿康纳尔将军——同样是过去痛击意军的好手。（阿康纳尔本奉命代替尼梅指挥，可是他却自愿居于顾问的地位。）

这时，第十五装甲师的兵力已有一部分到达了非洲，于是他们的师长普里特维兹将军（Gen. von Prittwitz），奉命指挥全部的追击兵力向托布鲁克进攻。第三侦察营、第八机枪营和第六〇五战防炮营都由他指挥。

昔兰尼加地区现在已经完全被攻克。不过照我看，更重要的还是要跟在敌人的后面不断追击，向他们施加压力，迫使他们继续向后退却。根据目前的经验来判断，我们很难击毁敌军的任何主要部分，不过却可以在迈尔迈里卡（Marmarica）地区，获得一个优良的跳板，以便对亚历山大港发动可能的夏季攻势。此外，重新收复意大利的殖民地，在心理上和宣传上也有一个极大的收获，尤其是对意大利人民而言。现在沿岸的公路已经可以通行，不久即可以建立一个正常的补给体系。


*最亲爱的露：*

*在经过了长途沙漠旅行之后，我在黄昏时到达了海边，这一场恶战已成过去。我很好。我的旅行车上午也来了，我希望可以在里面安睡。*

1941 年 4 月 10 日


# 第一课

也许在近代的战争当中，从来不曾有哪一次的攻势，会像这次对昔兰尼加的突击那般毫无准备。对于指挥官和部队，都要求他们发挥极高度的随机应变的能力，而有时指挥官却无法达到这个要求。有一件事值得注意，就是某些指挥官会为了补充燃料和弹药，而浪费很多的时间，或是在车辆的保养上花费太多的工夫。即令明知道要迅速攻击，才有获胜的希望，他们也还是好整以暇，一点都不紧张。在一次作战中，指挥官最要把握住的就是时间的观念，他应尽最大的力量，在规定时间之内完成他的使命。在向默基利的进军之中，我的要求并不太高，事实上，凡是能发挥他们主动精神的指挥官，都可以达成我所给予他们的任务。一个指挥官的推动力和精力要比他的智力更为重要——这是纸上谈兵的将军们不易了解的。

我们的前进曾经受到一些批评，认为违反了最高的战略。当保卢斯将军（Gen. Paulus）来到非洲的时候，他说我们这一次在昔兰尼加的迅速进攻违反了计划，使英军撤出了希腊——这与最高统帅部的意图完全相反。（当时保卢斯将军为陆军副参谋总长。他这个意见完全不对，因为英军在希腊的撤退，主要的原因是由于德军在南斯拉夫闪击成功，足以威胁他们侧翼的缘故。）

关于这一点，我愿意指出两点理由来加以解释：第一，我根本就不知道最高统帅部对于希腊的作战计划，同时也怀疑德军是否能够把希腊当作对英军的陷阱，因为在德军进攻时，他们正位于希腊的西南面。一般说来，只要情形不对，他们就一定会从海上快速撤走。我不必引证敦刻尔克的例子，希腊本身就是一个极好的例证。当德军开始进攻的时候，英国的海军就已经把大部分英军撤回北非和克里特岛去了。

第二，照我的看法，我们最好还是不要顾忌希腊，而把兵力集中在北非，以便直接把英国人逐出地中海地区。用在希腊的我方空军可以用来保护船团，以便输送物资到非洲去。我们应该先攻占马耳他（Malta）岛，而不必理会克里特岛。在北非配属一支强大的摩托化兵力，足以占尽英国人的地中海海岸线，而使东南欧居于孤立的地位。那么希腊、南斯拉夫和克里特岛就都会不战而降了，因为他们再也无法从大英帝国获得补给和支援。这个战略不仅可以达到我们在东南欧的目标，还可以确保地中海和近东地区的安全，使其成为石油的供应来源和攻苏的基地。这个计划要付的代价，并不会比在希腊、南斯拉夫、克里特岛和在北非多次的作战所要付出的更多。但我们的上级，一提到要用海运来补给作战，就不免感到害怕，许多落伍的人一直都反对这种战略。

我在昔兰尼加作战中所获得的经验，就构成了我日后作战的主要基础。在行动中，我已经对我的部队做了严格的要求，远超过一切前例，所以能建立起我个人的标准。每个人都一再地被强迫着重新学习，认清了过去的旧标准远不及一般人所能发挥的能力水准，所以我们实无再遵守之必要。

英国人完全受了欺骗，始终不曾认清我们的真正实力，假使事实上我们的兵力实如他们所料想的那样强大，那么他们采取的行动就可以说是机智过人了。他们因为兵力单薄，所以没有在艾季达比亚接受决定性的会战，而只有将兵力抽回以求集中。默基利的占领完全是奇袭之功，因为敌人没有料到我们采用经过本盖尼亚的路线，同时想不到我们会来得这样快。同样，仍然留在昔兰尼加的敌人，也没有想到我们会那样快就冲向德尔纳。所以，这次制胜的主要因素是速度。

韦维尔想固守托布鲁克，并用海运来担负补给，他认为我们的第一次攻击是不会成功的。我也知道，无论在战略或是战术方面，我们都居于极端不利的形势；尤其是当英军向塞卢姆前线发动攻势时更为危险，所以我们只有两种选择，一是撤回到托布鲁克水平线为止——这是英军指挥官对我们的猜想——那么他们就将仍拥有强大的要塞，以作为防御的支援工具。不然，就要继续守住塞卢姆前线，那么我们将要处于暴露的地位，各方面都会受到威胁，并且分散向托布鲁克作战的力量。

下述的记载即足以证明当时的情况对我们的作战有多大的限制。


# 向托布鲁克进攻

截至 4 月 9 日，为了布置行政方面的工作，以及增加更多的兵力，我们忙得不可开交。有一个情报说，敌人在托布鲁克周围已经集中了强大的兵力，港口内有 10 艘运输船正装载着物资。不幸得很，这两天空军忙于搬家，只能出动极少数的飞机去侦察。中午，当布里西亚师的师长到达之后，我把计划讲给他听：布里西亚师加上垂托师（Trento），从西面进攻托布鲁克，利用路上掀起的大量尘土迷惑敌人。同时，第五轻装师徒步从沙漠里迅速绕到托布鲁克的南面，以便从东南面攻入该城。

同时，我以为第五轻装师已开始向泰米米挺进了。现在最重要的事情，就是使我们的兵力尽可能提早到达托布鲁克城下，因为我希望在敌人大败之余、尚未恢复他们的士气之前动手攻击，这样他们就没有时间来布置托布鲁克的防务了。我在 16 点 30 分到了默基利，却发现第五轻装师全部停在那里没动。他们以为有两天的休息时间可以来保养他们的车辆。这完全和我的想法相违背，于是我马上命令该师在夜里出发，经过泰米米进入加扎拉地区（Gazala），以便在拂晓时以此为起点向托布鲁克进攻。

4 月 10 日凌晨，我驱车向托布鲁克方向前进，在要塞以西 30 英里的地方找到了第三侦察营。不幸得很，他们还没有开始向右转动，发动那个迂回式的攻击。我命令普里特维兹将军立即横越公路，向托布鲁克进攻，而第三侦察营则经过艾克罗马（Acroma）向阿代姆（El Adem）进攻。于是我再朝托布鲁克方向走，发现机枪营的先头部队已经在距离托布鲁克 10 英里远的地方展开攻击了。英军从托布鲁克发出猛烈的炮火，不久便无法前进了。大约中午的时候，希维林在托布鲁克以西约 25 英里的某点向我报告说，在一两个钟头以前，普里特维兹将军被敌人的战防炮直接命中，已经阵亡了。

我命令第五轻装师在布里西亚师接防之后，立即向托布鲁克以东的巴尔比亚大道前进，以便包围这个要塞。此时，意军阿里埃特师正位于坦吉代尔井，也奉命向阿代姆推进。

因为情况颇为混乱，所以第二天我仍在前线上。指挥官最重要的任务，就是对自己的战场以及敌人的位置都要彻底地了解。两军相搏的时候，指挥官的能力是否强、经验够不够，都不是最重要的问题，最重要的是他们对战场的认识。尤其是当情况正在发展、结果尚无法预料时，更是如此。所以指挥官必须亲自去观察战场和战况的发展，从旁人手里转来的报告通常不太适用，不足以当作做决定的凭据。

4月11日，第三侦察营占领阿代姆，对托布鲁克的包围已布置完成，接着开始第一次攻击。斯图卡（Stuka）式俯冲轰炸机向敌方的防御阵地投弹，我们到现在还是不太清楚敌人的部署。4月12日，我方的兵力更增强了，于是决定在那天下午，向敌人据点发动第一次主攻。那一天，第三侦察营攻下了拜尔迪。

此时，意军布里西亚师已经接管托布鲁克西面的防线，并在下午开始攻击。第五轻装师对他们所奉到的命令，颇有微词，向我提出了好几次抗议，我一律置之不理。这一天风沙四起，所以我们不必害怕英军的炮击。第五轻装师最后在15点30分开始进攻。我坐在"猛犸"里面，随着战车的后面向北行驶。当战车前进时，敌人的炮弹在这个地区中到处横飞，但是我们的损失却不大。第五战车团在敌人重炮火力威胁之下，一直向前挺进，最后才被一道战防壕挡住了。托布鲁克的防线，无论向东、西、南各方面，所进展的距离都要比我们想象中来得远。我们对于防御工事的计划还是一无所知，因为原先构筑它们的意大利人一直没说，我们不断地要他们提供资料，却毫无下文。

在这一次攻击失败之后，我决定等几天再做第二次尝试，那时炮兵和阿里埃特师都已经赶到了。不过无论如何，都不可以让敌人有时间完成他们的防御部署。所以在13日那天，我命令第五轻装师继续实行威力侦察，尽可能透入托布鲁克防线，并设法爆破战防壕。为了分散敌军指挥官的注意力，布里西亚师奉命用火力牵制住西面的敌人，并且尽量制造烟尘，以表示有大量的兵力集中在这一方面。

在第一次进攻失败之后，第五轻装师已丧失了信心，同时对我准备要在14日发动主攻的计划，感到相当悲观。这位师长对"闪击战"的意义似乎并不了解，那就是：集中兵力于一点，强行突破敌阵，向两边卷动以确保侧翼的安全，再像闪电一样透入，不让敌人有反击的时间，即已深入敌人的后方。我估计，以当时敌我两方的兵力来计算，这样的作战实在颇有成功的希望。唯一的问题就是指挥官要有主动的精神和现代化的思想。

不幸的是，在出击之前，我没有亲自训练过这些部队，否则，绝不会遭遇到这样多的困难。

这时，阿里埃特师还渺无踪影，它是预定用来支援第五轻装师的，所以我只好亲自去寻找他们。我在阿代姆以西约22英里的地方，遇到了该师的先头部队，就立即命令师长巴打沙里将军（Gen. Baldassare），把他的兵力带到阿代姆以北的地区。

大约18点钟的时候，第八机枪营在波拉斯中校的英勇领导下开始出击。它的任务在上文早已说过，即炸毁战防壕，并在英军防区中建立一个桥头阵地。德意两国炮兵的集中支援也部署得很好。不过我们的战车和战防部队的行动，照我看却嫌太慢。英军的炮火虽然可以威胁到整个地区，但我们的损失却很轻微。黄昏已经来到，我们还没有获得确实的报告，不知道那条战防壕是否已经炸毁。不过，我们却知道波拉斯确已突破英军阵地并建立了一个桥头阵地，可当作第二天的攻击起点。

此时，在塞卢姆前线上的情形却大致稳定了下来。我军已经攻占了塞卢姆和卡普佐，英军似乎非常沉寂。


最亲爱的露：

　　今天也许是托布鲁克会战的结束日期了。英军很顽强，拥有大量的炮兵。不过我们有可能击败它，我们的大军在沙漠中已经度过了两个星期。弟兄们的精神很好，他们一方面与敌人作战，另一方面还要与自然作战。我们现在又可以看到海水了。

　　　　　　　　　　　　　　　　　　1941 年 4 月 14 日凌晨 3 点


第五轻装师开始进攻的时间，定在14日凌晨3点。意军格拉提（Grati）炮兵团和德军第十八高射炮营，奉命与第五轻装师密切合作。我又特别告诉该师师长，应确保透入后的侧翼，并迅速把炮兵带上去。

在重炮的支援下，攻击准时开始。不久波拉斯报告他已经有了很大的进展。虽然我军已经渗透到公路西面的敌人阵地，但是保卫侧翼的兵力却始终不见来到。我就直接赶往阿里埃特师，命令他们赶紧跟上去。

大约 9 点钟的时候，我回到军部，发现第五轻装师已经来了报告，表示由于他们透入敌线的地区太窄，攻势暂时受挫。随后，斯徒来赫将军和阿尔布里赫上校都来到了司令部。阿尔布里赫报告说，他的战车本已到达距城南约两英里半的地方，但是抵不住英军的猛烈炮火，所以又退回到与军部平行的地方。他更补充说，可能大部分的步兵都已经死了。我不禁大怒，尤其是战车擅自撤回，而把步兵丢在敌阵后方，更是令人痛恨。我就命令他们马上再攻上去，冲破敌线，救步兵们脱险。我希望在意军阿里埃特师到达之后再继续进攻，所以我又赶回去看他们是否已经在照我的命令行动。结果糟透了，他们还是一点动作都没有。我只好拼命驱策他们前进。

大约中午的时候，我回到第五轻装师，发现由于敌人的重炮火力猛烈，他们一点都没有前进。在这种环境下，我已经没有其他的办法可想，只好暂时放弃攻击托布鲁克。另外，我想和波拉斯营取得联络，援救他们突围而出。于是我第三度驶往阿里埃特师方面。我命令他们在第五轻装师的旁边，接管拉斯艾马道尔（Ras el Madauer）以南的地区，17 点钟左右，我陪他们一起前进。在格斯尔（Gasrel Glecha）东南他们遭到了敌军的几发炮击，秩序立刻大乱。全师纷纷向南面和西南面逃走。他们的师长花了很大的力气，一直到深夜才使该师重新集合起来，再向指定的方位前进。

在 4 月 14 日到 15 日之间的夜里，我们始终没能和波拉斯营取得接触。该营大部分兵力都已经被击毁。波拉斯中校由于最近在昔兰尼加的战功，曾经获颁武士级铁十字勋章。不幸在这里英勇地战死了，我又丧失了一员勇将。

第二年 6 月 20 日，当我的非洲军团终于攻进了托布鲁克的时候，我在该城南面 3 英里以外的道路交叉点上，发现有德军战车的残骸，应是在 1941 年 4 月 14 日为敌军炮火所击毁的。他们已经到达那个小山，那里是整个托布鲁克防线的要点。假使第五轻装师懂得如何保护他们的侧翼，炮兵和阿里埃特师也能紧跟着冲进缺口，那么托布鲁克在 1941 年 4 月 14 日也许就已被攻克了。

最亲爱的露：

　　托布鲁克之战已经渐转沉寂。敌人正在上船，所以我们期望不久就进入该要塞。虽然如此，我们这一点兵力却已经有了很大的成就，南面战场上的局面已经因为我们而完全改观。我们仍在行动中，非常忙碌。

1941 年 4 月 16 日

　　我计划以意军加上少数德军，在强大炮兵的支援之下，进攻拉斯艾马道尔山地。

　　4 月 16 日 17 点钟，我命令阿里埃特师的装甲营（6 辆中型战车和 12 辆轻型战车）向第一八七号高地进攻。意军本应在该高地以南就停下来作战，可他们却一口气冲到了最高点。英军向山顶发炮，意军很快就退了下来，混乱不堪。我试着使他们再向高地进攻，可是毫无效果。

　　这个时候，贝恩特中尉也正在观察意军步兵的进攻。起先似乎一切秩序都好，但是突然他们回过头就跑，纷纷向西逃命。我命令贝恩特坐上一辆装甲车，赶向那方面看看到底是出了什么乱子。战场上一点枪炮声也没有。半小时之后，贝恩特回来向我报告说：有一位意大利的步兵告诉他，敌人的战车来了。当他再向东行动几百码之后，发现有一辆英军的侦察车押着一连意大利步兵，他们把双手举在头上缓缓地行走。他立即向英军侦察车开枪，以便使那些意大利士兵有逃跑的机会。可是他们却反而跑向英军防线。接着又有一辆英国装甲车赶来掩护他们，贝恩特只好退回来向我报告。

　　我立刻带着 3 门战防炮赶过去，希望救回幸存的意大利士兵。我无法说服那些意大利战车兵和我们一同去。在贝恩特指挥之下，战防炮击毁了几辆英军的装甲车。可是一个营的意军因为没有有效的战防武器，此时已经被敌人包围并带走了。我的副官希拉普内少校原本是随着第一波的意军进攻，此时却逃回来了。他说意军在前进时非常拥挤。他现在率领着残余的意兵，扼守着艾克罗马周围的高地，我立即派了两个步兵连去增援他。

之所以要攻击这个山地，是因为该地的英军阵地恰好威胁着我们通到艾克罗马的补给路线。我在17日又再做了一次尝试。这次由阿里埃特师负责主攻，它出发后，一直都还没有正式和敌人接战，可是攻击开始时他们还拥有100多辆战车，现在却只剩下十余辆了。其余的车辆都在中途落伍：不是引擎发生了故障，就是其他机件有毛病。想到意大利元首居然把这样破铜烂铁式的装备交给他的军队去前方作战，真是令人毛骨悚然。

我们的第二次攻击又失败了。攻击部队本来采取分段跃进的方式，等到支援火力布置妥当，然后再继续前进。可是这些战车却全不听指挥，直对着敌人阵地瞎撞。阿里埃特师的装甲兵力由华尔中尉（Lt. Wahl）率领着，他本是第五轻装师的一个翻译官。本来他们接到的命令是要跟在步兵的后方，可是他们却冲到前面，一会儿就不见踪影了。我们无法与他们取得联系，他们的位置在哪里也不清楚。此时，领先进攻的步兵已经到达了山地前面的铁丝网，一直没有遇到敌人的抵抗。

大约13点钟的时候，突然有一辆战车在山地高峰的北面出现，挺着炮口向我们这个方向冲来。在灰沙之中，我们不知道它后面还有几辆车。我马上带着我的3门战防炮赶了上去。此时可以看见有更多的战车在后面跟着。双方发炮之后，有两辆战车被击中，但真正使我们骇了一跳的，却是发现他们居然是意军。华尔中尉没有回来，他的战车因为太接近敌人阵地，所以被击中，车毁人亡。步兵的前进被铁丝网阻碍，所以这一次攻击又失败了。现在我终于明白，用现有的这种部队绝不可能攻入敌人的阵地，主要是因为意大利军队的训练和装备都实在太差。于是我决定停止进攻，坐候援兵的到达。

4月19日，我驱车前往拜尔迪，发现该处的要塞并未为我军占领。在公路的两旁，堆满了意大利制的军需物资——主要是车辆，还有好几百门大炮，都是上次格拉齐亚尼元帅的大军遗留下来的。我立刻下命令派一连德军占领这个要塞。那天夜里，英军果然派了一支实力相当强大的破坏部队来此。结果全部56人被俘获，中间还有一位少校。

回程的时候，我在拜尔迪以西约10英里的地方遭到英国飞机两次扫射，我那辆越野车中了25弹，驾驶员艾格尔特中士（Cpl. Eggert）阵亡。我的传骑康沙克（Kanthak）也被打死。"猛犸"的驾驶员被一颗穿透遮阳板的子弹打伤，于是我留下贝恩特照料那些受伤的人，自己则驾着"猛犸"继续前进。路况非常差。我想当夜赶回军部，那是一个漆黑的夜晚，我们先试着利用星光来确定方向，但天空不久就布满了云，所以我们只好坐候天明了。

终于，托布鲁克的防御计划从意大利最高统帅部送下来了。其中每一个要塞都有详图，一切工事的结构都有说明。从这个计划来看，这个防线似乎包括两条据点线，它的构造不是普通地上式的混凝土碉堡，而是完全埋在地面以下的。外面一道防线周围都有战防壕的保护，壕上盖上了一层薄板，再加上沙土，所以即令在很近的距离也看不出来。每一个据点的直径约为90码，包括几个混凝土的地下工事，每个可容纳三四十人。地下工事之间都有交通壕连接着，每个角上都有机枪、战防炮和迫击炮的炮位。和战防壕一样，交通壕也有8英尺深，上面盖着薄板和一层浅浅的泥土，所以在任何地点都可以很容易地钻出地面来。每个工事又都有铁丝网的保护，中间还用铁丝网连成一片。第二道防线距离第一道防线二三千码远，设计大致相同，只是没有战防壕。

我想赶紧把摩托化部队从托布鲁克附近撤出来，以便机动使用。于是我要求意军总司令再派两个步兵师来。

在以后的日子里，我还是继续拟订一个进攻托布鲁克的计划，尤其是我们对防线的部署已经一目了然，应该比较易于着手。攻击的主力应由第十五装甲师担负——它的大部分兵力都已到达非洲——再由阿里埃特师作为增援，攻击线通过拉斯艾马道尔山地，直达敌军防线的后方。同时为与主攻相配合，第五轻装师应在东南方发动一个次要的攻击。我希望这个攻势可以在4月底或5月初开始。

此时，我正严格训练准备用来进攻的部队。很明显，我方步兵在阵地战方面的训练还不及英澳军。所以，我们要设法加以矫正。

最亲爱的露：

战事慢慢地沉寂了下来，在三个星期的攻势之后，我总算得到了一个想点事情的机会。前几个星期可说是一团乱。我们希望不久的将来就可以结束这个托布鲁克的攻击战。

我们现在躺在一个岩石的谷地中，疏散得很远，因为英军的飞机很活跃。弗乐里赫的空军在对方的头上也是同样的活动。但是双方力量大致相当，同时也不知道英军是否每天都有援兵到达。

1941 年 4 月 21 日

隆美尔副官写给隆美尔夫人的信：

我亲爱的隆美尔夫人：

我想当您看到一封由我署名的信件，也许不免大吃一惊。不过虽然如此，我却还是宁肯这样冒昧，以便把您亲爱的丈夫一切都好的消息，转告给您知道。

在过去几天当中，他简直没有写信的时间。一切都让他费心。德国部队实在太少，而意大利兵又太不中用。他们不是完全不肯前进，就是一听到枪声就跑。假使有一个英国人走到他们身边，他们的双手马上就高举了起来。夫人，我这样说，您就可以想象到您丈夫有多辛苦了。不过，我敢断言，当这封信到达的时候，您也许不要等好久，就可以在特别公报上看到攻克托布鲁克的消息，其他的事也是顺顺利利的了。

我们现在的位置是在一个大峡谷的谷底，敌人的飞机不容易找到我们。我方也有一些战斗机，足以赶走英国的飞机。米尔希元帅（Marshal Milch）已经答应给予您丈夫以更多的空中支援。

虽然我们的生活比不上在法国时那样舒服，却也不太坏。截获的英国物资使我们军用口粮改善颇多。同时您也可以放心，夫人，根舍在可能的限度之内，一定会好好地侍候您的丈夫。我感到很高兴，因为您的丈夫已经有了一辆意大利的旅行车，那至少是一个比较舒服和安静的居处，在夜里也可以略御风寒。意大利人对于制造这种东西倒是颇为拿手，其他的只好等到了开罗时再去想办法了。

《帝国》（*Das Reich*）杂志最近一期有篇谈到您丈夫的文章，想必您已看过。您丈夫对这篇文章很愤怒，曾在该文空白处写了"胡说"两个字。所有的德国人都知道您丈夫的伟大成就，这些废话是毫无意义的。

希拉普内敬上
1941 年 4 月 22 日

最亲爱的露：

昨天在托布鲁克前线上发生了激战。情况非常严重，但是我们还是撑住了。意军完全不可靠。他们对敌人的战车特别敏感——像 1917 年一样——一看到敌人的战车就自动认输了。现在有了新到的德军，才使情况比较稳定。

昨天我曾经和加里波的及罗塔两人会晤。泰鲁齐部长（Terruzzi）也曾与会。意大利人把"英勇勋章"赠给我，据说还会获得他们的"荣誉勋章"。在这个时候还闹这一套，真是浪费时间。

你们两个人的情形怎样？想必有很多邮件沉到地中海底了吧。

又，复活节在不经意中溜过去了。

1941 年 4 月 23 日

在托布鲁克的前线上，现在已经很热闹。有再多的部队到达，我都不嫌多，因为防线还是太长，兵力还是太少。从军事方面来说，我已经不必像前几天那样伤脑筋了。不过，也许不久情形又会不同。

希腊可能即将解决，以后我们也许可以获得较多的援助。保卢斯几天内要到这里来。埃及和苏伊士运河的争夺战即将展开，我们的对手一定会倾全力来和我们搏斗。

4 月 25 日

4月30日18点30分的时候，我们的俯冲轰炸机首先向拉斯艾马道尔山地攻击。不久整个山头就都被浓厚的黑烟和尘土掩盖了。我们的炮兵向着突入点发炮。对第一道防线的攻击可以说是完全成功，在拉斯艾马道尔的南北两面，我军攻入敌人防线有两英里之深。敌人打得非常惨烈，即令受了伤的人，也还是使用轻武器来自卫，直到最后一口气为止。大约21点钟的时候，我方弗吉特斯贝格营（Voigtsberger）从后方攻占了最高的山地。敌人拼命地发炮，但却是朝着我们佯攻的方面射击——从德尔纳和阿代姆通到托布鲁克的公路。不幸的是，有少数的据点整夜为英军固守着，而我们的攻击部队却愚蠢到被他们"吸"着，发生了猛烈的战斗，而不是绕过他们向前继续推进。事实上，这些事可以留给后续的部队去解决。在进攻中，一个人放弃了主要的任务，而去理会那些不急之务，实在是一个极大的错误。

现在阿里埃特师也奉命在夜间前进，以赶紧追上克尔齐汉（Gen. Kirchheim）部队为目的。第二天（5月1日）上午我向东驶往克尔齐汉的指挥所，中途遇见一部分意军，照理他们早就应该占领昨天所攻下的地区。当我停在克尔齐汉的指挥所里时，这些意军才刚刚到达，正在卸下他们的武器和弹药，准备进入阵地。

我非常恼怒，就派艾培尔少校（Maj. Appel）专门负责催促意军前进。他已经尽了最大的努力，可是却也没有什么效果。当英军的炮火横扫这整个地区时，意大利兵都趴在他们的车辆底下，不管军官们怎样三令五申，他们还是置之不理，打死也不肯爬出来。

敌人的抵抗异常顽强，许多地点都曾经发生猛烈的战斗。虽然如此，我还是认为我们的攻势可以继续进行，并且有占领托布鲁克的希望。唯一的问题就是：我们的兵力是否足够支持这个长期的攻击。

但是到了5月2日，情况已经很明显，我必须承认我们的兵力不够强大，不足以发动大规模攻势来夺取这个要塞。因此我只好放弃这个远大的目标，而只以目前已有成就为满足——那就是解除了敌军在拉斯艾马道尔山地的阵地，消除了对我军补给线的威胁。除此以外也达不到其他的目的。

以后几天内，英军曾向被攻占的地区发动了几次逆袭，都为我军击退。参加作战的英军多数精神都不好，因为他们的饮水量已大为下降，一天只有一品脱❶的配量。

最亲爱的露：

昨天太忙，无暇执笔。一连几天沙暴，使我们简直无法行动。现在似乎一切都渐有好转模样。

保卢斯已经走了。托布鲁克的水荒已经很严重，英军一天的配量为半公升（比一品脱还少一点）。凭着我们的俯冲轰炸机，我希望还能够使他们的配量更为减低。

一天比一天热，简直难以忍受，只有夜里才能喘一口气。口渴的痛苦更吃不消。

1941 年 5 月 6 日

在这次突击中，包括阵亡、负伤和失踪的，我们一共损失了 1200 多人。这可以证明，一旦机动战变成了阵地战之后，损失的曲线就会直线上升。在机动的行动中，最重要的是物资，而人力尚在其次。机动战中假使没有战车、大炮和车辆，则虽有最优秀的战士也没有用处。所以一支机动部队，只要战车被击毁了，那么尽管人力损失很小，它也就丧失了它的战斗价值。阵地战的情形却完全不同，只要有战防炮和障碍物来对付敌人的装甲攻势就可以了。所以阵地战总是一种"杀人"的战争，而不像运动战是以"毁物"为目的。

我的攻击部队之所以遭到高度损伤的主要原因，是由于他们的训练不

---

❶ 1 品脱（英制）约为 0.4732 升。——译者注

够。即令是一个最小的动作，其中都有一定的战术技巧，足以减少死伤的损失，这是士兵们所必须了解的。需要谨慎小心的时候却拼命狂冲，结果自然是死伤枕藉。反过来说，当真正需要果敢猛进的时候，却反而畏缩不前，当然就丧失了有利的机会。

被占领的拉斯艾马道尔阵地，经常受到英军炮火的威胁。我们的防御工事很浅——因为地太硬无法挖掘——结果部队整天都不敢动一下，尤其是无数的苍蝇飞来飞去，其可怕度并不亚于飞机。有许多人都害了痢疾，情形很严重。为了分散敌人的炮火，我们使用那些假战车——主要是在布里西亚师的防区中——果然它们吸引住了大量的英军火力。不过可惜的是部队并不懂得如何利用，它们应该常常移动位置，而不应一两个星期都摆在原地不动。我经常到最前线上去，随时随地把近代化的阵地战观念灌输给部队，以使他们能够适应目前的环境。

意大利部队已经具有相当程度的自卑情结，他们在这种环境之下会如此也是无怪其然的。他们的步兵基本上没有战防武器，尤其他们的火炮也已经陈旧不堪。他们的训练离近代化的标准也差得太远，所以我经常要受到他们的严重牵制。有许多意大利的军官，原先以为战争只是一种愉快的冒险，现在才晓得不是那么一回事，不免大为沮丧。

另外还有一个伤脑筋的问题，就是在非洲的德国空军并不由非洲军直接指挥。其结果使战斗机和攻击机大多用在战略性的任务上面，而并没有对地面部队做战术性的支援。假使能够把责任划分一下，让驻非洲的空军专门负责满足非洲军的战术要求，让空军第十军专门负责战略性质的作战，那么其结果也许会好得多。

补给情形也不太好，因为意大利的运输舰队还是以的黎波里为其终点，而并不利用班加西的港口。换言之，这使我们的公路运输增加了不少的负担。

# 边界上的战斗

对于托布鲁克的围城战，究竟能否继续维持，或是中途而废，就要看我们的塞卢姆阵地是否能够支持下去。所以对德意联军各部队的任务，必须做一个明确的划分：（一）第一支兵力紧紧包围着托布鲁克，以防敌人守军突围。（二）第二支兵力守住塞卢姆的防线，同时使用机动防御的方法，击败敌人在比尔哈基姆（Bir Hachcim）、加扎拉、塞卢姆和西迪欧麦尔（Sidi Omar）四点间的地区中迂回行动，以阻止敌军趋向我围攻托布鲁克兵力的后方。

我们的兵力大多都是非摩托化的部队——此与英军不同——所以只有做下述的使用，才勉强有成功的希望：（一）对于托布鲁克实行围攻；（二）守住塞卢姆、西迪欧麦尔之间的静态防线；（三）守住拜尔迪。

这也就是说要击退任何从东方来的英军攻击，都必须靠我们的机动部队。但是机动化部队却不可能同时担负两种任务，如要从事机动防御的工作，就不能再参加托布鲁克的围城战。

所以，我们必须先使用非摩托化部队，守住一切固定性的阵线；第二步把够强大的摩托化兵力集中起来组成预备队，一方面击败敌人任何向托布鲁克防线的集中攻击，同时另一方面也足以击退部署在塞卢姆以东的英国摩托化兵力。为了这个目的，一切在静态防线上的摩托化部队，都已由非摩托化部队接替。

我们在5月中旬的部署，距离这个必要的条件还很远。塞卢姆防线还没有充足的步兵来扼守，事实上只有轻装的战斗单位占领几处前哨阵地而已。海尔夫（Herff）的兵力发动了一个奇袭，使我们进到了哈尔法亚隘道（Halfaya Pass），不过这个隘道和塞卢姆隘道的防御工事也都只是刚刚开始。

在这种环境之中，毫无疑问英军一定会马上向塞卢姆发动攻击。为了以防万一，我早已命令在加扎拉建立一道防线。这道防线大致和托布鲁克的防线相似，对于阻挡现代化兵力的进攻颇合适。不过如何把德意两军的非摩托化部队撤往该线，却还是一个难题。

5月15日的凌晨，英军向我位于塞卢姆附近的部队发动进攻。一部分从正面进攻哈尔法亚隘道上的据点以及整个前线，另一部分英军的装甲部队从哈巴塔（Habata）地区前进，沿着斜坡，以卡普佐为目标。防守据点的部队以及海尔夫的机动单位，都受到相当大的损失。我军被迫继续向北撤退。

　　韦维尔发动这次攻击的目的，是想出其不意地给隆美尔一个打击，把他逐出托布鲁克以西的地区。这个攻击由高特将军（Gen. Gott）指挥，其兵力为英军第七装甲旅（共有战车35辆）和第二十二近卫旅。

　　于是我派了一个战车营，加上高射炮的增援，由克拉梅尔中校（Lt.-Col. Kramer）率领着，去援助海尔夫。5月15日到16日的夜间，这两支兵力在西地阿柴兹（Sidi Azeiz）以西会合了。从空中侦察和防守塞卢姆—拜尔迪防线的部队所获得的印象看来，似乎英军把兵力集中在西地阿柴兹以南，准备在16日的上午"扫开"海尔夫的兵力，然后再向北深入，以使我们的塞卢姆—拜尔迪防线完全被截断。

　　海尔夫的兵力趁着黑夜向克拉梅尔的部队靠拢，以使敌人没有机会再把他们切成两段。哪知道他们在黑夜里互相错过了，因此到了16日的上午，克拉梅尔单独到达了西地阿柴兹地区。不过，出乎意料的是敌人此时突然向南撤退，停止了他们的攻击。

　　这是一个极好的例子，足以说明作战双方对于对方行动的看法是如何的不同。英军第七装甲旅已经推进到了西地阿柴兹，因为突然听到德军又已夺回卡普佐——位置在他们后方侧翼上，这是隆美尔所不曾提及的——便赶紧撤回。他们觉得德军的实力远比他们所估计的更强大，所以英军指挥官决定撤回全部兵力，只留下少数部队守住哈尔法亚隘道。因为他们觉得最好还是等候大量援军到达后再进攻。此时在丘吉尔的果敢决定之下，已经有180辆马蒂尔达型战车和100辆巡航式战车，不顾轴心国海空军的威胁，由地中海航线赶运往非洲。❶ 不过等到这一批援军到达时，德国的第十五装甲师也到齐了，结果双方还是打了一个平手，英军并没有占到上风。

在以后几天之内，英军又撤回到了他们的发起线，情况再度稳定下来。不过我们已经丧失了哈尔法亚隘道，现在它正由英军坚守。

在这个地区中，哈尔法亚和塞卢姆两个隘道是最重要的两个战略要害，因为从海岸到哈巴塔之间，只有经过这两点，才能越过那个斜坡——有600英尺以上的高度——这个斜坡从塞卢姆起向东南延伸直到埃及的境内。哈尔法亚的阵地对于一切可能的道路，都具有相等的控制力。所以在任何从埃及发动的攻势中，占领这些隘道对于敌人都具有极重大的价值，它们可以使他们的补给获得一条相当安全的通路。反言之，假使敌人不守住它们，就企图进攻拜尔迪，那么他们的补给线将经常受到我方的威胁。

5月17日以后，英军开始布置哈尔法亚的防御工事，并且使用战车、炮兵和战防炮所混合组成的强大战斗群来防守这些地区，但我们也绝不能坐视英军安然地占领哈尔法亚隘道，所以我命令海尔夫的部队向它发动攻势。

最亲爱的露：

一直等到今天下午，从塞卢姆和拜尔迪回来后，我才有写信的机会。

昨天清晨5点动身，一部分时间是消磨在沙漠中的车辙上面（那是来往车辆轧出来的路线——对车辆的损耗极大），另一部分时间在巴尔比亚大道上度过。我刚从前线视察归来，印象很好，生力军已经涌到。我们一行五辆车子在沙漠中过夜。我的副官在

---

❶ 英国通常使用绕过好望角的航线补给北非前线，这条航线相当安全，不过时间上要慢得多。——译者注

不让我知道的情形下亲自守夜。你可以知道他们对于我的保护是
如何的严密。

1941 年 5 月 23 日

5 月 26 日夜间，三支攻击部队进入面对着哈尔法亚隘道的阵地，第二
天上午开始进攻。不久英军即被逐退，慌忙向东逃命，丢下不少战利品。
我们的损失却极轻微。（德军重占隘道，对于英军准备在 6 月中旬发动的
攻势，影响极大。）

此后，我们努力增强塞卢姆—哈尔法亚—拜尔迪防线。哈尔法亚隘道
的防御工作正尽力加强，埃及的边界上也构筑了好几个据点。当我视察拜
尔迪防区的时候，曾经发现大量的物资堆在那里——那都是过去格拉齐亚
尼的军队丢弃的。于是我立即下令把可用的意大利大炮都搜集起来，用来
增强塞卢姆—哈尔法亚—西迪欧麦尔防线。我们在据点中设立了几个临时
的工厂，修好了许多炮。可是意大利的统帅部却完全不同意我这个办法，
加里波的将军向我提出抗议说，这些东西都是意大利的财产，只有意大利
人有权使用。当这些东西摆在那里生锈的时候，他们却一点都不心痛，等
到我把废物变成有用的东西之后，他们才开始讲话。我当然不去理会他们。

我们花了不少工夫，在哈尔法亚和第二〇八号高地上部署 88 毫米炮
的战防阵地。当它们放平炮管射击时，几乎没有什么装甲可以挡得住。我
对它们有很大的信心。

从这里可以看出：德国的将领不但擅长运用装甲兵力发动攻击，也擅
长阻挡敌人的装甲攻势。隆美尔是第一位在现代化战争中将"剑"和"盾"
搭配使用的将军，他证明了这种"攻守相配"的战法对摩托机械化战争的
价值。因为他对守势的布置非常巧妙，所以对攻势也有极大的助力——他
让敌人的"剑"在他的"盾"上面磨钝。

一个最重要的问题就是如何维持前线上部队的给养。因为巴尔比亚大

道在托布鲁克为英军所切断。所有在坎布特（Gambut）以东部队的补给都必须绕过要塞南面，从沙漠中经过。而那条沙漠上的车路已破损不堪，令驾驶员非常头痛。我曾经一再催促意大利当局修建一条便道，但是毫无结果。他们当然也知道道路的重要，不过却不肯动手。

意大利人仍然把我们的补给物资运往的黎波里，而不是班加西。的黎波里距离前线在1000英里以上。即使不打仗，每天也平均要运饮水、口粮等1500吨以上的物资到最前线去。由此可以想见我们的补给多么困难，对于这样长的补给线更是吃不消。可是我们没有监管地中海船运的权力，所以这种情形无法改善。

我们最大的烦恼是战略形势上的困难，因为我们一方面要维持托布鲁克的围城战，同时另一方面又要准备应付英军从埃及所发动的攻势。假使能将英军逐出托布鲁克，那么情势就要好得多了。我们希望当德军攻下克里特岛之后，空军就可以切断英国人对托布鲁克的海上补给线，这样敌人就无法再守下去了。但是那些从希腊和克里特岛撤回的飞机，却不曾派到北非来。

我也曾要求把德国的潜艇和鱼雷艇调往地中海，以打击英国人的海运。因为意大利的海军完全担负不起这样的任务。他们的潜艇——战前的数量居世界第一位——充满了技术上的缺点，所以在地中海的战争中从来没有露过面。他们的鱼雷艇因为没有良好的基地，也发挥不了作用。

有一天，德军最高统帅部（OKW）的高斯将军（Gen. Gause），带了大批的幕僚来到非洲视察，他的目的是要研究有无使用较大兵力进攻埃及的可能。当高斯和意大利当局讨论过后，认为意大利人不会同意把更多的德军开往北非，因为他们害怕我们会喧宾夺主。


最亲爱的露：

昨夜我收到了布劳希奇的命令，他把我狠狠修理了一顿，使我大有莫名其妙之感。我送回去的报告句句属实，可很明显跟他们想象的情形不大一样。我想往后要尽量闭上嘴巴，报告愈简单愈好。不过，昨晚我们有四分之三公升的巴伐利亚啤酒可喝，这使我们略感安慰。

前线上的情况颇为平静，不过谁也预料不到是否这就是新攻势以前的现象。

1941 年 5 月 26 日

波尔尼（von dem Borne）❶明天会把这封信带回去，所以我希望它能及早到你手中。OKH（陆军总司令部）对于我大开其炮——照我看是很不公平的——这似乎就是对我们过去成就的报酬。不过正和 1940 年的情形一样，我不会忍着不说话，我已经写了一封信给布劳希奇。

情况很平静，而且有逐渐好转的迹象。只是热得真难受，每天最热的时候，最好能留在室内不要出门。

5 月 29 日

昨天这里温度高达华氏107度。太阳照射下的战车热到160度，烫得令人不敢伸手去摸。

我和 OKH 的争执还在持续中。他们可以完全信任我，或者不信任我。假使不信任我，就请他们早做决定。

6 月 2 日

波尔尼回来了，带来了一些好消息。OKH 的人对我大发脾气，因为我的报告也到达了 OKW。我还没有收到布劳希奇的回音。

6 月 11 日

---

❶ 隆美尔的参谋长。——译者注

# 第七章

# 1941 年的英军夏季攻势

英军失败之后，1941 年的这一场夏季攻势被他们自己宣称为只是一次"威力侦察"而已，英国人民几乎都不知道它原来还有一个更有野心的目的——毁灭隆美尔的兵力，并在北非获得一次空前的"决定性胜利"。它的代号是"战斧"（Battleaxe），即足以表明这个企图。时间日渐迫近，韦维尔却开始疑惧了，不仅是因为德军第十五装甲师已经到齐，而且还更有其他战术性的理由。5 月 28 日，在某一份报告上面，他说："我们的步兵战车在沙漠战场上行进得太慢了，在敌人强大战防炮火力之下，将会受到相当大的损失。我们的巡航式战车在动力和速度两方面，都不比德国中型战车占优势。"不过他还是希望能够把敌军逐出托布鲁克以西的地区。

这一次攻势由贝里斯福德－皮尔斯将军（Gen. Berosford-Peirse）指挥，使用的兵力为第七装甲师、印军第四师和第二十二近卫旅。关于战车的数字，英国方面的报告也不一致——从 170 辆到 250 辆不等。据隆美尔说，德军第十五装甲师一共有 80 辆战车来迎击英军的攻势，不过他们却另外还有第五轻装师的战车供增援之用。其他的德军记录一共有 150 辆。其中只有 95 辆是 Ⅲ 和 Ⅳ 型。意大利战车并未参加作战。

## 塞卢姆之战的经过

6 月初，有种种的征候表明：这个月中旬，英军会对我们的塞卢姆防线发动一次主要的攻势。有两个师英军集中在面对着第十五装甲师的位置。此时该师的主力已经调到塞卢姆—拜尔迪—哈尔法亚地区，不过其步兵旅则仍据守拉斯艾马道尔的战线。第五轻装师的主力则当作预备队，集中在托布鲁克以南。

不幸得很，我们的油料存量已经很不充足，这使我们对即将来临的英军攻击感到焦虑，因为我们知道决定我们行动的是燃料的数量，而不仅是战术的要求。

6月14日大约21点钟的时候，我通知塞卢姆前线紧急备战。第五轻装师的几个单位和一些意军，也奉命进入新阵地以支援塞卢姆前线。

预计中的敌方攻势在15日清晨4点钟展开。他们以宽广正面前进，一部分在沿海平原上，一部分在高原上面，向我方设在塞卢姆东南和南面的前哨阵地进攻。敌人很快占了上风，自从9点钟以后，在卡普佐即已知道一个战车攻击正在进行。第十五装甲师奉命必须等情况弄清之后，才开始发动反攻。

此时，第五轻装师的战斗群已奉命加入，它的先头部队早已到达坎布特以南。11点钟，第五轻装师的一切可用兵力都奉命向塞卢姆推进。

敌人此时正集中强大兵力，从西迪欧麦尔和卡普佐之间进攻，其意图很明显，是想从北面用一个集中的攻势来消灭第十五装甲师。为了以防万一，我命令拜尔迪的守兵，坚守这个要塞东西两面的出口。不幸的是我的兵力不够，不足以防守整个拜尔迪防线。

于是，英军开始从两面向哈尔法亚隘道进攻，以期打开这条通路。但是巴赫少校（Maj. Bach）和他的部下却打得十分精彩。不久，参加攻击的英军即宣称这个地点实在太坚固，无法攻下，而且造成严重的人员死伤。

在这个会战的第一日当中，从下午和傍晚起，英军即包围了卡普佐，并且开始向拜尔迪南部前线发动攻击。黄昏将尽的时候，英军开始向卡普佐冲锋。当300辆英军战车向北面顽强地逼近时，第十五装甲师第八战车团的80辆战车立即和它们发生了猛烈的战斗。（隆美尔对于英军战车数量的估计太高了，他也和英军一样，总是把对方的实力估计过高。）

第十五装甲师，外加第五轻装师所属的一个战车营——此时正赶来增援——奉命趁黑夜占领拜尔迪以南的位置，以便向南再行展开反攻。因为英军兵力过分强大，所以这一次攻击并没有获得决定性成功的把握。

第五轻装师的主力已经奉命在16日的上午发动攻击，从西地阿柴兹以西某点攻向西地苏来曼（Sidi Suleiman），其目的是要到达哈尔法亚隘道，以切断英军与其补给基地之间的交通线，从而迫使他们不得不退却。第十五装甲师一到拂晓的时候，即沿着卡普佐的两侧向南推进，以求钉住英军的主力。我的计划是把两个装甲师集中在一个焦点上面，而且是敌人最敏感的一点上，给他一个意想不到的打击。

最亲爱的露：

昨天整日在我们东部地区都有激烈的战斗。以后你在国防部公报上一定可以看到这个消息。今天——现在是凌晨两点半——应该可以决定胜负了。战斗十分猛烈，你可以想见我是无法睡觉的。寥寥数语足以表示我是如何想念你们母子。等这一场仗打完后，我再写一封长信给你。

1941年6月16日

16日清晨5点，这是会战第二日的开始，第十五装甲师向卡普佐方面发动攻势，不久即展开了激烈的战斗。尽管尽了最大的努力，但是该师仍无法获得任何有价值的成绩。不久，穆萨伊德（Musaid）也陷入英军的手里。大约10点30分的时候，该师报告说必须暂停向卡普佐的进攻。敌人尚未发生动摇。第十五装甲师用来作战的80辆战车只剩下了30辆，其余的不是在战场上被击毁，就是需要修理和拖救。

在卡普佐的英军为第二十二近卫旅和第四装甲旅——包括第四和第七两个战车团。他们的装备为90辆马蒂尔达式战车。在1940年5月间的阿拉斯作战中，隆美尔即曾和他们交过一次手。

第五轻装师奉命从西地阿柴兹以西地区，向西地苏来曼进攻，不久在西迪欧麦尔以西6英里远的他方,也和英军第七装甲旅(装备为巡航式战车)发生激烈的遭遇战。经过一场苦战之后,我们占了上风,于是该师通过了西迪欧麦尔的东北地区,继续向西地苏来曼进攻。这是整个会战的转折点。我命令第十五装甲师尽快把一切机动兵力都撤回,改从已经获胜的第五轻装师的北翼,直趋西地苏来曼,而只留下最少量的必要兵力,扼守卡普佐以北的阵地。这个决定性的时机已经来到了。在会战中出其不意地调动主力,往往会影响胜负。

敌人似乎不愿轻易就放弃主动。于是他们集中装甲兵力在卡普佐以北,希望在次日上午对第十五装甲师还留在北面的兵力发动猛攻,以达到突破的目的。为了先发制人,我命令第五轻装师和第十五装甲师,都在4点30分向西地苏来曼进攻——以便抢得优先权。

第二天(6月17日)上午第五轻装师准时出动,6点钟就到达西地苏来曼的附近。第十五装甲师则和英军来援的部队发生了激烈的战斗。但是不久也攻到了他们的目的地。在两个师经过的路线上,击毁了很多英军战车,火光烛天,耀眼夺目。

这一次作战英军遭受全面奇袭。从截获的无线电通信中,我们知道他们通报处境十分危急,英军第七装甲师的师长要求他们沙漠军总司令来师部挽救危局。这表示英军的前线指挥官对于情况已经丧失了应付的能力。很明显,在目前这种情况下,他们的锐气已经受挫,不会再采取任何形式的主动行动了。于是我决定向哈尔法亚进攻,"将网收紧"。因此,大约上午9点钟的时候,两个师都奉命向哈尔法亚推进,并且防止敌军装甲兵力从北面实行突破。

敌人的无线电一再报告他们缺乏弹药。不久他们放火焚烧堆在卡普佐的辎重,开始撤退,由于缺乏燃料,他们放弃了很多车辆——它们也都被点上火丢在沙漠里。

16点钟刚过的时候,第五轻装师和第十五装甲师都到达了哈尔法亚隘道。于是同时转过身来向北前进。这个行动大错而特错,因为其结果是把敌人挤出了包围圈,而没能缩紧包围,阻止敌人逃走。因此敌人开始从西

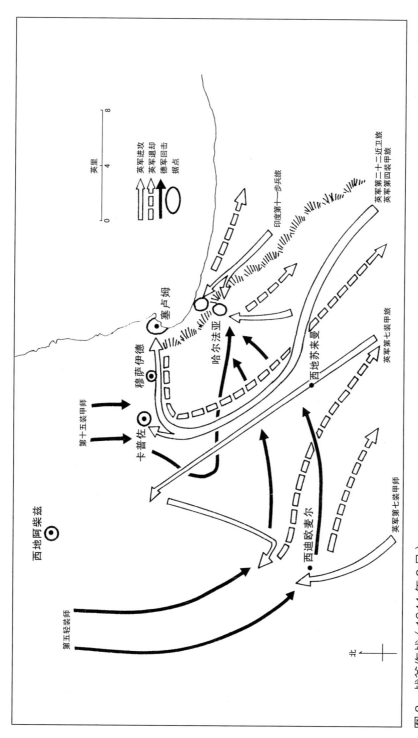

图 8  战斧作战（1941 年 3 月）

迪欧麦尔和哈尔法亚之间，迅速地向东退走。对于这一次机会的丧失，我感到十分的恼怒。当这两个师到达哈尔法亚之后，就应该一字排开，阻止敌人逃走，并强迫他们与我们接战。这样我们至少可以把他们的攻击力量消耗掉一大部分。（隆美尔这个判断是错误的。英军的攻击主力早已在哈尔法亚隘道和德军纵队之间，向南撤走了。）

就这样，前后三天的塞卢姆会战结束了。以守势而论，当然可以算是一个完全的胜利，但我们却本可以使敌军蒙受更重大的损失。整体说来，英军损失了 220 辆以上的战车，人员的损失也很大。而在我方，完全被毁的战车却只有 25 辆而已。

在这一次会战结束时，虽然英军战车已有三分之二不能行动了，可是真正为敌人击毁和俘获的总数却只有 87 辆（步兵式 58 辆，巡航式 29 辆）。此外，兵员伤亡和被俘总数约为 500 人。他们一共俘虏了 570 名德军，并且宣称已经击毁了德军战车 100 辆。很明显，双方对于对方的损失都不免估计过高——尤其是在这种快速战斗中。

最亲爱的露：

三天的苦战终于结束了。我今天开始巡视各部队，向他们致谢，并发出必要的命令，我 6 点钟就启程，匆匆地写了这封信给你。

1941 年 6 月 18 日

这三天我都在巡视的路上度过。对于这次胜利，我军各部队都非常高兴。英国人以为凭着他们的 400 辆战车，即足以击败我们。我们虽没有那样强大的装甲兵力来与他们对抗，但是德意两国的守军，都能够坚守阵地，抵抗到底，这样才使我们的机动兵力获得了决定性胜利。现在敌人若是再敢大胆进犯，那么他们所受到的打击也就更大了。

6 月 23 日

# 塞卢姆之战的评述

其实，韦维尔对这一次攻势的战略计划很优秀。他和其他英国将领不同的地方，就是他具有伟大的战略勇气和善于取舍的决心，他能集中自己所有的兵力于一点上，而不被敌人的行动左右。但他的最大弱点，就是受了他那重型步兵战车速度过慢的牵制，使他对于我们较快速的车辆，无法做出迅速的反应。他的装甲主力速度太低，是一个致命伤，这是我们在技术上应该加以注意的打击要点。

隆美尔对于韦维尔的高度赞美具有重要的意义。因为在这一次会战之后，丘吉尔对于韦维尔的失败非常不满意，并决定派奥钦烈克将军（Gen. Auchinlek）接替他做非洲军总司令。隆美尔事后的分析，正和韦维尔在 5 月 28 日所提出的报告不谋而合，他早已警告英国当局不要对这次可能获得决定性的成功抱太大希望。

敌人的计划非常简单，但是简单的计划通常要比复杂的计划更具威胁性。他们一方面从正面牵制住在塞卢姆—哈尔法亚地区的德意守军，另一方面却绕过大斜坡向北面突击。对于哈尔法亚隘道，他们准备同时从两面向它进攻，根据他们 5 月间的经验，英军觉得很有成功的把握。一旦隘道被打通之后，英军即打算集中全力向北进攻，那么我们的塞卢姆—哈尔法亚防线就整个解体了。此后，他们可能会直趋托布鲁克，使该城解围。

在这一次会战中，英军使用很多的马蒂尔达 Mk. Ⅱ战车，它们的装甲极厚，是我们多数战防炮所无法打穿的。可是，这种战车上的火炮口径却太小，而且射程也太短。同时，它们使用的炮弹也只有穿甲弹一种。这似乎很讽刺，这种战车既然被称为步兵式战车，却没有配属对付一般非装甲目标（如敌方步兵）的高爆弹。此外，它们的速度也实在太低，事实上，它的唯一用途就是碰上坚硬的东西，然后对准它打一个窟窿。

在 1941—1942 年间的冬季会战中，敌人的 Mk. Ⅵ巡航式战车才第一次露面。它的速度极高——在40英里以上——使它成为一种最有用的武器。不过它的炮还是太小——口径和射程都不够——幸亏它的装甲极厚，勉强补救了这个弱点。假使这种战车再装上一个比较重型的火炮，对我们将是一个很大的威胁。

英国的 Mk. VI 战车，通常称作"十字军"型（Crusader）。隆美尔对于它的好评很值得注意——它在英国因炮弹装药不适当，曾经引起不少的批评，低估了它的优良性能。隆美尔说它们在冬季会战中第一次露面，这一点也错了——在"战斧"作战中，就曾经使用了50辆之多。

关于它的两磅炮，实际上并不像隆美尔所说的那样糟。它在1000码的射程可以贯穿44毫米的钢甲，比德国Ⅲ型和Ⅳ型战车上的火炮都更有效一点。炮塔前方的装甲厚度为49毫米，而德国战车则只有35毫米。不过当它们初上战场时，却一再地发生机械故障，所以虽有好的性能，成绩却很难令人满意。

在这次会战中，最紧要的就是哈尔法亚隘道。在整个战斗中，巴赫少校和他的部属坚守着这个据点，其功劳非常巨大。在这次作战中，巴尔地少校（Maj. Pardi）的炮兵营也有极光荣的战绩，这足以证明意大利的部队只要有好的军官，一样可以打得很好。假使英军真能照他们原定的计划，攻下哈尔法亚隘道，那么情况就可能完全不同了。他们可以从前面或沿着海岸从后面向我方发动夹攻，而且他们可以更灵活地运用装甲兵力，使其发挥极大的效果。

当德军从西迪欧麦尔的北面发动攻击时，韦维尔因为他的步兵战车速度太慢，所以无法将他的主力从卡普佐迅速移到德军攻击主力的所在。他除了迅速退却以外，再无其他的办法可想，他的退却战执行得很不错，把英军的死伤降到了最低限度。

我们的最高统帅部对这一战留下了一个重要的印象。随后罗塔将军来到非洲，告诉我意大利统帅部已经确认在北非的轴心国军队有必要增强。

他们主张德军增到四个机械化师，而意军则增加一个装甲军（下辖三个师），另外还加上两三个摩托化师。可惜他们这种热诚并没有保持太久。

假使1941年的秋季真有这样多的援兵到达，而且补给也有保障的话，那么我们一定能够击败英军，避免以后发动的冬季攻势。到了1942年的春天，我们的实力强度将足以击毁英国在埃及境内的全部兵力，然后我们可以进入伊拉克，切断苏联人和巴士拉（Basra）的交通。这对于英苏两国，都会是一个极沉重的战略性打击。

最亲爱的露：

你不必再为我的健康感到忧烦。最近一切都太好了。我们住的地方比较干净，海拔高度在600英尺以上。此外，四面有墙壁也是一个优点。艾丁格小病了几天，现在已经好了。我们还有许多工作要做。

1941年6月28日

这里热得要命，连深夜也不例外。睡在床上时，一翻身就流汗。苏联方面的捷报令人大喜。❶我们这里没什么状况，但我还是处在戒备之中。我们对面的那些顽强的朋友，迟早是会卷土重来的。我已经收到祝贺我升任二级上将的第一通贺电。

7月3日

我总是花很多时间去做视察旅行，昨天又花了八个钟头。我希望在两星期之内飞返元首大本营述职。最好是等苏联方面的战局略为和缓之后再去，否则他们根本没有心思来考虑到我们的事。

我很高兴曼弗雷德的数学有进步，这跟教导方式有关。他在学校中的其他成绩都不错，我感到非常欣慰。

我们经常与蚊虫作战，常"击落"它们。甚至在我写东西的

---

❶ 德国于6月22日分三路进攻苏联。——译者注

时候，还要停下来噼里啪啦地猛拍巴掌。

7 月 5 日

没有什么重要的事情值得提。昨天意军总司令又来拜访我——纯粹是"友好"性的。我最近对于意军当局的决策颇不满意，所以这次的访问可能是来表示歉意。今天会有一大群访客，我们杀鸡请客，虽然我正在节食，不过还是不打算放过大快朵颐的机会。对于新任命❶我感到很高兴。其他的兵团司令都是一级上将。假使一切的发展都如我预期的，那么我相信等这一仗打完了，我一定可以升任为一级上将。

8 月 21 日

昨天无法写信给你——因为整天都在公路上。黄昏的时候才回到我的新司令部。今天一早就捉到了两个大臭虫——所幸，是在帐子外面。苍蝇多得要命，我的捕蝇器在此可以大显威风。

8 月 26 日

没有什么新闻。热得要命，夜间也和白天一样。我又"解决"掉四只臭虫。我把四个罐子装满水，垫在床脚下，让臭虫爬不上来，希望今后可以睡得好一点。有些人给虱子闹得大伤脑筋。所幸到目前为止，还没有虱子敢惹我。

8 月 27 日

我的健康十分良好。一切工作都又开始推动了。我和我的新任参谋长（就是前面提到的高斯）处得很好——这对我是很大的帮助。不幸的是，臭虫还是没有绝迹——昨天 24 小时之内已经发现了四只。我希望在这个"战役"中也可以获得最后的胜利。

8 月 28 日

热不可当！我们必须花相当多的时间在洗澡上，此外没啥可

---

❶ 隆美尔刚刚升任非洲装甲兵团司令。——译者注

说。关于英军即将发动攻势这件事，有很多传闻，但恐怕只是传闻而已。他们正在搜括兵力调往伊朗。他们经过西伯利亚与苏联联络的交通线相当不可靠，因为日本人的态度，使得他们只剩下这一条经过波斯湾的路线。但也不太稳当。如果他们现在增兵，已经太迟了。

8 月 29 日

我们在新地方已经住得很习惯。自从我把汽油倒在铁床上面，再用火焚烧之后，臭虫算是被剿清了。昨天我们简单地洗了一个澡，海水还是太热，感觉不到凉意。

据说要运一个新旅行车来给我使用，但已沉到地中海里去了。真可惜，但又有什么办法？

8 月 30 日

又是热得要命，一大早就满头大汗。没什么新闻，唯一的事是意军统帅部无法过问我们这里的事情，所以感到很不开心。他们所要管的全是不相干的小事，我却一概不理。也许他们正在设法使我——甚至整个德军——离开非洲。若真要换一个战场，也没什么不高兴的。

8 月 31 日

昨天傍晚的时候，我和几位军官出去打猎，非常刺激。最后，我从车中开枪打中了一头羚羊。它成了我们的晚餐，味道相当鲜美可口。

今天将有一位贵宾来访——米尔恰里少校（Maj. Melchiori），他是意大利元首的亲信。我希望他这一次的访问能够解决很多问题，尤其是当他们对我们的态度并不太友好的时候。现在情势已和当初不一样了，尽管如此，我们还是坚持我们的权益，不打算只说些虚伪的表面话。现在，只等候我们的贵宾来到。

9 月 10 日

过去几天的局势很令人兴奋。有大批的物资到达班加西，大约要花 50 个小时才卸得完。一切都很顺利。你可以想象得到我是多么高兴。现在要经由地中海运输什么东西都是很困难的。在目前，我们好像是"养子"一样，一切都得靠自己。不过无论如何，当他们在苏联有进展之后，我们的好日子也就跟着来了。

狂风在室外怒号，但还没有沙暴。根舍今天下午炸马铃薯，我已经有几天没有好好吃东西了。

9 月 29 日

昨天没办法写信，因为胃病又发作了。前天晚餐的时候，我们吃了一只鸡。虽然煮了六个钟头，还是和牛皮一样硬。我的胃实在吃不消。

10 月 6 日

我的胃病已经好了，现在又是生龙活虎了。11 月初我要到罗马一个星期，在那里有许多事要接洽。当然，还有战斗要发生，我希望补给问题能够顺利解决。等到一切处理好了，11 月底也许就可以请假回家。我知道这个时候告假并不妥当，而且马上去适应寒冷的天气也蛮难的。不过就我在此的事务而言，11 月底是最空闲的时间。

10 月 7 日

我昨天接到弗根莱特尔（Voggenreiter）❶的信，他带来一个好消息，说那本《步兵攻击》一版就卖了 5 万本，版税在 2.5 万马克以上。❷

此地的工作很多。意大利的军长刚巴拉（Gambarr）今天要来，不过这不一定是好消息。

10 月 9 日

昨天的会议争执颇为激烈，今天还要继续下去。我坚持我的

---

❶ 隆美尔的出版人。——译者注
❷ 隆美尔这本书在第二次世界大战前后，一共卖了 40 万本。——编者注

立场。

10 月 10 日

苏联方面传来了令人惊讶的消息！在大会战 ❶ 告一段落之后，我们可以料想到向东的进展会更快，使敌人不可能再建立任何有意义的新军力。英国的工人似乎要造反了……

英国人何尝不想反攻，但是它既没有兵力又没有装备，无法向欧洲发动一个大型的登陆战。一旦我们攻下了托布鲁克之后，他们就更没有希望了。

10 月 12 日

我希望我们 11 月 1 日可以见面。请你去打听火车时刻表，好让我知道你到达罗马的时间。这样我就可以安排一切，并准时去接你。我希望能留到 15 日再离开。请记得帮我带一套便服去（褐色的好了）。

10 月 13 日

亲爱的曼弗雷德：

当你一个人留在家里的时候，我准备多写信给你。在这里一切都照计划进行。我每天都在检阅部队，他们多数都住在海边。有时我们也洗海水澡。水的温度还是太高，白天非常热，幸好晚上已经很凉快了，我得盖两条毯子。我的新住宅布置得很精美。墙上挂满了各种地图，尤其是苏联的，我们把每一次进攻都标示在地图上。

1941 年 10 月 24 日

昨天这里又是风暴。有时风沙会大到只能看到两三码的距离的程度。今天似乎好一点。

---

❶ 隆美尔指的应是基辅（Kiev）会战，它于 9 月 26 日结束，此战苏军被俘达 66.5 万人。——编者注

再过几天，我就要飞过海去。我很高兴能够在罗马和妈妈见面，唯一令我失望的就是你不在我们身边，但这是没有办法的。我决定今年冬天告假回家一趟，那时我们就可以去打猎了。我在这里不能常去打猎。有些军官常常去，他们曾经打到一些非洲特有的动物。昨天夜间，英国的军舰从海面上向我们轰击。我们的俯冲轰炸机和鱼雷机炸沉了他们一两艘巡洋舰之后，一切就都平静了下来。今天也很平安。

10 月 28 日

1941 年连同 1942 年上半年，除了原有的两个师以外，没有更多的德军开往非洲。不过隆美尔把那里的几个独立单位编成了一个师。这个师的番号是第九十轻装师，它没有战车，只有四个步兵营；但是它的火力相当强大，一共有三个野战炮兵营、一个战防炮营和一个高射战防两用 88 毫米炮营。

第五轻装师改称第二十一装甲师，但是组织和装备没有任何的改变。它和第十五装甲师一样，都只有两个战车营和三个步兵营。

当隆美尔在 8 月间升任装甲兵团司令之后，非洲军军长一职改由克鲁威尔中将继任（参谋长为拜尔莱因上校）。非洲军只包含那两个装甲师，第九十轻装师不在其内。除了非洲军和第九十轻装师以外，隆美尔所指挥的还有意军六个师——阿里埃特和特里埃斯特（Trieste）两个师，合组为第二十摩托化军；派维亚、博洛尼亚（Bologna）和布里西里三个师，合组为第二十一步兵军。这些部队负责围攻托布鲁克。另外还有一个萨沃纳师（Savona）负责防守拜尔迪。

每个德国装甲师都有一个战车团，下辖两营，每营四连。全团战车194 辆。一个摩托化步兵团，下辖三营，每营四连。一个炮兵团，下辖三营，每营三连，其中一营为重炮兵。一个战防炮营，下辖三连，战防炮共36 门。一个装甲侦察营，共有装甲车 30 辆。此外还有工兵和其他附属部队。照规定编制，一个装甲师应有兵员 12, 500 人、战防炮 120 门。

# 第八章

# 1941 年的冬季战役 ❶

很不幸，下一个阶段的作战——1941 年到 1942 年冬季——隆美尔本人并没有留下他的记事。而要了解非洲的战略和战术问题，并且说明隆美尔的将道，这一部分的故事是绝对不可缺少的。所以我从现有的各项文件中，把它补足起来。我对这一段战役有深刻的了解，因为当时我也是这个战役中的一个中心人物。那时候，我刚刚从苏联的初冬泥泞中，来到非洲的沙漠——恰好赶在英国人开始发动秋季攻击之前，我已将机动战的理论彻底验证，因为在欧洲战场上，我恰好是战车权威古德里安将军的作战处处长，从他那里学会了不少东西。以下的记载一部分是我个人在利比亚战役中的经验，另外一部分则是根据我手中现有的各项文件写成。

1941 年春季德意联军在非洲的胜利，以及昔兰尼加被迅速攻克，震惊了整个世界。我们固守着收复的领土，建立了塞卢姆—拜尔迪防线，击败了英军的反攻。可是在另一面，尽管我们用尽一切气力，还是攻不下托布鲁克，无法获得这个距离前线最近的港口。班加西远在 300 英里以外，而的黎波里则在 1000 英里以外。英国人也十分明了托布鲁克的重要性，所以坚守不肯放弃。现在，德意两国的主要兵力都被牵制在围城战中，无法脱身。而更严重的是今后的一切作战都要视托布鲁克的情况来决定。假使敌人同时从埃及和托布鲁克发动攻势，那么隆美尔的处境马上就会变得十

---

❶ 本章由拜尔莱因将军执笔。

分危险了。轴心国军队的兵力太少，纵深不够，使我们丧失自由活动的能力；我们的补给线经常受到敌人的威胁；我们的战斗单位经常有被束缚在狭隘空间中的危险——在海岸，塞卢姆和托布鲁克防线之间的地区——若是敌军的兵力居于优势，且有良好的指挥，则极易遭其围歼。

隆美尔认为，英国人年底一定会利用这个机会，所以他主张先发制人，在敌人尚未动手之前，先攻下托布鲁克。可是在任何向托布鲁克的进攻中，一定要算计到敌人有在他的后方发动攻势的可能性。因此，他必须把机动部队的主力，集中在卡普佐和盖比井（Bir el Gobi）之间。隆美尔认为，英国人一定要等到中东地区不再受到德军从高加索方面进攻的威胁之后，才会在非洲发动大规模的攻势，因为只有这样，他们才可以抽出主力部队开入埃及，完成他们的计划。当我们在苏联战场上的情况已经开始逆转之后，我们就预测，大约在11月间，英国人会动手。


9月间，包围托布鲁克的前线兵力开始增强，并且建立了适当的"跃出点"，以便展开攻势。为了进攻，地中海里的运输量已有长足的进步，运来了一些援兵、军火和补给物资。但还是和往常一样，达不到最高统帅部所允诺给我们的数量——这个数量，照他们自己看，也只能算是最低的标准。结果到了9月底，我们所需要的兵力只到了三分之一，而物资则只到了七分之一。在我们和英国人之间的抢时间竞赛上，这是一个极大的障碍，我们不得不把攻击的期限延缓到11月间，甚至到了那个时候，我们的人力和物力都还不够。

时间日益紧迫，11月初，隆美尔向最高统帅部提出报告说，以他现有的兵力已足够发动攻势，即令必要的补给不能够全部到达，也一定要在11月下半月当中开始行动，到那个时候其他的准备应该都完成了。但是意大利最高统帅部却并不了解这个局势，畏缩不前。他们回答隆美尔说，应该注意英军的空中优势，主张延至来年再发动攻势。隆美尔认为不能再拖了。当天便答复最高统帅说，以目前地中海运输情形而论，再拖延下去只会助长敌军的优势。所以他主张应该尽可能提早进攻。而后最高统帅部才勉强批准了他的作战计划。

这一次攻击的主力是由第九十轻装师、第十五装甲师和两个意军步兵师共同担负。隆美尔又把意军刚巴拉摩托化军（即第二十军，包括阿里埃特和特里埃斯特两个摩托化师）和德军第二十一装甲师，调到托布鲁克东南和以南的地区，位置在比尔哈基姆、格斯尔艾阿里德（Gasr el Arid）和高特艾哈里加（Got el Hariga）之间。他们构成一条机动性防线，以防止敌军向托布鲁克攻击军的后面或塞卢姆防线，发动牵制性的攻击。这个调动在11月16日完成。对托布鲁克的包围圈则由意军布里西亚和垂托两师负责看守着。

那时候，隆美尔的战车实力一共有德国战车260辆、意大利战车154辆。在德国战车中，15辆是Ⅰ型，40辆是Ⅱ型，150辆为Ⅲ型（但其中有一半还装着37毫米炮），55辆为Ⅳ型。

在11月17日到18日的夜里，英军的突击队发动了一次极大胆的突袭，希望一举把他们所认为的德军兵团司令部——在贝达里托里亚（Beda Littoria，距前线约200英里）——扫荡干净，作为攻势的前奏曲。当他们突袭的时候，这房子里住的都是德国的军需人员，一共死了两个军官和两个士兵。事实上，过去有一段时间，隆美尔的确曾经用过这所房子来当作他的司令部。他自己住在二楼，而他的副官就住在底下的一层。英国的情报人员很明显地探到了这个已经过时了的事实。

英国的突击队曾经回答过德军哨兵的盘问。虽然他们不知道口令，可是哨兵却没有放枪，因为他以为他们是迷了路的德国兵。从外表看来，英国人没有露出一点敌人的痕迹。突然，他们其中有一个人抽出手枪，打死了那个德国哨兵。他们很快地冲进了那间屋子，对着进门左边的一间房内放了一排枪，杀死了两个德国人，接着就准备上楼去。在楼上，他们遭到德军的还击。一位英国军官中弹身亡，同时又有一位德国军人负了致命的重伤。其余的英国突击队员便马上撤走了。

# 英军的进攻

10月间，我们的陆军情报当局发出通报说，不断有强大的敌军部队和很多的作战物资进入埃及境内，情况相当严重，英军八成将发动大规模攻势。在此之前的9月间，我们通过无线电窃听得知，已有南非和新西兰的部队从尼罗河三角洲开入马特鲁港——不久之后从对俘虏的审讯中也获得了证实。不过，我们的侦察部队完全没有发现敌人的行军和展开的行动。他们对准备的掩蔽可以说是很不错。他们又停止了无线电通信，使我们无法从窃听中获知他们已经进入集中地区的消息。我们虽然也曾做空中的侦察，但因为飞机太少，所以并没有发现他们的部队运动。也许他们只在夜间行军，白天则利用巧妙的伪装潜伏着不动。此外，也许是天命使然，11月18日那一天，因为下大雨，所有的机场都不能使用，空中侦察也完全停止了。总之一句话，英国人这次的攻击是完全获得了战术上的奇袭效果。

从截获的敌方文件中，我们得知英国第八军团的攻击计划。它的目的是想击毁德意联军，解托布鲁克之围，并且尽量扩张战果，以占领的黎波里塔尼亚为最终目标。第三十军部署在沙漠的侧翼上，带着英国装甲兵的主力，从埃及边界直逼托布鲁克。第十三军的装甲兵从海岸方面行动，首先牵制住塞卢姆防线上的德军守军，然后向北切断该地守军的退路，并且向西移动以支援第三十军。

这个攻势，被称为"十字军作战"，在11月18日展开，它的主力大迂回地绕过在塞卢姆附近的德意两军的阵地。攻击军的兵力大约相当于七个师，包括托布鲁克的守军在内，而对手的兵力则有德军三个师和意军七个师。不过这些数字却容易误导人。因为主要的战力还是装甲兵和空军。英军一共有五个装甲旅，而隆美尔的兵力则相当于三个旅——德军两个，意军一个。以战车数字而论，英军总数为724辆，另外还有200余辆预备车（每天可装配成40辆）。隆美尔的实力在开始的时候为414辆（其中154辆为意大利货）。另有50余辆在修理之中，但没有新的预备车辆。在

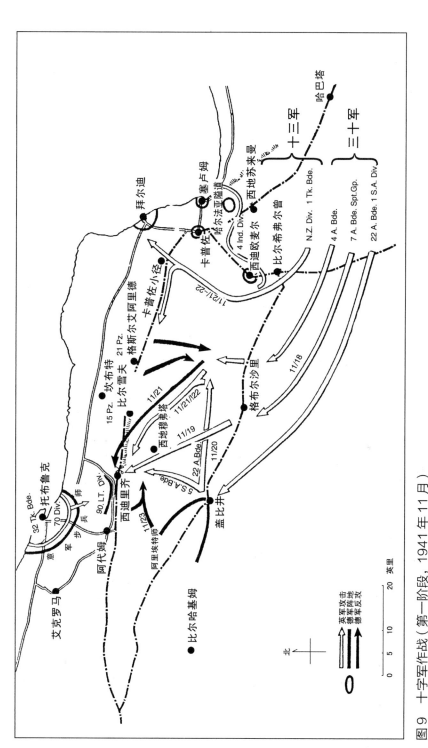

图 9　十字军作战（第一阶段，1941 年 11 月）

空军方面，英军更是大占优势，能用的飞机约为1000架，而德国只有120架，外加意大利飞机约200架。由于英军使用奇袭的战术，这种优势更是具有重大的意义。

11月上半月隆美尔正在罗马。他去罗马的目的是想争取上级接受他那个提早进攻托布鲁克的计划，并和太太一起度过他的50岁生日（11月15日）——他正好在英军发动攻势之前飞回了非洲。

一直等到11月18日的下午，作战早已展开之后，隆美尔的兵团司令部才确认敌人已在发动攻势。我们的前哨在敌人优势兵力压迫之下，已经退回盖比井—西迪欧麦尔之线。11月17日在西地苏来曼曾俘获一个英国兵，从他的供词中得知敌人的兵力和计划。因为太详细了，所以我们起初简直不敢相信他说的是真的。不过以后形势的发展证实了。

敌人的攻势逼得隆美尔不得不改变计划。他决定暂时不向托布鲁克进攻，并立即命令非洲军对经过格布尔沙里（Gabr Salch）向北行动的英军主力进攻。

关于隆美尔是否应该停止对托布鲁克的攻击，先去应付敌人的攻势，这个问题曾经引起了相当多的争论。假使我们的掩护兵力真能够挡住敌人的进攻，并先攻下了托布鲁克，那对于我们当然是十分有利的。不过，英军是否容许我们从容占领托布鲁克呢？这并不是一个勇气的问题，而是一场赌博，隆美尔是绝不肯这样冒险的。

英国的装甲部队分成三个纵队，直向托布鲁克地区挺进，11月19日与我们的掩护兵力发生冲突。左面一个纵队到达盖比井，在一场激战之后，逐退了意军阿里埃特师。右面一个纵队却为第二十一装甲师之一部分所击退，撤回格布尔沙里。此时，中央的一个纵队却已经进到了西迪里齐（Sidi Rezegh）飞机场，并在大斜坡上建立阵地，距离托布鲁克的边界只有10英里。

11月20日，非洲军继续在敌人的右翼方面施加压力，当天的战斗击毁了许多战车。我们两个师都获得了胜利，进入格布尔沙里—西迪欧麦尔地区，这是一个良好的基地，足以进攻敌人中央纵队的后方。因为我们兵力处于劣势，而且意军的战斗力又太有限，所以隆美尔的计划是把他的全部机动兵力集中在一起，用各个击破的手法逐一消灭敌人的部队，直到整个英军打击力量全部消灭时止。

英军却把他们的装甲旅分成独立的单位，个别投入战场。这样就使我们在每一次战斗中都能获得局部的优势。这种战法是非洲战场上一个最有趣的现象，由此也可以显示出隆美尔的确是高人一等。

最亲爱的露：

　　当我到达之后，敌人就开始进攻了。这个会战现在已经进展到最高潮。我希望这个难关可以顺利地通过。也就是说，希望这封信到达的时候，问题已经解决掉了。以我们的情况来看，这的确并不容易。

　　我很好，勿念。

1941 年 11 月 20 日

11 月 21 日的上午，非洲军开始向英军装甲纵队的后方进攻。历经苦战后，于黄昏时到达卡普佐小径以南比尔雪夫（Bir Sciaf-Sciaf）附近的大斜坡。于是开始采取机动防御的部署，以对付敌人的新攻势。

11 月 22 日，隆美尔命令在卡普佐小径以南采取"机动的作战"。昨夜，克鲁威尔将军曾经率领第十五装甲师向东行动，完全不曾为敌人所发现，在深入之后就转向敌人延长的侧翼进攻。第二十一装甲师攻击西迪里齐机场，驱逐敌人向南退却，于是该师也就钻到了攻击比尔雪夫的敌军后方和侧翼上。他们趁黑夜推进，攻入了英军第四装甲旅的旅部，俘获该旅旅长，并且使该旅发生极大的混乱。

那一天，托布鲁克的英军没有进攻。在更东面的地方，敌人以塞卢姆防线的后方为目标，发动了一个迂回的行动。我们的据点都守住了，但是卡普佐城却为新西兰军所攻占。

# "死亡星期天"❶ 的战车会战

11月23日的命令是要集中德意两军所拥有的一切机动兵力，以期歼灭敌人的进攻主力。那一天是隆美尔第一次不能用口头传达他的命令，于是非洲军收到了一个冗长的无线电报，花了很长时间才翻译完。克鲁威尔将军已经不能再等了，因为他早已知道了隆美尔的计划，于是就决定先主动采取行动。他在清晨5点30分的时候就离开了在格斯尔艾阿里德的军部，亲自率部队去参加这个决定性的会战。半小时之后，非洲军军部突然遭到了新西兰部队的奇袭——他们是从西地阿柴兹方面来的，完全未被我军发现——经过了一场英勇的格斗之后，全部人员都为敌人所俘虏，我和克鲁威尔将军能逃出去，其机会只能用千钧一发来形容。

在23日的上午，德意联军的部署大致如下：在比尔雪夫附近获胜之后，第十五装甲师已经重新整顿就绪。第二十一装甲师在西迪里齐地区展开，担负着防守的任务。意军阿里埃特和特里埃斯特两师则集中在盖比井的附近。

敌人的装甲兵力估计应部署在西地穆弗塔（Sidi Muftah）和比尔艾海德（Bir el Haiad）的广阔沙漠高原上面，分成了几个战斗集团。

克鲁威尔将军的计划是要从后方攻击敌人，但是他希望首先和阿里埃特师会合——它正从盖比井开动——以便把所有的装甲兵力都集中成为一个单位。大约7点30分的时候，第十五装甲师向西南行动，他们在西地穆弗塔周围发现了强大的敌军装甲部队，于是立即开始向它攻击。激烈的战车对抗展开了。在哈格费德艾海德（Hagfed el Haiad）的北面，又发现了更多的敌军，拥有大量的战车、大炮和汽车，所以克鲁威尔将军就决定采取更宽广的迂回行动。午后，经过持续不断的战斗，他终于到达哈格费德艾海德的东南面，深入敌人的后方。

---

❶ 即 Totensonntag，为德国人对第一次世界大战殉难军民的纪念节。——译者注

阿里埃特师的攻击矛头此时也到达了，带来 120 辆战车，现在克鲁威尔将军就集中德意两军的装甲兵力，从北面向敌军的背后进攻，其目标是要完全切断他们的退路，并迫使他们向第二十一装甲师在西迪里齐的阵地前方退却。

这个攻击在开始时很顺利，但是不久就碰到了敌人用野战炮和战防炮所织成的一道宽广屏障——南非部队用惊人的速度，在比尔艾海德和西地穆弗塔之间布置好了这道防线。各种类型的火炮对着来攻的战车，构成了一道火幕，使我们感到向前硬攻是毫无希望了。在弹雨之中，一辆又一辆战车被击毁。敌人的炮火又把我们的炮兵逐一压制了下来。可到了傍晚的时候，我们却居然能在敌军的防线上打开了好几个口子。于是战车又迅速向前进攻，敌人终于被迫逐渐后退，被我军两面夹攻，托布鲁克方面并无援军到达，所以敌军除了拼死突围以外，就只能全部当炮灰了。

在这个大混战之中，非洲军的"猛犸"载着克鲁威尔将军和他的幕僚人员，突然冲入了英国战车的重围之中。因为这辆车本是从英军方面俘虏来的，上面虽然有德军的"十字"符号，但是却不易被人看出。很巧合，那些英国的战车兵刚好把炮弹都打完了，对于这个奇怪的遭遇一时不知如何是好。有些英国兵下了他们的战车，走到"猛犸"的旁边，用手敲敲它的钢甲。克鲁威尔将军把车门打开向外一看，发现是一个英国兵，双方都呆住了。这个时候，在附近有炮弹爆炸。"猛犸"内的人都卧在车板上面，车子并没有被击伤。这时有一门德军 20 毫米的高射炮正向已经下车的英国战车兵开炮射击，吓得他们赶紧爬上自己的战车，向南逃走了，这才使非洲军军部的高级人员逃过了这场危险。

西迪里齐以南的宽广平原上面，现在到处都是烟尘和灰沙。能见度极为恶劣，有许多英军的战车和炮车逃向东面和南面，并没被我们俘获，但是大部分敌军却还是被困在那里。天已经黑了，战斗却没有停止。好几百辆各式的车辆，被烧得火光冲天，照耀在这个"死亡星期天"的战场上。一直到了半夜，我们对这一天的战况才能够获得一个全面的了解，开始计算收获和损失，并且重新部署兵力，准备应付明天的作战。这一战的最大收获就是解除了对于托布鲁克包围防线的直接威胁，击毁了敌人大部分的装甲兵力，打击了他们的士气，使他们整个的计划都付诸东流。

在这一次大败之后，英军第三十军的军长罗里将军（Gen. Norrie），决定把剩下的残部向南撤退到格布尔沙里地区。他的战车损失了三分之二，而其余的 150 辆也已经溃不成军。

最亲爱的露：

这一场会战的最高潮似乎已经过去。我一切都好，仍保持着幽默感和自信心。敌人的战车已被击毁了 200 辆，我们的防线安然无恙。

1941 年 11 月 23 日

# 向埃及进击

克鲁威尔将军这一仗实在打得不错；24 日的上午，他在公路上向隆美尔报告了一切经过。隆美尔原本不太清楚托布鲁克以南的作战详情。此时敌军大部已在西迪里齐被击破，只有少数侥幸逃脱了。这个事实使隆美尔的决心益加坚定，他早已决定深入敌人后方向西南面挺进。隆美尔这样解释他的计划："既然英军指向托布鲁克的兵力大部分已被击毁，那么我们就应该向东进攻，以击毁新西兰和印度部队为目的，使其无法和其他主力的残部会合在一起，再向托布鲁克发动联合攻势。同时我们应该攻下哈巴塔和马达里拉（Maddalena），以切断他们的补给线。我们应该趁敌人在新败之余、震惊的意识尚未消失之前，马上迅速前进，尽可能把我们全部的兵力攻到西迪欧麦尔。"

隆美尔想趁敌人在混乱和溃散之中，尽量扩张战果——他知道敌人此时一定站不住脚跟——他希望出其不意地冲入塞卢姆防线以南的地区，使敌人的混乱情形更加扩大，最后不得不逃回埃及境内。我们的全部机动兵力都被指派参加这一次作战。

把各种不同的零星部队编成一个微弱的防守兵力，由炮兵指挥官波特赫尔将军（Gen. Bottcher）指挥，部署在托布鲁克以南，以防止敌人再做任何解围的企图。意军的步兵留在盖比井，至于对托布鲁克的包围还是由原有的部队负责。这要算是隆美尔一生所做过的最冒险的决定，曾经受到若干德国官方人士的强烈批评——这些人对非洲战场的实际情形并不了解——但是敌人却对隆美尔恭维备至。

当然，这时他可以先把在托布鲁克以南被击溃的英军残部全部消灭掉，不过这需要相当长的时间。所以他决定出其不意地在塞卢姆方面先发动奇袭，并同时打击敌人最敏感的部位——他们的补给线。于是在11月24日的中午，德国非洲军和意军阿里埃特师就开始在沙漠做迅速果敢的行军，完全不顾英军对于他们侧翼的威胁。在猛冲之下，当天下午就到达了西迪欧麦尔。隆美尔在纵队的先头前进，领着第二十一装甲师直冲过印军第四师，进入西地苏来曼地区，以期从东面封锁住哈尔法亚防线。第十五装甲师奉命攻击西迪欧麦尔。另外组成了两个混合战斗群，一个攻击在马达里拉的敌军补给中心，另一个摧毁敌人在哈巴塔附近的营帐，那是沙漠铁路的终点。毫无疑问，这些行动会严重阻挠敌人的补给作业，但是却不可能使其整个崩溃。有些报道说"当时整个英国第八军团的命运已经危在旦夕，可隆美尔却未能一刀把它切断"。这种说法实在是毫无根据。

11月24日，隆美尔在格拉齐亚尼铁丝网防线以东的比尔希弗尔曾（Bir Sheferzen）附近下达命令，时间是在傍晚前。然后他开车赶往第二十一装甲师，以便亲自率领他们开往哈尔法亚隧道。在回西迪欧麦尔的途中，他的车子却抛锚了。在天将黑的时候，幸亏"猛犸"装载着克鲁威尔和他的军部僚属也从那里经过。隆美尔说："让我们搭个便车吧。"此时他和他的参谋长高斯已经冻得发抖了。于是"猛犸"装载着非洲兵团中的所有重要高级将领，向格拉齐亚尼防线驶去。不幸得很，此时在沙漠中已经找不到路，四顾茫然，毫无办法。最后，隆美尔感到不耐烦了。他把那个指挥驾驶的副官遣开，说道："我自己来吧。"可是这回连隆美尔决定方向的神秘能力也不管用了。更糟的是这个地区还在敌人控制之下。印军的传骑在"猛犸"的旁边走来走去，还有英国的战车和美制的卡车也在它的前面经过。他们却都没有想到德方所有高级将领都坐在这个车子里面，距离他们不过两三码远。10名军官和5名士兵在这个荒漠中度过了紧张的一夜。

在以后几天，隆美尔仍然开着车从这个单位赶到那个单位，常常越过英军的战线，亲自去挽救那些层出不穷的危机。有一次，他走进了一个新西兰的野战医院——当地仍然被英军控制。那个时候，谁也搞不清目前谁控制这儿，谁是谁的俘虏——只有隆美尔心里明白。他问他们需要些什么东西，并且答应提供一些医药补给，然后大摇大摆走了出来，继续驾车前进——英国人都不敢拦住他。

此时，第二十一装甲师违反了它原先接到的命令，误听了军部后方参谋人员错传的一个命令，经过哈尔法亚隘道直到卡普佐，与新西兰部队纠缠苦战，情势颇为危险。非洲军向西迪欧麦尔的攻击也失败了，不久我们便看得出来，虽然是在大败之后，敌军的兵力似乎还是远较我们想象的来得强大。他们很快恢复了战斗力，后来我们才知道，由于奥钦烈克将军的直接干涉，才使英军的局势转危为安。奥钦烈克当时是英国中东集团军总司令，在最后关头从开罗赶到了前线，否决了孔令汉将军（Gen. Cunningham）撤出迈尔迈里卡、退回埃及的决定。

就对敌方指挥官的心理效果而言，隆美尔的果敢突击几乎已经发生了决定性作用。23日在西迪里齐附近惨败之后，孔令汉想放弃这次攻势，撤回埃及边界，在隆美尔攻势不能达到的地方去重整兵力。可是刚刚赶到前线的奥钦烈克却反对他的主张。

第二天，隆美尔又命令非洲军做战略性的突袭。他们深入敌人的后方，使得英军发生了相当大的混乱和恐惧。这种情形更使孔令汉感到焦烦不堪。假使当时他具有决定进退的全权，隆美尔就可能已经大获全胜了。可是11月26日当奥钦烈克回到开罗的时候，他决定撤换孔令汉，另派他的副参谋长李特奇将军（Gen. Ritchie）继任。

由于奥钦烈克的坚决，才使英军转败为胜。不过他这个决定却比隆美

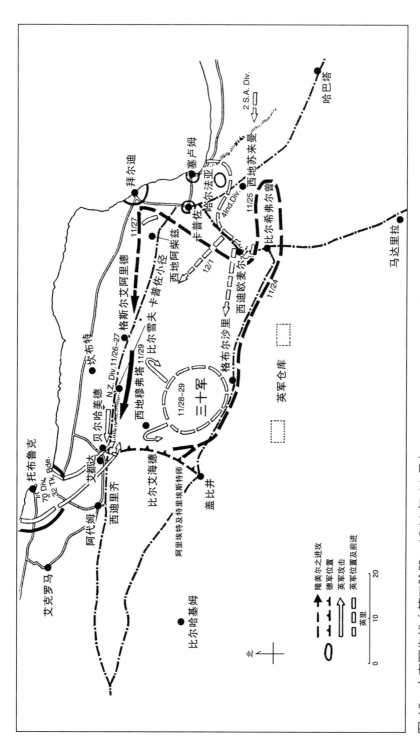

图10　十字军作战（第二阶段，1941年11月）

尔的行动更富有赌博的意味。为了使英军还能继续进攻，他简直把第八军团孤注一掷。幸亏德军第二十一装甲师走错了方向，而新西兰和印度部队又都能坚守不屈，才使他的冒险成功。

结果，隆美尔这一次突袭只是一场虚惊。当突袭开始的时候，他几乎有全胜的把握。可是到了结束的时候，情势却对他不利了。不过这一次成败之机，实在是间不容发，不仅心理方面如此，连物质方面也是如此。当他从东南面向埃及边境引兵深入的时候——其目的本是切断英军的补给——曾经从两个英军的主要仓库旁通过，这是英军进攻时的主要补给来源。这两个大堆栈，每一个占地都有6平方英里的面积，分别位于格布尔沙里的东南和西南，距离约为15英里。只有第二十二近卫旅负责防守它们。德军经过的地方距离它们实在太近了，但却始终没有发现这两个巨型的堆栈。其原因一方面是掩蔽的技术高明，另一方面是英军控制着制空权，使隆美尔无法做空中侦察。

假使隆美尔在西迪里齐大捷之后，即向南扫荡英军第三十军的残部，那么可能就会发现这两个大仓库，而胜利也就成为定局了。说来似乎很讽刺，正因为他追求更大的目标，结果反而错过了更大的目标。

# 回到托布鲁克

隆美尔曾经通知他的作战处处长魏斯特伐中校（Lt.-Col. Westphal），决定在11月24日的清晨向西迪欧麦尔进攻。魏斯特伐很想提出反对的意见，尤其想提醒他注意英军已在盖比井以南重新集中兵力。但是隆美尔却不准他开口，他拖着他的参谋长高斯将军，一同坐上汽车向西迪欧麦尔进发。

当他们走了没多久，随行的无线电通信车在沙漠中抛锚了。隆美尔把它丢在半路上，继续前进，因而他和他的司令部失去了联络。所以，当英军在奥钦烈克严命之下，再向德军实力空虚的西迪里齐地区进犯时，魏斯特伐无法向隆美尔报告。在托布鲁克以南的情况更趋严重，最后魏斯特伐决定自作主张，下令第二十一装甲师回救西迪里齐。

当隆美尔听到这个命令之后，最先以为那是敌人的诡计，但是不久就知道这并不是假的。隆美尔的一位副官弗斯中尉（Lt. Voss）对当天隆美尔回到司令部时的情形，曾经有过一段极生动的描写，现引述如下："隆美尔起先对于魏斯特伐擅自做主这件事情，感到十分恼火。当他回到司令部之后，不曾向任何人打招呼，就一声不响地走入指挥车去看情况地图。高斯站在他的后面，我们想暗示高斯设法为魏斯特伐解释缘由。但是隆美尔突然走出了指挥车，并说他要睡觉了。不过第二天上午，大家却都安心了，因为将军再也不提及这个偶发事件了。他的态度还是和平常一样友好，照常进行一切工作。"

虽然英军第七装甲师和南非部队已经遭受了重大的损失，可是新西兰部队、印度部队、近卫旅和托布鲁克的防守部队却完全无恙，还可以继续作战。在这种环境之下，隆美尔只好放弃他那个直捣敌人在马达里拉和哈巴塔的补给中心的计划。因为这种远程的突袭要花不少时间，而且不可能再给敌人以重击，只会徒然地消耗我们的实力。于是他集中一切机动兵力来对付新西兰部队。11 月 25 日，在托布鲁克方面又燃起了战火，我们的守军被夹在敌军钳形攻击之下——一股从东南面来，一股从要塞中出来。波特赫尔战斗群出动了一切兵力，居然击败了敌人的多次攻击。

在这种危急的情况之下，隆美尔立即停止塞卢姆前线上的一切作战，把他的兵力尽最快的速度撤回来，投入托布鲁克的战斗。


最亲爱的露：

自从 18 日以来，在托布鲁克周围和塞卢姆前线上的沙漠中，到处都是战火。你大概在公报上可以看到大致的经过情形。我相信我们已度过一个坏的阶段，而这个会战对整个战争将会有重要的决定性作用。

我一切都好。四天以来在沙漠中反攻敌人，连脸都不能洗。

今天是我们结婚 25 周年纪念日。我想我不必开口说我们婚后的生活是多么美满一类的话。年华消逝得真快，这么多年来，你对家庭付出的一切，使我无尽地感激。尤其是你母代父职，我们的孩子令我感到非常骄傲。他将来一定会很有前途。

1941 年 11 月 27 日

11 月 28 日，第二十一装甲师沿着海岸公路的两侧向坎布特前进，获得了查弗兰（Zafraan）以南的地区；第十五装甲师则沿着卡普佐小径前进，它的侧翼经常受到英军机动部队的威胁。一路战斗下来，黄昏的时候又回到了西迪里齐的旧战场。

隆美尔发了一个无线电，要非洲军军长到兵团司令部的前进指挥所一趟，据说指挥所位置在坎布特的附近。在黑暗之中搜寻了很久，最后在应该是指挥所的地方找到一辆英军的卡车，克鲁威尔的指挥车非常谨慎地接近它。卡车里面并没有英国兵，而是隆美尔和他的参谋长。他们两个都没有刮胡须，风尘满面，由于缺乏睡眠，一脸疲倦。卡车里的一堆稻草就是他们的床，另外有一桶不太干净的饮水和少量的食品罐头。隆美尔马上就开始下达明天的作战命令。

他的计划是包围新西兰师——它正要与托布鲁克守军携手——并且重新对托布鲁克合围。对于这一作战，他集中了一切可用的兵力，并且把攻击的主力放在西翼方面，以防止新西兰人撤入托布鲁克。

最亲爱的露：

　　战斗进展很好。也许今天就可以做决定，我有信心。匆匆不尽意。

1941 年 11 月 29 日

第二十一装甲师——师长拉芬斯坦将军（Gen. von Ravenstein）已为新西兰部队所俘虏——从东面合上了这个包围圈，同时又要对付南面来解围的攻击。黄昏时候，第十五装甲师向北移动，占领了重要的艾都达（El Duda）山脊。不过在夜里却弃守了。

最亲爱的露：

　　战斗还在进行，若是想胜利，就得用尽一切力量，希望还是很大，但经过 12 天的苦战，部队已经疲惫不堪了。我身体很好，精神也很好，可以应付一切的状况。英军把拉芬斯坦俘虏去了，这是今天的大事。

1941 年 11 月 30 日

　　英国的守军又再度被围困在托布鲁克地区之内。同时从无线电窃听中，我们知道敌人已经受到了严重的损失，希望暂时退出战斗。

　　虽然部队非常需要休息，可是隆美尔却不肯让他们喘一口气。塞卢姆防线正在经受着印度部队的猛攻，补给线经常有被切断之虞，而拜尔迪也受到严重的威胁。所以，他又从非洲军中派遣了两个混合战斗群，分别沿着卡普佐小径和海岸公路，以求打通我们的交通线。德意两军的主力集中在托布鲁克东南的地区中，在那里稍事整补。他们可以很快地调到塞卢姆防线上，或者调往南面以对付英军的主力。

　　敌军也在艾阿布德小径（Triegh el Abd）的两侧开始整补的工作，沿着西地穆弗塔—卡普佐之线，部署装甲车辆作为纵深的屏障。

　　因为补给方面敌人远比我们占优势，所以预料他们不久会再度进攻。不过会战暂时告一结束，兵团部向最高统帅部告捷："从 11 月 18 日到 12 月 1 日之间，激战不断。共击毁敌方装甲车辆 814 辆，击落飞机 127 架。关于军械、弹药和车辆等方面的战利品还无法估计。俘虏在 9000 人以上，包括三位将官。"

　　后来我们才知道英国第八军团在中途曾经调换主将。李特奇将军代替了孔令汉将军。

最亲爱的露：

　　昨天我们又消灭了托布鲁克前线上英军残余兵力的一两个师，使紧张的局面大为放松。不过我知道英军是绝不会放弃的。

虽然如此，我们此后的情况会比较好些，我相信我们一定会胜利。

1941 年 12 月 2 日

我们那两个混合战斗群对于拜尔迪—塞卢姆之线的攻击并没有成功。12 月 4 日，我们大致了解了敌人的部署。敌人在盖比井的周围已经组成了一支新兵力，很明显，其目的是想绕过我方的侧翼，深入后方发动攻击，以解托布鲁克之围。隆美尔决定马上进攻这支敌人，不让他们有准备的机会。

此刻，我们的兵力有点脆弱，不足以对托布鲁克形成一个完整的包围圈，于是隆美尔准备放弃包围圈东面的一部分。在 12 月 4 日和 5 日之间的夜里，非洲军经过艾都达和西迪里齐之间的走廊地带——现在只有两英里的宽度——向西开入它在阿代姆的集中地区。对盖比井的攻击，本是准备和意军摩托化军（从东北面进攻）一同行动，但是意军却既没有集中兵力，又不像是要进攻的样子，非洲军只好单独行动了。我们在 12 月 5 日的中午开始攻击，首先进攻英国近卫旅——它是最近开上战场的——然后再进攻已经整补好了的第七装甲师。在黄昏的时候，他们到达了盖比井西北 10 英里处。此时，英军却已经从托布鲁克反攻出来，占领了艾都达—贝尔哈美德（Belhammed）的一线山地。这个行动终于迫使我们放弃了托布鲁克防线的东段。

12 月 5 日的中午，意大利元首所派的一个最高统帅部参谋人员来到了我们的兵团部，告诉我们在 1 月初以前，不要指望有援兵到达。在这之前，我们的补给也只能以最低的必需品为限——粮食和弹药。这个消息使我们很失望。

奥钦烈克准备再加派两个步兵旅和两个战车团。此外，英军第一装甲师也刚从英国调来非洲，正在靠近埃及边界的地区中从事紧张的沙漠训练。这对德军以后的任何奇袭，都是一个"保险"的资本。

非洲军在 12 月 6 日开始进攻。这次又是单独行动。意军报告说他们的部队已经精疲力竭，不能再打了。敌人慢慢地向盖比井撤退，但是德军却无法消灭他们，甚至也无法对他们实行迂回和包围。相反，德军却两面都有受到优势敌军迂回攻击的危险。虽然如此，我们在 12 月 7 日还是继续进攻，但仍然毫无结果。我们的死伤很惨重。

克鲁威尔知道，若是想消灭英军，必须靠意军的合作，所以他一再地在无线电中问道："刚巴拉在哪里？"但是刚巴拉根本没上战场。这句话在当时的非洲军中，已经成了一个笑柄。

由于敌人在数量上占优势，以及我军自己的不利条件，现在隆美尔就决定整个放弃托布鲁克，且战且走地撤回加扎拉阵地。这是一个很痛苦的决定，因为德军一直是攻无不克，战无不胜，而且也已经使敌人受到重大的损失。不过假使对托布鲁克再继续恋战不去，那么结果只是徒然消耗我们已经很微弱的兵力，终至利比亚也会保不住了。

隆美尔的卫士根舍军士写的信：

亲爱的隆美尔夫人：

将军今天又是一清早就到他的指挥所里去了。我要恭祝您健康，并且向您报告：将军的身体非常强健，一切都很好。

这个新的战斗使将军感到十分忙碌，几乎一点空闲时间都没有。

两个星期之前，我们离开了固定的住所，此后又搬了好几次。现在我们在一个干涸的小河沟里面，敌人的飞机不容易找到我们。我们的车辆都有很好的伪装，在沙漠中不易被发现。我们还带着两只小鸡，毫无疑问，将军一定已经告诉过您了。它们在这里还能找得到一点青草。（有人送了几只鸡给隆美尔，在根舍的特别要求之下，把它们养着，当作"吉祥物"。）

比起过去几个星期来说，今天太平静了。我们已经不在敌人炮兵的射程之内，他们常常跟在我们的后面开炮。所以当我四周没有敌人的炮弹飞舞的时候，我说不出来有多开心。现在我要停笔了。谨祝您好，并代表将军问候您和公子。

军士根舍敬上
1941 年 12 月 6 日

最亲爱的露：

关于我们的行动，你大概在公报上都已经看到了。由于意军无用、德军也消耗得太多，所以我决定停止对托布鲁克的围攻。我希望能够逃出敌人的包围，并且守住昔兰尼加。我身体很好。今年我们大概又不能在一起过圣诞节了。它距离现在只有14天了。

1941 年 12 月 9 日

# 从昔兰尼加退却

在 12 月 7、8 两日间的夜里，我军还要扼守托布鲁克的西部防线，非洲军和意大利摩托化军却开始摆脱迎面的敌人。非摩托化的意军第二十一军和德军第九十轻装师，则早已到达在加扎拉的阵地。在撤退中我们主要的危险是在南翼方面，因为敌人可以轻易地实行迂回战术，所以非洲军奉命为整个兵团掩护这个侧翼。可敌人却并没有这种雄心勃勃的企图。塞卢姆防线此时距离主力已在 120 英里以外，虽还守住，不过事实上已无陆路可以补给他们了。

现在我们派遣了一支相当强大的兵力，以来保护最危险和最重要的艾季达比亚隘道。因为敌军很可能会从这里切断我们的生命线。

我们一步一步地撤退，终于在 12 月 12 日将全部兵力都撤到加扎拉防线。在撤退中，敌人殊少成就，他们没能切断我方任何重要的部队，也没能使我们受到重大的损失。

隆美尔的意大利上司并不同意隆美尔的决定，隆美尔的日记中有这样一段记载：

当 12 月 12 日我们在安艾加扎拉湾（Ain el Gazala bay）东南面的一个峡谷中建立起我们的司令部之后，巴斯蒂科总督阁下（Excellency Bastico）来访问我。他对目前这种战斗方式感到不放心，尤其着急艾季达比亚地区的防务，他想把一个意大利师尽早调到那里去。结果我们之间发生了激烈的辩论，我直截了当地告诉他，我不允许把我所指挥的意军再交给他去调度。否则我就带着德军单独退出昔兰尼加，而让意军去自己碰运气。我更进一步地说，我们绝对有把握杀出一条血路来，但意军若是没有我们的帮助，恐怕一个都逃不掉。总之，我一个师的意军也不愿交出。这样一来，巴斯蒂科阁下反而不吵了。

最亲爱的露：

不要为我感到烦恼。一切都有办法解决。我们还没有度过危险期。也许还要一两个星期。我希望能够守住这里。

祝你和曼弗雷德圣诞快乐。我希望不久以后可以和你在一起。

1941 年 12 月 12 日

12 月 13 日，强大的敌人步兵部队突破了意军第二十摩托化军的防线，敌人的侦察兵力到达了比尔吞拉德（Bir Temrad），在我们防线后 12 英里处。

最亲爱的露：

由于意军的失败，使整个情况都变得非常紧张。不过，我却还希望能守下去。除此以外，我个人很好，住在固定的房屋内。

1941 年 12 月 13 日

同时，敌人的第四装甲旅也从沙漠中的侧翼方面，向非洲军实行迂回。我军发动了一个逆袭，暂时阻止了敌军的正面突破，但是他们的兵力很强，足以做再度进攻。此外，还有一个显明的危险，敌人的装甲部队可能会推进到默基利沙漠中的十字路口，截断我们的补给和通向昔兰尼加的退路。隆美尔向最高统帅部提出报告说："经过四个星期不断的苦战，尽管官兵们的个人表现十分英勇，但是部队的战斗力却已经消磨殆尽，尤其是武器和弹药的供应也已经完全枯竭。虽然部队很想固守加扎拉地区，但是至迟在16日的夜里，必须经过默基利—德尔纳向后撤退了。否则就有为优势敌军迂回消灭的可能。"

　　意大利最高统帅部对这个计划感到非常恐慌。在16日那一天，意大利的卡瓦莱罗将军（Gen. Cavallero）来到司令部与隆美尔开了几次会议。隆美尔的日记上这样记载着：

　　　　当我在15点15分和卡瓦莱罗将军开会的时候，我告诉他由于事态的演变，我只有一条路好走，就是赶紧停止在加扎拉湾以南和泰米米附近的战斗，趁黑夜把部队撤到默基利和泰米米。敌人已经迂回了整个前线，我们唯一的退路就是通到泰米米的这一狭窄地带。意军现在已经毫无战斗力可言。卡瓦莱罗对我的话并未提出任何反对的意见。

　　　　可是到了23点，他又来到我的司令部里，同来的有凯塞林元帅、巴斯蒂科总督和刚巴拉将军。他用非常情绪化的口气要我立即收回撤退的命令。他说他看不出来有什么撤退的必要，且害怕昔兰尼加的失陷会动摇意大利元首的政治地位。凯塞林也强烈支持他，说他绝不能放弃在德尔纳的飞机场。我坚决不让步，更何况已经太迟了，因为命令早已发出，而且已在执行之中。其实我也很清楚，放弃昔兰尼加可能会引发政治危机。不过假使我现在不退却，那么这个兵团必然全部毁灭，整个昔兰尼加和的黎波里塔尼亚也都跟着丢定了。反之，我若是趁着今夜撤退，经过昔兰尼加退到艾季达比亚地区，那么我们至少还可以守住的黎波里塔尼亚。所以我只能选择后者。巴斯蒂科和刚巴拉那天在我房里的态度也非常粗野无理，所以我最后向巴斯蒂科质问：以你北非军总司令的身份，这个局势应该如何处理？他却顾左右而言他。最后，这个代表团离开了我的司令部，他们还是没有达到目的。

16日的夜间，非洲军和意大利摩托化军在克鲁威尔将军指挥之下，开始经过昔兰尼加山地的南角，向艾阿拜尔（El Abiar）撤退，而非摩托化的意大利部队则经由昔兰尼加海岸地带转进。

最亲爱的露：

我们已在撤退中。我希望我们能够退到我们已经选定的防线。圣诞节将要在混乱中度过。

我一切都好。我已经设法洗了一个澡、换了一套衣服。在过去几个星期当中，我多数的时间都是和衣而睡的。有些补给物资到达了——这是10月以来的第一次。我的指挥官们，除了死伤的以外，几乎全部害了病。

1941年12月20日

向A（指艾季达比亚——信中不得泄露军事情报）撤退！你无法想象这种景象。我希望把我的兵力全部撤出。军火和燃料都不足，也没有空军的支援。而敌军却与我们的情形相反。真够受了……

12月22日

今天的作战很顺利。我们似乎已逃出了敌人的包围，把主力撤出来了。若是到了圣诞节可以完成任务，那对我来说真是份厚礼。意大利最高统帅的态度迄未转好。

12月23日

昨天夜里我在旅行车里，打开你给我的圣诞礼物包裹，你和曼弗雷德的来信和这些礼物都使我非常快乐。圣诞节平安度过，但是意大利部队却给我们添了不少的麻烦。他们已经有崩溃解体的危险，所以到处都需要德军去援救他们。英军虽然到达了班加西，但他们一定很失望，因为他们既没有切断我们的部队，同时也没有抢到粮食和燃料。克鲁威尔已经升为二级上将。他的确应该受到这种奖赏。我每天都在前线上，重新组织整理我的部队。我希望现在可以站稳脚跟。

又，我不记得是否告诉过你，希拉普内意外身亡（被猛犸轧死）。

12月25日

12月25日，向艾季达比亚的撤退居然完成了。敌军虽然有很好的机会，但始终未能切断我军的退路。非摩托化的德意部队在这个市镇的两侧，进入临时修筑的阵地。至于非洲军和意大利摩托化军则集中在艾季达比亚附近，供机动防御之用。

在这个极方便行车的大沙漠中，为什么英国人没有追过我们，先到达艾季达比亚这个要点，以切断我们的退路，这真是一个费解的问题。隆美尔一直都在担心这个危险。（当时英军因为进展过快，补给跟不上来，所以才有此失误。奥钦烈克曾自己承认他的补给系统远不如隆美尔的有效。）

即令如此，艾季达比亚在作战上还是一个弱点，敌军仍然可以经过沙漠来威胁我们的侧翼。因为当时我们的部队已经很疲惫——尤其是意军的情形——而且补给又十分缺乏，所以长期逗留在艾季达比亚并非良策。因此我们在那里只是迟滞行动，等到适当的时机，再把主力撤到梅尔沙隘道。隆美尔把这个决定报告意大利的统帅部，他们经过很长时间的考虑，才勉强同意了。

我们在艾季达比亚的防御是以非洲军为主力。因为这个阵地本身并不足以抵住一个主要的攻击，所以唯一的防御方式就是运动和逆袭。此时，敌人已十分迫近我方的前线，我们预料敌军会双管齐下：一面做正面的攻击，另一面做侧面的"钩击"。12月27日，英军第二十二装甲旅经过整补之后，已经恢复了全部的战斗力量（实际上只有130辆战车，在长途沙漠行军中，有许多发生了故障。在以后的战斗中又毁了65辆。），经过艾哈赛特（El Hasaiat）前进，而其他的部队则实行正面的攻击。在三天的战车会战中，敌人终被迂回，被迫以反面作战，最终屈服投降。因为进攻不成，英军也就由东北撤退，艾季达比亚的紧急危机暂时算是过去了。隆美尔立即利用这个喘息的机会，在没有敌人压迫之下，分段撤到梅尔沙隘道防线。1月2日，意大利步兵最先撤退，机动部队最后离开。到1月12日，全军都到了梅尔沙隘道防线，准备作战。

当这些行动都顺利完成时，哈尔法亚—拜尔迪防线（即塞卢姆防线，距主力450英里）仍然在做英勇的抵抗，不过前途已经没有希望了。12月30日，敌人在强大炮兵和海空军支援下，对拜尔迪做决定性的攻击，在我方防线的宽广正面上，获得了一个深入的突破机会。我方最后的粮食和弹药仓库都陷入敌手。守军指挥官在得到兵团部批准之后，向敌人投降。1月2日交出了拜尔迪要塞。

在哈尔法亚地区，那些微弱的守军一直支撑到1月17日为止，他们不仅弹尽援绝，而且饮水的供应也被切断，遂不得不投降。指挥官是意大利的戴·乔吉斯将军（Gen. de Georgis），他率领德意联军苦撑了两个月之久，的确是一位卓越的将才。

由于这些守兵投降，隆美尔原本与英军大致相当的损失（约1.8万人），现在却增多了。在拜尔迪、塞卢姆和哈尔法亚地区，一共有4000名德军和1万名意军为英军俘虏。

英军在战斗中战车的损失颇大，隆美尔的撤退使得他们可以从战场上收回和修理好一大部分，所以最终损失只有278辆。至于隆美尔则损失了300辆左右（包括意大利战车在内）。


最亲爱的露：

昨天竟日激战，结果于我们有利。他们想要包围我们并逼迫我们退向海边的企图终于失败了。

我又回到了兵团司令部。凯塞林和刚巴拉今天又来了。高斯不日将要飞往罗马。那边的人完全不知道此时非洲战场上的艰苦，还是照样地作乐开心。

天在下雨，风声怒号，夜里变得十分苦寒。我尽量保养身体——有机会就睡觉。毫无疑问，你知道此时我不可能请假离开这里。

1941 年 12 月 30 日

今天是这一年的最后一天，我在今天比平常更想念你们两个人。对我而言，你们是这个地球上最能使我快乐的人。

我手下英勇的部队，往后将会有更"超人"的任务等待他们去完成。在过去三天的苦战中，我们击毁了敌人 111 辆战车和 23 辆装甲车。达到这种成就的困难真是不足为外人道。无论如何，这是 1941 年的一个最好的结束，对于 1942 年，它是一个好的开始。

我一切都好，一只小公鸡和一只母鸡已经习惯于这种吉卜赛式的生活，在卡车的周围乱跑。它们一半是属于高斯的。

祝你们母子两人在 1942 年顺心如意。

12 月 31 日

一切都照计划顺利进行。也许将来一切都可以好转。高斯昨天已经见到了元首，我很希望他在罗马可以和他太太在一起多住两个星期。他已经疲惫不堪了。我们的作战处处长魏斯特伐中校对此感到美慕和嫉妒。凯塞林昨天来这里，我们逐渐把比较多的物资运过海来了。马耳他岛的工作他做得很不错。❶

1942 年 1 月 5 日

一切行动都还能照计划进行。我们的地雷和空军使敌人在追击时颇感困难。我们已经退却 300 英里，到达一条良好的防线，

---

❶ 指空中封锁该岛。——编者注

并没有受到严重的损失，同时多数的部队都还是非摩托化的，由此即可以想见我们的艰难！有许多"失业"的将军对我有很多恶意的批评，这我一点都不感到奇怪。批评本来就不值一文钱！

非洲军今天退入第二线，这是自从 11 月 18 日以来的第一次。克鲁威尔害了很重的黄疸病，不知道他是否可以康复。不久就只剩下我是唯一没离开过这里的德国军官。夜里苦寒而潮湿。我的胃口很好，根舍对我的饮食照料得很好。我从早到晚都在跑来跑去，目的是要看看部队的一切是否正常。问候你和孩子。

1 月 10 日

不久就会有大战发生了，我有信心可以渡过这次难关。凯塞林今天又要来这里，所以我过了 9 点 30 分之后，才能到前线去。日本人的胜利相当惊人。英国人在几个星期之内，就要被逐出东亚了。他们想在北非战场上求得一次胜利，但一定会大大地失望。我们的部队已经恢复了原有的战斗力了。

1 月 14 日

情况已经发展得对我们有利了，我脑中充满了计划。可是我在这里却一句话都不敢乱说。他们以为我疯了。其实我只是比他们看得更远一点而已。你是知道我的。去年在法国，这些计划都无一不曾兑现。我想将来也一定如此。

1 月 17 日

这里中午的太阳已经很温暖了，好像是故乡的春天一样，士兵们在日光浴。这几天安静的日子有很多好处。高斯从罗马来了信。元首批准我的一切行动，并且称许有加。补给现在也较正常，你过几天看公报就会完全明白了。对于这个新的转机，我高兴得简直睡不着觉。你知道这是我的老脾气。还有许多事要讨论和进行。

1 月 19 日

现在是早上 6 点 30 分。照惯例，该写信给你了。我希望你也能和我一样，有愉快的精神。敌人今天可能会进攻，但我已做好准备。你一定明白我为什么这么高兴。部队的精神十分旺盛。

当这封信到达的时候，你在公报上应该早已看到这场会战是如何打的。我一直都在准备。克鲁威尔还没完全康复。我自己倒很好。

1 月 20 日

两小时之内，我们就要反攻了。在把正反两面的得失都详细考虑过之后，我决定冒险了。我有信心：上帝会保佑我们获得胜利。

1 月 21 日

# 反攻

1 月 5 日，有一支护航舰队安全到达的黎波里，运来了 55 辆战车、20 辆装甲车以及战防炮等各种物资。这和打了一次胜仗一样使人兴奋，于是隆美尔想到重新采取攻势。他那个收复昔兰尼加的计划早已拟好了。

1 月 20 日，隆美尔开始发动反攻。这一次非洲军在前线上一共有 111 辆战车可用，在后方还有 28 辆，而意大利摩托化军则共有 89 辆。计划是由非洲军担负迂回的任务，从防线南端沿法里格干河床前进；而意军和德军的一部分则负责正面的攻击。非洲军在迂回行动中一再出状况，结果使敌人逃出了重围。隆美尔 1 月 21 日的日记这样记载着：

关于装甲兵团准备从梅尔沙隘道向东出击的计划，我一直列入绝对保密中，对于德意两国的最高统帅部都没有事先报告过。根据我们的经验，意大利人的保密工作相当差，任何发往罗马的无线电，没多久英国人就知道了它的内容。我在的黎波里塔尼亚境内的补给工作不能不有所准备，这样才使巴斯蒂科阁下知道了。因为事先没有告诉他，他十分恼怒，立即向罗马方面提出报告。几天之后，当卡瓦莱罗将军来到司令部的时候，我一点都不感到奇怪。

1月22日，我军攻下了艾季达比亚，敌人无秩序地退走。于是非洲军推进到了安特拉特—萨温努（Antetat-Saunnu）之线，包围了英军第一装甲师的一部分。他们一共损失了117辆战车和装甲车、33门火炮、许多卡车，以及数以千计的俘虏。但是这个口袋却未能完全束紧，所以还是有大量的敌军向北逃脱了。在向孟沙斯的追击中，又击毁了敌人装甲战斗车辆98辆、大炮30门（据英方的资料，英军第一装甲师原有150辆战车，第一战被击毁7辆，退往孟沙斯的途中又损失了半数以上。此外还损失了30门大炮、30门战防炮及25门轻型高射炮）。在萨温努的英军补给中心存有大量的物资，也被非洲军夺获。

1月23日，卡瓦莱罗将军来到了军团司令部（"装甲兵团"在1月22日升格为"装甲军团"），与隆美尔讨论这次独立行动的问题。隆美尔在日记上这样记载着：

> 卡瓦莱罗将军带来了意大利元首关于未来作战的命令。一切都足以表示罗马方面对于这一次反攻非常不开心，他们希望我们奉到命令之后，马上停止一切行动。在谈论中，卡瓦莱罗说："把它当作一次单纯的出击；马上撤回来。"我不同意，并告诉他我已下定决心，只要在部队和补给限度之内，一定要一直追击下去。我们先要向南追，再消灭艾季达比亚以南的敌人，然后再向东和东北面攻击。假使情况不利，我军可以退回梅尔沙隘道防线。卡瓦莱罗力劝我不要前进。我告诉他任何人都不能改变我的决心，除了德国的元首。最后，凯塞林劝慰了他几句，但他仍气呼呼地走了。我特别把林提仑将军留下来，其目的是要他在明天至少对战场做一个实地的观察。他一直安居在罗马，我希望他能了解一点这个战场上的实际需要。
>
> 卡瓦莱罗为报复，把一部分意军羁留在梅尔沙隘道和艾季达比亚，他们因而脱离了我的指挥。尽管如此，德军还是收复了昔兰尼加。

最亲爱的露：

过去四天我们已大获全胜。我们这一拳打中了敌人的要害。我还想再打一拳，然后改取守势。外国报纸上对于我的意见又改观了。卡瓦莱罗来亲口说，奉意大利元首之命，叫我退回原地，可意大利元首所给我的书面命令，内容却完全不同，它至少使我们仍具有高度的自由。

1942 年 1 月 25 日

这里一切都好。我们正在整理战场，搜集大炮、装甲车、战车、粮食和弹药，以补充我们的需要。这需要花相当长的时间。天已变冷了，而且老是下雨。下雨对我们有利，它可以使英军的飞机无法起飞作战。

高斯定于 2 月 1 日回来。我们和意大利人还在闹意见。当他们不能和我们一同前进时，他们很不高兴。可这却是他们自己的过错。

1 月 27 日

因为班加西地区对隆美尔的后方交通线具有很大的威胁，所以隆美尔不敢冒险向默基利追击。但在 1 月 28 日，他又向班加西发动了一次奇袭。大量的车辆、武器和物资都同时落入我们手中，使我们的许多单位都获得了摩托化的装备。

在此次胜利之后，隆美尔决定再向东发动一次长距离的突击。

两个混合战斗群从正面攻入昔兰尼加，并且在 2 月 2 日重新收复这一大块领土——除了东面的迈尔迈里卡地区以外。这一次，非洲军和意大利摩托化军都停在孟沙斯和艾季达比亚的附近，没有参加作战，假使他们也向前进攻，那么我们可能就会把敌人大部分的兵力都毁灭掉了。

敌人的主力安全地退入加扎拉—比尔哈基姆—托布鲁克地区，开始修筑大规模的防御工事。轴心国部队转为守势，守住了默基利和比尔吞拉德之间的东部昔兰尼加。德意两国的摩托化部队部署在防线的后面，供机动防御之用。

这样就结束了冬季的战役。双方现在都准备在夏季中再进行一次决战。

最亲爱的露：

2 日以来，部队一直在运动中。我们已经收回了昔兰尼加，像闪电一样快。我希望在十天之内回一趟家，并且休息一段时间。不过这里还有许多事情要处理。

1942 年 2 月 4 日

前线又已平静无战事，现在从左翼到右翼延展到 300 英里以上。能够收复昔兰尼加使我感到开心。我希望到下星期这里的情况可以稳定下来，以便我请一个短假。

2 月 7 日

和罗马方面仍然在闹纠纷，他们不同意我的办法。若是我们退出昔兰尼加，那他们才开心！

2 月 10 日

意大利人收回一个军不给我指挥，因为他们不愿意看到我前进得太多。他们将来一定会后悔的。

2 月 23 日

## 冬季战役总评

英军的秋季攻势，其目的是想要毁灭在迈尔迈里卡的德意联军，征服利比亚，并且与自由法国 ❶ 的军队联合占领北非的海岸，以作为进攻南欧的基地。他们这个军事目标未免太高了。

当他们攻击兵力集中的时候，曾经有良好伪装的掩护，同时天气也极为有利。因此他们获得了完全奇袭的效果。不过，虽然他们的攻势在准备

---

❶ 指戴高乐在英国成立的流亡政府。——编者注

时是如此高明和巧妙，但他们在执行时却无法与之相比。他们应该首先集中在西迪里齐，然后再梯次地前进。若能同时向艾克罗马突击，切断我们的补给线，那就更有效了。

反之，塞卢姆防线只要用少量兵力加以监视即可，不必用两个师去攻击它。印军第四师在那里整整被牵制住达两个月之久。事实上，英军的攻击主力却只有两个师，兵力太少不足以发挥决定性作用。照道理说，重心方面的兵力从不嫌多，可是英国第八军团的每一次攻击主力都太弱，而且这种脆弱的兵力还常常分散使用。

运用这种战术的结果，常使英军的部队在会战中被德军各个击破，徒然损失了兵力。在整个战役中，英国的指挥官从来不把他的兵力集中在决定点上。这个基本的错误使他们永远得不到胜利。他们的指挥技术太刻板，下达的命令规定得太详细，结果使低级军官完全丧失了应有的指挥权，当战况发生突变时，他们完全缺乏适应能力。凡此种种都是英军失败的主因。

在欧洲战场上，缺乏机动性和过分遵守刻板的形式已经够坏了；而在沙漠中则更是糟透了。因为这里的一切都是流动的，没有障碍物，没有防线，没有可供掩护的水道和森林，一切都是公开的和无法计算的，指挥官在每一天，甚至每一个小时之内，都要准备随机应变，保持充分的行动自由。在思想和行动上，绝不可以有保守性的倾向，也不要靠着传统的方法和过去胜利的经验来企求成功。判断要敏捷，随时采取行动主动控制情况，使敌人感到措手不及、无法应付，千万不可以事先固定一切部署。这就是沙漠战术的基本原理。

评定一名沙漠军人的价值标准是他的体力、智慧、机动性、神经健全、勇敢和坚定。而一个指挥官除了需要以上的各种品性以外，还更要能够获得部下的敬爱，具有坚定的决心，善于判断地形和敌情，具有灵敏的反应和旺盛的精神。对于上述各种标准，隆美尔将军几乎都得到满分，这样的名将是古今少有的。

英国士兵在沙漠中打得很好，只比德军稍差一点。隆美尔本人对英军常常表示出敬佩之意，甚至他曾说过，若是能够领导这样的精兵去参加战斗，一定是件十分高兴的事。

在这次冬季作战中，证明了战车是唯一决定胜利的因素。主要因为在沙漠上完全没有障碍物，战车的使用几乎没有限制。

战争的胜负标准可以用击毁战车的数量来表示。不过不仅是战车数量的问题，而且更重要的却是它们的技术水准、运动能力以及火炮的射程和口径。因为在开阔的沙漠上，最重要的事情就是要使敌人处于我方有效火力的控制之下，在敌人能够出击以前予以击毁。所以唯一的办法就是要在较远的地方把敌人击毁。有一个时期，英军的马蒂尔达战车最令我们害怕，因为它的装甲特别厚，不易被击毁。不过它的速度太慢，火炮的口径和射程也都太小。在 1941 年年底之前，德国的Ⅲ型和Ⅳ型战车仍然比敌人的各种型号战车都更优秀——它的火炮射程和口径都较大，运动性能也较强。一直到 1942 年 5 月间，美国的战车出场之后，我们才丧失了这个优势。

炮兵的情形亦类似。射程越长越有决定性——这一方面英军占了上风。我们对他们的 25 磅炮感到很头痛。不过德军的 88 毫米两用炮（高射、战防两用）却具有较高的机动性，它的威力无双——俘虏告诉我，当 88 毫米炮与战车交手时，根本是一种“不公平的武器”。这种炮对德军的胜利贡献很大。在机动性的战斗中，双方的步兵都没有太重要的作用，只有在塞卢姆前线的阵地战中，他们曾经有过相当好的表现。

若是双方领导能力、训练、补给条件和空军实力都大致相等，那么在沙漠战争中的主要决胜因素就是战车的数量、机动性以及战车炮的射程。其次是野战炮的数量和射程。最后才是战防炮的数量、射程和口径。假使有一方面在这些兵器上居于劣势，那么就得靠部队的素质和指挥来弥补这些缺点，不过假使缺乏空军和补给，则无法加以弥补。

最亲爱的露：

昨天我去参加了克鲁威尔的生日宴会。一切都很顺利。过几天他就要休假了，也许还要去接受治疗。我希望他能够回来。现在的昔兰尼加已经是一片绿色，连沙漠上面也好像铺上了一层绿毯。在水平面高度此时已经很温暖，不过我们的驻地位于 2500 英尺的高度，所以风很大，相当冷。

1942 年 3 月 21 日

没有什么可以说的。补给很困难，尤其在陆上运送物资最令人头痛。新任陆军参谋总长蔡茨勒将军（Gen. Karf Zeitzler）昨天来看我们。刚巴拉已经调回意大利，他失宠了。新的人选感觉还不错。

3 月 26 日

今天应该是星期天。我从国内飞回非洲已经十天了。我现在忙得很。昨天我被太阳晒伤了，但没关系，我们有很好的油膏。

3 月 29 日

昨天我不能写信给你，因为我们在运动中。我很喜欢这个新地址，因为它距离前线较近，可以使我节省很多路途上的时间。这里风景现在变得非常可爱，野花四处盛开着。我照了一些彩色照片，不久就可以寄回家里。

当英国人离开这个新"住宅"的时候，他们在大门上写着："请保持清洁，我们就要回来了！"我们倒要看看他们这句话灵不灵。

3 月 31 日

凯塞林昨天来了。他带来的有关我们同盟国的消息都令人很不愉快。他们完全是官僚主义的做法，上层的人一点都不懂得近代战争的需要。整个补给制度完全不上轨道。

除了意大利部队略有问题之外，我们一切都 OK。以后三个星期我们还有的忙。

4 月 9 日

星期天，有另外一位贵宾来访问我们——那是 OKW 中的一位海军将军。国内若是常有这些大人物来看我们，当然是一件好事。有许多复活节的礼品也运到了这里。许多的妇女也都寄来大批热情的书信。最近曾有一个炮弹破片从窗口里飞进来，恰好打在我的肚子上面，它穿过了我的大衣和夹克，最后才给我的裤子挡住了。

肚子的皮肤上面显出了盘子大小的大块伤痕。我还真是狗运当头！

4 月 10 日

匆匆写完这封信，就要向南出发了，这一路的风景好像是在月球表面一样。在这个平坦的山地上，拂晓日出是一种天外的奇景，非常美丽。温度在零度左右，不久就会暖起来了。

昨天曾有两次有趣的会晤，一次和魏希赫德（Weichhold），一次和沙巴尔斯提将军（Gen. Sarbassetti）——他接掌刚巴拉的位置。他告诉我刚巴拉被调走的原因：他当着一些军官的面说他这辈子最大的愿望就是有一天能够领着一支意军和德军作战。这真是一个莫名其妙的蠢材！

4 月 25 日

凯塞林今天下午要来这里。我很希望能听到他的消息。明天，巴斯蒂科又要来把另一种意大利勋章颁赠给我。我觉得头痛到了极点。最好多派点部队来，那比较有意义。

4 月 27 日

无事可以报告。热，到处都是尘沙。主要公路上的交通状况都很差。

在我们前线上已经发生了某种神经紧张的现象。英国人以为我们会进攻，我们也以为他们会先动手。总有一天，双方又要比一个高下。不久你就可以从报纸上看到详情。我们都希望在这个年底就能结束这场战争。

5 月 12 日

第二部

非洲战争的
第二年

# 第九章

# 加扎拉和托布鲁克——作战的准备

反攻胜利结束之后，1942 年年初，我们重新攻克了昔兰尼加。此后物资补给变得非常困难。

造成这种困难的主要原因有二：

（一）德国最高统帅部始终不曾认清非洲战场的重要性，所以从不曾给予应有的注意。

（二）意大利人在海上的行动太令人失望。相反，1942 年年初的英国海军非常活跃，而英国空军也令我们相当苦恼。

德国的最高统帅部始终不曾认清非洲战场的重要性。他们不知道只要用相当少的兵力，即足以在近东地区大获全胜。从它们的战略和经济上的价值来说，要比征服苏联南部的顿河河湾划算得多。在我们面前的领土蕴藏了大量的原料。而征服中东足以解除我们的石油荒。假使我这个军团能够再增加几个师的兵力，并且保证补给充足，就可以击败在近东地区的整个英军部队。

但是实际的情形却完全相反。我们要求增援的请求被拒绝了，他们的理由是：东线战场交通工具的需求量太大了，德国的生产力供不应求，无余力为非洲战场增加更多的摩托化部队。

很明显，德国最高统帅部的看法仍和 1941 年时完全一样。他们认为非洲是一个"得不偿失"的地区，若是把大量的人力和物资投入这个战场，一定不划算。这真是一个短视的看法！他们一向认为补给的困难是无法克服的，其实并非如此。问题在于需要有一个坐镇在罗马的人，全权解决一切困难。我们政府对意大利的政策实在太纵容了，结果使德意联军的兵力在北非严重受损。

的确，东线战场对德国的物质资源而言，是一个极沉重的负担，尤其是在 1941 年到 1942 年的冬天，德军在东线战场上丧失了大批的装备。不过话虽如此，我却深信由于北非战场的前途无限光明，从欧洲比较不重要的地区抽出几个机械化师来供我们使用并非不可能。最基本的问题在于他们不了解这种形势，所以不肯动手做任何的调动。这实在是"不为"，而非"不能"。

这种心态造成的后果非常严重。我们只有 3 个师的德军——其战斗力也常不足额——却已经使英军在非洲忙碌了 18 个月之久，损失惨重。最后我们的力量用尽，才受阻于阿拉曼（El Alamein）。可是自从非洲丧失了之后，德国人必须用更多的兵力与美英军周旋——使得我们后来在法国和意大利的战场上要用到 70 个师左右的兵力。假使 1942 年的夏天，能够把 6 个德国机械化师给我，一定可以把英军打得全军覆没，至少可以使南面在相当长的时间之内免受威胁。假使当时有决心，补给就不会成问题。后来，在突尼斯我们的补给居然可以增加一倍——那时已经太迟了——即为明证。

在 1942 年 3 月之后，由于凯塞林的努力，他的空军在地中海居然获得了空中优势，大局有好转的趋势。当时，我们的空军曾重击马耳他岛，所以对海军暂时不会构成威胁。于是有相当数量的物资运入的黎波里、班加西和德尔纳，德意联军开始全速进行整补的工作。

虽然如此，英国的第八军团在增援方面仍然比我们快。英国政府全力加强补给：大批的船只纷纷开入埃及的港口，那都是由美英两国绕过好望角运来的物资。当然，这种长达 1.2 万英里的航程，使得英国的运输船一年只能航行一两次，途中还饱受我们潜艇的阻挠。尽管这样，英国的海军和商船仍使近东地区的英军补给状况比我们占优势。此外，近东有炼油厂，英军在燃料的供应上不会缺乏。

而更重要的，却是英国一些有远见的重要人物，知道用最有效的方法来组织补给。从这一方面看，对手要比我们占了下列几个优势：

（一）对大英帝国而言，北非是它的一个主战场。

（二）英国政府认为利比亚的战斗对整个战局具有决定性的作用。

（三）英国人在地中海拥有自己的海空军，而且都是第一流的强大部队，我们只有那个靠不住的意大利海军。

（四）从英国的第八军团到最基层的单位全是摩托化的。（实际上，英国的步兵单位并非真正的"完全"摩托化——他们不都有专用的车辆，通常都是集中一批车辆来载运他们，所以战略机动性还是有限制。）

所以我们知道，一旦英军当局感觉到他们的实力已经够充实，马上就会不择手段地来毁灭我们。我们的南面侧翼门户洞开，敌人几乎可以为所欲为。假使我们遭受敌人的迂回攻击而被迫退却的时候，那么马上就会面对非常大的困难，因为意大利部队大部分都是非摩托化的，很难尽快退走。因此我决定先下手为强。

英军对迈尔迈里卡的防御计划的基本着眼点，是迫使我们打一场阵地战，而不是在开阔的沙漠中做自由的运动。他们执行这种阵地战的技术，可以算是第一流的。

但是他们的基本假定完全错了。在北非的沙漠中，若是南翼方面没有掩护，而想坚守一条固定的防线，其结果一定是惨遭失败。若想防御成功，则必须具有攻击的精神。当然，有坚强工事的防线对阻止敌人做某种作战上的运动，具有很大的价值。但无论如何，绝不可因为防守这种防线，而影响到担负机动防御的兵力。

英军在迈尔迈里卡的部署大致如下：

从加扎拉附近的海岸上一直向南延展，是一条布有大量地雷的防线，由英军第五十师和南非第一师负责防守。这条防线的南端有一个纵深的布雷地带，一直延展到比尔哈基姆为止。这里就是英军加扎拉防线的南端核心，已经筑成了一个要塞，由自由法国第一旅负责防守。

整个防线在设计上非常精巧。在沙漠中建立这样一条工程浩大的防线，可以说是有史以来的第一回。仅仅在这个防区之内，就布下了50万颗地雷。

在加扎拉防线中点以东数英里的道路交叉点上，又是一个坚强的据点，名叫"武士桥"（Knightsbridge），由英军第二○一近卫旅防守。

在艾哈坦（El Hatain）和巴特鲁拉（Batruna）附近的地区，也曾加以坚固的设防，以掩护托布鲁克的南面通路。这个所谓阿代姆"盒子"的阵地由印度第五师据守。托布鲁克对整个加扎拉防线而言，是一个供给基地。自 1941 年以来，英国人即开始着手托布鲁克防线的增强和改进的工作，其中最主要的是广泛布雷。这里的防线是由已经加强了的南非第二师负责防守。

所有各据点都拥有强大的炮兵以及充足的补给，其构筑都符合现代战争的要求，在迈尔迈里卡地区中埋下了总数在 100 万颗以上的地雷。其后我们在英军的后方地区中，还掘出了 15 万颗地雷，这足以证明他们原本计划埋下更多的地雷。

除了我上文所说的全部摩托化部队以外，英军在主防线的后方有一支机动的预备队，包括强大的装甲和机械化部队（第一和第七装甲师，以及几个独立的装甲旅和营）。

虽然英军的基本计划只是一个"次级品"——尤其是在他们拥有这样完全摩托化兵力的前提下，可说是"弃其所长，用其所短"了，但他们的防御工事做得太好了，我们花了九牛二虎的气力才把它攻下来。


# 实力的平衡

在会战开始的时候，德意联合装甲军团一共有两个德国装甲师和一个意大利装甲师，以及一个德国摩托化师和一个意大利摩托化师。此外，在德意联军总司令部的指挥之下，还有四个非摩托化的意大利步兵师和一个德国步兵旅。在会战中，意大利最高统帅部又送来了一个装甲师——利托里奥师（Littorio）。所以我们一共有三个德国师、一个德国旅和七个意大利师，但意军当中只有三个师是摩托化的，可以用在机动战争方面。多数的德国部队和全部的意大利部队的兵力都不足额；例如第九十轻装师的每一个连只有 50 人。意军人力的缺乏尤为严重，事实上，他们的一个摩托化师只能算是一个旅，而一个步兵师只能算是一个团。

会战开始时，英军共有四个摩托化步兵师、两个装甲师和四个独立机械化旅。此外，到了 7 月中旬，他们又增加了四个师的生力军和一些独立的装甲单位。所有这些兵力都是摩托化的，而且完全足额。英国的装甲师在编制上与我们不同，几乎完全由装甲兵力所组成。所以开战后，敌我双方的实力对比大约是 9 : 6，我方居于不利的地位。我们参加会战时，一共有德国战车 320 辆、意大利战车 240 辆。而英军的实力则约为战车 900 辆。至于在作战过程中，敌方战车的增援数量，则与我方的更不成比例。

1942 年 5 月以前，我们的战车素质似乎要比英国战车更优秀，可是之后的情形就完全不同了。美制的格兰特型（Grant）战车在夏季会战中第一次出现，毫无疑问它和我们的长炮管 IV 型战车势均力敌。可是当我们进攻时，只剩下 4 辆长炮管的 IV 型战车。而且都没有适用的弹药，所以根本不能参加战斗。我们的短炮管 IV 型战车，在速度和运动性能方面比格兰特型更优良，但后者火炮射程较大，能够在远距离击毁 IV 型战车；而前者在同样射程之下，却无法击穿美军战车的厚甲。况且我们只有 40 辆短炮管的 IV 型战车，而对手却有 160 辆格兰特型战车。

我们的主要装甲兵器是 III 型战车，它的火炮口径为 50 毫米——大多数也都是短炮管的——当然更不是格兰特的对手。英国战车的火炮口径只有 40 毫米，所以比 III 型战车还不如。但我们的 240 辆意大利战车又不是英国战车的对手，部队中的士兵都说它是一种"自动推进棺材"。

炮兵方面我们也居于劣势，敌我之比约为 8 : 5。至于空军方面，双方的实力在会战开始的时候还大致平衡，以后就每况愈下了。

就整个情形而论，非洲装甲军团所面对的英军，其兵力对比相当悬殊。不过若是与以后 1942—1943 年英军冬季攻势的时候相比，则这种差别还是可以忍受的。实际上，我们可运用的兵力不过三师德军和三师意军，其余的兵力因为缺乏机动性只能留守后方。而且意军的两个摩托化师实力太差，非有德军的保护不可，否则无法发挥战斗力。

# 沙漠战争守则

在第二次世界大战的所有战场上，也许只有在北非，战争可以采取最"进步"的形态。双方都使用完全摩托化的部队，在一望无涯、毫无障碍的沙漠上，可以获得梦想不到的最大可能性。只有在这个战场上，摩托化和战车战争的原理才得以充分应用，甚至还可以做进一步的发展。只有在这个战场上，双方的主要部队曾经进行过纯粹的战车战。虽然偶尔也有静态的战斗，但是无论如何，运动战总是整个战争中主要的阶段——它完全以机动的原理为基础。

就军事方面来说，这是一个全新的事实。因为当我们在波兰和西欧作战时，敌人都是受累于他们的非摩托化步兵师，因而在战术的自由上受到了许多牵制——尤其是退却的时候。当我们在法国实行突破之后，敌人的步兵就完全被我们的摩托化兵力迂回消灭了。因此，他们毫无其他办法，只好让预备队在我们的攻击兵团压迫之下消耗殆尽，勉强争取时间好让他们的步兵可以撤退。

对于一个摩托化和装甲化的敌人，非摩托化的步兵师只有在占领预设的阵地时，才派得上用场。一旦这个阵地被透入或是被迂回，逼得他们非退却不可，那么就变成了摩托化部队任意屠杀的对象——因此他们只好死守阵地，战到只剩一人一弹为止。在全面的撤退中，步兵会引起很多的困难。在1941—1942年间的冬季，当我们撤出昔兰尼加时，许多的步兵单位就都成了我们的包袱。若非我方装甲部队特别英勇的表现，则这些步兵早已断送在大沙漠里。这就是以前格拉齐亚尼失败的原因：当时大部分的意军都是非摩托化的步兵，在摩托化的英军追击之下，马上就溃不成军。而意军的摩托化部队，为了保护他们的步兵，遂不得不与英军交战，结果也是同归于尽。

在这种纯粹摩托化的战争当中，可以归纳出一些原理，这和其他一般战场上所用的原理完全不同。这些原理在将来也可以当作一种规范，只要在使用全部摩托化部队时就可以应用。

在一个平坦而便于驾驶的沙漠地形中，包围住了一个完全摩托化的敌人后，接着就会想把他们围歼掉，但这是作战中不易达到的一个目标。因为任何一个完全摩托化的部队，假使他们的编制实力还算完整，而且又位于一个适当的地形上，那么要想突破这个临时的包围圈并不会很困难。由于他们机动性强，指挥官可以马上集中兵力，在包围圈上选定一个适宜的地点攻击突围。在沙漠中曾经有很多这样的战例。

所以，假使要想使被围的敌人毁灭的话，其可能的条件有下列三项：

（一）因为燃料缺乏，使摩托化部队丧失了机动性，或者是被围部队中包括着非机动化的单位，且又是必须加以顾虑的。

（二）指挥不当，或是指挥官已经决定牺牲某一部分的实力，以救出其他的部分。

（三）战斗力早已瓦解，有崩溃和解体的现象。

除了（一）（二）两项是其他战场上常有的现象以外，要想把被围的敌人消灭在包围圈内，其唯一的先决条件就是要先在交战中予以重大的打击，瓦解他们的组织力量。我想把一切以消耗敌人抵抗力量为目的的作战，都定名为"消耗战"（Battles of Attriton）。在摩托化战争中，对敌军物资的消耗和对敌军组织的破坏，才是一切作战的直接目标。

在战术方面，进行消耗战时，必须用最高度的机动性，下列几点特别值得注意：

（一）最主要的努力就是要在空间和时间方面，使己方的兵力能够集中，同时更要设法找到敌人的"空隙"，趁机分割敌人的兵力，以便把他们逐一消灭。

（二）补给线特别敏感，因为所有的燃料和弹药，以及一切战斗所必需的物资，都得经过它运到战场上去。所以，一方面应该尽可能地保护自己的补给线；另一方面更应该尽可能扰乱敌人的补给线，甚至切断它们。因为物资的补给是战斗的最基本先决条件，所以必须加以最优先的保护。

（三）装甲（战车）部队是一个摩托化军团的核心。其他的部队只是辅助性质，都跟着它转。所以对于敌人装甲兵力的消耗战，应该尽可能地使用战防单位来担负。自己的装甲兵力应该留作最后打击之用。

（四）侦察报告应该在最短的时间之内送到指挥官的手里。他应该马上做决定，并且尽快付诸实行，因为反应的速度足以决定会战的结果。摩托化部队的指挥官在作战时，应该尽量接近他们的部队，而且应该把通信工具带在身边。

（五）为了获得奇袭的效果，使敌人感到迅雷不及掩耳，我方的意图一定要尽量保密。为了使敌人的指挥官狐疑不决、犹豫不前，应该善用一切欺敌的手段。

（六）一旦敌人被击败，应该尽量追击以扩张战果，速度第一。并设法彻底摧毁敌人的战力，使敌人永远没有重整兵力的机会。

关于技术和组织方面，在沙漠战争中最应该注意的有下列三点：

（一）在战车方面，最基本的要求是它的运动性能、速度和长射程火炮——火炮的射程越长，我们的手臂也就越长，可以先打倒敌人，使敌人无法还击。装甲的厚度并不能代替缺乏的火力，因为装甲越厚，则运动性能和速度必然受到影响，而这两者却又是战术上必不可少的条件。

（二）炮兵要有长的射程，更重要的是必须具有极大的机动能力，并能携带大量的弹药。

（三）步兵的用途仅限于占领和据守阵地，其目的是为了阻止敌人从事某种行动，或是迫使敌人从事某种行动。一旦这个目标达到之后，步兵就应该迅速撤走，转用到其他的方面去。所以步兵也必须机动化，其装备应能使他们迅速赶到战术性要冲的地位，占领必要的防御阵地。

根据我的经验，果敢的决定常能获得最大的成功。不过一个人在战略上和战术上的果敢，与所谓"军事性赌博"之间的差别是：果敢的行动不一定有十足成功的把握，但即使失败之后，也一定会留下足够的兵力，来应付一切未来的情况。反过来说，赌博的结果不是完全的胜利，就是完全的毁灭。

当攻势开始发动时，在加扎拉防线中的意大利步兵师首先对英军第五十师和南非部队实行正面攻击。我派遣了一支强大的炮兵支援这次攻击。在防线的后面，战车和卡车夜以继日地绕圈子奔跑着，让敌人以为这个地区集中了大量的机动部队。

我们要设法欺骗敌人，使他们相信我们的主要攻击是在加扎拉防线的中部和北部，我们希望能够引诱他们把装甲兵力配置在这些地区的步兵阵地后面。当然我们并不敢希望德军的正面攻击即足以牵制住英军的全部装甲兵力，但是我们都认为我们准备绕过比尔哈基姆的右面冒险钩击，仍然大有成功的可能。因为英军的装甲兵力不一定都会集中在这一个地区中，但是至少会使他们集中一部分兵力在那里，这样可以分散他们的打击力量。

白天，我的摩托化兵力的一切行动都是指向意大利步兵攻击的地点。天黑之后，就迅速移到他们的集中地区。这一支打击兵力包括德国非洲军（第十五装甲师和第二十一装甲师）、意大利第二十摩托化军（特里埃斯特师和阿里埃特师）和第九十轻装师，另加三个侦察营。最先的运动是绕过比尔哈基姆实行迂回，出发时间定为 22 点。从比尔哈基姆起，非洲军和意大利第二十摩托化军，经过艾克罗马以达海岸。其目的是要切断和毁灭在加扎拉防线上的英军及在它后方的装甲兵。

第九十轻装师连同那三个侦察营，其任务是冲进阿代姆，以防止托布鲁克方面的英军守兵撤退，并向艾克罗马地区增援，此外并切断英军的补给线——因为他们在托布鲁克以东的地区中，曾经建立了很多的补给中心。第九十轻装师为了欺敌，特别造了几辆"扬尘车"——我们在卡车上面安装大风扇，吹得漫天沙尘，从英军方面看就好像是大批战车在对面集结的样子。我们希望这一方面的英军不来干预艾克罗马的会战，以便我们的装甲部队进行决定性的一击。

在迈尔迈里卡地区的英军全部毁灭之后，我们的意图就是迅速攻克托布鲁克。我的行动自由受着意大利元首的限制，最远只能到埃及的边境。

在这次攻势发动以前，曾经有利用德意两国的空降部队袭取马耳他岛的计划。可是因为一个莫名其妙的理由，德国的最高统帅部放弃了这个意图。我曾要求把这个任务交由我们执行，但被拒绝了。

攻占马耳他岛的作战计划代号为"赫拉克里斯"（Hercules）。1942年4月底，墨索里尼和希特勒决定于7月进行这场作战——隆美尔在北非的攻势也得暂停，使轴心国部队抽调兵力支援马耳他岛作战。但不久希特勒又变了卦：他怀疑意大利人的保密能力，怀疑他们的海军有没有实力和勇气去抵抗英国地中海舰队，怀疑意大利人能否及时给予德国伞兵支援，怀疑意大利人会丢下德国人一走了之。最后，5月21日，希特勒宣布："赫拉克里斯"作战的准备仅限于纸上作业，如果隆美尔攻占托布鲁克，此计划即永久搁置。

由于英军的兵力正在不断增加，我们遂决定在1942年5月26日开始进攻。

# 争取主动

在最初的三个星期内（1942年5月26日—6月15日），西部沙漠中展开了最激烈的消耗战。最初我们居于不利的地位，而后却逐渐占了上风，尽管英军作战很英勇，他们的部队还是为我军所击破。由于英军的兵力远占优势，所以我们这次的胜利震撼了全世界，我们的对手李特奇中将则成为世人激烈批评的对象。但是英军失败的原因果真是他们指挥官的错误吗？

在这次会战之后，我曾看到英国著名军事评论家李德·哈特的一篇文章，他认为英军在非洲战役中所犯的最大错误，就是英军将领始终摆脱不了步兵战争的思想。对此我也有同感。英军的指挥官并没有从1941年到1942年的失败中吸取新的教训。

当一个国家的军官团已经发展成型且具有悠久的传统之后，它的典型特征就是不肯再接受新的思想和发明。因为这个缘故，普鲁士的军队才会被拿破仑击败。在这次大战中这种情形更为明显：在德国也和在英国一样，有许多军人的头脑都已经僵化了，对现实缺乏适应能力。他们制定了一整套军事思想，连细枝末节都规定得非常仔细，认为这是一切军事智慧的最高权威。任何新的思想只有在符合他们的标准时，才会被接受。任何在这些标准以外的东西，都被他们当作一种"赌博"；即令是成功了，也认为这不过是偶然的幸运而已。由这种态度所产生的主观偏见，其后果真是糟不可言。

在军事伦理学方面，一个光荣的传统很重要，但是就军事指挥方面而论，这却是一个极大的包袱。现今指挥官的职责要时常注意利用新的技术，改革旧有的技术；并能针对此时此地的现实条件，随时调整他的战争思想。假使环境需要，也应该能使他的思想，从里到外彻底改变。

我认为我的对手李特奇将军，正和其他许多旧派将军一样，对于这种全面化的摩托化战争，以及沙漠战场上的特殊地形，都没有充分的了解。所以尽管他们的计划准备得很周详，结果还是不免铸成大错。


最亲爱的露：

当你接到这封信的时候，应该早已从公报上知道了这里的情形。今天我们将展开一次决定性的攻击。工作很艰巨，但我相信我的军队可以获胜。因为他们每个人都明了这次会战的意义。我对我自己的要求，总是和我对我的官兵的要求一样严格。我的心总是在你身旁，尤其是在这个具有决定性的关键时刻。

1942 年 5 月 26 日


5月26日14点钟，在炮兵准备射击之后，意大利步兵在克鲁威尔将军指挥之下，开始朝加扎拉的英军防线发动正面的攻击。为了使英军误信我方的主攻方向在这里，并且吸引他们的装甲兵力，我曾抽调了两个战车团（德意各一）加入这一方面的攻势。到了夜里，这两个战车团马上撤回，仍然归回原有建制。英军在加扎拉防线的前哨阵地几乎没做什么抵抗，即

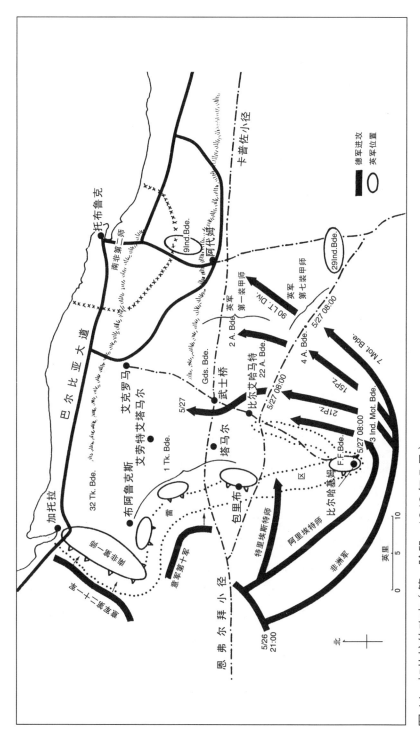

图 11　加扎拉的攻击（第一阶段，1942 年 5 月）

撤回他们的主阵地。

此时，我们的打击兵团（非洲军、第九十轻装师、意大利第二十军）已经集中在指定集中地区之内。他们中的一部分摆出向意军进攻地区增援的样子，等到被英军侦察机发现后再尽速赶回。20 点 30 分，在我的命令下，1 万辆各型车辆开始行动。我带着我的幕僚，也加入了非洲军的纵队，在月光下走向这个伟大的装甲战场。在老远的天边，偶尔有一两颗照明弹在空中发亮，那可能是德国的空军想探清比尔哈基姆的位置。我紧张地等待着天明的到来。敌人会怎样？他们采取了何种行动？这些问题一直在我的脑海中盘旋着，但只有天亮之后才能证实。

天亮后一两个小时之内，装甲军团中的各部队纷纷报告已经到达了他们的目的地。第九十轻装师报告说，早在上午 10 点钟的时候，他们就已经到达了阿代姆。这个地区被英军当作补给中心，所以有大量的物资都已落入他们手里。差不多中午的时候，英军才开始有反应，于是激烈的战斗就此展开。

此时，非洲军的战车部队在比尔艾哈马特（Bir el Harmat）东南面约 6 英里的地方，与英军第四装甲旅及印军第三摩托化旅展开了激烈的遭遇战。很不幸，我们的装甲单位又是在没有炮兵火力支援之下，即开始仓促应战——我曾经一再提醒他们，一定要等到炮兵开火之后，才可以接战。同时，新型的格兰特战车也在这里第一次出场，这对我们也是一个极不利的因素。最后，我们虽然受到了很大的损失，结果还是把英军逐退到艾阿布德小径为止。不过不久英军又开始反攻了。

在这个沙漠平原上，战斗一直延续到夜间，最后非洲军的主力已经冲到了艾克罗马以南和西南面大约 8 英里远的地方。不幸的是，多数的卡车纵队都已经和战车单位分开了，一部分步兵也没有跟上。在我随身的幕僚方面，彼此也都失去了联络。我的作战处处长魏斯特伐中校，带着一些通信车已经冲到了非洲军的所在地，而我自己带着其他的军团部幕僚前进，天黑的时候，还在比尔艾哈马特东北约两英里的地方。途中我们曾碰到了一个英军的炮兵连，他们可能是要从比尔哈基姆开往托布鲁克去。虽然我们一行人并没有太大的战斗能力，但还是向正在行动中的英军实行攻击，并且把他们包围住了。他们似乎是完全为我们的奇袭吓住了。

回顾第一天的战斗，很明显我们想要把加扎拉防线后的英军全部消灭的企图已经失败，向海岸的进攻也失败了，我们也没有能够把英军第五十师和南非第一师与第八军团之间的联系切断，主要原因是我们把英军装甲师的兵力估计得太低了。尤其是美式战车更使我们难以应付。现在我们全军面对着一个优势的敌人，局势已经岌岌可危了。

我不否认在那一天夜间，我非常烦恼。我们的战车损失惨重，这对会战而言真不是一个好的开始——在这一天之内，德军战车的损失已经超过了三分之一。克勒曼将军（Gen. Kleeman）指挥之下的第九十轻装师和非洲军，处于非常危险的地位。英军的摩托化部队就从这个缺口冲了过来，随时准备猎取那些与主力失去了联系的运输纵队。而这些纵队却正是我们生命的寄托。

尽管情况如此危险，而我们所要面临的困难又如此之多，但就长远方面看来，我觉得还是很有希望。因为李特奇已经把他的装甲兵力分散使用，结果使我们获得各个击破的机会。英国人这样分割他们的兵力，实在是令人难以理解。照我看，英国人的第一要务，就是应集中所有的装甲兵力，将它们同时使用在一个决定点上。他们的各个单位都是摩托化的，他们可以用最高的速度在战场上纵横来往，以应付任何地区中的危险。在沙漠中的机动战争，其实很像在海洋中的战斗——在海战中，若是把舰队的一半留在港口之内，而将其余的兵力分散使用，则未有不全军覆没的。

我第二天的计划是要集中兵力向北面进攻。因为第九十轻装师在阿代姆地区早已受到了敌人的重大压力，所以我决定把它抽调回来，让它从西面加入非洲军的战斗，来增加我们的打击力量。

5月28日拂晓的时候，我用望远镜向地平线远处观察，想要看看附近的情形如何。在我们的东北面，有一些英军正在向西北方运动。我们和装甲军团的其他分部，都还没有联络上。在拂晓后不久，英军的战车就向我的指挥所开炮，炮弹落在我们的周围，我指挥车上的玻璃都被打得粉碎。

我们的车辆侥幸逃出了敌炮火射程，于是我就赶往意军第二十摩托化军方面，命令他们跟着非洲军的后面向北推进。

第九十轻装师因为一再受到英军强大兵力的攻击，所以无法执行它所奉到的命令。大批的英国飞机向该师纷纷投弹，不久它的好几个单位就都被炸散了。为了应付更强烈的敌军攻击，该师只好在比尔艾哈马特以东6英里的某地，暂取保持坚守的态势。

在非洲军方面，情形也是同样的恶劣。敌人现在已经集中了一切可以调用的战车，在卡普佐小径以北继续不断地向该军猛攻。上午，魏斯特伐传来消息，他命令意军攻击加扎拉防线，以阻止这一方面的英军和南非部队也投入战斗。这个攻击大约在中午时发动，在艾劳特艾塔马尔（Eluet el Tamar）的附近获得了很好的进展。

我感到异常不安，很想和那两个装甲师取得接触。此时我们突然接到一个不好的消息，因为缺乏弹药，第十五装甲师当中已有一部分无法作战了。现在最重要的就是要使补给纵队赶紧跟上去。傍晚的时候，我们带着几辆车和战防炮，到达了比尔艾哈马特以北约10英里处的一个小山上，从那里我们可以看见非洲军的部队。那是一个标准的沙漠战场，像图画般动人。浓黑的烟云冉冉升入天空，景象十分壮观。我决定明天上午利用这条路线把补给纵队送往非洲军前线。

我们回指挥所的途中，曾经和一支英军纵队与一支意军纵队擦肩而过！意军也把我们当作敌人看待，对着我们乱打一阵，我们只好赶紧逃跑。那天深夜，我把补给纵队组织妥当，准备第二天清早由我自己率领他们去接济非洲军。此时我们已经派不出多少掩护兵力。这是一个危险的任务，随时有受到敌人截击的可能。

所幸在当晚，第九十轻装师摆脱了英军的束缚，转进到了比尔艾哈马特的附近。同时，意军阿里埃特师也赶上来了，恰好塞住了第九十轻装师和非洲军之间的空洞。这样就使补给纵队的进路安全得多了。5月29日拂晓的时候，我们就出发赶往非洲军方面，一切都很顺利。

当我们赶到战场上的时候，非洲军在东面和北面，正被英军装甲兵力夹攻。因为缺乏弹药和燃料，他们的行动大受限制。不过现在情况好转了。那天下午，我就把我的指挥所设在这里。

现在整个军团的各个部分都已经恢复联络了，这时我对当前的情况才有了比较清楚的了解。我们在艾阿布德小径的两侧集中兵力，并且已经建立了一条稳定的防线。但是我军已是损失惨重，而且补给线在比尔哈基姆以南事实上也已为英军摩托化单位所切断。意大利步兵对加扎拉防线的攻击，最多也只能到达英军的主阵地，再往前就被坚强的工事所阻，无法再进一步了。非洲军指挥官克鲁威尔将军座机为英军所击落，将军本人已经被宣告失踪。后来我才知道他已经被英国人俘虏。那一天我们损失的将领还不止他一个人，第十五装甲师师长范尔斯特将军（Gen. von Vaerst）也身负重伤，不得不退出战场。敌人已经集中他们的第二、第四和第二十二共三个装甲旅，外加第二〇一近卫旅，开始向我们的正面做向心式的反攻。

在这种情况下，我们若再照原定计划向北进攻，那未免太危险了。现在最主要的工作就是要为我们的打击力量找出一条安全的补给路线，所以我决定让第九十轻装师和非洲军的一部分，从东面向雷区进攻。为了掩护这个行动，其余的兵力都改取守势，并缩短防线。一旦透入加扎拉防线，我打算发动钳形攻势，把英军防线的南端据点比尔哈基姆攻占下来。

我决定这个计划时，有一个基本的假定：由于强大的德国摩托化兵力部署在海岸公路的南面，英国人就不敢把他们装甲部队的任何主力部分拿来攻击在加扎拉防线方面的意军，因为假使我的装甲师反攻，他们马上就会陷于腹背受敌的窘境。另外，我还希望：由于有意军的牵制，过分谨慎的英军指挥官不敢把南非第一师和英军第五十师调往其他地区。同时我又预料李特奇在没有其他部队支援之下，不会命令这个师向意军发动反攻，因为像这一类的作战，不符合英国人"非有百分之百把握不可"的要求。所以我预料英军的机械化旅还是会继续撞在我们组织完善的防线上面，而逐渐把他们的实力消耗完毕。这种防御的战术有极高度的弹性和机动性。

（隆美尔虽然是一个"活动力"极充沛的军人，但他也极会运用防御的战术，这就是他此次能获得最后胜利的主因。）

5月29日的黄昏，这个作战命令送达各部队。

5月30日天亮的时候，各师即开始向指定地点移动，进行防御的工作。在做这些调动的时候，我们发现在乌里布地区（Ualeb）驻有强大的英军，包括装甲部队在内。那是英军第五十师的第一五〇加强旅（英军第一战车旅曾经开往支援它，结果也是同归于尽）。此时，意军第十军的部队已经越过了英军的雷区，并在它的东面建立了一个桥头阵地，不过经过雷区的路线却还是在强大英军的炮兵火力的威胁之下，使我军感到很伤脑筋。可是到了正午的时候，意军第十军和打击兵力之间即已取得了接触，于是向西面打开了一条直接的补给路线。那一天，在乌里布的英军已经遭到了包围。

下午，我开车通过雷区前往意军第十军军部，与凯塞林元帅、意军第十军军长和元首的副官比罗少校（Maj. von Below）等会晤。我把计划讲解给他们听。因为英军的雷阵已经保证我军从东北面绝无受到攻击的危险，所以我决定首先肃清加扎拉防线的南端，然后再继续进攻。在这个作战的过程中，我们想要消灭在乌里布的英军第一五〇旅和在比尔哈基姆的自由法军第一旅。

当我们在运动的时候，敌人却感到犹豫不决，并没有立即采取相应的行动。德意联军的突然撤退对他们来说是一个意外，更何况英军指挥官的反应从来就不曾快过。上午，英军在我方正面的东北两面都集中了强大的兵力，东面有280辆战车，北面有150辆战车，所以我们认为英军随时都有发动攻击的可能。可是那天上午却平安度过了。

下午我亲自去侦察地形，以便研究攻击乌里布的可能性，并分配非洲军、第九十轻装师和意军阿里埃特师的兵力，准备明天上午开始攻击。

5月31日的上午，我军开始进攻。英军的抵抗极为顽强，我军寸土必争地向前推进。英军向来都是战到最后一颗子弹，这一次他们使用了一种新型的57毫米战防炮。虽然如此艰难，快到黄昏的时候，我军终于还是透入了英军阵地，到达相当深的深度。

最亲爱的露：

我很好。这次会战的最大难关已经渡过了，我们一直打得还不错。不过往后的几天，还是会很艰难的。不幸得很，克鲁威尔连同他的座机一起落入了英国人的手里，我希望尽快把他救出来。

1942 年 5 月 31 日

第二天，我军开始进攻。在斯图卡俯冲轰炸机的猛烈攻击之下，我们的步兵就开始一波接一波地向英军的野战工事猛扑。我带着魏斯特伐中校随步兵们一同前进。不幸得很，一颗英军迫击炮弹突然击中了他，最后因伤重不得不把他送回欧洲去。这对整个装甲军团而言，实在是一个极大的损失，因为他的学识和经验都极丰富，而且敢于做决定，是我最重要的助手。尽管如此，攻势还是继续向前发展。我们逐步攻入英军的阵地，到了下午，整个阵地就都属于我们了。英军的最后抵抗已经被扑灭。我们一共俘获了3000 名俘虏，击毁或俘获了 101 辆战车和装甲车，以及 124 门各型火炮。

6 月 1 日的黄昏，在乌里布陷落之前，英军的侦察单位向我们东面和东南面的掩护防线，开始发动攻击。接着就是一阵猛烈的炮火，主要的目标就是我的指挥所，我的参谋长高斯将军也负了伤。在同一天之内，我损失了两位最重要的帮手。我决定指派非洲军的参谋长拜尔莱因上校暂代军团参谋长的职务。

最亲爱的露：

会战的形势已经变得于我们有利了。大约击毁了 400 辆战车。我方损失不太严重。

乌里布攻下之后，就轮到比尔哈基姆了，我们准备在明天开始对它实行围攻。英法两军的突击队以这个要塞为基地，经常攻击我方的交通线，这个威胁应该解除。

1942 年 6 月 1 日

# 沙漠中的胜利

6月1—2两日之间的夜里，第九十轻装师和意军阿里埃特师开始向比尔哈基姆移动。他们没受什么损失就通过了雷区，封锁住了这个要塞在东面的出路。

在敌人拒绝了我们的招降之后，攻击于中午展开。意军从东北面，德军从东南面，同时向要塞地区进攻。战斗十分惨烈，一连打了十天十夜。在非洲战役中，像这样艰苦的决斗还是很少见的。法国守军的防御阵地布置得十分精巧，遍地都是小型防御工事——堑壕、碉堡、机关枪掩体和战防炮阵地等等——外面又都加上厚密的雷阵。对于炮兵和空军的炸射，这种防线具有特别好的抵抗能力，因为只有直接命中，才可以击毁一个小小的据点。所以当敌人据守着这样的阵地时，必然要浪费很多弹药才能使敌人遭到一点损失。

面对着法军的火网，要想在雷区中扫清一条进路，是一个极端困难的任务。我们的工兵——简直可以说他们是"超人"——牺牲惨烈。这次的胜利，有许多地方要归功于他们的努力。

在我们向比尔哈基姆进攻的前几天当中，英军的主力竟按兵不动，这实在令人不解。他们只是在6月2日，曾经向阿里埃特师采取过一次攻击，意军这一次顽强地予以了反击。在第二十一装甲师发动逆袭之后，英国人马上再度转为沉寂。从比尔哈基姆以南地区出发的英军突击部队，经常阻挠我们的补给运输，使我们感到相当不安。他们在沙漠的小径上埋置地雷，并且直接攻击我们的运输纵队。英国的"8月"（August）摩托化支队最热衷于这种工作，所以我们只好使用装甲车和自行火炮来担负护送的工作。


最亲爱的露：

战斗仍持续着，不过态势已经对我们有利，不再那么伤脑筋了。我相信我们一定可以达到目标。

1942年6月3日

我们可以感觉到一定有什么事变正在酝酿。很明显，英军不久就会发动一次攻击，其对象不是我们装甲兵力在北面所据守的防线，就是我们在南面围攻比尔哈基姆的部队。（当时英国方面，奥钦烈克担心隆美尔利用这段空当来恢复元气，因而主张利用装甲兵力对德军的补给线发动一次反攻。可是李特奇却畏缩不前。他主张要保留足够的装甲兵力来保护自己的后方，因此没有足够的兵力对隆美尔的后方发动攻击——事实上此时英军仍有400辆战车，而德军只剩130辆，外加意军没多大用处的100辆。李特奇只想对敌人的突出地区做直接攻击。这样只是徒然把他们的优势装甲兵力消耗光，最后不免惨败。）在6月4—5日之间的夜里，我们把第十五装甲师移到比尔艾哈马特以南的位置，从那里我们可以针对英军可能的攻击方向——无论是东北或东南——予以反击。到了6月5日上午，这一着棋的重要性就显露出来了。

那一天清晨6点以前，经过了一个钟头的猛烈炮击之后，英军第二和第二十二两个装甲旅，连同印军第十旅和第二○一近卫旅的兵力，开始向意军阿里埃特师进攻。为了牵制我军的兵力，他们又向第二十一装甲师的地区——它位于阿里埃特师的北面——施放烟幕，并猛烈炮击。不久以后，英军第四装甲旅和第四十二战车团也朝那儿进攻，以达到分裂我军的目的。


在这里隆美尔有几点错误。从东面发动的最初攻势是由印军第十步兵旅来担负的。当它攻占了艾斯拉山脊（Aslagh Ridge）之后，第二十二装甲旅才通过它，继续向前进攻，后面接着第九步兵旅，不久他们就遭遇到了困难。从北面所发动的向心攻击是由第三十二战车旅（包括第七和第四十二两个战车团）和第六十九步兵旅的一部分兵力所担负的。这个攻击也失败了。一直到最后的阶段，第二和第四两个装甲旅才开始参加战斗，其目的是想挽回这个残局。他们的攻势还是劳而无功，没能把孤立被围的印军第十步兵旅连同支援它的四团炮兵给救出来。

所以英军攻势的零碎程度甚至比隆美尔所想象的还要糟。关于这一次攻势的后果，奥钦烈克曾经说："这次不成功的反击可能就是整个会战的转折点。"

在英军的重压之下——他们在这个地区中的兵力要比我们强过数倍以上——阿里埃特师遂向军团炮兵线退却，接着在集中炮火的阻击之下，英军的攻势停顿了下来。此时，为了减轻意军的压力，第十五装甲师的第八战车团开始向比尔艾塔马尔（Bir el Tamar）进攻。

当本军团的北面侧翼稳住之后，就开始以这些位置为起点实行反攻。吴尔兹战斗群（Combat Group Wolz）本是军团总预备队，部署在比尔哈基姆东北面6英里的地方，现在就在我的指挥之下，向"武士桥"的英军后方深入攻击。第十五装甲师则从我们的左面进入战斗。它的任务是从南面包抄英国人。不久，我们战车上的火炮就可以从三个方向向敌人射击。到黄昏时，已有50多辆英军战车在战场上被击毁了。

第二天上午大约6点钟的时候，本来被英军牵制住的第二十一装甲师主力，已开始向东面进攻了。在这种激烈的战车会战之中，英军终于不支了。吴尔兹战斗群已经封锁住了西面的恩弗尔拜小径（Trigh Enver Bei），并向英军发动攻击。敌人趁黑夜撤回到比尔艾哈马特。

这一次，轴心国部队打得十分精彩。英军在三面压力之下，遭受到严重的损失。在6月5—6两日当中，有4000多名英军进入了我方的俘虏营——主要是第二〇一近卫旅和印军第十旅的部队。新到的印军第十旅已经完全被打垮了。

这一次的失败使敌人的攻击力量损失相当大。一切不出我所预料，英军指挥官既没有使用在加扎拉防线中的两个师来威胁第二十一装甲师，也没有动用南非第二师的任何单位。在这种具有决定性的时机中，他们本应该集中他们一切的兵力。可是英军反其道而行之，他们虽在总数上占优势，却不曾把优势的力量集中在决定点上，所以才被我军各个击破。

英军失败之后，我们预料他们不再有力量突破我们对比尔哈基姆的围攻，便希望可以安然地攻占这个据点。

在一度平静无事之后，6月6日的11点钟，第九十轻装师又向凯尼格

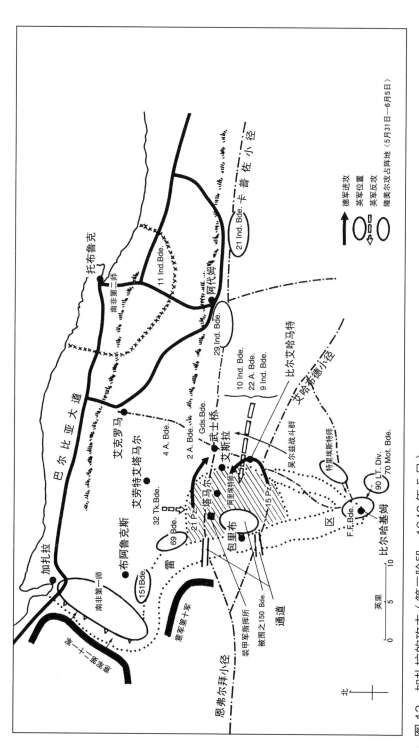

图 12　加扎拉的攻击（第二阶段，1942 年 5 月）

将军（Gen. Koenig）的部队继续进攻。攻击的矛头进到里多塔（Ridotta，沙漠中的一个小要塞）前面一英里的地方，然后又停顿不前了。不过对于比尔哈基姆的"套索"拉得更紧了。英军第七摩托化旅为了解围，曾经向第九十轻装师实行微弱的攻击，但被击退。

那一天夜里（6—7日之间），第九十轻装师在雷区中已经扫开了几条通路，在黑暗掩护之下，攻击部队推进到了可以冲锋的距离。吴尔兹战斗群奉命支援这个攻击。6月7日的上午，在炮兵和空军的猛烈炸射之后，步兵直接向法军阵地冲锋。尽管他们十分英勇，这次攻击还是被敌人的火力逼退。只在北面有少数地点被渗透。法国守军与外界的联系此时已完全切断了，而仍能如此苦战不屈，实在是可钦可佩。

最亲爱的露：

　　过去这两天特别热闹，也相当成功。你在国防部公报上应该已看过一切发展的详情了。这次作战可能还要拖两个星期，我真希望已经脱离了危险期。

　　在6月6日❶的激烈战车会战中，我心里一直在想念着你，并且希望我从非洲所发出的贺电，能够在那一天准时到达。

　　　　　　　　　　　　　　　　　　　　　　1942年6月8日

6月9日，我又从非洲军里抽出一个战斗群，支援对比尔哈基姆的攻击。从一清早起，我们的步兵就一批接一批地冲向敌人防线。大约中午的时候，第九十轻装师也从南面加入了战斗。法军死战到底，我军暴露在他们的强大火力之下，牺牲惨重。不过到了那天夜里8点钟的时候，他们攻到了距离里多塔只有220码的地方。

这个阶段，我们和凯塞林之间又发生好几次冲突。他认为我们进攻速

---

❶ 这一天是隆美尔夫人的生日。——编者注

度迟缓，对我们有过恶意的批评。最令他不开心的，是空军在比尔哈基姆的作战损失惨重（曾经有一天，英国空军击落约40架俯冲轰炸机）。他坚决主张集中我们所有的装甲兵力，以便向法军发动一次猛烈的攻击。这全是胡说八道，因为面对敌人的掩护火力，把战车开入雷区，那无异于自杀。假使我们这样做，李特奇在其他的战线上也绝不会袖手旁观的。所以若是如此轻举妄动，则结果必然会全军覆没。

第二天（6月10日），非洲军的一个战斗群，在巴德上校（Col. Baade）指挥之下，终于在比尔哈基姆的北面突破了敌军的主阵地。在这一次突破之后，比尔哈基姆是再不可能守下去了。

可是法国人并不肯束手就擒，尽管我们的戒备很森严，大部分的法军在凯尼格将军的英勇领导下，还是趁着黑夜向西突围而出，和英军第七摩托化旅会合在一起。后来我们才发现我军并没有彻底执行合围的命令，所以才有此失误。不过这也足以证明，无论情况多么悲伤绝望，一个意志坚定的指挥官，还是有办法死里求活的。

6月11日清晨，第九十轻装师开始进占比尔哈基姆。差不多有500名法军战俘落入我们手里，大多数都已身负重伤。那天上午，我亲自去视察这个要塞，不禁感慨万千。这是我在非洲沙漠中的头号苦战。

现在我们的兵力又自由了。尽管英军在乌里布、法军在比尔哈基姆都曾经有过极英勇的表现，可是假使李特奇认为这种零碎的战斗就能耗尽我军的实力，那他就大错而特错了。固然我们损失惨重，但还不足以与英军相比拟，因为在据点里，由于饮水和弹药缺乏，我们曾经逼迫许多英军屈服投降。专以心理的因素而论，坐视整个的单位被敌人吃掉，实在是一个极大的错误。固然有时为了其他方面的利益，不得不命令某一个部队从事"打到底"的抵抗，可是在做这种决定的时候，必须考虑再三。因为指挥官的信心攸关士气，而这种办法将严重打击此种信念。士兵对长官的命令，可能不会再那样死心踏地地服从，因为他们害怕在危急的关头，长官会把他们牺牲掉。

6月11日下午，我命令全军从比尔哈基姆向北进发。那天夜里，第十五装甲师和第九十轻装师，连同第三和第三十三侦察营，全在我指挥之下，到达在阿代姆南面和西南面 6—10 英里的地区。为了解救这个危险，李特奇把英军第二装甲旅从艾克罗马以南某一点，调到了比尔里伐（Bir Leia）附近。我军与英军装甲兵力发生了激烈的战斗，终于在 6 月 12 日的正午以前，攻占了阿代姆附近和卡普佐小径以南地区。阿代姆本身也为第九十轻装师所占领。英国人损失了相当数量的战车，并留下 400 名俘虏，而印军第二十九旅仍在阿代姆"盒子"中顽强抵抗。

12 日上午，第二十一装甲师的一个战斗群开始向东挺进。于是英军的装甲兵力被夹在两个德国装甲师中间，彻底丧失了行动自由，主动权完全操在了我们手里。这个地区本已经太狭窄了，可是李特奇却又从加扎拉防线中把第三十二战车旅抽出来用在这里。

上午，我带着我的警卫营到达阿代姆东南面的山脊上，观察第九十轻装师和印军之间的战斗。下午，我到达第十五装甲师的师部，和他们一起向西进攻。黄昏的时候，我们遭到我方俯冲轰炸机的轰炸。它们是被英国的战斗机追得落荒而逃，为了想加速逃走便抛弃了炸弹，结果丢到了自己部队的头上。

第二天（6 月 13 日）我还是和非洲军在一起，它的第十五装甲师正在向西面肃清那个大斜坡地带，而意军的阿里埃特师和特里埃斯特师，也正在逼迫敌人退入卡普佐小径以北的地区。黄昏的时候，第二十一装甲师也开始行动了，在一场猛烈的沙暴中向东挺进，有时能见度简直接近零。对于英军的战车，我们展开了一场大"屠杀"。现在他们所剩下的战车可能只有 120 辆左右，而且是一辆又一辆地被击毁在战场上。

往后这一两天之内，我想率领我的全部摩托化兵力，一口气冲到海岸。从加扎拉防线撤回的英军，现在正沿着海岸的公路向东移动。我们准备从西面去拦截他们，并加以击溃。凯塞林的飞机早已飞在他们纵队的头上，而巴尔比亚大道已经是一片火海。

很明显，在明后两天当中会有最激烈的战斗发生，因为英军似乎决心死守艾克罗马，以便给从加扎拉防线上退出的部队留出一条畅通的退路。

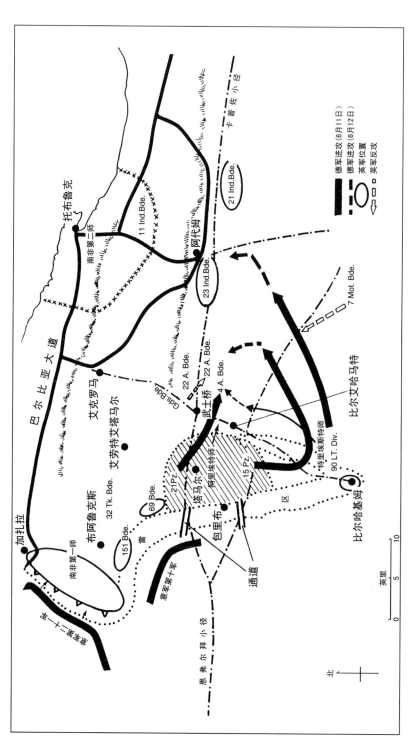

图 13 加比拉的攻击（第三阶段，1942 年 5 月）

为了坚守艾克罗马，李特奇似乎不惜拼上他最后一辆战车。

这个会战开始时，原本对我们很不利，现在情况已日渐好转。

13日的夜间，非洲军的两个师都已经在比尔哈基姆小径以西的地区中，一字摆开准备向北进攻了。意军的两个摩托化师负责保护他们的东翼。第九十轻装师则更向东移动，以封锁托布鲁克的进路。

14日上午，德军的装甲师开始奉命以最高速度向北前进，因为此时英军的车辆，也正成千上万地像流水般向东撤退。我和战车一起向前狂奔，一路催促各级指挥官加快速度。我又命令我们的170毫米大炮，对着巴尔比亚大道开炮轰击。我们的隆隆炮声又和爆破的声音互相呼应着。英军已经在炸毁他们在加扎拉防线上的弹药库。

到了17点的时候，英军的火力开始慢慢减弱。敌人的抵抗力已经崩溃了，投降的人逐渐增多。这些人脸上现出失望和疲惫的表情。

夜幕低垂的时候，德军的装甲师占领了艾克罗马以西的地区。通向巴尔比亚大道的门户现在已经洞开了。

英军第一装甲师已经溃不成军，在那天夜里撤离了战场。（它所剩余的战车移交给第七装甲师的第四装甲旅。第四装甲旅成了仅存的装甲旅，其实力约为战车60辆左右。）

当天夜里，英军第五十师的各单位居然突破了意军第十军的防线，改向南面逃走。虽然我们击毁了他们400辆车辆，并且捕获了好几百名俘虏，但仍有一个旅左右的英军逃脱了。突破之后，英军指挥官把他们的兵力分成若干小型纵队，他们经过我们的补给地区时还攻击我们。事实上，英军的主力若从这一方面突围，照样也可以成功。至少他们遭遇到的损失会比经过巴尔比亚大道要少得多。更重要的是，英军的装甲兵力，也不至于完全毁在那个艾克罗马陷阱里面。而英军的装甲兵力被毁之后，李特奇也就失去了他的最后机会。

在乌里布和比尔哈基姆相继失守之后，英军的指挥官就应该认清，再坚守加扎拉防线的北部，实在毫无用处。法军第一旅牺牲了，其主要目的是为了争取时间，可是英军指挥官却并没有利用这段时间，把加扎拉防线上的两个师抽调到艾克罗马与加扎拉之间，以供机动防御之用，真是令人费解。这一支拥有大炮300门和两三百辆轻型装甲车的兵力，若是能够在适当时机投入战斗则对英军真是利莫大焉。我方的意大利部队，不仅武器太差，而且也缺乏车辆，除非有德军摩托化部队的支援，否则绝无能力在开阔的沙漠地中作战。英军不必太重视他们。

6月15日的清早，第十五装甲师的部队开始越过巴尔比亚大道，向海岸挺进。不过他们却违背了我的命令，只留下7辆战车封锁这条巴尔比亚大道。因此，大批的英军轻易地击毁了这几辆战车，并冲乱了封锁线。不过不久之后，这个缺口又重新塞住了。此时从加扎拉防线赶来的意军和德军，也都分别加入了追击。

最亲爱的露：

会战已经胜利了，敌军完全溃败。我们正在扫荡他们的残部。你一定知道我有多高兴。这一次我们虽大获全胜，损失却也不小。高斯和魏斯特伐都受了伤。高斯在三四星期之内可以回来，魏斯特伐却还要一两个月。我的健康状况良好。也许在7月间，我们就可以见面了。

1942年6月15日

上午，我已把第二十一装甲师从艾克罗马地区抽出，命令它和第九十轻装师，连同侦察部队在一起，向东经过阿代姆向阿代姆"盒子"进攻——其主要据点为巴特鲁拉和艾哈坦。不久，我们的战车就与防守的印军发生了激战。那一天黄昏时，我军攻下了巴特鲁拉，俘获了800名战俘和大量的战略物资。由于英军以大量的火力反击，我方才暂时停止前进。第九十轻装师曾数度尝试，但是在那一天之内，始终无法攻下艾哈坦——这是阿代姆"盒子"的主要阵地。

此时，英军第八军团的残余兵力已向埃及边境集中。很明显，托布鲁克和艾哈坦的作用都只不过是为了牵制我军，以便他们有充分的时间部署埃及边境上的防务。

我认清了在托布鲁克防线上仍存在着重大的组织弱点，因为南非第二师的一部分已经参加了艾克罗马的作战。今天主要的工作就是乘胜追击，一鼓作气把托布鲁克攻下。此时英军的情况仍是非常混乱，且士气也遭受了很大的打击，所以速度又是一个主要的因素了。

# 第二次托布鲁克之战

托布鲁克是非洲北部最坚固的要塞之一。在 1941 年间，由于敌军防守得力，曾使我们感到非常难以突破。我们曾反复进攻，它的外围防线早已是一寸山河一寸血。对于托布鲁克，我们已经领教得够多了。

早在 1941 年，我们就已经拟好了攻击这个要塞地区的计划，结果因为孔令汉的攻势而中途告吹。这一次我们所用的还是那个老计划。按照这个计划，我们首先要在西南面实行佯攻，以掩饰我们的真正企图，并牵制住守军的兵力。至于奉命担任主攻的部队，则要用奇袭的姿态出现。为了达到这个目的，他们首先经过托布鲁克向东移动，以使敌人相信我们和 1941 年那次一样，准备对要塞实行围困的攻击。接着这支主攻部队突然回过头来，集中在要塞的东南正面上，趁着黑夜部署好。第二天拂晓的时候，先是炮兵和俯冲轰炸机的炸射，接着就一拥而上，用奇袭的方式把守军打垮。

我军的每一个士兵，都一致认为托布鲁克就是英国人抵抗的象征，所以我们这一次要一劳永逸地把它彻底攻垮。

现在最重要的工作就是赶紧完成攻击托布鲁克的部署。从我们学到的教训当中，最主要的一条就是在摩托化战争里，一定要运动迅速、反应敏捷，只有这样才可以产生决定性的作用。部队必须要用最高的速度维持着完整的合作，然后进入战场。高速度即足以决定战争的胜负。所以在训练部队的时候，军官和军士一定要有注重速度的观念。

照我的看法，一个指挥官的任务绝不只限于"指挥若定"而已。他不能专以纸上功夫为满足，必须经常到前线上去视察。其理由如下：

（一）正确执行指挥官的作战计划，是最重要的一件事情。千万不要假想所有的人都能恪尽职守，并且在战场上能够随机应变；其中多数的人都是受着"惰性"的支配。他们总可以找到一些理由，作为不能达成任务的借口。像这一类的人，要让他常常感到主帅的权威，这样才能使他化消极为积极。指挥官是会战的主要推动者，必须亲自控制一切行动，所有部队都必须常常意识到他的鞭策威力。

（二）指挥官一定要不断努力，使他的部队能够与最新的战术发展，永久保持着齐头并进的状态，并坚决地要他们把这些理论付诸实践。他必须经常注意部下在训练的时候是否合于最新的要求。对部队而言，最好的"福利"就是第一等的训练，因为它足以减少不必要的牺牲。

（三）指挥官对于最前线的一切必须要有一个直接的认识，同时要完全了解他的部属实际面临的各种问题。一个指挥官要想成功，最主要的就是他的思想绝不可以定型，绝不可以僵化，一定要适应他周围的环境。

（四）指挥官和他的"人"一定要经常接触。他要了解他们的思想和情绪。全军将士对他必须要有十足的信心。有一条最重要的原理，必须经常记在心里：指挥官绝不可以只从表面上关怀他的部下，以为这样能骗过别人。要晓得即令是一个普通的士兵，也都有一个非常灵敏的鼻子，能够嗅出什么是真的什么是假的。


印军还坚守着艾哈坦。6月16日，第九十轻装师虽然用尽了一切办法，还是无法渗透敌人的防线。正和英军在迈尔迈里卡地区中的防御工事一样，这个据点构筑得非常精巧，完全合于现代化的标准。也和比尔哈基姆的先例一样，守兵的一部分（包括印军第二十九旅在内）在夜间突围而出，向南逃走了。印度人只是把他们的力量随便集中在某一个地区中，然后一路打一路冲了出去。这又可以证明对一个完全摩托化的敌人，在它的指挥结构没有破坏之前，是很难把他们包围住的。

6月17日的黄昏，留在艾哈坦的印军残部向我军投降了。我们一共俘获了500多名战俘和相当数量的战争物资。

艾都达和贝尔哈美德等坚强的要塞，在前一天都已经被非洲军攻克。当艾哈坦陷落之后，我就又命令第九十轻装师继续扫荡这个地区剩下的英军据点。它们都一个个被包围攻下。

非洲军的全部连同阿里埃特师，开始向坎布特和它以南的地区前进。上文我早已说过，我们想要一方面分散托布鲁克英军的注意力；另一方面又想在我们的后方获得必要的行动自由，以便进行对托布鲁克的攻击。不过就目前而论，这种行动的目标是专门对付英国的空军，因为他们的基地很接近战场，对我们是一个极大的麻烦。我们想先干掉他们在坎布特附近的飞机场，使他们无法干涉我们对托布鲁克的进攻。

现在我的军团又再度向东运动了。那一天晚间（6月17日）大约19点30分的时候，我又命令第二十一装甲师改向北面前进，而我自己带着警卫营，从该师前头大约两英里的地方向前奔驰。在广大的英军雷区中又遭到一些困难之后，我们终于和先头部队一起在22点左右到了坎布特，但大部分部队仍留在雷区外。

6月18日拂晓时分，英国飞机又在第二十一装甲师的头上出现了——该师正在向北行动。快到清晨4点30分的时候，我军到达了公路和铁路。这条铁路是英国人在过去几个月建造的，从马特鲁港一直到达托布鲁克的外围周界。我们越过了它，顺便把它的轨道炸断了一部分。夜间，飞机场上的英军一直到最后关头才撤走。我们一共俘获了15架尚可使用的飞机及相当数量的燃油，这对我们有极大的帮助。

6月18日，我们完成托布鲁克和坎布特之间的扫荡工作，并对托布鲁克完成合围的准备。现在为了实行突击，也做好了补给工作的布置。在前进的途中，我们发现了一些兵器和弹药的堆栈，那都是在1941年孔令汉发动攻势的时候，我们所被迫放弃的。它们居然还一直留在原地，一点都没有移动，现在正好可以利用。

6月19日的下午，非洲军进入了新的位置，而第九十轻装师则向东突击，以占领英军在拜尔迪和托布鲁克之间的补给仓库为目的。这个师的行动具有特殊的重要性，因为它可以使英国人更摸不清我军的真正意图。除了派维亚师以外，又加上最近刚刚到达的利托里奥装甲师，一同从西面到南面，担负掩护攻城的工作。

我们又有这种预感，觉得今天黄昏的行动，敌人对它只有一部分且不太准确的观察，所以我们相信我们的攻击应该很有机会产生完全奇袭的效果。尽管我们都是忧患余生，曾经一路经过许多波折，但是到了今天，整个军团的将士都已感觉到胜利的气氛。

# 攻克托布鲁克

托布鲁克的守军实力大致还是和1941年的情形相似，包括下列各支部队：

（一）南非第二步兵师，兵力已经加强。

（二）印度第十一旅。

（三）近卫旅的第二营。

（四）第三十二战车旅，下辖几个步兵战车团。

（五）好几个团的炮兵实力。


这个数字并不太正确。南非第二步兵师只有两个步兵旅，而非编制中的三个旅。第二〇一近卫旅仅有两个营，第三营只剩一部分。第三十二战车旅一共只有两个步兵战车营。至于炮兵方面，除了第四高射炮旅以外，就再没有其他独立的部队。


除了托布鲁克的守军以外，李特奇另有五个步兵师，其中三个师已经损失很重，不过其余两个却是刚刚开到的生力军。在最近的战斗中，他的两个装甲师完全被打垮，现在正从尼罗河三角洲方面获得增援和补充。

关于托布鲁克的防御情形，在这里简单地说明一下：

托布鲁克的东西两面都是连车辙都没有的沙碛地形，只有向南这一面延展成一个平坦的沙质平原。当年意大利人在巴尔波（Balbo）的指挥下，曾经在这里修筑了最坚固的要塞，其着眼点是要足以对付一切最现代化的攻城武器。围绕着这个要塞的本身，有许多据点构成了一条广阔的带形，它们都深埋在地下，只有从空中才可以发现它们。每一个据点都有地下坑道系统，通到许多个机关枪掩体和战防炮阵地。它们一定要等到最危险的关头才掀开伪装，然后突然用猛烈的火力向攻击部队疯狂射击。我们的炮兵无法用直接的火力击毁它们，因为在外表上很难找到可供瞄准的目标。每一个独立的据点外面又围绕着一道战防壕和纵深的铁丝网。此外就整个要塞地区而论，只要是战车可以通行的地方，也都事先设有高深的战防壕。

在外围防线的后面——通常都有几道纵深——就是十分强大的炮兵兵力的集中地，以及一些城塞和野战工事。多数的防御工事在外面又都有雷阵的保护。

在西南方面的佯攻由意军第二十一军负责执行，另外有几辆战车支援。攻击的主力为非洲军和意军第二十军。在主攻地区（要塞的东南面）开始进攻之前，先集中德意两国在非洲的全部空军实施轰炸。一旦步兵攻入要塞线之后，非洲军就一直推进到通至港口的十字路口——向西通至巴尔比亚大道。紧跟在非洲军的后面，意军第二十军负责占领原英军的防御工事，并且通过拉斯艾马道尔到达南非师的后方。

最亲爱的露：

昨天夜里只睡了两个钟头。这是一个具有决定性的日子。希望我的运气不会转坏。我非常疲倦，不过身体却还好。

1942 年 6 月 20 日

6 月 19 日的夜间，我们的攻击兵力纷纷开入攻击发起集中区。清晨 5 点 20 分，好几百架飞机开始向要塞地区东南面的突破点轮番投弹。印度人据守的阵地涌起大量的沙尘，破碎的铁丝网和武器被炸得在半空中飞舞，一颗又一颗的炸弹在敌人阵地中开花爆炸。

等到飞机表演完毕之后，非洲军（第十五步兵旅）和意军第二十军的步兵马上就跟着开始发动突击。在雷区中的通路是在夜间就已经扫开了的。两个钟头之后，德军的冲锋部队突入了英军的防线。我的非洲军用猛烈的肉搏战，把敌人的据点一个又一个地攻了下来。

8点时工兵已经在战防壕上把桥架好了。这一天工兵的功劳特别值得称赞。在英军强烈炮火之下执行任务，其艰苦程度真是难以想象。道路已经打通，我们开始放出装甲兵。

大约中午的时候，德军到达了西地马穆德（Sidi Mahmud）十字路口。这是托布鲁克的锁钥，现在已经握在我们的手里。从这个十字路口再向前进攻。皮拉斯垂罗（Pilastrno）地区的炮台上和吉布尔（Jebel）斜坡上，都有强烈的火网向攻击部队迎头痛击，几艘英国的船只正在起锚，好像准备离港，很明显是想从海路把他们的人撤走。我马上命令炮兵向它们射击，一共击沉了6艘船。船上的人大部分都被救起。

攻势还是继续发展。皮拉斯垂罗炮台在黄昏时投降了，我们本打算用俯冲轰炸机攻击，现在临时通知停止执行。索拉罗（Solaro）炮台也被我们攻下，港口里有一艘炮艇也被击沉了。到了夜幕低垂的时候，这个要塞地区就已经有三分之二落入了我们的手里。城镇和港口在下午时已被非洲军占领了。

6月21日清晨5点钟，我驱车进入托布鲁克市区。到处都是碎瓦颓垣，凄凉满目，这大都是1941年我们围攻时的成绩。然后我又沿着巴尔比亚大道向西驶去。英军第三十二战车旅的旅部向我们投降，还带来30辆可用的英国战车。在巴尔比亚大道的两侧，到处还都有正在燃烧中的车辆，呈现出一片混乱和毁灭的景象。

大约在9点40分的时候，我在巴尔比亚大道上（在城镇西边约4英里的地方）遇见了克勒珀将军（Gen. Klopper）——他是南非第二步兵师师长，兼托布鲁克守军的司令官。他正式宣布整个托布鲁克要塞地区投降。我请这位将军和他的参谋长坐上他自己的车，随我沿巴尔比亚大道再回到托布鲁克。沿途都是战俘，大约有1万人。我命令这位南非将军负责照料这些战俘。

> 最亲爱的露：
>
> 　　托布鲁克！这是一场值得叫好称奇的战斗。在要塞地区中还有很多工作要做。不过我想先去睡几个钟头。我无法形容有多么想念你。
>
> 1942 年 6 月 21 日

当我们攻占托布鲁克的时候，没有受到一点外来的干扰，这就可以证明迈尔迈里卡的战事已经完全结束了。对我们整个非洲军团而言，6 月 21 日是非洲战争中的最高潮。我曾向非洲军团颁布了下列的每日命令：

> 非洲军团的各位将士们！
>
> 　　你们如此迅速地占领了托布鲁克，使得迈尔迈里卡的大会战，戴上了最后的王冠。我们一共俘获了 4.5 万名以上的战俘，毁灭和俘获了 1000 辆以上的装甲战斗车辆和 400 门火炮。在这个长达四个星期的艰苦奋斗中，由于你们的忠勇用命，才使得敌人不断受到打击。你们的攻击精神完全克服了他们原欲发动的攻势。更重要的，是他们把强大的装甲兵力都丢光了。对于这些"超人"的成就，我应该向我们的全体官兵，致上最高的谢意。
>
> 　　现在正是完全歼灭敌人的时候。在没有把英国第八军团的最后残余兵力扫荡完毕之前，我们还不能休息。在未来的时日中，我要求大家再次尽最大的努力，达到胜利的目标。
>
> 隆美尔

第二天，隆美尔从无线电里得知，希特勒为了奖赏他这次精彩的胜利，已经擢升他为元帅。当时他只有 49 岁。 ❶他那个时候太忙了，所以在以后几天，都还没有想到调换制服上的肩章——两根交叉着的权杖。一直等到他抵达阿拉曼之后，凯塞林元帅才提醒他这件事，并送给他一副自己的肩章。到了 9 月间去谒见希特勒的时候，隆美尔才真正地收到了他的元帅权杖。那个时候他写信给他的太太说："我宁可他再给我一师的兵力，而不想要这个空头衔。"

---

❶ 李德·哈特似乎弄错了。隆美尔生于 1891 年 11 月，此时已经 50 岁。——编者注

# 第十章

# 向埃及境内追击

为了赢得在托布鲁克的胜利，我们也已经把我们最后的力量都用尽了。不过，现在有了大批的战利品——包括弹药、燃料、食品以及其他一切军用物资，因而获得了一些紧急的补充，勉强进行下一步的攻击。

罗马方面曾经数度向我提出保证：在我们占领了托布鲁克和马特鲁港之后，他们一定把足够数量的物资供给我们使用。这个承诺加强了我的信心，我决定在托布鲁克会战之后，尽快向埃及境内追击，并针对英国人的弱点全力扩张战果。

我决定不惜一切代价，以阻止英军再建立一道新的防线，而使用他们从近东方面调来的生力军，来加以据守。英军第八军团现在的实力已经弱到了极点，它的核心只剩下了两个新到的步兵师，它的装甲部队刚刚从埃及内地仓促补充起来，恐怕不会有多大的打击力量。简言之，我们在这个阶段似乎是很占优势。我们的意图是用闪电式的追击，来拦住英军第八军团，逼着他们在没有和从中东调来的生力军会合之前，先和我们做一次会战。假使我们真正能够一口气歼灭第八军团的残部和那两个新来的步兵师——这并非不可能——那么英国人在埃及就再没有什么力量能阻止我们向亚历山大港和苏伊士运河进攻了。

这个计划成功的机会很大。以当时的情况而论，我们有能力应付未来的局势。

这里很值得注意的，也就是隆美尔对别人批评他太轻敌躁进曾屡次反驳，他对于这些批评很敏感，坚决否认这是一种赌博。根据他自己的记录，可以看出他一向都是谋定而后动，他的果敢行为都是有深远的计算来当作基础的。

许多人都批评我这次向埃及的进攻太冒险。当然，在我们向埃及境内深入的时候，我们的补给纵队一定面临着极严重的困难。不过前线的官兵既然能够浴血苦战，那么在罗马的后勤人员当然也应该更努力。例如此时若能组织临时的海运，将物资运到前进地区的港口，则一定会发挥极大的成效。意大利的最高当局在任何时候，都有能力采取这些办法。当我下令向埃及进发的时候，相信这种在埃及即将大获全胜的好消息，足以刺激意大利最高统帅部把精神振奋起来。

所以，在托布鲁克攻克之后，我就不顾一切向意大利的元首提出要求，要他允许装甲军团有充分的作战自由，让我们进入埃及。在获得批准之后，我命令所有部队立即准备前进。

当时，德军统帅部本拟再调两个装甲师到非洲去，但后来这两个师却送往苏联去了。

> 最亲爱的露：
>
> 　　部队正在运动中，希望不久就可以发动一次大攻势了。这几个星期的一切对我来说就好像是一场好梦。高斯已经回来了。他的样子看来还是很疲惫，不过他已经不耐烦在后方休养了。我一切都好，睡得像根木头那样沉。
>
> 　　　　　　　　　　　　　　　　　　　　1942 年 6 月 23 日

6 月 24 日，我陪伴着第九十轻装师的纵队一同前进，差不多每隔一个钟头就要催促他们提高速度一次。我们的进展还不错，到第二天我们已经到了马特鲁港以西 30 英里的地方。

我们的部队一再遭到英军轰炸机的猛烈攻击。我们的空军在这个时候正在进行改组，所以无法出动任何一架战斗机。非洲军只剩下50辆战车，却还是英国空军所最爱攻击的目标。我们的运输车辆中有极大部分都已经换成了英国人的车辆，所以英国飞机在相当距离之外，根本分不出敌我来。我们的警卫营因为外表太像英军，曾引诱不少的英军散兵游勇自投罗网——等他们走近，发现是德军，已经跑不掉了。

意军也有他们的困难。在6月25日那一天，阿里埃特和特里埃斯特两个师，一共只有14辆战车、30门大炮和2000名步兵。利托里奥师由于缺乏燃料，曾经有好几个小时不能运动，后来也一直赶不上来。这个时候最重要的就是补给人员要有随机应变的天才。英国的空军不分昼夜，向我们东进的纵队实行阻击。在埃及西部，李特奇还有200架多引擎飞机和360架单引擎飞机，现在正分批出动。

6月26日的上午，英国飞机继续攻击，消灭了我军的一个补给纵队，结果使非洲军在某一个时期之内，感到燃料十分匮乏。尽管如此困难，我们在那一天还是到达了马特鲁港西南面约10英里处。英军的第一和第七两个装甲师的残部仓皇由这个地区撤退，只留下了一些侦察单位断后。我们认为英军在这里不会有太大的抵抗，他们也许只会采取迟滞的行动，以便把马特鲁港和艾打巴（El Daba）周围地区的机场设备和补给物资安全撤出。

我们的意图是想要逼得英军就在这里和我们交战，以便把他们的步兵主力击溃。为了达到这个目的，我们计划对马特鲁港要塞实行包围战，把他们强大的守军圈禁起来，然后再攻城。为了使这个攻击有足够的回旋余地，我们首先向东猛冲，把英军的装甲部队逐退。


最亲爱的露：

在过去几天，我们进展得很顺利，希望今天就可以向敌人残部进攻了。这几天来，我都是和高斯在一起，搭帐篷住在车外面。吃得很好，可是洗澡却成了问题。在过去24小时之内，我把我的司令部设在海边，昨天和今天都曾经下水洗澡。可是海水实在太热了，一点凉爽的感觉都没有。卡瓦莱罗和林提仑今天都要来这里，他们想限制我的行动自由。这班家伙是永远不会改变的。

1942 年 6 月 26 日

6 月 26 日那天，可以很明显看出李特奇准备死守马特鲁港—比尔卡尔打（Bir Khalda）之线。（隆美尔的猜想没错，李特奇的确想这样做。不过25 日的夜间，奥钦烈克却开始亲自指挥，这样才救出英军第八军团，使它没有被隆美尔一网打尽。）不过，在非洲军把英军的侦察部队逐回他们的防线之后，第九十轻装师跟着前进，突破了这个防线的北段，夜里迅速冲到了沿海岸的公路上，于是两个方面都合围了。

现在马特鲁港已经是囊中之物了。这个要塞的防御兵力与托布鲁克相似，可是防务的部署却远不如它那样精巧。在外围部分布下了许多地雷——可能有 20 万颗左右。在要塞地区以内有新西兰师和印度第十师的主力，加上英军第五十师和印度第五师的一些单位。英军步兵大部分被锁在这个地区内。（这个判断并不正确。英军的兵力已经疏散，新西兰师部署在马特鲁港南面 20 英里处。）

这时，非洲军在内林将军(Gen. Nehring )的率领下,和意军第二十军( 他们英勇的军长巴打沙里将军在前一天已经阵亡 ) 在比尔卡尔打以北地区，与英军集中的装甲兵力一头碰上了。英军使用美制的中型战车一再地向我军攻击，其中大多数都是刚刚从埃及运到的。一直打到深夜才停止，到这时，战场上一共有 18 辆美式战车躺在那里不动了。由于缺乏燃料和弹药，使我们无法扩张这次的战果，真是可惜。

最亲爱的露：

我们仍在移动中，希望在最后目标尚未到手之前，永远不停止。当然这样太冒险，可是人生也难得有这样的机会。敌人现在拼命用空军来实行反击。

又：7 月间回意大利还是有可能。你赶紧去领护照！

1942 年 6 月 27 日

英军的摩托化部队又吃了一次大败仗，他们对在马特鲁港被围的部队，再也没有救援能力了。在这种环境下，英国指挥当局根据托布鲁克的教训，似乎不应该让我们再有机会把他们在埃及西部所剩余的兵力一网打尽。假使真是这样，我们到达亚历山大港的道路就可以说是完全畅通了。所以我们料想那些具有完全摩托化装备的英国步兵，应该会及早突围而出。

6月27日，我们的包围圈还没有完全建立起来，所以英军很容易经过开阔的沙漠，向东撤退。为了阻止更多的敌军突围逸去，我命令意军布里西亚和派维亚两个师的部队，利用补给车辆以最快的速度赶到马特鲁港的南面。不过，由于他们的装备和运输工具太差，所以行动相当慢。其他的意军部队则早已占领了要塞西面和西南面的地区。各单位都奉命在夜间严加戒备。

新西兰师在弗利堡将军（Gen. Freyberg）指挥下——他是我的一个老对手——曾经趁着黑夜集中兵力，向南面实行突破。于是马上发生了一场混战，因为我的司令部也在该要塞的南面，所以也被卷入旋涡。基尔上尉（Capt. Kiehl）的警卫营和利托里奥师的一些单位，都纷纷投入了战斗，敌我双方的射击异常激烈，不久，我的司令部周围都是燃烧着的车辆，火光烛天，更成了吸引敌火的一个好目标。我只得命令司令部人员向东南面撤退。那一天夜间的情况混乱到了极点。天空一片漆黑，伸手不见五指。英国的空军把炸弹丢在他们自己部队的头上，曳光弹到处乱飞，德军各单位也在自己打自己。

过了午夜12点钟后，有好几百辆新西兰的车辆从我方东南面的大缺口中突围逃走了。在沙漠战争中，要想临时组成一个很大的包围圈阻止敌人逃走，实在非常困难。只要敌人有决心，利用摩托化的工具，不难突然集中兵力于一点拼命杀出重围。

第二天（6月28日）清晨5点钟，我赶回那个突破的地区，也就是那一夜混战的场所。我们发现一些卡车上面堆满了新西兰士兵的尸体，那是被英军轰炸机炸死的。虽然英军的主力现在已经向富凯（Fuka）移动，但是马特鲁港的防守兵力，仍然有印度第十师、新西兰和英军第五十师的一些残余单位。另外还有炮兵和新到的战车团（属于英军第四装甲旅）可供增援之用。英军各部分——现在已经散开，而且组织也比较差——仍然不断地做突围的打算。

在道路尚未完全封锁之前，马特鲁港的守军本有逃出的机会，但他们的运输工具已经为新西兰师所占用了，目的是使它具有充分的机动性，以担负侧翼的掩护兵力。虽然如此，他们的大部分在隔天晚上还是溜走了，不过所有的弹药和装备却完全丢弃了。其中有一部分之所以不能逃脱，就是隆美尔所指明的：没有摩托化的运输工具的缘故。

大约17点钟的时候，第九十轻装师、第五八〇侦察团、基尔警卫营，以及已经到达的意军第二十军和第二十一军的一部分，都开始攻击了。尽管英军的抵抗非常顽强，但是攻击却还是进展顺利。

最亲爱的露：
　　现在马特鲁港的战斗已经胜利结束了，我们的先头部队距离亚历山大港只有125英里的路程。在我们到达目标之前，还会有一场恶战，但是我想最困苦的时候已经过去了。我一切都好。
　　英国人的铁路和公路系统都是第一流的！

1942年6月29日

最后在6月29日的清早，第九十轻装师从东面，基尔警卫营和第五〇八侦察团从南面，分别攻入了要塞地区。战火逐渐熄灭了。战利品十分丰富，俘获的各种军用品足可以装备一个师。我们一共击毁了40辆敌军战车，有6000人左右的英国官兵走进了我们的战俘营。美中不足的是，弗利堡所率领着的新西兰师还是逃掉了。这个师在过去的战役中让我们印象深刻，毫无疑问，它要算是英国陆军中一等一的部队，所以若能把他们也都送进战俘营里，那我就可以更放心了。

目前在埃及西部沙漠中的最后一个港口要塞，也已落入我们的手里，而这一次英军又是损失惨重。虽然如此，他们还是把大部分的步兵撤回了阿拉曼防线，那里的防务部署早已在加速进行，并由若干新的部队接防。所以，当马特鲁港陷落之后，我就立即命令部队继续前进，不准逗留。我的计划是想要趁着英军防务尚未部署完毕，第八军团的残部还来不及进入防线时，一鼓作气突破阿拉曼防线。这也是英军的最后一道防线，只要越过这一道难关，我们的进路上就再也没有阻拦了。

意大利的步兵也同时奉命前进，其先头部队指向富凯方面。于是我们的车辆也就继续向东奔跑。当我们经过比尔太弗尔弗卡西（Bir Teifel Fukash）机场的时候，突然一阵机枪子弹打在我们的附近，激起很多尘土。我立即驱车赶往第九十轻装师，命令他们优秀的师长马尔克斯上校（Col. Marcks），赶紧率领一个纵队呈弧线绕向南方迎敌。不过，我们马上就探听清楚了，向我们放枪的是意军利托里奥师的部队，他们以为我们是正在逃跑中的英军。此时，敌我已经很难区分，因为双方所使用的车辆大半是英国货。

夜幕低垂的时候，我们停在艾打巴以西约 6 英里的地方。我们可以听到东面有巨大的爆炸声——这是一个我们不欢迎的声音，因为英国人已经在那里炸毁他们的仓库，否则这些物资对我们大有用处。

很多时候，指挥官的位置不应该在幕僚的背后，而应该和他的部队在一起。认为保持部队士气只是营长的任务，那才真是大错而特错。阶级越高，他在"身教"方面的影响力量也就越大。假使一个指挥官只是安坐在他的司令部里，那么士卒们就会觉得和他失去接触。而他们所需要的，也就正是与指挥官能够保持个人的接触。在遭遇到混乱、疲倦、恐怖以及一切非常的情况时，指挥官若能以身作则，往往会发生意想不到的奇迹——尤其是当他本人已经成为神话中的人物时。

在这个阶段中，部队在体力上的要求已经近乎忍耐的极限。所以军官们尤其有这种责任，不断用行动示范。

拜尔莱因将军附注：隆美尔过去在担任军校校长的时候，曾发表过一个演说，在此节录一段："无论是在公务的哪一方面，你都要做你的部下的模范。你要忍受一切的疲倦和饥寒，千万不要想不吃苦，千万不要使你的部下认为你不肯和他们共甘苦。你的态度一定要彬彬有礼，不要用恶声向人说话，因为那通常表示你自己心里有某种短处，怕被人家识破了。"

最亲爱的露：

马特鲁港昨天已经攻克了，我军又继续前进，直到深夜才停下来。我们早已向东面前进了 60 英里。离亚历山大港已不到 100 英里了！

1942 年 6 月 30 日


6 月 30 日上午，我发现第十五装甲师的先头部队已经超过了艾打巴。非洲军缴获的战利品极多，其中包括一个英国炮兵连的 105 毫米炮，它们立即被用来对英军作战。但意军方面又出了问题，差不多到了半夜，他们才抵达阿拉曼以西的地区。

在那一天下午，我和我麾下的将领们以及参谋长，共同讨论如何继续向阿拉曼防线进攻。我们决定应该在明天凌晨 3 点钟的时候，开始发动攻击。这个时候，我的非洲军已经进入他们的集结地区。当天下午，我又在一个强烈的沙暴之中向东行进，与拜尔莱因上校会晤。我们还是讨论明天的攻击。黄昏的时候，我们才知道这个预定的攻击时间已经不可能执行，由于英军的牵制和地形的复杂，许多部队都赶不上来。

# 第十一章

# 主动权的丧失

## 在阿拉曼受阻

我的装甲军团和优势的英军兵力作战，到今天已经五个星期了。其中有四个星期的时间，战潮都在托布鲁克的周围地区中时起时落。这一连串的交战已经使我军的兵力达到了匮竭的边缘。当我们所储备的物资——连同立即可用的战利品在内——已经开始吃紧了，就只有靠军人的炽热的求胜意志，才能够继续支持下去。不仅没有新的补给物资送来，而且补给当局始终不了解我们所处的情况。我们攻下托布鲁克所缴获的物资虽曾帮我们渡过了一个紧急的难关，但是还得靠我们自己的物资才能够接上来，并继续打下去。

在罗马，对于补给组织的失败，始终没有一个人肯负责，依旧是你推我我推你。当然，顺手一批"碍难照办"是最轻松的，不过问题能否解决，却是生死存亡的关键。假使大家都同心协力来找答案，有许多技术上的困难一定是可以解决的。

至于我们补给失败的详细理由，可以列举如下：

（一）许多负责补给问题的有关当局根本不够尽心尽力，其原因很简单，因为他们自己并未受到这种紧急情况的直接威胁。罗马还是一片升平景象，即令这些问题不能够解决，在罗马也不会马上引起危难。其中有许多人，也没有认清非洲战争已经到了生死的关头。其中有些人固然心里明白，但是因为许多不能明讲的理由，他们照样不肯努力。我早就看清这些人的嘴脸了。不管有任何困难发生，他们都说无法解决，并引用许多统计数字当作挡箭牌。这些人缺乏主动精神和实干的能力。他们早就应该卷铺盖滚蛋，让能力较强的人来取代他们。

（二）在海上保护我们运输船只的任务，一向由意大利海军担负。其中大部分军官和不少意大利人一样，并不拥护墨索里尼，宁可看到他失败，而不愿他成功。所以他们尽量地扯烂污。

（三）意大利法西斯党的多数高级人员都太腐化，简直不会做一点好事。他们视非洲为化外之地，根本不重视这场战争。

（四）有少数想为我们补给问题效力的人，在这种恶劣的环境中也是一筹莫展。

大家都知道：在近代的战争中，补给足以决定会战的胜负，由此很容易明了在我的军队上方，此刻已经布满愁云了。

在另一方面，英国人已经力求改善他们的情况。他们用惊人的高速调集生力军，开入阿拉曼防线。他们的领袖人物都很清楚：在非洲的这一战即足以决定胜负的前途。由于失败的刺激，使得英国人大为振作，在最危险的时候，平常不可能的事情也变成可能了。危难是治疗思想僵化的最好良药。

而到后来，我们在罗马的补给当局突然变得"有办法"起来，把大量的物资运到了突尼斯，这是我在非洲过去所从来没有见过的。那个时候，我们在1942年夏天大部分的船只早已被炸沉，而英国人对于地中海的控制也较我们向阿拉曼前进时更严密，但他们还是办到了。不过那个时候已经太迟了。

专以目前这个阶段而论，我和我的幕僚们只能尽量设法利用我们所缴获的物资。我们的运输车辆差不多有85%是英国货。同时，过去德国的武器通常比英国的更优秀，这也是我们一张救命的王牌。不过现在有了一种新的趋势，似乎英国的战车和战防炮已变得相当精良。长此以往，我们的结局就快有答案了。

所以，专以这个理由而论，我们必须在美英两国大量新的物资运到之前，先把在近东的英军完全解决掉，于是在7月里，阿拉曼前线上就发生了一连串的血战。我们在阿拉曼防线上攻下了几处据点，并继续向东推进了几英里。但到了此时，我们的攻势开始受挫，我们的实力开始衰退。我们遭遇到了优势的英军装甲兵力的反攻。我们想击毁英军第八军团的剩余兵力并且占领埃及东部的机会，已经渐渐消失了。

7月1日，正如我们昨夜所预料到的，非洲军向阿拉曼防线的进攻已经太迟了。虽然这次攻击在最初时的进展还算顺利。

凌晨2点30分的时候，我从在艾打巴以南的指挥所里出发，到最前线上去观察作战的情形。英国炮兵的炮弹，正在向沿海岸的公路上如雨点一般打来。那一天早晨，英国的两个轰炸机编队曾先后在我们的车辆上方"下蛋"。我首先赶到非洲军的指挥所，命令军团的炮兵立即向英军的炮兵反击。在那天凌晨1点钟的时候，我早已要求我方的空军把全部的兵力都投入战斗。大约9点钟的时候，第二十一装甲师开始向德尔艾夏（Deir el Shein）的据点进攻，守军为刚从伊拉克调来的印度第八师。（这是第十八旅——并非整师的兵力。）

这一次，又是敌人的雷阵使我们感到难以突破。这个师的进展被阻，立即引起了激烈的战斗。

大约中午的时候，我们正在观察第二十一装甲师与印军之间在我们南面的战斗发展。英军炮兵的炮弹纷纷落在我的指挥车旁。警卫营的位置正在我们的西北面，也遭到严重的炮击，有几部车着火了。

第九十轻装师报告说，他们3点20分时开始进攻。最初的进展很顺利，可是到了大约7点30分，攻到了阿拉曼的防线前时，就再也不能前进一步了。

大约在正午的时候，该师开始向南移动，于是攻击继续进行。这个师慢慢地攻入了阿拉曼东南面的地区，那里的沙地特别柔软。从这里自北至南构成了一条防线，然后大约在16点钟的时候，继续重整攻势，以向海岸公路实行突破为目的，这样就可以把阿拉曼要塞包围住，对守军或加以毁灭或逼迫他们突围逃走。这个行动对英军而言，是一个致命的威胁，于是他们集中所有的炮兵向我军轰击，真是弹如雨下，来势十分凶猛。我军攻击的进度逐渐减缓，最后我们的部队全被可怕的英军炮火钉住了。第九十轻装师已经向我告急，请求赶紧派炮兵增援，因为他们的师炮兵早已不堪一战了。

16 点钟的时候，我接到内林将军的一个报告，说非洲军已经攻下德尔艾夏印军据点的一大部分。黄昏的时候，这一据点的战斗已经过去了。一共俘获了 2000 名印军，并击毁缴获了 30 门大炮。

傍晚的时候，我决定把一切力量都用来支援第九十轻装师的南翼，以达到突破的目的。我率领着我的行动指挥所以及警卫营，一同向前进攻。英军的炮兵又在拼命地发炮，炮弹从东、南、北三个方向射来，纷纷落在我们身边，发出了呼呼的啸声，曳光弹则在我们头上乱舞。在这种强大的火力压迫之下，我们的攻势只好又停顿下来。我们急忙把车辆疏散开，各自寻找掩蔽的地方，炮弹还是一颗又一颗地打来。有两个钟头之久，我和拜尔莱因都躺在空旷的地面上，不敢移动一下。这个时候又有新的灾难来了：一个大队的英国轰炸机正朝着我们飞来。很侥幸，恰好在这个时候，有一些本是掩护俯冲轰炸机出击的德国战斗机把它们赶走了。尽管英军的高射炮火十分猛烈，但是我们的俯冲轰炸机还是连续不断地向敌人攻击，不久在这个攻击的地区中就出现了一片火海。当天快到傍晚的时候，英军的火力逐渐减弱，我命令行动指挥所的人员赶紧开回我们的司令部原址。而警卫营则守住我们现在已经到达的地区。

21 点 30 分的时候，我命令第九十轻装师趁着月光向海岸公路方向进攻。我希望尽快打通由此点到亚历山大港的道路。英军在受到威胁地区中的防守兵力日益增多。夜里，空军司令向我报告说，英国的舰队已经驶离亚历山大港。这更使我决定在接下来的几个钟头之内，必须倾全力孤注一掷。英国人似乎已是信心动摇，并且准备撤退了。我认为假使我军能够在宽广的正面上达到突破的目的，则结果必能使英军完全溃散。

非洲军在 7 月 2 日继续进攻，其方向指向东北面。他们的目的是想要突破英军的防线，到达阿拉曼东面 8 英里处的海岸，然后再用冲锋的方式把要塞攻下来。最初，英军被迫向南退却，但是不久之后，又向我军开放着的南面侧翼实行猛烈的反攻。第十五装甲师被抽出来迎击这个反攻，不久它的装甲部队就和敌人的装甲部队发生了激烈的苦战。在这个沙砾崎岖的地区中，第二十一装甲师也逐渐被迫改取守势。在英军100辆战车和10个炮兵连的阻击之下，非洲军终于被封锁住了。

这里不无夸张之处——也许因为有两个中队的美制格兰特式战车在那里出现，才造成这种印象。德军的攻势已是强弩之末，此时从被英军俘获的德军士兵身上就可以看出来：他们早已精疲力竭了。

运达前线的英军战车和大炮越来越多。奥钦烈克将军在这个时候亲自指挥阿拉曼的战事，他颇有技巧地运用兵力，战术水准要比李特奇高明得多。他对当前情况的观察很冷静，不管我们如何行动，都无法引诱他上当。在以后的事实中，尤其可以证明他的这种本领。

对阿拉曼防线一连攻了三天却徒劳无功之后，我决定：如果明天再攻击无效，就暂停这一次的攻势。我之所以做这个决定是由于敌人的兵力在不断增强，而我军各师的战斗力又逐渐减弱。此时每师的兵力总数大约只剩下1200—1500人，而补给的情况尤为恶劣。

> 最亲爱的露：
>
> 　　在这里大家都已经完全丧失了时间的观念。为了这条在亚历山大港前面的最后一道防线，我们已经拼命打了几天。这几天我都在最前线上，不是住在车辆里，就是在地面上的洞穴中。敌人的空军是我们一个很大的威胁，我希望有办法对付它。对你那许多亲爱的来信，我由衷地表示感谢。
>
> 　　　　　　　　　　　　　　　　　　1942年7月3日

7月3日大约中午的时候，我命令非洲军再向英军防线做最后一次猛扑。一开始还算成功，但不久之后我们就在敌方集中防御火力之下被钉住了，无法前进。当天，意军方面就已出现了瓦解的迹象。意军阿里埃特师原本被派去负责保护装甲军团的南翼，此时受到新西兰部队的攻击，损失甚巨。

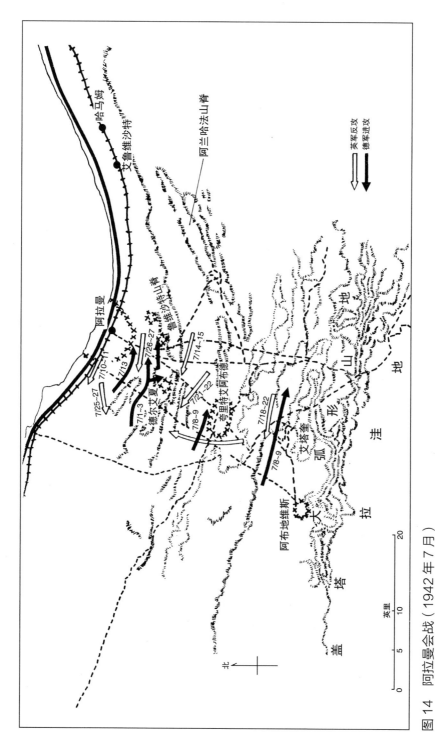

图 14　阿拉曼会战（1942 年 7 月）

一共 30 门大炮，结果损失了 28 门；约被俘 400 人，其余的纷纷逃散，几乎已经溃散了。

对我们而言，阿里埃特师的失败算得上是一大打击，因为过去好几个星期之内，在武士桥周围的战斗中，阿里埃特师——在德军战车和炮兵掩护之下——曾经一再击退英军的攻击，尽管他们的损失相当惨重，他们还是能坚守奋战。可是到了今天，意军似乎已经吃不消了。

如此一来，我军南翼就被严重地威胁，非洲军只剩下了一个第二十一装甲师，来实施那个本想一举歼敌的攻击，因此这个攻击的重量当然就减轻了。而后，虽然有第九十轻装师加入，但还是没有发生决定作用。这个攻击就此搁浅。

在这种环境下要在第二天继续进攻，实在是毫无意义，而且只会使我们的力量再受到更多无益的消耗。虽然我们晓得对英军指挥官而言，暂停攻击等于给他们一个大好的喘息机会，但是我们自己的军队也已是太疲倦，必须要休息几天来进行整补。我们决定尽快地恢复我们的攻势。

可能在此后几天内，敌军就会发动反攻，所以本军团各部都奉命沿着我们已经到达的战线，开始整顿的工作。


最亲爱的露：

很不幸，事态的发展完全不像我所预期的。英军抵抗太强烈，而我们的军力也已经衰竭。虽然如此，我还是希望找到一条通往成功的途径。我非常疲倦，几乎支持不住了。

1942 年 7 月 4 日

我们就要经历几天特别紧张的日子，我希望能够顺利度过。高斯又负伤了，只好让拜尔莱因再暂时代替他几天。我们兵力的补充十分迟缓。距离亚历山大港只有 60 英里，这样的苦战再打下去真不容易。不过，总会有一个结果的。

7 月 5 日

我们现在的计划是要从前线上把摩托化和装甲单位一个个地抽调回来，以便整顿和补充，并且改用意大利的步兵师来代替他们——糟糕的是这些步兵师都还留在后方。7月4日，第二十一装甲师撤出了前线。很明显，英军以为这就是我们撤退的开始，他们马上跟踪追击，在我方的防线上冲开了一个宽达4000码的缺口，于是有40辆英军战车由北向西进。

事实上，所谓的40辆战车，其中有一大部分是装甲汽车。奥钦烈克把三个装甲汽车团交给第二装甲旅指挥，并改名为"轻型装甲旅"。这一部分突破的兵力差不多打到了艾打巴附近。

这个情况令人十分不愉快，因为我们的战防炮和其他火炮都已经没有炮弹了。幸亏还有一个连具有作战的力量，他们把最后的几发炮弹打完之后，英军算是被阻止住了。我立即下令，尽量利用假战车和假88毫米炮，使英军不敢再发动攻击。趁这个机会，我方几个连才获得了弹药的补充。

可我们部队的整补工作却进展得非常迟缓，因为负责非洲航线的舰只本来就只有几艘，但它们还不能到达托布鲁克和马特鲁港，而仍然以班加西和的黎波里当作终点。也就是说，一切补给物资，都必须改用运输纵队或极少量的沿海船只，才能送到我们手里。它们的距离分别为750英里和1400英里。这个当然是我们的运输能力所无法负荷的。

在这个阶段内，英军的活动仅限于小规模的局部攻击，它们都为我军所击败。逐渐地，意大利的步兵开到了前线，替代我们的摩托化部队。在这个阶段中有一个特殊的现象，就是英军对于预备射击所消耗的弹药数量大得惊人。例如，在7月7日到8日之间的夜里，英军炮兵向着第十五装甲师的3英里宽的防区，一共发射了1万发炮弹。然后，在一片漆黑的夜里，英国的步兵慢慢地摸到了我们的前哨线，接着突然把炸弹投在我们的阵地上。敌军的战车也向着我军阵地实行冲锋。利用这种战术，我方一部分的防线终于被英军突破。但是当他们再想向前进攻的时候，却为该地区我军预备队所发动的逆袭击退了。

7月8日我们检查整个军团的实力，如下述：

德国部队：

（一）非洲军，包括第十五和第二十一两个装甲师，一共还有50辆战车。每一个师有一个步兵团（实力约300人，加上10门战防炮）和一个炮兵团，下辖七个连。

（二）第九十轻装师，包括四个步兵团，全部的兵力只有1500人；另有30门战防炮和两个炮兵连。

（三）三个侦察营，一共有15辆轮式装甲车、20辆装甲运兵车和三个俘获的炮兵连。

（四）军团炮兵包括11个重炮兵连和4个轻炮兵连，另外还有军团高射炮兵，包括26门88毫米炮和25门20毫米炮。

意大利部队：

（一）第二十摩托化军，包括两个装甲师和一个摩托化师，共有战车54辆，外加8个摩托化营，总计约1600人。此外还有40门战防炮和6个轻炮兵连。

（二）第十和第二十一两军的各单位一共有11个步兵营，每营约200人；另外有30个轻炮兵连和11个重炮兵连。意军军团炮兵还控制有4个重炮兵连。


拜尔莱因将军附注：照正规的编制，这些部队的实力是：非洲军应有战车371辆、战防炮246门。第九十轻装师应有战防炮220门。意军第二十摩托化军则应有战车430辆、战防炮120门。


我这些部队已经称不上是一个"师"了。专就意军而论，他们的战斗力一向就弱，这倒并不都是战斗的结果；在整个战役中他们一直都是这个样子，不用打仗就自动"损失"了不少。

这个时候，我对阿拉曼前线的英军兵力已经有了很详细的了解，并且也找到了它的弱点。我们准备在 7 月 9 日向新西兰部队发动一次猛烈的打击，占领他们的阵地，并以此为突破的基地。

7 月 8 日的夜间，第二十一装甲师的一个战斗侦察部队，渗透进夸里特艾阿布德（Qaret el Abd），那里由新西兰部队防守。第二天上午，我们集中第二十一装甲师、利托里奥装甲师和第九十轻装师三个师的兵力，直向英军防线的南段猛扑，突破之后也进到了和昨夜在中央部分所透入地点平行的位置上。新西兰人撤退了，第二十一装甲师占领了整个的夸里特艾阿布德。中午之后，我在该地与第二十一师师长俾斯麦将军（Gen. von Bismarck）会晤，讨论我们以后的计划。我们的意图是想由此点再向东进攻，使整个阿拉曼防线都落入我们手中。

夸里特艾阿布德位于一个极有利的地形上，它的工事很坚固，到处都是混凝土的据点、炮位和广阔的雷区。新西兰人还遗留下很多的装备和弹药，我们不明白他们为什么要放弃这么好的阵地。我决定连夜把我的司令部移到这里，并决定在要塞里面过夜。那一夜很安静。我们计划在明天要集中战力，再继续向前猛冲。

第二天（7 月 10 日）大约 5 点钟的时候，我们被北面所传来的重炮声唤醒——简直和巨雷一样。我马上就想到这绝不是好消息。接着紧急报告就来了，敌人已经从阿拉曼防线倾巢来犯，击溃了意军沙布拉沙师（Subratha）——它本是负责防守海岸公路两侧的防线。敌人跟在溃败的意军后面，猛烈地向西追击，这是一个严重的威胁，有可能因此而突破我军阵线，并毁灭我军的辎重。我立即率领警卫营和第十五装甲师的一个战斗团，一同向北进发，并指引他们进入战场。从夸里特艾阿布德进攻的计划必须打消了，因为留在南面的打击兵力实在太弱，不足以执行向东进攻的任务。

这个时候，在海岸方面的战斗也转激烈。沙布拉沙师几乎已被歼灭，分配给它的炮兵连也大都已经丢光。有些炮兵连长甚至还没对来攻的敌军发炮射击过，而原因居然是因为他们没有奉到命令。意军纷纷离开他们的防线，大部分都发生了溃乱的现象，他们丢下武器和装备，拼命向沙漠中四散逃命。这一次主要是靠着军团部的直属部队，在米仑新中校（Lt.-

Col. von Mellenthin）领导之下，才勉强阻止住了英军的攻击。他们匆匆把机关枪和高射炮集中在一起，另外加上刚刚赶到前线的第一六四轻装师第三二八步兵团的一部分兵力，才急急忙忙地在军团司令部西南面约3000码远的地方，构成了一道临时防线。

7月11日，英军在海岸公路以南继续进攻，在强大的炮兵和空军支援之下，马上又有好几个意军的单位——这一次是属于特里埃斯特师的——被击溃，许多人被俘。我们只好从南面前线上抽调大量的兵力，投入海岸公路以南地区的战斗中。不久军团炮兵的全部都已参加作战，此后英军的攻势也就慢慢转缓了。

英军这一次沿着海岸的进犯，结果是击毁了沙布拉沙师的主力和特里埃斯特师的大部分，另有一个重要的地区也落入了英军的手里。我们必须承认，意军已经撑不住了，他们不再有坚守防线的能力。关于意军的问题，我以后会讨论到。

现在我们在短时间内已无再发动攻击的可能。我只好命令所有的德军官兵离开他们的休息营地，重新赶到前线。因为意军的战斗力已经消耗殆尽，情况可能会越来越严重。

# 静态的前线

每天，增援的生力军都在流入英军第八军团。在这个情形下，我们势必要放弃一切进攻的计划。因为过去我们想乘着大胜的余威，把已经受了重创的英军在阿拉曼防线上面全部加以歼灭。可是英军的恢复速度非常快，我们想延续迈尔迈里卡的获胜士气，再获得最后胜利的希望已经完全断绝了。

前线已经转入静态，这正是英军指挥官所希望的，因为步兵的战斗和阵地战都是他们的拿手好戏。他们尤其擅长在步兵战车和炮兵的掩护下实行局部的攻击。阿拉曼防线向北直抵海岸，向南一直延入盖塔拉洼地（Qattara depression）——由松沙所构成的平原，布满许多盐水沼泽，摩托化车辆完全无法通过。由于技术上的限制，根本不可能对敌人发动奇袭。在静态的战争中，哪一方面能够发射较多的弹药，哪一方面就可以获得胜利。

在阿拉曼，我一直尽量避免进行这种静态的"硬性"战争——这是英国人最拿手的——并设法赶紧进入亚历山大港前面的开阔沙漠地带；但是我失败了，英军已经阻塞了我军的进路。

为了补救意军溃败所引起的不愉快，并且消除英军在阿拉曼以西的阵地对我们南面前线的威胁，我决定让第二十一装甲师向阿拉曼要塞发动一次攻击。这一次攻击（定在 7 月 13 日）我决定要把我们所有能够动用的大炮和飞机全部投入供支援之用。这个师将先迅速地攻击，切断要塞地区与东西方的联络，然后再突入这个要塞。


最亲爱的露：

过去几天的严重情况已经慢慢被克服了。不过空气中还是充满了危机的气氛。我希望在明天可以再向前推进一步。

1942 年 7 月 12 日

今天也是一个具有决定性的日子。在这个沙漠上，一切都是未定的。纸短情长，向你和曼弗雷德问好。

7 月 13 日


这一次攻击又失败了，甚至根本没有到达澳军第九师的战线——他们是在几天之前开入这个要塞地区，以来代替南非部队的。这一次失败的原因除了敌方的炮兵火力特别强、工事构筑得特别好（包括许多把下半截车身埋在沙土里的战车）以外，可能是第二十一装甲师的步兵并没有在意军防线内集中准备攻击，而是集中在防线后方两三千码的地区。因此在作战开始的时候，英军炮兵就集中火力向进攻中的我军猛轰，结果当他们还未越过己方防线之前，即已被迫停顿不前了。

黄昏的时候，我决定停止这次攻击。我当时的脾气坏透了，因为一整天都刮着严重的沙暴，使英军完全丧失了能见度。这对我们而言非常有利！我们却错过了这一大好机会。

隆美尔的这种解释颇难令人接受,好像是以情绪而不是以理智为基础的。因为当时的情况早已变得对隆美尔不利,所以这次失败是必然的。

最亲爱的露:

　　昨天的攻击使我由希望变成了失望,因为一点成就也没有。不过,我们还是要鼓起勇气来,面对新的作战。我的身体非常好。今天我第一次穿短裤——实在太热了。东线战场的战事发展得非常好,这提醒我们更应该鼓起勇气来作战。(6月底德军在东线战场上发动了总攻势,其目的是要占领斯大林格勒和高加索油田。)

1942 年 7 月 14 日

　　我命令第二十一装甲师在第二天(7 月 14 日)继续进攻。这次进攻的目的是收复沙布拉沙师在阿拉曼以西放弃的阵地,此刻它正由澳大利亚部队坚守着。在空军猛烈轰炸之后,攻击开始展开。但是步兵的行动太迟缓了,未能充分利用轰炸的效力。英国的空军立即向我们的车队猛烈攻击,他们的炮兵也集中一切炮火开始猛轰。我们的部队在到达铁路与公路之间的地区以后,就再也无法前进了。接着就和澳大利亚部队发生激烈的搏斗——在托布鲁克围城战时,我们就已经知道他们不是好惹的——一直到夜深才暂停。我们本来想第二天再继续进攻,但是另有一个新的严重危机,逼迫我们非改变计划不可。

　　那一天夜里,英军——主要是第一装甲师——向鲁维沙特山脊(Ruweisat Ridge)进攻,渗透进意军第十军的阵地。才不久,他们又冲过了意军布里西亚师的防区,直扑德军的战车和炮兵阵地,在激烈的肉搏战中,他们的先头部队被阻止住了。第二天一清早,他们又继续进攻,结果攻下了鲁维沙特山脊,从此他们的主力就转向西方进展。其兵力的一部分又转趋东面,到达意军布里西亚和派维亚两师的后方,其结果是那两个师的大部分士兵当天上午都成了英国人的俘虏。

真是祸不单行，我们自己在德尔艾夏东南的防线也垮了。一清早英军就突入了德尔艾夏要塞，幸亏非洲军的一个战斗群和侦察营拼命苦战，才勉强保住这个据点。

我立即命令第二十一装甲师停止在北面的攻击，把他们调回非洲军在德尔艾夏西南的集中地区。

下午我们开始发动逆袭，由于敌人非常顽强，所以进展很慢。到了黄昏时分，才成功击退敌人。在那一天的苦战后，我们又多了1200名英军俘虏。

17日上午大约6点钟，紧急的无线电报像雪片一样飞到指挥部。澳大利亚部队又已经从阿拉曼出击，这一次是指向西南方。不久，他们就穿透了意军垂托和特里埃斯特两个师的防区，并且俘获了大批的意军官兵。现在他们正想向南面席卷我们的全部战线。


最亲爱的露：

　　就军事方面来看，我们此时的处境实在糟透了。敌人正利用他们的优势力量，尤其是在步兵方面。他们把意军部队各个击破。而德军的兵力也太脆弱了，不足以独立支持危局。情况实在糟得令人想哭。

1942 年 7 月 17 日


我们原本计划在中央地区发动一次攻势，以收复意军丧失的土地，不过现在这计划只得临时取消了，因为我们已经集中的德军部队又奉命用最高的速度向北调动，以堵住这个新的透入。不久德军临时拼凑好一条防线，阻止了澳大利亚部队的前进。非洲军下午发动逆袭，到夜里又夺回了原有的阵地。

在这一天，德军的最后预备队都已经投入了战场，以击退英军的攻击。因为英军的兵力不断增加，我们的兵力早已相形见绌，所以能够守住现有的阵地，就已经很够侥幸了。大约13点钟的时候，凯塞林元帅和卡瓦莱罗伯爵到达了我的司令部。卡瓦莱罗的一贯态度，就是完全不重视我们在补给方面的困难，而我又是一再强调这方面的困难是如何严重。于是大家越谈越远，最后凯塞林和我只好要求他不要空谈，回到如何做具体的决定上。这一场会谈的结果足以证明我们已经快到了山穷水尽的阶段，而意大利当局的援助则如镜花水月。卡瓦莱罗允诺开始使用驳船以方便军团的补给，并且尽快使通到前线的铁路恢复通车。不过根据我们过去的经验，这些话能否履行实在值得怀疑——以后的事实证明了我们的看法没错。

最亲爱的露：

　　昨天是一个特别艰难和危险的日子。虽然我们又暂时渡过了难关，不过这种情况绝不可能持久，否则整个前线都会溃裂。就军事方面来说，这是我过去从未经历过的最困难阶段。当然，援兵已经在望了，但是我们能否拖得过去却很成问题。你知道我是一个不可救药的乐观主义者，但是当前的情况实在是一片漆黑。不过话说回来，这个阶段总会过去的。

1942 年 7 月 18 日

在往后的四天，前线上勉强可以说是平静无事，英军没有做任何大规模的攻击。对我们来说，这是暴风雨前的宁静。在 7 月 19、20 日这两天，我们发现英军的集中地区是在防线的中央部分，奥钦烈克已经把战车和炮兵的主力都集中在这里了。

7 月 21 日的夜间，"暴风雨"来了。英军步兵所构成的人海，一波又一波地打在第十五装甲师的防区上面，并且突破了他们的防线。不过这个缺口终于被堵住了，我们还俘获了 500 名英军战俘。由于意军差不多已经损失殆尽，所以我们防线上现有的兵力十分单薄，因此我们不得不缩短防线，以德尔艾夏和夸里特艾阿布德两个坚固据点为底线，事实上我们已经没有预备队。

在战车支援下，强大的澳大利亚部队也同时向防线的北段进攻。在德意两军步兵的顽强抵抗下，英军一码又一码地向西面挣扎着前进。

7月22日上午大约8点钟的时候，英军在中央地区发动了主力的进攻，其兵力包括新西兰第二师、印度第五师和英军第一装甲师，另外还加上在本月中刚刚由英国调来的第二十三战车旅。在100辆以上的战车支援下，英军开始向我军在德尔艾夏及以南地区的防线展开猛攻。在德意两军的步兵牺牲殆尽之后，他们从要塞的南面攻入了我军的防区，9点时他们已到达我们的后方，对我们形成严重的威胁。最后，他们的战车矛头在"石质小径"（Steinpiste track）上被阻止住了，有相当数量的英军战车在这里被击毁。于是第二十一装甲师的战车开始反攻，把英军赶了回去。

由于中央地区的情况如此紧急，我们只好从南面抽调更多的兵力。在这一场大战中，我们尽量发挥我们的机动性，把最后一个预备队都用上了。整整打了一天，英军的攻击锐气才逐渐减弱。

当夜幕逐渐低垂的时候，毫无疑问，我们的防御成功了。一共俘获英军1400人，同时击毁了敌军战车140辆。多数被毁的战车都留在我们所控制的地区内，所以敌人无法把它们拖回修理。

不过我们的损失也不轻，尤其是我们的人力早已感到缺乏。虽然装甲兵力大体上没什么损失，但本已脆弱的步兵又消耗了三个营以上。假使英军马上再继续进攻，我们的麻烦就大了。

不过敌人并没有继续进攻，也许他们的实力也已经消耗得太多了。第二天平静无事——除了在空中，我们的空军正在倾全力向敌军实行攻击。在敌人此次进攻之前，我们的士兵已开始进行布雷，我们使用的地雷是英德意等国的货色，不久之后，几个重要的地点就都已经有地雷的保护了。

7月22日的战斗结束之后，我通电全军，向他们嘉奖慰勉："我谨向全军将士为7月22日的英勇防御深致慰勉之意。我有充分的信心，此后敌人的一切进攻，都会同样被击退。"

此时，我军的步兵补充在经过几个星期的延误之后，现在也都陆续进入前线，各部队的人员缺额逐渐减少，唯一的缺憾就是他们并非全是合于热带作战需要的部队。第一六四步兵师从克里特岛用空运运到此间，但是他们的重武器和车辆却都丢在后面，无法带来。有一个意大利伞兵师中的几个单位也赶到了前线——从外表看，他们是很优秀的部队。在这个阶段中，我们还是尽全力加强我们的防御工事。尽管目前的情况已经改善许多，但我们还不敢认定眼前的危险已经过去，一直要等到我们在战线后方建立一支作战预备队之后，才会比较放心。

　　最亲爱的露：

　　　昨天平静无事。我到盖塔拉大洼地去视察——那真是一个特殊的奇观。它的高度远在海平面以下。我们的兵力又逐渐充实了。最坏的阶段似乎过去了。

1942 年 7 月 27 日

　　7 月 26 日，澳军趁着月夜再度进攻，这一次的兵力只有一个旅。他们的目的是阿拉曼到阿布地维斯（Abu Dweis）的车路以西的德军战线。他们这一次的兵力集中事先完全保密，在突击之前，先以空军猛烈轰炸，因此获得了相当好的奇袭效果。尽管德意两军的炮兵马上施放了一道弹幕，但是澳军还是透入了我军的防线，并且把首当其冲的一营德军歼灭大半。不过布里尔（Briehl）战斗群的第三侦察营和基尔警卫营，向澳军的楔形突入部分发动反攻，终于使他们遭受了严重的损失，而不得不退回他们的防线。

　　我们防线的中央部分也再度受到最近刚整补完毕的英军第五十师的进攻，有一营意军被击溃了一部分。不久第二〇〇步兵团和非洲军的一个战斗群发动了逆袭，把敌人逐回他们自己的战线。

　　这一次攻击由英军第五十师所属的第六十九步兵旅执行，后面是第一装甲师。但是指挥官嫌南非工兵在雷区中所打开的缺口太窄，由于他的延误，整个攻击失去了成功的良机。第六十九步兵旅一度被切断，受到重大损失后才撤出。

这一次英国人又吃了大亏，被俘 1000 人，战车被毁达 32 辆之多，他们的指挥官终于对进攻感到倒胃口了。前几场战斗已经证明：以他们现在手头的兵力是绝不可能透入我军防线的。不过尽管英军在阿拉曼的损失要比我们大了很多，奥钦烈克所付出的高代价还是值得的，因为他原有的目的只是要阻止我军的前进，很不幸的是他这个目的已经如愿以偿。

对于奥钦烈克在这危急的几个星期中所获得的成就，隆美尔的最后一句话可以算是一个判决。不过最初的一段话并不正确。奥钦烈克对再取攻势并没有感到"倒胃口"，虽然在他的部属当中的确有些人是已经不想再尝试了。在检讨这个局势之后，他只得承认：在没有接受新的预备队和充分的训练之前，第八军团恐怕已经不可能再发动有效的攻势了。在阿拉曼的 7 月苦战中，第八军团一共损失了 1.3 万人，但是也虏获了 7000 名战俘——其中有 1000 多名德国人。假使在执行计划时能够更善用技巧，那么损失还可以减低，而收获也会再增高。即令如此，双方全部损失的差额并不太大——而隆美尔却无法忍受如此的损失。从他自己的记录上来看，7 月间他差一点就被打垮了。而且对他来说，这次挫败代表后来的局面将不可收拾。

# 回顾

伟大的夏季战役就这样结束了，刚开始是一场惊人的胜利。可是，托布鲁克失陷之后，大英帝国的巨大潜力又开始发生作用了。对我们来说，攻占阿拉曼乃至整个苏伊士运河地区，其机会都是稍纵即逝。可是当我们正在疲兵久战的时候，英国人却能够把他们那些已经被打垮的部队撤出前线加以整补，并把装备完整和战斗力十足的生力军调到战场上接防。我们的部队却必须不断地战斗，所以他们的人数越打越少，战死、负伤和患病的数字日益增加。一次又一次，都是同一个营坐上缴获的车辆，冲到敌人的防线前面，然后跳下车来，就在沙地上向敌人进行冲锋。一次又一次，都是同一个驾驶兵把战车开进战场；同一位炮手，把火炮拖入阵地。在这几个星期当中，无论军官和士兵的行为，都已经超过了人类忍耐力的极限。

我对我的部队曾经有极严苛的要求，无论是士兵或军官，甚至是我自己都不例外。我知道攻克托布鲁克和击溃英军第八军团，在整个非洲战争中实在是一个千载难逢的好机会。此时通到亚历山大港的道路已经门户大开，几乎没有敌人防守，我和我的幕僚们都认为若是放过了这个绝佳机会，我们就是天字第一号大笨蛋。但我们的补给来源枯竭了——这是在欧陆上的补给当局太懒惰无能的缘故。

于是许多意军部队首先丧失了抵抗力。因为我身为他们的总司令，责任感逼得我不能不郑重声明：在阿拉曼作战中，尽管意军一败涂地，但这并非意大利军人本身的过错。以他们这次的表现而论，意大利人实在是一个很好的战友，肯合作而不自私，远超出一般标准之上。有许多意军的将领和军官乃至一般的士兵，也都能够赢得我们的敬佩。

意大利人失败的主因很复杂，它的根源在于他们整个军事和国家制度之中。他们的装备太差，而大多数军政领袖人物对战争都不感兴趣。意军的失败，常常使我的全盘计划成为泡影。

一般说来，意军的缺点，可以大致分析如下：多数的意军指挥官没有能力指挥沙漠作战，因为沙漠作战需要闪电式的决定，并且继之以剑及屦及的行动。意大利步兵的训练完全赶不上现代战争的必要标准。他们的装备太坏，从这一点就可以解释，为什么他们没有德军的协助，就连一条防线也守不住。意大利的战车在技术上的缺点极多：火炮射程短，引擎的马力也不够，意大利的炮兵也缺乏机动性。凡此种种都足以证明他们的装备达不到标准。此外，他们的口粮也极恶劣，所以意大利的士兵常常向德军士兵讨东西吃。尤其更坏的，是军官和士兵之间生活水准差得太远。当士兵在饿着肚皮作战的时候，多数的军官吃的还是好几道菜的正式西餐。此外，许多军官根本就不身临前线，完全不懂得以身作则的道理。而意大利士兵在危难的时候支持不住，也就毫不足怪了。尽管在意军当中也不乏高明之士，诚心努力地想要改变这种风气，可是在短时间之内，似乎还不会有什么希望。

在向阿拉曼的进军之中，我最努力要避免的事，就是使战争在阿拉曼一线"停滞"下来，而变成一个具有固定防线的"机械化静态战争"。因为英军官兵曾受过这种战法的高度训练。英军的最大优点就是能够坚持忍耐，在此时必然产生极大的效力；而他们的最大弱点——缺乏弹性和机动性——在此时却一点负面影响都没有。

可是我们的努力终究失败了。因此前途不再光明。

当然，我们已经使英军受到严重的损失。从5月26日到7月20日之间，一共有6万英军（包括英国人、南非人、印度人、新西兰人、法国人和澳大利亚人）走进我们的战俘营。我们击毁的英军战车和装甲汽车达2000辆以上，还有好几千辆汽车在为我方服务。不过我军的损失也并不轻。专以德军而言，战死的官兵总数为2300人，负伤的为7500人，而被俘的则为2700人。在意军方面，官兵战死的总数在1000人以上，负伤的在1万人以上，而被俘的则达5000人之多。不用说，物资上的损失更是可观。

所以虽大胜过，但这场伟大的夏季战役，在结束的时候已是"夕阳无限好"了。


最亲爱的露：

除了敌人的空军一直对我们的补给线猛烈攻击以外，并没有其他状况。对于每一天的喘息时间，我都应该表示感谢。生病的人很多。最不幸的是有许多资深军官都已经支持不住了，甚至我自己也感到疲惫不堪。

不幸得很，从托布鲁克到前线之间，当年英国人建的铁路线到现在还没开通。我们正在等候火车头到达。

为了扼守在阿拉曼的阵地，我们已经一再苦战，这是在非洲战场上过去从未有的。由于天气太热，我们都患了痢疾，不过还不太严重，尚可忍受。一年前我曾经害过黄疸病，那就比这个严重得多了。

1942年8月2日

补给又发生困难了。林提仑在罗马一事不做，只会敷衍，总是吹牛说意大利的补给工作已经够好了。

8 月 5 日

凯塞林昨天在这里。我们对目前的局势已经达成共识。现在的问题是如何充分利用这几个星期的时间从事准备工作。情况一天天在变化，似乎又会对我们有利了。

8 月 10 日

在 1942 年 8 月底，德军全部实力照正常的编制，可以列举如下：

非洲军：人员 25,000 人

      战车 371 辆

      战防炮 246 门

      火炮 72 门

      其他车辆 5600 辆（包括 600 辆履带车辆）

第九十轻装师：人员 12,500 人

        战防炮 220 门

        火炮 24 门

        车辆 2400 辆（包括 250 辆履带车辆）

军团炮兵：人员 3300 人

      火炮 56 门

      车辆 1000 辆（包括 100 辆履带车辆）

第一六四步兵师：人员 11,500 人

        战防炮 45 门

        火炮 36 门

        （本拟改编为一个轻装师，但应增加的战防炮和汽车始终没有运到。它实际所拥有的车辆大约只有 300 辆，包括缴获的英军车辆在内。）

# 第十二章

# 与时间赛跑

## 双方整顿的对比

我们在阿拉曼之线暂停进攻，接下来敌人的反攻又被我们击退，于是全线就恢复了平静无事的状态。双方都想利用这个喘息的机会来补充实力、调集生力军。我们在重新整顿的工作上，又开始了激烈的竞赛。

装甲军团的一切努力就是要尽早重新发动攻势，因为我们在夏季战役中的大胜，早已使美英两国当局感到害怕和惶恐。所以毫无疑问，他们会倾全力来阻止我军再向亚历山大港进攻。不过，从美英两国开往北非的船只，必须要绕过好望角，所以要走两三个月的时间。因此，在这些庞大的增援到达非洲之前，我们也许还有几个星期的时间来做最后一次尝试。我们估计这一批大量的增援可能会在9月中旬到达。此后，敌我之势就会大为悬殊，换言之，攻击成功的机会也就从此没有了。所以我只好决定先下手为强。

进一步说，由于近东和印度都近在咫尺，所以英军在阿拉曼可以立即集中相当强大的兵力来与我军对抗。敌人可以从印度、叙利亚和伊拉克等地调集生力军。至于装备方面，也可以从各地搜括，用船运往埃及。我们估计到了8月20日，把新调来的部队和整编好的部队总加起来，英军一共会有70个步兵营、900辆战车和装甲车、500门轻重各型火炮，以及850门战防炮供作战之用。

这个估计相当正确。把在前线后面和保卫尼罗河三角洲的兵力加在一起计算，就差不多了。前线上的英军共有五个师（包括一个装甲师），但是在后面却有六个师（包括三个装甲师）和几个独立旅。8月底以前，其中两个师已经调上前线。

到了那个时候，英军在阿拉曼前线上一共大约有战车480辆、装甲车230辆、轻重火炮300门、战防炮400门。隆美尔的战车实力也有所增加，共计德国战车229辆、意大利战车281辆。

此时，英国的战时内阁已经命令亚历山大将军（Gen. Alexander）代替奥钦烈克，出任中东军总司令。而蒙哥马利将军（Gen. Montgomery）也已经继任第八军团的司令。

隆美尔的兵力为四个德国师和八个意大利师——其中各有两个是装甲师。不过光是计算师数，当然并不能对战力有真正了解。隆美尔在兵力补充方面远比英国人迟缓，而他的意大利部队在装备方面相当差，不能与英德两国的兵力相提并论，士气的问题尤为严重。


在7月底和8月初的时候，英军第五十师和南非第一师都已重返前线，他们的实力焕然一新。随后，印度第十师也恢复了战斗力。在7月间已经有好几个大型的船团到达了苏伊士，我们的空中侦察也报告说已经有好几万吨的船只到达港口。

若是想和英国人保持实力平衡的话，那么我们在补给方面必须加倍努力。可是在这个紧要关头，我们的补给却还是一直出问题。这个危机的前因和后果，可以分析如下：

7月底以来，英国空军把他们攻击的主要范围放在我军从港口到前线之间的交通线上，他们扫射我们的运输纵队，并且炸沉我们的驳船和沿海船只。我方的空军在前线上忙得抽不出身来，而我们留下来保护后方沿海公路和沿海水域的飞机却少得可怜。

由于意大利海军缺少护航驱逐舰，我们大批的补给船只好以班加西或托布鲁克为终点，因此使我方的公路运输产生了很重的负担。更糟的是，

8月8日那一天，托布鲁克又受到英军的猛烈轰炸，主要的码头被炸毁，吞吐量减少了20%。这一拳打得真够狠。

8月初的时候，我们收到的补给物资只够我们每日消耗，谈不上补充缺额，更谈不上增强实力。车辆的情况尤其令人伤脑筋；由于道路的情况太恶劣，同时我们对运输工具的使用也太过度，其结果是通常有35%的车辆留在修理厂中。因为我们的运输车辆中，还有85%左右都是英美两国的制品，所以零件特别感到缺乏，由此就不难想象我们的修理工作有多困难了。

第一六四师和意军弗尔格里（Folgore）伞兵师都是刚到非洲，他们自己都没有车辆，所以对其他部队的运输纵队而言，成了新的负担。

而在意大利，早已有2000辆卡车和100门各种型号的火炮，正等待被运来非洲。甚至有些物资已经等候一年了。在德国境内，另有1000辆卡车和120辆战车，也是拨给我们的，但隔得太远，无法马上送到。

自从开战以来，装甲军团的德国单位中，有1.7万人是始终不曾离开过战场的，这些人因非洲气候的影响，或多或少都生了病。到了今天，他们当中大多数应该离开非洲回到欧洲去，否则他们的健康会受到严重的伤害。丧失了这许多能征惯战的老兵，当然使我感到非常的遗憾，不过我仍要向上级要求，准许他们回欧洲，因为他们这些人已疲惫不堪，若是再碰到大的危机，一定会心有余而力不足了。此外，由于死亡、疾病和负伤的原因，有许多单位不足额，使得目前四个德国师有高达1.7万人的缺额。人员的补充对我们真是一个极严重的问题。

不过，最大的困难还是在补给方面。这里主要的是在组织方面具有极严重的缺点：地中海中船只的调派权操在意大利最高统帅部的手里。对补给问题唯一可以发生影响作用的德国军官就是林提仑将军，凯塞林元帅和魏希赫德上将只有在研究有关护航问题时，才会被邀请参加讨论。至于装甲军团司令部对于补给问题所能发生的唯一影响，就只是有权提出一个"优先表"来，以便决定交运的次序。不过也仅此而已。

我们对于船只的调派、港口的分配，尤其是德意两军物资的比例，都无权过问。在理论上本是定为1：1，事实上德军却居于不利的地位。皮斯托尼亚师（Pistoia）事件就是一个最好的例证。这个意大利师应在 9 月中旬到达非洲，预定用在利比亚而并非开往最前线，可是在 8 月初，他们就有三分之二的人员，连同三四百辆车运过海了。反之，德军第一六四步兵师的车辆只运到 60 辆，而该师却早已在前线作战。补给问题和作战计划若是受到了政治问题的牵制，那真是糟不可言。

装甲军团为了本身的利益，曾经做过一切努力，但是结果却毫无成就。一切都不过是口舌之争而已。例如，当我们对皮斯托尼亚师事件提出抗议的时候，意大利当局强辩说：他们是用由爱琴海所调来的新船所载运，与正常的航运无关。在当时这种环境下，任何人都应该想得到，必须把一切船只都集中起来为在前线苦战的装甲军团服务，这样才能够继续和英国人打下去。

卡瓦莱罗时常访问前线，并且一口承诺设法改善所有的条件。可是到了他下次来访的时候，却又哈哈大笑地说，因为他允下的诺言实在是太多了，当然无法一一兑现。

船只到了非洲卸货也是一件急死人的事情，那简直是急惊风遇到了慢郎中。他们一切都遵循老法子，完全缺乏主动精神和现代化的技术。譬如说，托布鲁克港的卸货量始终无法提高——一天最多只能有 600 吨，结果是许多船摆成了一字长蛇阵在那里等候，从而成为英国轰炸机的最佳目标。我们曾经一再要求增加港口设备和加强防空工作，结果一无所成。

对英国人所修建的从托布鲁克到艾打巴的军用铁路线，我们曾经寄予厚望，认为再过不久就可以经常地利用铁路运输，以减轻我们公路运输方面的压力。不过也只是空谈而已。

造成这种困难的根本原因——我在前面已经说过——就是由于意大利补给当局的无能和腐化。

林提仑将军因为身兼武官职务的缘故，可能受到许多外交关系的牵制，所以并不能倾全力为我们服务。比起那些意大利的"对手"而言，他官卑权小，不能够发挥制衡的作用。另外一个困难的主因就是德意两国之间的政治关系，使得我们不能赤裸裸地把他们的弱点指明出来，并且要求他们设法改善。一切都不能公开地加以讨论，大家都只能讲好听的门面话，说一切都进行得十分顺利——而事实上却天天大打败仗。所以我们所需要的是有一个单独的权力核心，足以控制一切的补给组织，保护在地中海和北非海面上的一切海运，才可全权指挥所有轴心国家的陆海空三军。于是我向最高当局建议，赋予凯塞林元帅特殊的权力，由他控制一切。在做此项建议时，我是基于以下的考虑：

凯塞林元帅本人愿意帮助我们在阿拉曼获胜，他具有坚定的意志力，对外交和组织都有第一流的才能，技术问题上也有相当的知识。同时凯塞林有德国的空军和戈林大元帅做他的后盾，在最高层比较吃得开，他有够分量的权威和意大利当局一起讨论高级政策。

不幸得很，我这个建议要付诸实行时已经太迟，而所采取的形式也并非我原本所希望的。

所有的弱点都导致十分严重的后果。事实上，在8月1日到20日之间，装甲军团的德军部分所消耗的物资，要比同一时期内运过地中海的物资约多了两倍以上——由此可见一斑。结果当然是再消耗我们原先就已经不足的储存物资。到了这个阶段，德军全部的实力已经不足1.6万人，战车只有210辆，各型装甲车共175辆，其他车辆仅1500辆而已。若不是我军当初在迈尔迈里卡和埃及西部缴获英军大量的物资，今天简直就无法生存了。口粮恶劣而又单调，我们看到后几乎不想吃了。燃料和弹药的情形也已经坏到了极点，使得我们必须厉行节约。我们常常被迫禁止向敌人实行阻扰性的射击，其原因就是为了节省弹药。相反地，英国人却能够充分地发挥补给上的优势，他们的炮兵一天到晚向我们射击，我们的部队备受威胁。

8月本该尽最大的努力补充弹药和燃料，但是结果却相当不理想。德军的整编工作距离标准还差得很远。虽然意军的补给比较充足，但第二十摩托化军中的步兵单位，也还有一半缺乏车辆；换言之，他们十个摩托化营里，只有四个是具有机动性的，其余的在开阔的沙漠中完全没有价值。这个军现在共有220辆战车，由于它们的引擎都是已经磨坏了的旧货，驾驶人员的经验又差，所以每跑一段极短的距离之后，至少有一半有抛锚的危险。

在英军那一方面，我们预计 9 月初会有一个总吨位在 10 万吨以上的大型护航舰队，在军舰保护下到达苏伊士运河地区，提供英军第八军团许多最新的武器和作战物资。所以装甲军团决心要在这个时间之前先发动攻势。由于物资缺乏，我们的计划仅限于在阿拉曼防线把英军第八军团击溃，然后乘胜占领亚历山大港和开罗周围的地区。但是攻击发动的时间却一再延期，关键就是必须要有大量的燃料和弹药到达，没有这些东西，根本不可能发动攻势。

装甲军团用尽了一切方法来逼迫补给当局，要求其能够如期把物资运到。但是他们总是做不到，虽然事实上这些要求都不是无法达成的，好像罗马当局认为非洲的胜利早已经是囊中之物，不必再多费心了。8 月底，卡瓦莱罗告诉我说，运油船已经出发了，一定可以准时到达，来配合我们的大攻势。凯塞林也提出承诺说，在必要时，他的运输机队每天可空运500 吨的燃料给装甲军团使用。卡瓦莱罗又说他准备使用潜艇和军舰，来运送一切最急需的物资。


最亲爱的露：

昨天我实在无法写信给你。现在已经比较好了，可以起床待一会儿了。不过我还是得回德国去做六个星期的疗养。这样，我的血压才会恢复正常。有一位元首的私人医生已经在来非洲的途中。我决定要等到一切的业务交代清楚之后再离开，这样我才放心。还不晓得谁来代替我。今天我还要做检查，真希望一切毛病都没有了。照现在的情况看来，我们已经把在非洲的将领都差不多消耗光了——18 个月当中，平均每个师换了五个师长——所以我也应该送到工厂里去修理修理了。

1942 年 8 月 24 日

贝恩特中尉写给隆美尔夫人的信件：

亲爱的隆美尔夫人：

　　您接到我从非洲写来的信，一定会觉得奇怪，我写这一封信的目的，是要把元帅的健康情形向您做一个详细的报告。您的丈夫在非洲已经 19 个月了。照医师们的看法，他的体能好得令人惊讶，因为这早已超过了任何 40 岁以上的军官所能支撑的限度。在拼命奋勇前进之后，跟着就是阿拉曼会战，巨大的责任落在他的肩上，由于紧张焦急的缘故，他曾经有好多个夜晚没有好好休息过。此外，坏天气又来了。这许多的因素，都足以使他的身体受到损害，最近他已显出疲惫状，这使我们这些人都很着急。固然最近并没有危险，但是若不及早休息，很可能会坏到不可收拾的地步。

　　现在为他诊治的医师，是吴兹堡大学的贺斯特尔教授（Prof. Horster），他是德国著名的胃病专家。他经常来诊视元帅的健康情形。我们也已经报告了元首，他同意这个战场的局势暂告一段落后，就让他回德国休一次长期的病假。在此之前，我们会尽可能使他的生活稍为轻松，并且劝他多多保重自己。我已经为他布置了一个小厨房，找到了一个好厨子。新鲜的蔬果每天都送来。我们钓鱼、射鸽、养鸡下蛋，来使他的体力逐渐恢复。

　　对元帅而言，这些办法都不能让他知道。您晓得他的个性，他一定要和士卒同甘苦，不肯比别人多享受一点儿。

　　夫人，我希望您不会对这封信的内容发生误会。因为已经有了一份冗长的医师报告送往三军统帅部，根据我的经验，关于元帅的健康问题一定会有许多谣言。因此，我害怕您会着急，所以写了这一封信。他所需要的只不过是休息而已，这件事早已在安排中。

　　毫无疑问，元首需要元帅来担负更重要的任务，因为这个理由，元帅就必须好好地保重。所以，我们对他的健康，就不能不

表示过度的关切。夫人，我请求您不要烦恼。在以后的作战中，
关于他个人的安全，我们会尽可能地保护他。因为我们这些人，
无论是军官还是士兵，都没有一个人不愿意为元帅效死的……

1942 年 8 月 26 日

拜尔莱因将军附注：贺斯特尔教授是隆美尔的医药顾问，在北非作战
中和他处得很好。有一天，高斯又请他去为总司令检查。隆美尔最近常常
有昏厥的现象，虽然他还在撑着，不肯承认有病。在这一次检查之后，高
斯将军和贺斯特尔教授联名发了一个电报给三军统帅部，说隆美尔元帅最
近体弱多病，恐怕不适合指挥未来的攻势。隆美尔认为只有一个人有资格
接替他，那就是古德里安将军，于是他要求三军统帅部派古德里安来代理
军团司令。同一天夜里，回信就来了，表示不能接受。于是隆美尔决定不
顾一切，因此贺斯特尔教授又打了一个电报给三军统帅部，表示：元帅的
病已经逐渐好转，在不断的医药照料之下，他可以指挥这次会战。虽然如此，
他却还是需要休息。


最亲爱的露：

　　凯塞林今天来此长谈。对于罗马当局他也常常感到头痛。他
所得到的诺言很多，却很少兑现。他本是一个过度的乐观者，因
此失望得更厉害。

　　前线上一直都平静无事。英军的炮兵有时会突然猛轰一阵，
一打就是几千发炮弹。不过我们的兵力却早已疏散开，所以损失
很有限。

1942 年 8 月 27 日

　　这里已经开始紧张了。昨天与各级指挥将领会商。范尔斯特
将军回来了，仍然率领他那个师。他是一员勇将，在 5 月会战中
很早就受了伤。我已经完全康复，一定能渡过这个难关。高斯这
次留在后方，由魏斯特伐陪我一同到前线。高斯的身体情况很差，

老是闹头痛，我希望他还是回欧洲去比较好。

8 月 29 日

# 新的突破计划

8 月底的时候，英军在阿拉曼防线的部署大致如下：

（一）在北部地区中，由印军第五十师、英军第五十师和澳军第九师负责防守，而南非第一师则在他们后方的海岸上。这些部队都由第三十军指挥。

（二）在南部地区中，由第十三军负责指挥。第七装甲师连同他们的侦察单位在前线上，它的北面则由新西兰第二师防守。在防线的中央和南部的后方为英军第一装甲师，之后我们又发现了第十装甲师。


隆美尔在这里的敌情估计有好几个错误：

（一）英军第五十师不在前线上，到了作战三日后（9 月 2 日）才有一个旅调去前线。

（二）南非第一师位置在第三十军的中央部分——从海岸直达鲁维沙特山脊。

（三）英军第一装甲师并未参加战斗。

（四）第十三军所属的第十装甲师下辖两个旅，而第七装甲师却只剩下一个轻装甲旅。

（五）另有一个第二十三独立装甲旅，其位置可同时支援两个军。

（六）第十三军还有一个第四十四师，位置在阿兰哈法（Alam Halfa）山脊上面。

（七）在南面的第七装甲师的后方，根本没有什么兵力，第十装甲师和第四十四师都是在新西兰第二师的后面。

这一次英军的计划是扼守海岸与鲁维沙特山脊之间的地区，假使德军向山脊南面前进，则山脊下的坚固阵地即足以威胁其侧翼。

装甲军团的计划大致如下：

装甲军团的摩托化部分，包括非洲军、意军第二十摩托化军和第九十轻装师，全部进入前线南端的集中地区，同时应尽可能地避免敌人的空中观察。装甲部队分批前进，并加以良好的伪装，所以这个运动需要好几天时间。等到装甲部分集结好了之后，轻型车辆就要一口气全部移动到它们的集中地区，然后赶快用运输车辆去"填补"它们的位置。我们用最大的努力来掩藏我们的意图。

根据上述的敌人兵力部署，英军在防线的南端兵力很少。我们的侦察部队也报告说，那里只有薄弱的地雷防线，似乎不难通过。我们准备由德意两国的步兵发动一次夜袭，占领这些位置，然后装甲部队跟在后面一拥而上，把敌人赶开。以后就由非洲军和摩托化军的一部分继续向东进攻，预计在上午以前到达哈马姆（El Hamman）的西南，距离起点约为25—30英里。

我们的防线南端由意军第十军负责防守。第九十轻装师和意军第二十军的一部分掩护我军的侧翼，一直到英军在阿拉曼的防线及其以东的地区。他们负责击退英军的攻击，据我们的估计，在作战的最初阶段，这种攻势一定会相当猛烈。

在拂晓的时候，我军的摩托化部分（主要是非洲军）应该向北猛冲，一直到达海岸，接着从那里朝东攻入英军的补给地区，并企图在开阔地上做一次决战。当我们的摩托化兵力进入英军补给地区之后，可能就会把英军的摩托化兵力吸引回来，使他们没有余力去攻击第九十轻装师。于是英军的装甲部队就可能会被切断，而无法有效地作战。这个计划若要成功，全依凭英军官兵反应速度的迟缓。根据我们过去的经验，他们总是需要相当的时间才会做出决定，然后付诸实行。所以一切事态都必须快速行动。这个决定性的战斗绝不能成为静态的。利用留在阿拉曼防线的少数德意军步兵兵力不断攻击，可以把大量的英军钉死在那一条防线上。真正决战的地方却是在英军的后方，凭着我军在机动战争上的优越素质和军官的高度指挥技巧，就足以抵消我军在数量上的劣势。当他们的补给来源被切断之后，这些留在前线上的英军就只有两条路可以选择：不是在原地死拼到底，等候被歼灭；就只有突围遁去，向西逃走，埃及的战事也就完结了。

到了 8 月底，意大利最高统帅部允诺给我们的弹药和燃料都还没有到。"满月"本是我们作战时所必需的条件之一，现在却早已开始亏缺了。若是再等下去，那就无异于自动放弃了进攻。

此时，卡瓦莱罗元帅又告诉我，在严密的保护之下，那些运油船在几个钟头之内即可以到达，最迟也不过是明天。

因为希望他这个诺言可以兑现，并且相信在紧急时期，凯塞林元帅在每一天之内有空运 500 吨的能力——而更重要的，是假使我们不趁着"满月"进攻，其结果必将失去一切的机会。于是我下令在 8 月 30 日到 31 日的夜间，开始发动攻击。

最亲爱的露：

已经天亮了。我花了许久的时间来准备这一切。不过一直到今天，有许多问题还是没有解决，许多东西都还是极感缺乏。但我还是决定冒险进攻，因为需要很长的时间，我们才又可以获得同样的机会。这一战极其重要，假使我们的打击能够成功，那么它对整个战局可能就会产生一个决定性的作用。假使失败了，我也希望能够使敌人受到重创。

至于我的健康，我觉得一切都很好。

1942 年 8 月 30 日

拜尔莱因将军附注：贺斯特尔教授说攻击开始的那一天上午，隆美尔离开他的卧车，脸上神色很不好看。他说："教授，决定在今天进攻是我一生最难做的决定。不是在苏联的德军到达格罗兹尼（Grozny），而我们非洲军团也到达苏伊士运河……就是……"他做了一个手势表示全盘失败的意思。

# 第十三章

# 成败关头——阿兰哈法

## 阿兰哈法之战

8 月 30 日到 31 日的夜里，装甲军团的摩托化部分和步兵开始向英军阿拉曼防线南端的要塞发动攻击。

军团部的幕僚们整夜时间都守在电话旁，各方面的报告川流不息地向总部送来。虽然如此，我们对于当前的情况也还无法肯定，不过大致说来，我们已经逐渐认清了，一切并不如我们预期的那样顺利。非洲军的第一次报告在大约上午 8 点钟的时候到达我的手里，那时我正在杰贝尔卡拉克（Jebel Kallak）的附近。由于敌人的雷阵，非洲军已经无法到达他们的指定目的地。英军十分顽强地防御着他们的据点，所以我们的进展一再受到延迟。使得该地区中的英军有时间把警报送回他们的总部，英军指挥官也因此而能谨慎地采取必要的对策。这个空隙时间对敌人而言具有极大的价值，因为他们可以趁机调集机动化兵力，给予任何突入的德军部队迎头痛击。

几分钟之后又传来更坏的消息，第二十一装甲师师长俾斯麦将军因触雷被炸死；同时，非洲军军长内林将军在空袭中也负了重伤。

我原定的计划是使摩托化兵力趁着明亮的月光向东进展达到 30 英里的距离，然后再向北发动一次拂晓攻击，结果完全失败了。突击的兵力被意想不到的强大雷阵所阻，消耗了太多的时间，使奇袭的因素完全丧失了，而这个因素却是整个计划的基础。在这种环境下，我们就不免感到犹疑不决，到底是进还是退呢？最后我决定还是以非洲军目前所处的地位来定夺。

不久以后，我就听到非洲军在他们的参谋长拜尔莱因上校的优秀领导下，已经克服了英军的雷区，开始准备向东行动。我和拜尔莱因把当前的情况检讨了一下，然后决定继续进攻（在内林将军负伤之后，拜尔莱因暂时代理军长的职务）。

由于英军的装甲兵力已集结好，可以立即采取行动，所以我们不可能再继续向东面做宽广扫击，因为那样一来，我们在南面将受到英军第七装甲师和在北面将受到英军第一和第十装甲师的不断威胁。因此逼得我们不得不提早向北面转动。

现在，非洲军以第一三二号高地为攻击目标，而意军第二十军则以阿兰包特（Alam Bueit）—阿兰哈法之线为目标。根据我方空中侦察的报告，这个山脊上现在已经有坚固的设防，后来才发现那是由最近从英国本土开来的英军第四十四步兵师负责扼守。依照我们过去的经验，阿兰哈法山脊的争夺战一定会十分惨烈，因为这也正是整个阿拉曼阵线的锁钥。我们已经要求凯塞林元帅在以后这几天当中，从空中对它做猛烈攻击。

当非洲军把燃料和弹药都补充好了之后——这又花费了不少的时间——我们在大约 13 点钟的时候，继续发动攻势。这次的攻击是在大沙暴之中进行的，在最初的阶段进展得很顺利，甚至把意军利托里奥装甲师携带着一同前进。不幸的是，意军阿里埃特和特里埃斯特两个师还是受到英军雷阵的阻挠，正在那里一面开路，一面缓缓地前进，所以没有跟上。由于这个结果，意军的第二十摩托化军在 15 点以前，一直都没能前进。因此他们一直都落在后面。

这个时候，非洲军的战车和其他各种车辆，正一路在软沙之中挣扎着前进。大沙暴整天狂吹着，使得士兵们异常痛苦——不过它也有一样好处，那就是阻止了英国的空军，使他们无法向我军纵队实施空中的攻击。在这种困难的条件之下前进，不久非洲军的燃料就消耗光了，我们只好暂时停止对第一三二号高地的攻击。意军第二十军还是落后相当远的距离，但是第九十轻装师却已经到达了它的指定位置。东面和东南面的保护则由各侦察营负责。

天黑之后，我们的兵力就变成了英国空军猛烈攻击的目标，受损最重的是侦察部队，其他的各单位也都有损失，只不过程度较轻而已。

此时，意大利当局允诺运来的燃料还没有到达非洲，当我们的补给车辆进入敌人雷区中的狭窄通路时，又经常受到英军第七装甲师（位置在我军突出地区以南）的袭击。所以，到了9月1日的上午，我被迫放弃一切大规模行动的企图。所有摩托化部队都避免做任何大规模的运动，我们所能做到的，就只有若干对于有限目标的局部攻击。

基于这种决定，非洲军在9月1日的上午，就只靠着第十五装甲师一个师的兵力，继续进攻。在击毁了相当数量的英军战车之后，这个师的主力居然到达了第一三二号高地正南的地区，到此他们的燃料差不多用光了，于是连这个局部性的攻击也只好停止。

非洲军一整天都遭受着英国轰炸机的攻击。在这个毫无掩蔽的地区中，炸弹爆炸后又激起沙石横飞，使得我们的死伤更为加重。专以非洲军军部而言，就炸死了七个军官。由于当前的情况如此恶劣，所以我又在考虑是否应该摆脱战斗的问题。

大编队的英国轰炸机在这一整天中，始终不曾停止过他们的攻击。英军的炮兵也十分活跃，发射了大量的弹药——平均他们打十炮，我们才还击一炮。所以任何大部队的运动，以及照规定时间的行军，在目前已经不可能。我们的战斗机因为数量太少，虽然不断地截击英国轰炸机编队，但很少能够达到阻止敌人轰炸的目标。

意大利当局答应给我们的燃料，还是一滴也没有运到非洲。那一天黄昏的时候，装甲军团的存油最多只能再配发一次，而且即令使用得十分经济，这一点油量也还是撑不了多长时间。


一次"配发量"的油料只可以使每一个单位行走100公里的距离——而且地形还不能太恶劣。

到了9月2日，本来预定在9月3日应该运到的5000吨燃料，其中有2600吨已经沉入海里，另外有1500吨留在意大利，还没有运出。

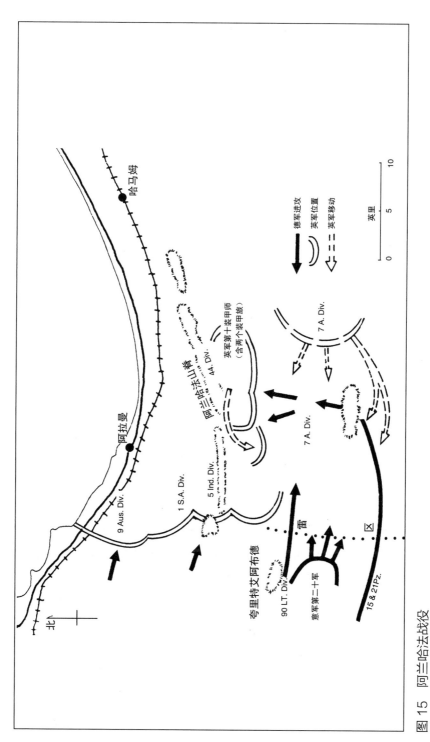

图 15　阿兰哈法战役

从 23 点以后，一直到 9 月 2 日的上午，我们不断地被英国空军轰炸。这一次他们又炸中了我的指挥所，一辆车就在我所躲入的堑壕旁边被炸起火，距离不到 10 码远。

那天夜里，我决定暂停进攻，撤回据守艾塔奎—巴布艾盖塔拉（El Taque-Bab el Qattara）之线。其理由有两点：一是空袭吃不消，二是补给实在太困难。我们的攻击已经不会再有任何成功的希望。

此时，英军在阿兰哈法与巴布艾盖塔拉之间，已经集中了强大的装甲兵力，但是却停留在他们的集中地区之内观望，暂不行动。虽然也有局部性的进攻，但却很容易被我们击退。我们对这位新任的英军指挥官蒙哥马利将军的印象，即觉得他是一个十分谨慎的人，不愿意做任何没有把握的冒险。


蒙哥马利此时正在准备做一次强烈的反攻，甚至已经组成了一支追击的兵力。不过最后，他却认为能够恢复原有的防线就满足了，不想多消耗兵力，他主张一切都应采取稳扎稳打的方式，希望等准备完成之后，再发动一次大的攻势。因此他并没有用全力来切断隆美尔的退路。


黄昏的时候，我又和凯塞林元帅举行会商，我详细说明英国空军攻击的效力，尤其是他们那种对于摆满了战车、大炮和车辆的地区，实行"地毯轰炸"的方法。凯塞林答应设法尽全力来帮助我们。

可是在那天夜里（9 月 2—3 日），非洲军、意军装甲师的一部分和第九十轻装师，都再度遭到强大英国轰炸机编队的猛烈攻击。英军不断地投下照明弹，把整个沙漠照耀得好像白天。镁质的燃烧弹是无法扑灭的，它们在地面上燃烧着，把整个地区照耀得通明雪亮。这个时候，从天空落下大量的高爆炸弹、破片弹，甚至地雷，都像雨点一样落在我军占领的地区。过去，我们的 88 毫米高射炮还能偶尔击中几架敌机，现在他们却先找到了这些炮位，先从高空中加以攻击，结果这些高射炮大部分被击毁了。我军损失惨重，车辆被击伤和击毁者数以百计。

第二天，我军照计划实行撤退，英军做局部性的攻击，除此以外，就是使用他们的空军和炮兵为我们送行。凯塞林告诉我们说，他准备出动一切可用的飞机攻击在我们突破地区以北的英军，很明显，这些英军有向我们侧翼发动攻击的企图。

那一天夜里，英国空军只有小规模的出击，而我方空军对印军第十师的攻击，似乎已经迫使敌军做疏散行动——他们本是准备向意军发动逆袭的。英军其他单位，尤其是新西兰军，虽也曾向我军实行侧击，但是兵力都太弱，一一为我所击退。

英军曾夜袭意军第十军，结果自己的损失很重，战死的人员很多。我们收容了200名俘虏，其中有一位是新西兰第六旅旅长克利夫顿准将（Brigadier Cliftom）。

第二天上午，我和这位准将做了一次谈话。他认为他做了意大利人的俘虏，真是奇耻大辱。他本来正在劝说意军投降，并告诉他们已经有强大的英军装甲兵力集中在他们的阵地前面。此时意军已经动摇了，有些甚至已经开始拆卸他们的枪机，哪知道突然有一位德国军官走了过来，破坏了他们的好梦，令他非常失望。他也可以算是一个"老非洲"了，从1940年起，他就率领部队和我们作战，他参加过希腊战役和1941—1942年间的冬季战役。

他给我的印象是英勇可爱。他向我提出特别要求：宁可做德军的俘虏，也不要把他送往意大利。我很想满足他的要求，于是违反上面的命令，把他送往马特鲁港的一个德军战俘营里去。不过后来，OKW还是下令把他移交给意大利人。

但在要移交的前夕，克利夫顿要求上厕所，结果他从窗口爬了出去逃走了。我们立刻用无线电通知各部队实行通缉，几天之后，有几个参谋人员正在沙漠中猎取羚羊，突然发现一个十分狼狈的人影在沙漠中徘徊着。他们跑近一看，正是这个逃犯，于是把他带了回来。一个人在这种大沙漠里想要活命，实在是难上加难，想必他已经疲惫不堪了。我和他又谈了一次话，并且对他这种冒险的精神，表示十分的钦佩。不过为了避免他再做这种无意义的挣扎，我决定把他送往意大利。之后我听说他还是逃出了意大利的战俘营，越过边界逃到了瑞士。

最亲爱的露：

    以后我会有好几天的艰难日子过了。补给上的困难和敌人空军的优势，已经逼得我们非放弃攻击不可——否则我们一定可以获得胜利的。好吧，这也是无可奈何的。此刻是我今天第一次回到司令部，我赶紧把靴子脱下来洗了洗脚。我还是希望情况有所改善。我非常想你和曼弗雷德。

    又，俾斯麦已经战死，内林也已负伤了。

1942 年 9 月 4 日

在这次会战中俘获的英军官兵，有些人承认：英军指挥部早已知道我们会在 8 月 25 日左右发动攻势。甚至还有几个俘虏说，英军司令部是从一位意大利高级官员的手里，获得了我们的进攻计划。

9 月 6 日的上午，我们完成了撤退，改取守势。由于这次攻击的失败，我们占领苏伊士运河地区的最后希望，也终于成为泡影了。现在由于美英两国的强大工业力量，我们已经可以看出我们非失败不可了。

# 三度空间

这次攻击失败，其主要原因可以分述于下：

（一）英军在南段的阵地构筑得十分坚固，与我们的侦察报告并不相符。

（二）英国空军拥有完全的制空权，他们不断地进行猛烈的空中攻击，把我们的部队全都钉死在地面上，使我们完全无法依照预定的时间表，做顺利的行动和进攻。

（三）燃料是完成我们这个计划的主要因素之一，可是始终不曾运到。

卡瓦莱罗所答应的船只，有些中途沉没了，有些迟到了，有些根本就不曾开出港口。此外凯塞林也没能兑现在紧急的时候每天空运 500 吨燃料到前线去的诺言。（魏斯特伐将军说，凯塞林已兑现他的诺言。不过当它运往前线的时候，这 500 吨燃料就已经被它自己消耗完了。）

由于英国空军的轰炸和低飞攻击，我们的死伤数字相当惊人。德意两军总加起来，死了 570 人、伤了 1800 人、被俘了 570 人——总共将近 3000 人左右。在物资方面的损失，最主要的是车辆——一共 50 辆战车、15 门野战炮、35 门战防炮和 400 辆卡车。

不过根据各部队的报告，我们也俘获了 350 名战俘，击毁和缴获了 150 辆战车和装甲车。此外还击毁了 10 门野战炮和 20 门战防炮。


根据亚历山大将军的报告，英军损失 164 人（包括死亡、负伤和失踪的）、战车 68 辆、战防炮 18 门，并无野战炮。

英国人估计敌人的损失（死伤加在一起）应为 4500 人，要比隆美尔所承认的数字大了近一倍——但俘获的只有 300 人。他们从战场上一共找到 51 辆战车（其中 42 辆是德军的）、30 门野战炮和 40 门战防炮。


在这一次作战中，我们学到了一个最重要的教训，这个教训攸关我们今后对战争的一切计划和执行步骤。那就是，假使对方握有强大的空军实力，能够掌握着制空权，并且能够使用大编队的轰炸机，不顾一切拼命地做大量的空袭时，在地面上的行动，其能够完成的可能性就会受到极大的限制。

我们的部队把这一次会战叫作"自行车六日赛"。❶ 事实上，从我们开始进攻起，到撤退时为止，一连六天，从来没有停止过轰炸。

---

❶ 这是一项德国的著名自行车比赛，骑自行车连续跑六天。——译者注

在这一次攻击中，英国的地面部队很少出场。蒙哥马利并不想做大规模的攻势来收复他的南段防线，假使他那样做，也许已经被我们打败。他完全依赖着强大的炮兵和空军。此外，我们的交通线却经常受到英军第七装甲师的袭击。毫无疑问，指挥这个行动的英军将领很在行，每次我们都损失惨重，而他们则不太吃亏，并永远保持着自己的打击力量。

依照我们的估计，在六天的战斗当中，差不多有1300吨左右的炸弹，投掷在我军突击兵力占领的地区中。虽然比起后来在阿拉曼会战中投掷的数量还要少些，可是就过去的非洲战役的全部过程而论，这个数量已是创了空前的纪录。

此时那支预定在9月初到达苏伊士的10万吨的大护航舰队，也早已到达了。毫无疑问，英军的实力马上就会大幅增加，而空军方面当然也包括在内。由此我们就可以得到一个结论：在今后的会战中，英国空军所使用的飞机还会更多。假使真的如此，我们就又可以想见必然会有下述的结果：

（一）因为他们有完整的制空权，所以能获得完整和不间断的空中侦察报告。

（二）他们在作战中可以更自由，也可以更果敢，而假使有任何紧急事变发生，他们可以利用空军去阻止敌人前进、集中，或做其他一切行动。至少可产生迟滞作用，使他们有时间从容部署，以做有效对策。

（三）我方的行动迟缓，无异于使敌人的速度增加。因为速度在摩托化战争中是一个极重要的因素，所以胜负之数也就不问可知了。

此外，既然享有制空权，那么就可以使对方的补给纵队受到极大的打击，因此不久即可以使对方感到严重的物资匮乏。借着空军对通到前线上的道路做经常不断的监视，就能使敌人在白天里的补给运输完全停止，而逼得他们只能在夜间进行，时间被拖得很长。补给物资如果不能及时到达一线部队的手上，部队将丧失机动性，无法行动。

凡此种种，都使我们获得一个必然的结论：我们真正需要的就是空中的均势，至少要接近均势。空中的均势建立了以后，以往我们熟悉的战争规律才可以继续生效——当然，由于双方的空中活动都很频繁，所以在战术上不免要受到相当大的限制。

而我们为了应付英军的空中优势，在防御方面的布置要尽量设法使其无法发挥作用。由于现在我们最大的威胁是来自空中的敌人，所以不能再依赖摩托化的兵力做机动性的运用，因为他们在这种情况下最容易被敌人的空袭摧毁。我们必须用阵地战的方式来抵抗敌人，这种阵地的构造必须坚固到能够挡得住任何近代武器的攻击。

我们必须承认这个事实：敌人可以利用他们的空军随心所欲地阻止和延误我们的作战。他们的攻击在白天当然不成问题，黑夜里也可以用降落伞来投掷照明弹。根据这六天苦战的经验，可以看出任何时间表在此刻都已经变成一张废纸了。也就是说，我们的阵地要有足够的强度，可以供局部的守军独立死守一段相当长的时间。甚至在完全没有作战预备队的情况下也能固守——在敌人空军阻击之下，所有增援的兵力纵然能到达前线，在时间上也一定是一误再误了。

英国人的空中优势，已经使我们过去战无不胜的战术规律随风逝去。除了我们也能拥有一支强大的空军外，我们对于敌人的空中优势，就再也不可能有第二个真正有效的对策。在今后的任何会战中，美英的空军力量将会是一个决定性的因素。

拜尔莱因将军附注：从以上文字可以看出盟军的空中优势对隆美尔的作战观点产生了重大影响，他后来的很多决定都是根据这段经验而来，例如 1944 年防守法国时，他力主在滩头决战以阻击敌人，而反对一般的"正统"观点——将敌人引至内陆后再出动预备队去消灭他们。

# 第十四章

# 无希望的会战——阿拉曼

当我们对英军阿拉曼防线攻击失败之后，战争进入到了一个新的阶段，最终的结果使得我们在北非的战线完全崩溃。从9月6日到10月23日之间，补给方面的"战斗"又开始转为激烈。这场会战结束了，结果英军大胜而我们惨败。

我们对这次攻势的失败，心里的痛苦是不难想象的。当我们在8月底或9月初发动攻势的时候，卡瓦莱罗本来答应我们运输船只可如期赶到，结果到了9月8日才开到北非。此时，我们在补给方面早已发生了严重的危机，主要原因是我们所收到的数量，从未接近过预定的目标。在1942年的头8个月当中，我们大约收到了12万吨的物资——只相当于我们最低需要量的40%。

英国的战略空军和海军，在地中海的活动又比过去频繁了，我们的困难也因而与日俱增。敌人的空军一再攻击我们的港口，损失的吨数一天比一天多，而跑非洲航线的意大利船只却一天比一天少。比起意大利的船只损失——截至1942年10月，意大利一共损失了130万吨运力——新造的数字真是少得可怜。目前的情况已经恶化到即令现在开始想要做最大的努力，补给的问题还是无法改善的地步。

18个月以前，德国参谋本部的高级人员曾宣称：想要维持这个非洲战场，实在是一件不可能的事。由于德军的最高级人员都有此看法，使得那些在意大利和非洲负责补给问题的人获得一个得过且过的机会。他们所说的话，最高层都听得很入耳，他们对运输情况的估计——至少在1942年初夏之前——可以说是毫无事实根据。他们的想法都来自一些落伍过时的观念，碰到了困难总认为毫无克服的可能。

照我看，这正好是经济学教授与发财的商人之间的区别：商人在理论方面，可能没有教授那样高明，可是他的观念却往往都有事实上的根据，并且也肯用全部的意志力来使其实现。反之，教授对于现实的观念往往不正确，他的理论很多，但却缺乏兑现的能力与勇气。结果发财的都是商人，而不是教授。

同样，真正作战的军人和纸上谈兵的专家之间，也是大有区别。不专以军事为限，包括整个的生活在内，其中有一个最重要的因素，就是执行的能力。这就是一种足以让人把全部的精力都用在完成某一个特殊任务的能力。一个知识分子型的军官，通常只适合当幕僚，因为他善于批评并提出供讨论的资料，但不能实行。任何高明的结论，都需要指挥官强大的执行能力，才能使它付诸实现。

就补给问题而言，上述的理论同样适用。我们今天遭遇到的最大困难，就是负责补给的人员认不清现实，缺乏主动的精神和推动力。我列举出下述的事实，当作他们是"不为"而非"不能"的铁证：

（一）意大利的海军，从不曾使用其主力舰只来担负护航的工作或是紧急的运输工作。这并非燃料不足的问题，因为罗马街头的计程车并不缺乏汽油。

（二）对马耳他岛的攻击，始终没有成为事实。我曾经要求由我来执行这个任务，我深信假使在海空两方面若能获得适当的支援，一定可以获得这个岛屿要塞。假使马耳他落入我们的手里，英国人对我方在中部地中海的航运，就不再有干涉的可能了。因此马耳他岛的得失是好几十万德意两国军人生命的关键。

（三）我们始终没有从意大利获得足够数量的沿海船只，以便在海军保护之下，组成一个令人满意的沿海航运体系。

（四）在沿海的地区，始终没有能力开辟新的卸货场所，而原有港口的吞吐能力，也始终没有办法提高。

我绝对不会故意漠视补给问题的困难——在元首大本营中，常常有人有如是的看法——我只是比较认清现实而已。到了1942年年底，在阿拉曼会战结束之后，再想维持非洲战场，实际上已不可能。可是在那年的春天和夏天，要确保海运的畅通，则一定可以办到。这样就能使我们征服整个地中海的海岸线，而此后地中海里的交通当然更不会发生问题了。可是元首大本营中的衮衮诸公们，却完全不了解在这个决定点上建立战略重心的观念。

在我们这一次攻势不幸流产之后，我立即向元首大本营和意大利最高统帅部提出报告："非洲装甲军团中的德国部队，现在正承担着整个非洲战争的使命，并和大英帝国的精兵做殊死的苦斗。所以有关生死存亡的物资补给，必须不断地维持畅通，一切可供调用的船只和运输机，都应该用在这个目的上。若是这一点不能办到，那么整个非洲战场就不可能继续维持下去，当英军一旦发动大规模攻势的时候，我们马上会有全军覆没的危险。"

这个时候，英军的力量正在日益加强中。差不多在9月11日左右，他们在前线上已经有了五个步兵师和一个装甲师；另外在前线的后方，还有两个装甲师和两个步兵师作为军团总预备队；而在尼罗河三角洲上，则又另有两个步兵师。我们一天比一天更着急。我们要求赶紧运送重型战防炮来，因为它至少可以抵消一部分的英军装甲优势。我们也要求尽早再增派一个师作为人力上的补充。

粮食也开始成问题了，我们已经把在迈尔迈里卡所缴获的东西都吃光了。当我去访问前线时，常常发现有许多士兵因为吃得太坏而生了病，因营养不良致死的人非常多。

我再次向元首大本营提出这种紧急情况的报告，并强调一定要不惜成本，使用一切可用的运输工具解决这个运输问题，否则这个装甲军团在北非就不可能再撑持下去。我要求9月间至少应运输3万吨，而10月间在

第二十二空降师 ❶ 到达之后，应再增为 3.5 万吨（拜尔莱因将军附注：这是一个摩托化步兵师，在苏联战场上久战之后撤回整补。它原定要运往非洲，但始终没有照计划运来）。我还要求把现在德意两国的可用车辆，赶紧全部运来。我们把英国空军对我军攻击所产生的效果，做了一个极详细的报告，并要求增强我们的空军实力，尤其是在战斗机方面。

我认为若要有效防御英军未来的攻势，下列的物资储存是一个不能再少的下限：

弹药：8 次的配发量。

燃料：使每一辆车能够行驶 2000 英里的总存量。

粮食：30 天的存量。

我明明白白地宣称，若是这些要求无法满足，我不敢把握防御是否成功。


最亲爱的露：

我的健康已经完全恢复，我相信任何人从我的外表上都看不出有什么异样。不过，医师还是一再逼我告假回德国去休养一段时间，希望我不要再耽搁。但是我一定要等到斯徒梅将军（Gen. Stumme）来到此地，把事情都交代好了再动身。

一方面，我很高兴有这个机会可以和你见面；另一方面对此间的情形，我一直感到焦急，自己不在前线上，真是放不下心。虽然我晓得：丘吉尔曾经说他的能力只够再坚守几个月而已，但是我认为在 4—6 个星期之间，他可能会凭着优势的兵力，再发动一次新的攻势。除非我们在高加索方面大获全胜，才可能阻止他的行动。

---

❶ 利用运输机或滑翔机搭载的步兵，不是伞兵。——编者注

高斯因不适在热带地区服役，已经奉准调回德国去休息六个月。魏斯特伐的情形也不太好，他正患着黄疸病。情报处处长梅仑丁中校（Lt.-Col.von Mellenthin）由于患痢疾，已于今天回国了。昨天又有一位师长负伤，所以在十天之内，军长与师长的班底都要整个换新。

1942 年 9 月 9 日

我一直都很好。时局好像波浪起伏一样。我这时候离开这里去休息几个星期，实在是最好的机会。英国人对印度方面似乎十分不安，同时对高加索方面的战事也感到非常烦恼。我希望我是可以从中获利的一分子。昨天这里又起风了，可并没有发展成一个真正的沙暴。我已收到曼弗雷德在 31 日寄来的信件，我非常高兴。

也许我这些信到家的时候，人已经先到了。不过，我却还是照样写着，又有谁知道未来的演变呢？

老房子的景色如何？我在想：到我回来之后，一切眼中所见的景色将多么令我兴奋。曼弗雷德应该又长高了，大概已经追上我了。

9 月 11 日

9 月 14 日的清晨，英军使用 180 架飞机在托布鲁克港口附近猛烈轰炸之后，英国人就企图在托布鲁克要塞地区以内，使用大量的兵力实施登陆。依照落入我们手中的敌人文件，他们的任务是想要毁灭港口上的设备，并击沉停泊在港口内的船只。

在这个半岛上的高射炮马上就要猛烈轰击英国人了。德意两军也都立即组成了突击队，去围捕这些已经登陆的敌军。因为害怕敌人有攻占托布鲁克的企图，我们立即调动了一些摩托化部队开入这个地区。可是阵地上的守军不久就恢复了秩序。英军被俘和战死的人很多，颇有些得不偿失之感。根据高射炮兵的报告，他们一共击沉了三艘驱逐舰和三艘护卫舰或登陆艇。第二天，我们的空军找到了英国舰只的位置，又炸沉了一艘巡洋舰、一艘驱逐舰和几艘护航舰。还有一些船只被炸伤。

9月15日，我亲自飞往托布鲁克视察当地守军，对他们的应变能力表示慰问之意。这次英军攻击真使我们大吃一惊，因为托布鲁克是我们的最大弱点。我很害怕敌人在发动攻势之前，会再来一次这样的攻击，于是命令龙巴帝海军中将（Vice-Adm. Lombardi）和戴恩德尔将军（Gen. Deindl）尽一切努力以确保这个要塞地区的安全。

这是英国人对我们后方地区所做的第一次最严重的攻击。一般说来，这一类的小型突击都是由斯特林上校（Col. Stirling）所率领的英军突击部队来执行的。〔隆美尔在此称这些英军部队是"突击兵"（Commandos），由此可知他不了解英军特种部队的编制：在北非很活跃的英军突击队通常是属于"特战空勤团"（Special Air Service Regiment，简称SAS），或是"沙漠长程作战群"（Long Range Desert Group），"突击兵"则是美军中的单位名称。〕

最亲爱的露：

昨夜由托布鲁克赶回来。当你从公报上面看到英军登陆失败的消息时，相信一定会十分开心。现在似乎一切情况都得到了控制。斯徒梅今天可以到达罗马。我希望这星期可以动身回家。

凯塞林今天上午来此，我昨天在托布鲁克已和他见过面，并且谈了些话。他是从元首大本营里回来的。斯大林格勒之战似乎进行得很激烈，牵制住了我军不少兵力，否则我们把它们用在南面去就更有利了。

1942年9月16日

尽管贺斯特尔教授对我的照料十分周到，可是在非洲18个月以来的不断劳顿，已经使我的健康情形日趋恶劣，因此我必须马上回欧洲去做长期的疗养，不能再拖延了。当我离职的时候，斯徒梅将军奉命做我的代理人。

他在 9 月 19 日到达我的司令部。在同一天，我又和卡瓦莱罗元帅、奥托中校（我的军需处处长）等人举行了一次会议。我和奥托都埋怨目前的补给作业，尤其是意大利当局正在运输更多的部队到的黎波里塔尼亚来。意大利的领袖已经下了命令，除了皮斯托尼亚师以外，还要另外再调两个师到的黎波里塔尼亚来。这些部队对前线上的战斗，可以说丝毫不发生作用，只是徒然占用船只的吨位，影响到前线战斗部队的迫切要求。

9 月 21 日，我带着高斯和拜尔莱因乘飞机去视察驻留在锡瓦（Siwa）绿洲的德意部队，在那里我们受到阿拉伯部落的热烈欢迎。我们把礼物送给当地的酋长，并且为他们拍照留念——他们都穿着五颜六色的长袍，颇为美观。他们把与这个绿洲有关的邮票贴在一个信封上，盖上那一天的邮戳，当作礼物送给我。

第二天，我就把装甲军团的指挥权移交给斯徒梅将军。当我表示一旦英军发动大规模的攻势，我会临时缩短假期，提前赶回北非的时候，他似乎很不高兴。他一定是以为我对他不信任，实际上并不是这样一回事，因为我深信：即令他是一位最高明的装甲将军，但除非相当了解英国人的个性，否则他在阿拉曼战线上还是不可能随机应变，立即做出正确的决定。光用嘴无法把一个人的经验完全移交给他的下任。

9 月 23 日，我怀着一颗沉重的心，从德尔纳起飞回到意大利。我决定再向意大利当局恳切地陈述一次，告诉他们，假使希望我们在埃及境内坚守下去，那么在补给方面就必须尽力运达。

9 月 23 日，我和意大利当局达成下述的协议：在利比亚的意大利人，应该立即派出 3000 人，在前线的后方修建一条公路。因为目前这些沙漠中的车辙小径太差，到处坑坑洞洞，把我们的车辆都颠坏了。在目前零件相当缺乏的情况下，实在经不起这样的浪费。

意大利人又同意把 7000 吨的轨道和枕木运往非洲，以便恢复铁路交通。

意大利人更应设法攻克库夫拉（Kufra），以便铲除英国人的突袭基地。

把卡瓦莱罗的诺言和他到了 10 月中旬已经做到的事情做一个对比，那真是非常"有趣"：

当巴尔巴西将军（Gen. Barbasstti）接到要调用 3000 人修路的要求时，宣称最多只能拨出 400 人。而在这 400 人当中，又只有 100 多人到达工作地点，所以这条公路从未修建成功。

同样，枕木和铁轨也始终没运到。对铁路所做的唯一工程，还是由第九十轻装师负责完成的。

此外，巴尔巴西和卡瓦莱罗都不想攻击库夫拉绿洲，所以一切都还是照旧，而英国突击部队的威胁也还存在着。

也许卡瓦莱罗只是想使我回欧洲后少开口说话罢了，并以为我短时间内决无再重回非洲之可能。

9 月 24 日，我和意大利的领袖讨论到当前的局势。我明白地告诉他，除非补给的数量至少能够满足我要求的标准，否则我们一定会被迫撤出北非。我相信尽管我说得十分严重，他仍然不了解这个情况的严重性。在过去的两年里，我一再将补给上的困难报告给他听，可是很少有改善的迹象——只有 1942 年的春天那次是唯一的例外。当然，在欧洲的人对我们在非洲的困难情形，很难去真正地理解，他们常常对我们说，你们可以自由处理一切——可是除非先有好的物资条件，否则我们一切的“自由”都是空的。他们对我们的信心令人感激；可是我们这些在非洲的人，却更坦白地表示：我们对适当的补给供应所抱持的希望更高。我们不敢高估自己，我们知道若是想有任何成就，必须先掌握一切必备的条件。

不过无论如何，当我听到德意两国的补给当局都一致表示，最近准备调用相当数量的法国船只来替我们服务时，我内心颇感欣慰。此外，目前德国所派往主持补给问题的人是考夫曼（Kaufmann），他在组织和技术两方面都有很好的才能。因此，尽管现状不乐观，但至少不是毫无希望了。

过了几天之后，我又向元首报到了。他的大本营对装甲军团的成功印象很好，他们希望在地中海地区再获得一个决定性的战果。

我详细地向元首报告了阿拉曼防线的进攻经过，以及失败的原因。我特别强调英国人在空中的绝对优势，并把英国空军轰炸战术的效力解释得非常清楚。其中更重要的是因此对于摩托化兵力运用的限制，因为这些兵力在空中攻击之下，特别容易受到损害。我又说对付敌人空中优势的唯一办法，就是立即派遣强大的空军兵力到非洲去。

和与意大利领袖谈话的时候一样，我把补给方面的困难，做了一个非常彻底的说明，我认为毫无疑问，除非能有一个彻底的改进，否则我们绝不可能再拖下去。我又详细地解释，我们的补给情况并不是没有改善的可能。我要求把德军对意军的补给比额提高，因为在非洲，德军的战斗兵力实际上是比意军还多。

我用下列的语言来结束我的报告："我非常明白，以今天在地中海的海空战略情况而论，要想使德国的补给物资安全且不断地流入非洲，是要花很大气力的。必须把所有德国和意大利的运输工具，都利用到最大的限度，而且还需要更多的运输船来补充。但是除非这个条件能够先兑现，否则德军就无法对抗大英帝国的精兵，无法负起在非洲战场上独立打仗的重责。"

在这次汇报中，我认清了一点：元首大本营里面，还是充满十分乐观的思想。尤其是戈林，更把我们的困难说得一钱不值。当我说到英国的战斗轰炸机曾经用 40 毫米的炮弹把我们的战车击毁的时候，这位帝国大元帅认为这一点有损他的面子，马上高声喊道："那是不可能的。英国人只懂得如何制造刮胡子的刀片。"我回答他说："帝国大元帅先生，假使我们有那些刀片，我们也一样可以击毁敌人的战车。"

我身边正好带了一颗这种穿甲弹的样品，那是一架英国低飞飞机所发射的。它不仅击毁了一辆战车，甚至几乎把全车的士兵都打死了。

元首向我允诺说，在以后几个星期之内，我们的补给一定会大量地增加，他准备大量使用"西贝尔平底渡船"（Siebelfachren，由一位名叫 Siebel 的德国工程师设计）。这种平底船的吃水极浅，所以鱼雷会从船底滑过去。它们上面也装有好几门高射炮，不怕空中的攻击。唯一的弱点就是不能在波涛汹涌的海面使用，幸好地中海风平浪静。他把各种生产数字拿给我看，使我也产生了新希望，认为补给方面的多数困难，在最近的将来都能迎刃而解——当然不能太迟。

在元首大本营里，又有人向我保证，最近可以调派一个多管火箭炮旅（Nebelwerfer）到非洲去——一共有 500 门火箭炮。此外还有 40 辆虎式战车和自行火炮，也会尽量提前运往北非战场。

后来我才知道这许多诺言又都只是空头支票而已。那些生产数字本身就不正确。所以一切都只是说得好听罢了。

在这些日子里，还有一件很勉强的工作，就是必须向那些新闻记者解释各种有关我的健康情形的谣言。情况既然如此，我当然无法讲老实话。不过，我却希望我这些乐观的说法，可以暂缓英国人的攻势。

此后，我到塞默灵（Semmering，在维也纳附近）去诊疗我的肝病和高血压。在我离开非洲的时候，贺斯特尔教授曾经坚决主张，我应该长期留在欧洲。到了塞默灵之后，除了广播、报纸和斯徒梅将军与魏斯特伐上校的偶尔来信以外，我和外界完全断绝了联系。但是当我的军队处于危难之中的时候，我的心灵是永远不会安静的。对大西洋中的潜艇战，我尤其关心。

自从我们和美国宣战之后，整个美国的工业都在为盟军服务。我们在非洲的时候，就完全明了美国人在这方面的成就。现在，回到欧洲之后，我更找到一些有关美国生产能力的统计数字。它要比我们的数字大了许多倍。在大西洋中进行的潜艇战，就可以决定美国所能运往欧洲和非洲的物资数量。假使美英两国能够设法消除潜艇的威胁，那么我们的希望也就从此断绝了。假使我们能够切断他们在海上的交通，那么美国人的整个工业力量对同盟国也就发挥不了什么作用。可是几个月以后，坏消息就来了：美国人利用侦察仪器和直升机 ❶ 击沉了许多艘潜艇，使得我们无法再使用这种武器。

从非洲传来的消息也使人感到不太乐观。英国空军的活动日益活跃，

---

❶ 当时直升机的使用尚未普遍化，盟军在大西洋之战中使用最多的仍是陆地上或军舰搭载的飞机，隆美尔的这段话恐怕是出自误传。——编者注

而第八军团的实力也日益增强。我们的军队天天在提防英军大举来犯。他们认为最初英军会同时在好几个地点进攻，然后再选一个最有利的地点集中全力实行突破。

照我们的估计，英军的战车数大概是我方的两倍。我方的数字还包括300辆意大利战车，它们的战斗价值实在很有限。我们的战车中，只有极少数配有75毫米炮，而拥有大口径火炮的英军战车却有好几百辆。在210辆德国战车中，只有30多辆是Ⅳ型，大多数都是Ⅲ型，其中一半是短炮管的，从今天的标准看来都嫌落后。至于那300辆意大利战车更是不在话下。一切的补给都不够量，所以各方面都深感无奈。

实际上，隆美尔对于英军战车实力的估计不但不高，且还偏低。若把德意两军的战车总数加在一起计算，这个比例差不多是2.5∶1；若专就德国战车而言，则约为5.5∶1。英军战车装75毫米炮的超过500辆，其中约有400辆是新型的M4谢尔曼（Sherman）式，其余则是M3。

我的代理人斯徒梅将军一直在巡视中，有时坐飞机，有时乘汽车，他希望一切防务的部署都能达到我所要求的标准。他现在也认清了物资方面的问题有多严重，知道这是整个非洲问题的关键所在。事情越拖就越糟，可是补给的情况毫无改善的迹象。

# 防御计划

阿拉曼防线位置在海岸和盖塔拉洼地之间，根据我们多次侦察的结果，证明一般的车辆纵队无法通过这个洼地。除了阿卡里特（Akarit）阵地以外，这条战线在北非是极少数无法从内陆迂回攻击的地方。其他阵地只要一边从正面攻击，一边从南面加以迂回，最后都是可以攻下的。在任何地区，我们都可以使用摩托化兵力，向南面做奇袭式的突袭，以便在敌人的后方进行机动化战争，借此获得一个决胜的机会。这种开放的侧翼曾经一再地使我们获得出奇制胜的战果。但是阿拉曼的情形却完全不一样。守方可以守过一个相当长的时间，以便机动的预备队赶到，加入战斗。

所以，在阿拉曼，我们所遭遇到的战术情况与以往不同。在这里，"防守"有先天优势，攻击者除了向前硬冲以外，根本不可能克服守方的阵地。在其他的地方——例如 1941—1942 年间的塞卢姆会战，1942 年夏季的加扎拉会战——都是一种完全机动形式的会战。双方都没有预占阵地的优势，双方的战车都在毫无掩蔽的沙漠里面。以我们在塞卢姆的情形而论，固守防线是对的，因为我们用在塞卢姆—哈尔法亚防线上的部队是非摩托化的，所以只适用在这种固定的阵地上面。可是英军在加扎拉的情形则又完全不同，因为英军在该防线上的所有单位都是完全摩托化的，他们留在那里不动，固然足以使我方的补给作业感到相当地困难，可是到底不如把他们用在武士桥—艾克罗马战场上更为有利。

以过去累次的战绩而论，在开阔的沙漠中，我军在指挥和训练两方面，都比英军占优势。经过多次的会战，吃了许多苦头，我们当然也料想得到英国人在战术方面一定也学到了一些新的教训；不过他们的缺点还是没有全部改掉，因为这不仅是指挥上的问题，他们的陆军整体上太保守成性了。他们对固定防线的战斗固然够顽强，但是在开阔的沙漠战场上，却完全不能适应。话虽如此，我们还是不敢冒险把防御的重点放在沙漠中的机动作战上面，其理由如下：

（一）双方摩托化师的相对实力差距太大。敌方不断地在接收摩托化的增援，而我们所获得的补充却都是非摩托化的兵力，他们在开阔的沙漠中简直毫无价值。因此，我们被迫选择一种适合我们现有兵力结构的战争方式。

（二）英国人的空中优势，以及他们空军所使用的新型战术，都足以严重地限制摩托化部队的战术性使用，这个我在前面已详细解释过。

（三）我们经常感到燃料缺乏。我不希望再处于那样的窘境，因为燃料用完而不得不中途退出战斗。在一个机动性的防御行动中，若是缺乏汽油，就一定会招致大祸。

基于上述原因，我决定采取一条固定防线，利用步兵坚守阵地。

这就是说，英军必须做突破的尝试。我们毫不怀疑英军非常适宜这种任务，因为他们整个的训练都是以从第一次世界大战中的物资消耗战上面所学来的教训为基础的。尽管技术的发展对这种战争的形式已经产生了很大的影响，但是他们却没有能够做思想上的革命。尽管英国军事评论家早就呼吁：要重视装甲部队和摩托化带来的技术革命（拜尔莱因将军附注：这里指的是李德·哈特和富勒，元帅对他们非常佩服，在和我们讨论战术时常提及他们，在所有军事学的作者中，影响他最深的就是李德·哈特了。事实上，他和古德里安常以李德·哈特的"门徒"自居）；可是英国当局还是不敢冒险，不肯把这种未经试用过的理论当作平时训练和战时作战的基础。这种错误使英国人在过去受到了很大的损失，但是对阵地战和突破，却丝毫没有影响。因为广泛的雷阵会限制装甲兵在运动和作战方面的自由，而逼着它只能担任支援步兵前进的任务。

对我方而言，我们必须不惜一切代价，以阻止英军突破我方的阵线，因为上文已经说过，我们没有能力来做一次机动防御战。我们的摩托化部队似乎很难掩护我方的步兵，从一条长达 40 英里的防线上实行撤退，其结果之混乱一定不堪设想。

这使我们又获得了两条无可避免的结论：

（一）必须不惜一切代价来守住我们的阵地。

（二）只要敌人一渗透，马上就要用逆袭把它消灭掉，以免扩大成为突破的局面。因为我相信，假使敌人突破之后，他们就会让全部的打击力量从这个裂口中，长驱直入地钻进来。

我们在建立防御体系时，就是以能满足上述两个条件为原则。我们要部队占据那样坚固的阵地，使任何地区都可以挡住英军以最强烈攻击达相当长的时间。这样的话，不管英国空军怎样阻挠，我方的机动预备队仍然来得及赶到增援。

在构筑这一条防线时，我们一共用了 50 万颗地雷，其中有一部分是英国人的旧货。在埋置地雷时，我们特别注意使这些静态的"部队"，不仅可以在前面迎敌，而且在侧面和后面也都有自卫的能力。我们设法利用大量的英军炸弹和炮弹，在某些地方用电力来使它们爆炸。意军和德军交错布置在整个防线上，每一个意军的邻近都有德国兵担负着监护的任务。

我们的前哨人员都带着军犬，只要英军接近任何布雷地区，它们马上就可以发出警告。我们希望敌人在扫雷上耗掉极多的时间。很不幸的是，在非洲使用的地雷多为战防雷，因此步兵可以在上面走过而不致引爆，因此它们也很容易加以扫除。

当我请假离开非洲的时候，我的部队就开始沿着这条防线布防。不过以后在占绝对优势的英军兵力的压迫之下，我们的这些努力都白费了。这并不是我们的错，因为以当时的情况而论，我们本是非输不可的。


拜尔莱因将军附注：许多人都以为斯徒梅对于阿拉曼防线的布置，并没有遵照隆美尔的计划，所以才会失败。其实并非如此，因为一切计划都是隆美尔事先决定的，斯徒梅只是执行而已。


# 风雨欲来

在没有看到隆美尔的记载之前，建议读者先大概地把英军的计划看一遍。

因为进攻这条防线时，在运动上受到极大的限制，所以蒙哥马利使用步兵为装甲兵开路。他也把攻击的重点放在北面地区中。

攻击的主力为莱斯将军（Gen. Less）的第三十军，下辖四个步兵师——自右到左，其番号为澳大利亚第九师、英军第五十一山地师、新西兰第二师和南非第一师。印度第四师则另外担任牵制性的任务。等到在德军雷区中开出了两条走廊之后，属于伦斯登（Gen. Lumsden）第十军的第一和第十两个装甲师，马上冲进去，一直向前深入并击退德军的装甲逆袭。

在南面地区中，何洛斯将军（Gen. Horrcks）的第十三军——包括第四十四和第五十两个步兵师，以及第七装甲师——也同时做牵制性的攻击，其目的是分散德军的注意，并牵制住它的预备队——尤其是第二十一装甲师。

虽然第八军团一共只有三个装甲师，但它另有三个装甲旅，此外还有一个轻装甲旅——而德意两军只是分别各有两个旅而已。

这次阿拉曼会战是于 1942 年 10 月 23 日开始的，结果使非洲的战局发生了逆转，事实上更进一步说，这也可能是整个战争的转折点。当我那些英勇的部队进入战场的时候，他们就已经丧失了信心，因为在当时的条件之下实在没有获胜的希望。

德军战车约有 200 余辆，意军约为 300 辆，可是英军的实力却在 1000 辆以上，我们拥有相当多数量的炮，不过其中多数都是陈旧的意大利货，有一部分更是缴获的东西，它们大都缺乏弹药。此外，英国人在地中海上已经获得了完全的制空权，他们一方面轰炸我们的港口，一方面严密监视我们的海上航线，再加上他们的海军也十分活跃，因此我们的海上交通可以说是完全瘫痪了。结果，会战一开始，我们就感觉到样样东西都缺乏，这个影响在以后的叙述中随时都将很明白地表现出来。

10 月 23 日的白天还是平静无事，到了夜间 21 点 40 分的时候，突然整个前线都遭到了敌军的炮击，最后特别集中在北方地区。在过去的非洲战役中，从来不曾使用过这样强烈的炮兵火力，可是在这场会战中这却成为一个惯例了。除了英军各师的师炮兵以外，蒙哥马利又另外集中了 15 个重炮团，450 门口径在 105 毫米以上的大炮——在第三十五号高地与德尔艾夏之间的北部地区上面。英军的炮击相当精准，我们的损失相当大（这里的所谓"重炮"，照英军的分类实际上只是中型炮兵，在这次预备射击中一共动用了 1200 门大炮）。

不久，我们的通信网就被扫平了，前线上已经没有报告送回后方。在这种可怕的火力压迫之下，差不多和第一次世界大战时的情形相似，意军第六十二步兵团的一部分，擅自离开了他们的防线，纷纷向后方逃命。他们的工事只完成了一部分，在这种猛烈的火力下，他们都已吓得心胆俱碎。

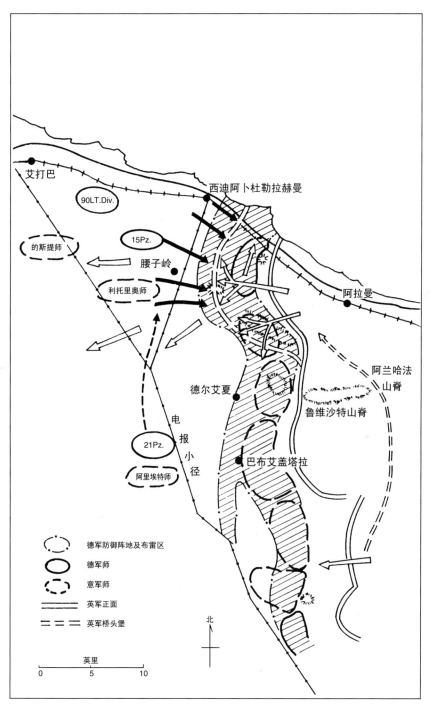

图16 阿拉曼战役（1942年11月）

到了深夜1点钟的时候，英军已经越过我方的前哨线，渗透进我方主防线，其宽度在6英里以上。我们的步兵拼命抵抗，虽然他们大部分的重武器都已被敌人的炮火击毁了。英军的战车也跟着蜂拥而上。不久，他们就越过了意军第六十二步兵团残部的位置，冲进了我们的防线，最后才为我军集中火力阻止住了。第一六四步兵师的两个营，在清晨的时候，也完全为英军炮兵的集中火力所歼灭。

就整个攻势而言，其进展速度并不算太快，远没达到英军指挥官所希望的标准。主要的原因还是雷区的阻力很大。拂晓之后，还只是为装甲兵打开了一条走廊，白天当战车向前推进时，很快被德军阻止住了。另外一条预定的走廊还被卡在雷区中间，进退两难。一直到第二天上午，在步兵于天亮前发动的一次攻击之后，才算完成一切的预定目标。于是第十军所属的四个装甲旅——一共有700辆战车，外加强大的炮兵——才占领掩护着那个6英里宽的缺口位置，准备击败德军的装甲逆袭——这是蒙哥马利企求的一个机会。

斯徒梅将军正在司令部里——位置在海岸上，距离前线不过数英里远——听到了这种排炮的吼声，但是我们在非洲的弹药存量太不充足了，所以他并没有下令叫炮兵向英军的集中位置射击。照我看，这是一个错误，否则至少可以减轻英军攻击的力量。等到以后我方炮兵开始射击的时候，效力已经大不如前了，因为英军在那个时候早已占据了他们在夜间所攻下的据点了。

到了10月24日拂晓的时候，司令部所接获的报告还是非常少，情况相当不明确。于是斯徒梅将军决定自己驱车上前线去看看。当时，军团代理参谋长魏斯特伐上校竭力劝说他照我过去的老办法，带着护卫车和通信车一同走。但他只带了布赫丁中校（Lt.-Col. Buchting）一个人走；他说他最多走到第九十轻装师的师部为止，所以没有必要带其他车辆。

24日清晨的时候，敌军又开始集中炮兵的火力实行轰击。这一次是在南部地区，不久英军的步兵在 160 辆战车掩护之下就开始进攻了。在越过了我方前哨线之后，他们终于在主阵地的前面被迫停顿了下来。

这是属于英军第十三军的地区，第一夜，第七装甲师越过了第一道雷区，但是在第二道雷区的前面，却为德军强大火力所阻。第二天夜间，他们又实行狭窄地透入，但是当战车想冲入的时候，却又为德军炮火所拦住。因为损失日重，蒙哥马利就决定停止南面的进攻，因为他还想保全第七装甲师的实力，以供其他用途。

24 日的下午，我在塞默灵接到了凯特尔元帅 ❶ 的电话，他告诉我英军在强大炮兵和轰炸机支援之下，从昨夜起开始向阿拉曼防线实行攻击。斯徒梅将军失踪了。他问我体力是否已经恢复，能否再回非洲指挥作战。我说我可以回去。凯特尔就说他会把情况的发展告诉我，并让我知道是否会要我回任的消息。以后几个小时之内，我一直焦急不安，直到黄昏的时候，我才又接到希特勒本人打来的电话，他说斯徒梅失踪了——不是战死就是被俘——并且问我是否可以马上回非洲去。在我必须动身之前，他还会再打一次电话来，因为他认为除非英军的攻击已经到了十分危急的程度，否则他不希望我的治疗中途受到干扰。半夜的时候，元首又有电话来了。由于情况继续恶化，他命令我立即回非洲。第二天上午我就动身了。我知道这一次回去是凶多吉少，因为从我的部下的来信中，我早已知道补给的供应仍远不足我的最低要求量。不过真正坏到了什么程度，那时我还不知道。

10 月 25 日大约上午 11 点钟的时候我到达罗马，在机场和林提仑将军见了面，他把非洲战场上的消息告诉我：经过猛烈的炮兵准备射击之后，敌军已经在第三十一号高地以南，攻占了我军战线之一部分，第一六四师和意军都有几个营被歼灭。英军的攻击仍在进行中，而斯徒梅将军还是不

---

❶ 三军统帅部的总监，相当于原先的国防部部长。——编者注

见踪影。林提仑将军又向我报告，在非洲战场上现存的油料，只够供三次配发；在过去几个星期当中，一滴油也没有运过地中海。其原因一方面是意大利海军不肯供给船只，另一方面是英国人击沉的船只数量实在太多了。这真是个天大的难题，从的黎波里到最前线，每一辆车只剩下了300公里的燃料，即令是在交通便利的地方，要想做长期的抵抗也都不可能了。我们完全无法做正确的战术决定，而且在行动自由上也受到了极大的限制。我当时不免大发脾气，因为当我离开非洲的时候，至少还剩下8次配发量——比起最低的要求（30次配发量）还是差了很远。照经验，在会战中，一天就需要一次的配发量，否则军队就会动弹不得，无法对敌人的行动做适当的反应。林提仑对这种情形非常抱歉，但他说他最近请了假，对补给问题没有多加注意。

隆美尔大发脾气是应该的。因为在罗马的德军代表对于装甲军团的补给问题，并未设法解决。不过，林提仑当时的确请了病假，应该负责的人是他的副手。

当我飞过地中海，在黄昏时到达我的司令部时，我已经感觉到这一次毫无胜利的希望。斯徒梅将军的尸体在那一天中午找到了，并被运回德尔纳。他是在沿着"警报小径"向前线前进时，突然遭到了英军步兵来自第二十一号高地地区的射击——机关枪和战防炮都有。同行的布赫丁头上中了一弹，当场丧命。驾驶兵沃尔夫军士（Cpl. Wolf）立即掉过车头来，快速逃出敌火力射界以外。此时斯徒梅将军却跳出了车座以外，正悬挂在外面。他一定是突发心脏病，结果就从车上掉了下来。驾驶兵根本没有注意到，因为他只想赶快逃命。到了星期天的上午，才发现了这位将军死在车辙的旁边。我们都知道他一向患有高血压，实在不适宜在热带地区服务。对斯徒梅将军的突然死亡，我们十分遗憾。他对军队的指挥曾经下过很大的功夫，夜以继日地在前线上活动。

托马将军（Gen. von Thoma）和魏斯特伐上校在夜间，把最近战斗的经过详细地向我做了一个报告，特别提出：攻击的第一个晚上斯徒梅将军由于缺乏弹药，曾禁止炮兵向敌人集中地区轰击，结果敌人轻易地就把防守的部队击败了。燃料的缺乏使得我们不可能做任何大规模的行动，所以装甲单位必须在特殊、危险地区的后面，以便实行局部性的逆袭。在 10 月 24 和 25 日两天之内，第十五装甲师曾经发动了好几次逆袭，但是在英军炮兵和空军的不断猛烈炸射之下，也已经受到极严重的损失。到了 25 日的夜间，他们的 119 辆战车当中，只剩下 31 辆可用。

今后几天，我们的目标就是要不惜一切代价把敌人逐出我方主阵地以外，从而重新恢复我们原有的位置，这样才可避免敌人在我们防线中间构成一个西向的突出地带。

那一天夜里，我军防线又遭到了敌军的猛烈炮击，震耳欲聋。我只睡了几个钟头，清早 5 点钟（10 月 26 日）就回到了我的指挥车上，在那里我才知道英军整晚凭着炮兵的掩护，一直在向我军实行突击。有些地方他们打了 500 发炮弹，我们才回敬 1 发。装甲师的主力早已开上最前线。英国人的夜间轰炸机也不断地在我们头上飞来飞去。不到半夜的时候，英军已经攻下了第二十八号高地，这是北区的一个重要据点。敌人已经把援兵集中在这里，准备在明天上午继续进攻，其目的是要扩展他们在雷阵以西的桥头阵地。

现在由第十五装甲师和意军的一部分，在炮兵一切火力集中支援下，开始向第二十八号高地反攻。不幸得很，攻击的进展非常缓慢。英军顽强地抵抗着，真是血流成河，尸积如山。英军的炮兵不断地向这个地区猛轰。到了夜里，意军贝尔沙格里尼营（Bersaglieri Battallion）终于攻占了高地的东西两边。但高地本身还留在英军手中，成为以后多次重要作战的基地。

那一天我自己也在北面督战。敌人的炸弹一批又一批地落在我们部队的头上。在第二十八号高地周围的英军兵力，仍不断地增加。白天，我又调集了第九十轻装师和军团警卫营去助攻第二十八号高地。英军的生力军也不断开到，很明显，他们想要赢得在艾打巴和西迪阿卜杜勒拉赫曼（Sidi Abd el Rahman）之间的地区。于是我马上把特里埃斯特师调到艾打巴以东的地区。在快要到黄昏的时候，德意两国的俯冲轰炸机正准备攻击向西北方运动的英军汽车纵队，突然有 60 多架英国战斗机飞来，拦截这些速度很低的轰炸机。意大利飞机慌忙逃走，却把炸弹扔在自己阵线上面，德国飞机则继续执行他们的任务，但损失惨重。过去我们从来不曾在非洲战场上见过这样浓密的高射炮火。无数的英国曳光炮弹在空中交叉飞舞，把天空变成一片火海地狱。

在战车支援之下，英军一再尝试经过第二十八号高地南面的我军防线，向西实行突破。当天下午，英军 160 辆战车终于扫开了第一六四步兵师的残部，透入我们的防线，向西南面进攻。德意两军的残余战车拼命反击，想把敌人逐退。那一天，第十五装甲师损失了 61 辆战车，意军利托里奥师损失了 56 辆。

除了整晚不停的夜间攻击外，白天英国空军每隔一个钟头就出动 18—20 架轰炸机，组成大编队轮番出击。这不仅使我们蒙受相当大的损失，也使我军十分疲劳，并且产生了一种自卑感。


英军方面也已经有点疲倦和失望，许多人都认为这个攻势应该暂时放弃。德意的装甲兵力在 25、26 两天的攻击中损失极大，而英军装甲兵力在 26 日也受到了相当大的损失。双方对这种硬拼的方法，都已经领教够了。在英军方面，装甲兵的指挥官们很怀疑他们有无杀开一条血路的能力。

蒙哥马利遂决定暂停进攻，并且改变计划。一方面使各部队都有休息的机会，另一方面又从南面把第七装甲师调了过来。在 27、28 日这两天当中，英军还是继续做小规模的攻击来保持正面的压力，其中有一次甚至用到了一整个装甲旅的兵力。


补给的情况已经到了山穷水尽的地步。我们本来希望"普罗赛尔平拉"号油船（Prserpina）可以给我们运来一点燃料，以解燃眉之急，可是它却在托布鲁克港外被炸沉了。现有的燃料只够供补给纵队在的黎波里到前线之间跑两三天之用，至于摩托化部队的需要简直就无法供应了。今天我们本来应该在北面集中我们所有的摩托化单位，以求一举把英军赶出主阵地。但是我们却没有燃料去发动这种大型的逆袭，最后只好把装甲部队用在防线的北部，分别向英军突出地区进击。

由于燃料缺乏，我们把南端的兵力抽调到北边来实在不是什么好主意，一方面我们的燃料只能维持两三天的机动性，而假使英军又从南面进攻，那么这些兵力就无法再赶回去。不过，最后我还是决定把第二十一装甲师全部调往北面，虽然我明知燃料缺乏，它只能来而不可能回去。此外，很明显敌人在以后几天会在北面发动主要的攻势，所以我也抽调了南面一半的军团炮兵。同时，我又向元首大本营提出报告说：假使补给情形不改善，我们这一次非打败仗不可。根据过去的经验，对于这一点还是不能寄予太大希望。

最亲爱的露：

昨天 18 点 30 分到达。情况十分紧急。工作多得要命——因为在家里闲散了一个时期，现在似乎很不习惯，觉得一时还不能进入状态。两个地方的差别实在太大了。

1942 年 10 月 26 日

10 月 26 日一整夜，英国轰炸机一直在我们上方投弹。大约两点钟的时候，英军在北部地区展开猛烈的炮击。炸弹和炮弹炸成一片，天空被照得通亮。不断的轰炸使得第二十一装甲师全部和阿里埃特师的三分之一，在前进时都发生了很严重的延误。拂晓的时候，第九十轻装师和意军特里埃斯特师已占领了西迪阿卜杜勒拉赫曼南面地区。

10 月 27 日上午，我命令所有各部队尽量利用一切可用的火炮，把英军的攻击兵力钉在原地上。

英军的战术基础就是他们拥有的充足弹药。他们的新型战车谢尔曼型第一次出场就证明了它比我们所有型号的战车都更优秀。

英军在尚未向我军防线进攻之前，必定先用非常猛烈的炮火，做长达几个钟头的预备射击。攻击中的步兵在火幕和烟幕的掩护之下慢慢地推进，扫除地雷和一切障碍物。当他们攻坚不下的时候，常常利用烟幕的掩护，变换他们的攻击方向。一旦步兵在雷区中扫清了一条道路之后，重型战车接着冲上去，后面跟着步兵。他们在夜里实行这种战法，其表现极为纯熟。

在接触战斗的时候，英国战车的重炮在进到2000—2700码的射程时就开始对着我方的战防炮、高射炮和战车做集中的射击。在这种距离内，我们的炮火无法穿透英军战车的厚重装甲。英军战车的弹药经常由装甲弹药运输车来加以补充，所以可以不惜工本作战——对一个目标，有时发射30发以上。英军炮兵的观察员随着战车一同前进，以便为炮兵指示目标。

最亲爱的露：

这是一场十分艰苦的战斗。外人实在难以想象我今天所担负的责任多么重大。一切事情都发生状况，我们在作战时受到极大的阻碍。不过，我还是希望我们能渡过难关。你知道我会尽力而为的。

1942 年 10 月 27 日

# 寸土必争

10 月 27 日的清晨，英军从第二十八号高地以南的原有突破点上，再向西南面进攻。两组（每组 18 架）编队的英军轰炸机，在 10 分钟之内把所有的炸弹都投掷在我们的防御阵地上面。整条战线都被英军猛烈的火力摧毁。

预定下午由第九十轻装师向第二十八号高地发动逆袭；而第十五和第二十一装甲师以及意军之一部分，则分别向两个雷区之间的英军阵地攻击。

14点30分，由齐格勒尔少校（Maj. Ziegler）随护着，我驱车赶往电报小径❶此时，第九十轻装师的部队正在空旷地面上展开攻击；但是在一刻钟之内，却受到英军18架飞机编队的轰炸达三次之多，15点钟的时候，我们的俯冲轰炸机开始向英军阵地反攻。我们在北区的一切火炮和高射炮也都集中火力，向准备攻击的地区猛轰。装甲兵也开始前进了。敌军立即用强大的火力猛烈反击；由于敌军的战防力量非常强大——主要是固定阵地中的战防炮，以及许多的战车——所以我军的前进不久即被迫停止。我们的损失相当大，终于被迫撤退。在一个敌人据有坚固防御阵地的地区，这种战车攻击的成功概率很有限；但是我们也没有其他的办法了。

那一天夜间，装甲师又派遣了强大的支队，到前线上去堵塞缺口。第九十轻装师也有一部分开入了前线。那一天空军仅空运到了70吨燃料，只够极短距离之用，我们不知还会运来多少燃料，更不知道我们这几个师凭着这一点燃料还能够支持多久。此时，我们唯一的格言，就是："尽量减少活动！"

我们在战场上已完全丧失了运动能力，很明显英军会逐渐把我们吞食完毕。直到现在，蒙哥马利还只把他的一半打击力量用在战斗之中。

最亲爱的露：

谁都不知道往后几天，我还有没有机会坐下来，心平气和地写信给你。也许今后永远不会再有这种机会了，所以更应该珍惜像今天这样一个不可多得的机会。

战斗仍在激烈进行中。尽管一切都对我们不利，不过还是有可能冲过这一次的难关——但也可能会一败涂地，倘若真是如此，那么整个战争的前途，就会有不堪设想的恶果——整个北非在几天之内几乎不经一战就落入英国人的手里。我们当然会倾全力来

---

❶ 电报小径是指沙漠中沿着电报线的一条车路。——译者注。

解救这种危局。不过敌人拥有绝对的优势，而我们的资源却又太少。

这一次我能否化险为夷，其决定权完全操纵在上帝的手里。失败的可能性太高了。不过我对得起我的良心，因为我已经竭尽全力来寻求胜利，而且从来不曾逃避一切的艰难和危险。

我永远记得前几个星期我们在一起的情景。我心里始终想念着你。

1942 年 10 月 28 日

第二天（28 日），我只好决定再抽调兵力到北面去，这样南段防线上就不再有重武器和德国部队了。他们的空缺改由阿里埃特师的一部分来填充——这个部队早先在北段防线上被打垮了。那一天上午，英军又在北段发动了三次攻击，每一次都被我们的装甲部队击退。不幸的是，我们又损失了很多战车。

正和第一天一样，英国空军对我们又是不断地猛炸。德国空军固然也在尽力作战，但是因为敌军在数量上拥有绝对的优势，所以成就也极有限。

补给情况还是那样恶劣。意大利已经动员辅助巡洋舰和驱逐舰来运输弹药和燃料，以供我们应急之用。不过只有极少数船只是开到托布鲁克的，而多数仍是以班加西为目的地。从这些港口到最前线，中间还要好几天的运输时间，所以等它们运到之后，恐怕已经来不及了。

28 日中午起，我就发现英军已经把大量的装甲兵力集中起来。我们料想英军准备做决定性的突破了，我们只好凭着这一点越打越少的残余兵力，尽量地准备应变。因为德意两国的步兵师都已经受到极大的损失，所以非洲军的全部兵力都开入最前线，后方已经没有战略预备队可用了。

我又再度告诫所有各级指挥官说，这是一次生死存亡的决斗，每一个官兵都要竭尽最大的努力。

大约 21 点的时候，英军的炮火就开始向第二十八号高地以西地区猛轰。不久，又有几百门的英军大炮，集中火力对着第二十八号高地以北、第一二五团第二营的地区猛轰。

这是英军新攻势的开始，它呈直角朝北面向海岸挺进，呈一个宽阔的楔形插入敌军的防线。其目的是要把敌军阵地的现有北部突出侧翼先消灭掉，并打开一个洞，以便沿着海岸公路向艾打巴和富凯前进。

这个最初向北的攻击，由澳大利亚第九师和第二十三装甲旅的一部分共同执行。这次攻势只获得部分战果，战车却受到严重的损失。

英军大约在22点时开始攻击。这一次攻击的力量固然很惊人，不过我们集中了这个地区的一切火力来迎敌，终于还是击退了英军的主力攻击。但在较北的地方，英军的战车和步兵从两个雷区之间透入我军阵地。这里的战斗十分激烈，一连打了六个小时，才把敌人击退。我军官兵处于敌军包围之下，四面都有敌火威胁，但还是拼命打到底。

没有人能明了我们此刻有多焦急。那一天夜里，我几乎没有睡觉，凌晨3点时（10月29日），我一个人走来走去，心里盘算战局会怎样变化，并且思考如何做决定。在英军这种攻击压力之下，我们究竟还能支持多久实在值得怀疑，何况英军的压力是可以再增加的。很明显，我不能坐待英军去做决定性的突破，必须先自动向西撤退。不过这样一个决定，势必使我丧失大部分非机动化步兵兵力。其原因一方面是我的摩托化部队现在的战斗力太有限；另一方面所有的步兵本身都已经卷入战斗，一时抽不出来。所以，我们只好再尝试一次，希望凭着极顽强的抵抗来迫使敌人自动放弃这一次攻击。这个希望当然很微弱，可是由于燃料的缺乏，使得我们也不能退却，因为只要一撤退，马上会变成机动性的战争，那是我们所吃不消的。

不过假使非撤退不可，我们则尽量把战车和武器向西面撤出，这样才不至于使它们都毁灭在阿拉曼防线上面。所以我又决定，假使这天上午英军的压力太大，我就趁着战局尚未发展到最高潮的时候，先自动退到富凯防线（这一条战线也和阿拉曼防线一样，从富凯以南的海岸上起，直到盖塔拉洼地为止）。

最亲爱的露：

　　情况非常严重。当这一封信到达你手中的时候，我们不是守住了，就是被打垮了。情况并不乐观。

　　在夜里，我躺在床上，两眼睁得大大的，根本就无法入睡，因为我肩上所负的责任实在是太大了。到了白天，我疲倦得要命。

　　假使这里的情况恶化，结果将会怎样？这个念头夜以继日地在我头脑中盘旋着。假使不幸真是如此，我实在找不到一个可以逃出危险的办法。

1942 年 10 月 29 日

　　29 日，我们所预料的主要攻势并没有发生。那是暴风雨前的暂时平静现象。

　　当英军方面发现隆美尔已经把第九十轻装师调往沿海地区，使该地区已无迅速突破的可能性之后，亚历山大和蒙哥马利就认为最好的方法就是再回到原有的轴线，因为那一方面德军的抵抗力已经大为减弱。要想调换攻击的方向，势必要重新调配兵力，因此新的攻势直到 11 月 1 日的夜间才开始发动。

　　大约 11 点半的时候，我接到了一个惊人的坏消息：原本代替普罗斯平拉号的路易斯安那号（Louisiana）油船，已经被敌机空投的鱼雷炸沉了。现在真的一切都完了。听到这个消息后，我怒气冲天。恰好那时巴尔巴西将军——他是卡瓦莱罗元帅的代理人，后者此时正羁留在罗马，尚未回来——来到了我的司令部，我对他发了一顿脾气。尤其更使我光火的，是那些配有重武装的军舰，本来是要把物资直接送到前线上去的，可是它们为了自身的安全，还是向班加西开——因为那是在英国鱼雷机的航程外。

　　现在连罗马当局也都完全明白了，除非机动化部队能够立即获得足够的燃料，否则非全军覆没不可。他们现在也急了，拼命催促潜艇、军舰、民用飞机等运输工具，努力工作。假使这种努力在我军刚刚攻下托布鲁克之后即开始进行，那么我们现在就不会坐在阿拉曼防线上挨打了。现在才开始已经太迟了。

10月29日又平安度过了，英军还是没有发动大攻势。无疑，他们正在重新部署。当我和魏斯特伐上校讨论富凯防御计划的细节时，突然又有一个惊人的坏消息传来：英军有两个师通过了盖塔拉洼地，已经到达了马特鲁港以南60英里的某点。这一下真把我们吓坏了，因为对这样一个行动，我们简直是毫无防御能力。我立即把驻在后方的几个单位调向这个备受威胁的地区。到了第二天上午，我们才发现这个由意大利最高统帅部传来的情报，完全是他们的"发明"。

最亲爱的露：

情况略为稳定了一点，我可以睡一会儿了，精神也比较好，希望能渡过这个难关。

1942年10月30日

除了敌人的炮兵和空军经常向我们北段防线实施轰炸以外，前线上平静无事。那一天，英国的空军集中全力攻击沿海岸的公路，我们的车辆有许多都被低飞的飞机击毁。使我们大感欣慰的是有一艘意大利船运来了600吨燃料，这使燃料的情况略见改善。

那一天我们已经对富凯阵地做了一番考察。本军团受到英国空军和炮兵的不断打击，其损失已经非常惨重，我们不可能指望长久地阻挡敌军的突破——而这个突破的来临，是可以计日甚至计时而待的。在开阔的沙漠中，意大利的步兵部队是一块死物，因为他们根本没有运输工具。在1941年到1942年间，当我们撤出昔兰尼加的时候，意军正担负围攻托布鲁克的任务，它在战场上处于最西面的位置，比较容易撤退到摩托化部队的后面去。可是在这里，只要步兵一撤退，中区和南区两方面就会门户洞开，而强大的英军摩托化兵力正在那里摩拳擦掌，等候这个好机会。所以我们唯一的办法，就是趁着黑夜的掩护，出其不意地把步兵撤出防线，尽量利用我们的运输纵队来载运他们，接着就把摩托化部队构成一个宽广的正面，然后再向西实行且战且走的办法。但我们又得等英国人先下手，使他们为当前的战斗纠缠住，不能把全力投在我方防线上的空洞时，才能达到突破的效果。

第二十一装甲师奉命在 30 日的夜里撤出前线，改取机动的方式作战，它的防线由特里埃斯特师接替，这个行动正在黑暗中进行时，英军突然用猛烈的炮火，对在北面的第一二五步兵团防区轰击。我们的军团炮兵和高射炮兵立即开始回击，但是英军在此地区中所集中的步兵和战车，数量十分庞大，我们的反击并未产生阻止的作用。经过了一小时的轰击，澳大利亚部队开始进攻了，一方面从正面钉住第一二五团的兵力，另一方面从南面攻击它的侧翼。同时，英军的强大装甲部队也从第二十八号高地以北地区再向北滚进，击溃了意军第二十一军的一个轻炮兵营，这个营的官兵在英勇抵抗之后，没有战死的就杀出重围，退到邻近单位的地区内。

第二天（10 月 31 日）上午，一支由英军 30 辆重型战车组成的兵力已经到达沿海岸公路，开始向扼守第二道防线的第三六一装甲步兵团进攻。因为第二十一装甲师正在与特里埃斯特师换防，唯一可以用来实行逆袭的部队就只有第五八〇侦察营。我立即赶到西迪阿卜杜勒拉赫曼，把我的指挥所设在回教寺院的东面。此时，敌军已经冲过我军的防线，到达海岸，并切断了第一二五步兵团。上午 10 点左右托马将军带着拜尔莱因来到我的指挥所，他立即奉命率领第二十一装甲师和第九十轻装师的部队实行逆袭。先由俯冲轰炸机进行猛烈轰炸，并且集中这个地区以内的全部炮兵做预备射击。

　　最亲爱的露：
　　　　情况又变得十分不利，不过我个人还好。我已经渐渐习惯了这种困难。想起一个星期之前，我还和你在一起，真是令人感慨。

　　　　　　　　　　　　　　　　　　1942 年 10 月 31 日

我方逆袭在大约12点钟的时候开始，但是并没有能渗透进去，因为敌军利用炮火和空中攻击，把我们的战车和步兵都击溃了。不过，总算是和第一二五团恢复了接触。第二天，托马将军的打击兵力终于把敌人赶过铁路，强迫他们向南撤退，把该团的两个营都救了出来。

11月1日午后，我和托马将军、施波内克将军（Gen. Sponeck）、拜尔莱因上校等人一路到了第十六号高地，观察这次作战场地的情形。那里的视野非常好。"茅屋"（The Hut）火车站上挂着一面红十字旗，那附近有7辆被击毁的战车，朝更远的地方看，还有三四十辆被击毁的英国装甲车辆。很明显，英军正忙着撤运他们的伤兵，我方的炮兵也停止了射击。

那一天，每次18—20架的英国轰炸机，一波又一波地向我军在第二十八号高地以北的防线攻击，不下三四十次之多。空中布满好几百架英国的战斗机，另有大批的战斗轰炸机，整天攻击我军在海岸公路上的补给车辆。

补给情况也并无改善的迹象，但由于改成空运到托布鲁克，燃料的情况略有改善。弹药的情况已经恶劣到了极点，自从英军开始进攻以来，一共只运到40吨，我们只好力求节约。我们已经被迫命令各部队用扰乱射击对付英军集中地区，而不准使用集中的火力。

一直到现在，英军在战线上所使用的兵力还不过几个师，他们手里还控制着800辆战车，现在正集中在我军防线北区的前面，等待做决定性的攻击。而在我们这一方面，一共只有90辆德国战车和140辆意大利战车，可以用在战场上面。不过罗马当局似乎还在做粉饰太平的梦，卡瓦莱罗有一个电报来，恰好在11月1日的夜间送到，从这上面就可以看出他们的想法：


隆美尔元帅勋鉴：

　　领袖授权我对你这次亲自领导的反攻成功深表佩服之意。领袖也要我向你表示，他对你有极大的信心，认为目前正在进行中的会战，在你的指挥之下，一定可以获得最后的胜利。

　　　　　　　　　　　　　　　　　　　　　　　卡瓦莱罗

不久我们也发现，元首大本营对于非洲的情况，似乎并没有更清楚的了解。有时一个人在负有盛名之后，反而是一种痛苦。一个人当然自己知道自己的能力限度，但是旁人却希望他能创造奇迹，若是打了败仗则更不为人所谅解。

此时，关于富凯阵地的一切情况已经有侦察报告送来。在它的南端有险阻的斜坡，可以阻止战车前进。我们希望在英军炮兵尚未赶到之前，可以扼守相当长的时间，以等待援兵从欧洲运过海来。

可能当我们在工作的时候，就已经有人把我们的计划暗中密报到元首大本营里了。

> 最亲爱的露：
>
> 　　我离开家至今只有一个星期。这一个星期的真正苦战，使我们常常怀疑是否还能守得住。虽然每次都勉强撑过来了，可损失奇重。我总是在移动中，哪里有危险就赶到哪里去。昨天上午北面的情况异常危险，到了夜间才又多少稳定住了。这种苦战真使人的神经吃不消，不过我的体力还好。有一些补给据说已经在运输途中。令人感到悲哀的是等它们运到的时候，大势可能已经没有希望了。
>
> 　　　　　　　　　　　　　　　　　1942 年 11 月 1 日，星期六

# "不成功便成仁"

预料中的英军大攻势终于在 11 月 1 日的夜间来到了。英军的炮兵一连向我们的主阵地轰击了三个钟头，夜间轰炸机也不断向我军轰炸。大批的英国步兵和战车，在移动火幕掩护下，开始向西进攻。首先受到严重攻击的是位于第二十八号高地两侧的第二〇〇步兵团。不久英军即已透入。经过了一番苦斗之后，我们把第九十轻装师的预备队投入战斗，终于阻止住了英军的前进。敌人的兵力既已透入我军阵地之内，他们的兵力一定会不断增加。

英军第三十军的攻击正面很窄（约 4000 码），但纵深极大。两个步兵旅在第二十三装甲旅支援之下，从德军的新阵地内打开了一条长达4000 码的甬道，一面走一面扫清雷阵。于是第九装甲旅又穿过这些部队，再向前进展 2000 码，以在日出前透入隆美尔的炮兵屏障为目的。跟在后面的是第一、第七和第十三装甲师。亚历山大的报告上说："蒙哥马利将军曾经下达明确的命令，说假使第三十军达不到它的目标，则第十军的各装甲师应奋勇前进，完成这个任务。"不过以后在实行时，这些训令却并不适用。

不久以后，大批的英军就突破了第十五装甲师在第二十八号高地西南面的防线，新西兰的步兵和英军的强大装甲单位——根据俘获的敌方文件来看，总数在四五百辆之间——向西进展，击溃了特里埃斯特师的一个团和一个德国装甲步兵营。尽管我军曾英勇抵抗，可是到拂晓的时候，敌军已经到达电报小径以西之处。

根据我方炮兵观察所的报告，在雷区以东另外还有 400 辆英军的战车正在待命中。独立的英军战车和装甲车所组成的小组，在向西突破成功之后，纷纷以我们的补给单位为猎取的对象。

最亲爱的露：

战斗依旧非常激烈，我们的处境日趋恶劣。敌人凭着优势的兵力，正慢慢把我们挤出阵地。那也就表示一切都完蛋了。你可以想象到我的感受如何。空袭，空袭，一直都是空袭！

1942 年 11 月 2 日

11 月 2 日上午，非洲军发动了一次逆袭，获得一些成就，不过在装甲兵力方面又受到了更多的损失，因为我们的战车根本就不是重型英国战车的对手。英军除了使用大量的战车外，又出动了 15 个炮兵团，他们透入4000 码的距离，不过现在这个缺口又封锁好了。我们不顾弹药的缺乏，拼命地集中炮兵的火力射击，才阻止了英军的进展。

第二十一和第十五两个装甲师——除了那些已经使用在防线上的兵力以外——现在都分别集中起来，以便从南北两面把敌人的楔形透入给挤出去。接着就发生了激烈的战车战斗。英国的空军和炮兵拼命向我们的部队轰击，简直是一刻不停。中午的时候，差不多在一个钟头之内有7个编队，每队18架轰炸机，把炸弹倾倒在我军上方。88毫米炮本是我们对付英军重型战车的唯一有效武器，现在差不多都已经被击毁了。虽然我们已经把一切可以调动的高射炮（本是用作防空之用）都用在了最前线上，但也只有24门罢了。不久，我们所有的机动兵力也都已经上了前线。我们早已从后勤部队中抽挤出一切可用的增援，可是到了现在，我们的兵力已经只剩下开战时的三分之一了。

利托里奥师和特里埃斯特师的战车都一一为英军所击毁。意军的47毫米战防炮当然不会比我们自己的50毫米战防炮更好，意大利部队已经开始出现崩溃的迹象。士兵开始向西逃走，他们的军官已经掌控不住了。

那天下午，由于北面的情况危险到了极点，逼得我们只好抽调阿里埃特师的兵力，命令他们沿着电报小径向北增援，这样一来，整个南段防线就一点兵力也没有了。经过一度延误之后，我又与拜尔莱因上校取得联系，并把这个决定告诉他。那天下午，阿里埃特师就开始向北移动，从南段防线上把大部分炮都带走了。我也决定应该缩小防线，把第一二五团抽出原有的位置重新部署，使其防线沿着电报小径面向东方。

黄昏的时候，我接到有关装甲军团补给情况的报告。情况十分危急：那一天，我们一共用掉了450吨的弹药；但是运到的只有190吨，那是由三艘驱逐舰运到托布鲁克的。

现在一直到托布鲁克以外的地区中，英军都差不多已经获得完全的制海权和制空权。同时托布鲁克的城区和港口也都不断受到空中的攻击。在过去几天中，已经有好几艘船沉没在港口里面。我们最近的运动较频繁，所以缺乏燃料的情况显得严重起来了。而前线上的战斗还是那样激烈。

那一天夜里，我们探悉英军正把他们第二线的装甲兵力，集中在他们的透入点上。我们面临着最后毁灭的命运了。非洲军现在只剩下35辆可用的战车。

从"山的那一面"——英军的观点——看来，情形又完全不同。英军第九装甲旅损失将近75%，一共有87辆战车被击毁。第二和第八两个装甲旅从雷区的狭路开上去增援，也被德军在正面用战防炮阻挡、在侧面上用战车反击的方式阻止住了。到了第二天(11月3日)，英军还是迟滞不前——使隆美尔获得了一个溜走的好机会。

现在应该是退往富凯防线的时候了。我们后方单位中的一部分早已奉命西撤。在夜间，我们南线的兵力撤回到我们在8月底开始进攻时所占的位置。第一二五团移向西迪阿卜杜勒拉赫曼以南的地区。第九十轻装师、非洲军和意军第二十军慢慢地后撤，其速度的限度以使步兵师可以跟得上为原则。因为英军照例十分谨慎小心，不会马上追上来，我希望至少可以救出一部分步兵。

经过了十天的苦战，部队的力量已经消耗殆尽，假使英军再做一次新的突破——预计是在明天——那么我们绝无办法对他们做任何抵抗。因为我们缺乏车辆，要使非摩托化部队都能做有秩序的撤退，其可能性似乎不大。在这种环境下，我们都认清了整个军团会被消耗殆尽这个事实。我把现在的处境向元首大本营提出了一个详细的报告。

最亲爱的露：

战况对我们极为不利。道理很简单，我们被敌人的重量压垮了。我试图救出一部分兵力，不知道是否可以成功。在夜间，我简直无法合眼，我在脑海里一直盘算着如何拯救我这些可怜的部下，带他们脱离这个险地。

我们面临的日子非常艰难，其程度超出了任何人所能忍受的限度。战死的人是有福的，因为对他们而言，一切都过去了。

我经常想念着你，每当想到你时，心里就充满由衷的热爱与感激。也许一切都可以平安度过，那么我们又可以再见了。

1942 年 11 月 3 日

　　11 月 3 日在历史上是一个具有纪念价值的日子。因为我们不仅完全明白战争中的好运道已经完全抛弃了我们，而且从这一天起，装甲军团的行动自由也不断受到最高当局的干涉，使我们无法独立作战。

　　一大早我就不大愉快，因为尽管我们的告急文书像雪片一样飞去，可是最高当局似乎仍麻木不仁，漠不关心。因此我决定派我的副官贝恩特中尉，直接向元首提出报告。贝恩特此去的目的是要使元首知道，照当时的情况来看，非洲战场上的作战已经败定了。同时我们向元首要求军团司令部应有完全的行动自由权。我要不惜一切代价，避免受到英军的包围和歼灭。我准备尽可能地实行步步为营的迟滞行动，避免与敌人做决定性的战斗。这个目的有正反两方面：等待我们的兵力逐渐增加，然后再移转攻势；或者争取时间，以便将非洲军团的大部分兵力撤回欧洲。

　　上午 9 点钟，我沿着海岸公路直向东行驶，一直到最远的指挥所为止。有大批的车辆——主要是意大利的——正挤在公路上面，幸亏没有被英国战斗轰炸机发现。大约 10 点钟，托马将军和拜尔莱因上校向我报告说，英军正部署成一个半圆形的圈子，位置在非洲军的前面，而该军现在只剩下了 30 辆可用的战车。英军只是做局部性的攻击，似乎他们正调整他们的兵力和补给。这个机会实在是很难得，于是我命令意大利部队立即用徒步行军的方式撤退。尽管我们曾经一再提出要求，但是巴尔巴西所答应的车辆却始终不曾到达，意军只好徒步行军了。密集的车辆纵队早已向西运动。当意大利步兵开始行军后，路上变得拥挤不堪。不久英军就发现了我们的行动，马上就有 200 多架战斗轰炸机，开始沿着海岸公路实施攻击。

　　大约中午的时候，元首有一个命令来了。内容大致如下：

隆美尔元帅览：

在你今天面临的这种环境中，唯一的办法就是坚守不动，把一人一枪都投入到战斗中去。我们会全力来帮助你。你的敌人，尽管其兵力占了优势，但也已经到了强弩之末的阶段。在历史上，坚强的意志胜过较大的兵力的例证不胜枚举。对于你的部队，你可以告诉他们只有两条路好走，不成功便成仁！

希特勒

这个命令所要求的不是我们所能做到的。尽管我们的情况报告如此坦白率直，可是很明显，元首大本营中的大人物们对于非洲战场的真实情况，还是完全不了解。能够帮助我们的是武器、燃料和飞机，而不是一纸空文的命令。我们都感到一筹莫展。当我们在命令各部队坚守原阵地的时候，心中非常难过。因为我一向要求我的部下要绝对服从我的命令，所以我不能不以身作则，绝对遵守上级的命令。但假使我有未卜先知的本领，那么这一次我的行动也许就会不同了，因为在此以后，我们经常不理会希特勒和墨索里尼的命令，以救出我们的部队使他们不至于被歼灭。

于是向西撤退的行动停止了，并且用尽一切的方法来增强我们的战斗力。我们也向元首提出报告说，假使再坚守下去，那么整个的非洲军团必然全军覆没，而整个北非也丢定了。

这个命令在部队中产生了极强烈的反应。在元首的命令下，他们准备牺牲到最后一人为止。当看到全体官兵视死如归的决心时，我们更是伤心至极，因为即令他们尽了最大的努力，也无法使战局改观。

最亲爱的露：

战斗还是非常激烈。我不敢再相信还会有成功的希望。贝恩特今天将飞回德国向元首报告一切。

这封信附上我存下来的25000里拉。

我们的前途完全操纵在上帝的手里……

又，要把里拉换成马克，注意通货的管理法规。

1942 年 11 月 3 日

那天傍晚，我命令贝恩特动身回元首大本营去。我要他告诉元首，假使一定要坚守他的命令，那么德意两国的非洲部队在几天之内就会消耗光。此外也要告诉他，由于他的命令，我们已经吃过大亏了。贝恩特从马特鲁港向我报告说：英军用成百架的低飞飞机，向挤满了车辆的公路实行扫射，从 17 点起，一直到 21 点才停止。公路上到处都是烧着的车辆，交通已经被切断了，有许多人都放弃了他们的车辆，徒步向西逃命。沿途都是被遗弃的战车和车辆。

11 月 3 日的夜间居然又平安地度过了，英军还是没有什么特殊的行动。这种时间上的损失对我们来说真是太可惜了，因为我们本来可以趁着这种机会把全军撤到富凯防线，而不会受到太大的损失，我原本不敢指望敌军的指挥官会给我们这样一个大好的机会。可是这个机会却又偏偏没有利用就过去了。

11 月 4 日上午，非洲军在托马将军指挥之下，和施波内克将军所指挥的第九十轻装师会合在一起，在泰尔艾曼普斯拉（Tell el Manpsra）的两侧，构成了一道单薄的半圆形防线，一直延展到铁路线以南约 10 英里远的地方，然后与意大利的装甲军——包括阿里埃特师，以及利托里奥和特里埃斯特两个师的残部——连接在一起。至于南段则由意军垂托师、雷姆克（Ramcke）伞兵旅和第十军等部队加以防守。

经过了大约一个钟头的炮兵预备射击之后，英军在上午 8 点钟开始攻击了。在托马将军亲自指挥之下，非洲军和第九十轻装师击退了敌军的攻击，但非洲军现在只剩下了 20 辆可用的战车。

亚历山大的报告上说："专以追击而论，我们的损失轻微得不足道；11 月 4 日，第八军团几乎可以使用 600 多辆战车，以对抗德军的 80 辆。"

实际上，德军可用的战车比这个估计数字还要少。在这一次苦战中，英军差不多损毁了500辆以上的战车，约为德军损失数字的三倍，但英军的本钱雄厚，即使大量消耗还是占优势，只要他们的指挥官决心不动摇，他们部队的耐力不退减，就一定可以获得最后的胜利。

凯塞林元帅上午到了我的司令部，因为我以为元首之所以做如此决定的原因，就是由于看到了空军方面所发出的乐观报告，所以我不免和他争吵了一番。凯塞林认为元首根据他在东线战场上所学得的经验，一定会主张不惜一切代价坚守下去。我就非常明白地告诉他说："一直到今天，我总以为元首是会把这个军团的指挥权完全交给我。所以这个疯狂的命令对我来说真好像是一颗炸弹一样。他不能盲目地把他在苏联所学得的经验无条件地应用在非洲战场上。他应该把这里的决定权交给我个人负责。"（曼弗雷德附注：实际上，凯塞林也主张不理会希特勒的命令，他认为隆美尔应有随机应变的权限。）

事实上，元首下此种命令的理由，还更有其他的根据——以后我们才完全明白。说起来很难令人相信，在元首大本营里居然有这样的恶例，把宣传摆在第一位，而不顾真正军事上的利害。因为他们觉得阿拉曼防线假使丧失了，他们就无法向德国人民和全世界解释，于是就只好发出"不成功便成仁"的命令，以做孤注一掷了。一直到这个时候之前，我们在非洲还具有完全的行动自由。不过今后却不是这样了。

在与凯塞林会商之后，我又赶往非洲军的司令部中，它设在一个碉堡里面，在前线的西面约几英里远。大约13点的时候，拜尔莱因从最前线回到了军部，把非洲军的情况向我报告了一下：军部的警卫连守着泰尔艾曼普斯拉阵线的中央，第二十一装甲师在北，而第十五装甲师在南。这两个师的阵地总算是构筑得够坚固。不过拜尔莱因却说警卫连已经完全被打垮了，他无法劝说托马将军离开最前线，他也许已经在那里"求仁得仁"了。当英军的战车已经开始冲上泰尔艾曼普斯拉高地，拜尔莱因到了这个最后关头，才徒步逃了回来。

在军部的南面和东南面，都可以看见大量的尘土，那是意军第二十军的战车正在那里做殊死战斗。意军的战车是又小又烂，而当时却已经有100辆左右的英军重型战车，正在从右翼方面包围过来。当时我派鲁克少校（Maj. von Luck），率领他的一营兵力，去填补德意两军之间的空洞。后来他向我报告，说意军这一次打得非常英勇，他也利用他的炮兵，尽量助战，可结果还是挽救不了该军的厄运。现在意军已经代表着我方最强大的装甲部队了。一辆又一辆，这些战车被击成了碎片，或是起火燃烧。同时英军的炮兵也对着意军的步兵和炮兵不断地轰击。大约在15点30分左右，我们收到了阿里埃特师所发来的最后电讯："敌军的战车已经透入到了本师的南面，本师现在已被包围，位置在比尔艾阿布德西北面5英里处。本师的战车正在作战中。"

到了黄昏时分，经过了一次非常壮烈的苦战之后，意军第二十军就完全被消灭了。就阿里埃特师而论，我们丧失了一个最老资格的战友，凭着他们那样恶劣的装备，我们对他们的要求差不多可以说已经超乎他们能力限度之上了。

从非洲军的军部向战场上瞭望，可以看见强大的英军战车部队已经突破了非洲军的防线，而继续向西前进。

所以在那天下午的情况有如下述：在非洲军的右方，强大的敌军装甲兵力已经把意军第二十摩托化军消灭，于是在我们的前线上撕开了一个12英里宽的裂缝，大批的战车就从这里向西涌入。结果使我们在北面的部队受到了包围的威胁——敌我战车实力之比已经到了20：1。第九十轻装师拼命苦战，居然击退了英军的攻击，守住了他们的阵地。但是非洲军方面，虽然他们的官兵也曾做极英勇的抵抗，结果却还是为英军所突破了。已经不再有预备队的存在，因为所有可用的兵力与武器，都早已送上前线去了。

现在我们的防线已经溃裂，充分摩托化的敌军正在向我们的后方挺进——所以我们必须竭尽一切的力量，以避免被歼灭的厄运。现在顾不得上级命令了，我们能救出多少部队就救多少。和拜尔莱因上校商谈了一番之后——他现在又暂时代理非洲军的军长——我就立即下令退却。托马将军率领着他的警卫连，曾经拼命阻挡英军的突破，以后我们从英国的广播中，才知道他在弹尽援绝之后，终于做了英军的俘虏。

这个决定至少算是把装甲军团的机动部分救出了险境。不过因为已经耽搁了 24 小时，所以已经受了许多的无谓牺牲，从此他们不再有足以在任何地点对英军的前进做有效抵抗的力量了。退却令在 15 点 30 分发出，各部队也就立即开始行动。这个时候情况已经是迫不及待了，凡是没能马上赶到公路，拼命向西狂奔的单位，就完全丧失掉了，因为敌军接着就以宽广正面跟在我们后面追击，凡是在路上被追上的人员和装备，都无一可以幸免。

第二天，希特勒和意大利最高统帅部都有命令来，准许我们撤到富凯阵地——可太迟了点！

# 第十五章

# 阿拉曼的回顾

在非洲战役中，这是一个具有决定性的会战，我们却输掉了。为什么说它具有决定性呢？因为我们已经损失了大部分的兵力——不管是摩托化兵力还是步兵。最奇怪的事情就是德意两国当局，居然把过错推到战场上的指挥官和部队的头上，而只字不提补给上的失败、空中的劣势以及死守不退的命令。那些指控我们的人，都是些从来不曾上过前线的将军。这让我想起德国人的一句谚语："离开战场越远，升官的机会就越多。"

甚至有人说我们是丢下武器、仓皇逃跑的。有人说我是失败主义者、悲观主义者，对这次挫败应负全责。他们不断地攻击我那些英勇的部队，令我无法坐视，于是发生多次的激辩和争吵。过去有许多人对我们的成功非常嫉妒，但不敢开口，现在则趁机大肆批评。其中最吃亏的还是我们的官兵，当那些纸上谈兵的战略家议论未定的时候，他们早已做了英国人的俘虏。

事实上，这些身居高位的人不仅不能明了当前的情况，同时也缺乏勇气去面对现实。他们宁可学鸵鸟的样子，把头埋在沙子里，在军事方面充满幻想，把前线上的部队和指挥官当作替罪羊。

回顾过去，我在良心上唯一感到有愧的是应该提早 24 小时撤退，而不应该遵守那个"死守"的命令。若是那样，全军也许都可以救出来，至少有一半不会丧失战斗力。

为了留待后世史学家去做公正的评判，关于阿拉曼当时的情况，我再综合简述于下：

要想使一支部队支持得住会战的压力，其首要的条件就是需要有充分的武器、燃料和弹药。事实上，在双方还没有交手之前，会战的结果在军需官手里就早已决定了。再勇敢的人没有枪炮也无法作战，或是有了枪炮而没有充足的弹药，其结果也是一样的。而在机动性战争中，即令武器和弹药都很充足，也仍需要大量的车辆和燃料，才得以发挥真正的效力。无论是在数量还是素质上，补给维持的情形就算不能胜过敌人，至少也要和敌人处于平等的地位。

第二个重要的条件，是在空中方面至少应能与敌人维持大致的均势。假使敌人拥有空中优势，而且也知道如何充分利用这种优势，那么我方将蒙受下列的损失：

（一）敌人利用其战略空军，可以切断我方的补给线，尤其是海上的补给线。

（二）敌人可以自空中发动一个消耗战。

（三）敌人凭着空中优势，可以使我方在指挥上处处受到限制和阻挠。

在将来的地面会战之前，一定先有一次空中会战。空中会战的结果即足以决定哪一边在作战 ❶ 和战术两方面，会受到上述限制。甚至在以后的整个会战中，都将处于劣势，而必须向这种不利的状况妥协。

若就我们的情形而论，上述两个条件皆无法满足，所以我们打败仗实在不冤枉。

因为英国人在中部地中海握有制空权，再加上我以前解释过的种种理由，使我军即令在平时，其所获得的补给数量也只够维持生活而已，想建立一条防线是不可能的。反之，英军的补给数量多到超过“令我们害怕”的程度。在过去的任何战场上，从来没有像这一条短短的阿拉曼防线，曾经使用过这样多的重型战车、轰炸机和大炮，甚至还有不尽不竭的弹药供应。

---

❶ 在德军里常使用“作战”这个字眼，它大概涵盖了英语“战略”和“战术”两个字的中间意义，代表指挥官在战场上掌握部队的将道。如果以较贴切的英文字表示，可以用“大战术”（Grand tactics）。——译者注

在阿拉曼上空，英国人的制空权可以说是太完整了。在某些日子里，他们的轰炸机出击 800 架次，战斗机、战斗轰炸机和低空攻击机出击 2500 架次。而我方的俯冲轰炸机最多出击 60 架次，战斗机最多 100 架次，且数字还一直往下降（此处专指德国空军而言，此外意大利的飞机也出击约 100 架次，详见下表）。

### 阿拉曼会战中德国空军的出击数字

| 日期 | 总架次 | 战斗机架次 | 投弹吨数 |
|---|---|---|---|
| 1942.10.24 | 107 | 69 | 5.0 |
| 1942.10.25 | 140 | 49 | 22.0 |
| 1942.10.26 | 113 | 63 | 28.1 |
| 1942.10.27 | 147 | 78 | 29.1 |
| 1942.10.28 | 163 | 106 | 20.2 |
| 1942.10.29 | 196 | 125 | 29.1 |
| 1942.10.30 | 200 | 112 | 30.5 |
| 1942.10.31 | 242 | 128 | 43.3 |
| 1942.11.01 | 141 | 80 | 12.8 |
| 1942.11.02 | 175 | 111 | 20.7 |

### 阿拉曼会战中德意装甲部队的实力

| 日期 | 战车的种类 | | |
|---|---|---|---|
| | Panzer II III IV（德制） | 中型（意制） | 轻型（意制） |
| 1942.10.24 | 219 | 318 | 21 |
| 1942.10.25 | 154 | 270 | 21 |
| 1942.10.26 | 162 | 221 | 21 |
| 1942.10.27 | 137 | 210 | 21 |
| 1942.10.28 | 81 | 197 | 21 |

| | | | |
|---|---|---|---|
| 1942.10.29 | 109 | 190 | 21 |
| 1942.10.30 | 116 | 201 | 21 |
| 1942.10.31 | 106 | 198 | 21 |
| 1942.11.01 | 109 | 189 | 21 |
| 1942.11.02 | 32 | 140 | 15 |
| 1942.11.03 | 24 | 120 | 0 |
| 1942.11.04 | 12 | 0 | 0 |

整体看来，英军的指挥原则并没有改变。他们硬性遵守一种成规，这是英军战术的主要特点。有时这种办法会帮助他们获得胜利。其理由如下：

（一）此时已经没有开阔沙漠中的战斗发生，因为我们的摩托化兵力已经全部投入第一线，去支援那些步兵师。

（二）无论是在质的方面还是在量的方面，英军的武器都远占优势，他们在任何的作战中，都可以达到强行突破的目的。

以他们那种绝对优越的物资补给为基础，英军用来击毁我军的方法不外下述几种：

（一）全力集中炮兵火力。

（二）用强大的轰炸机群不断地进行空中攻击。

（三）做局部有限性的攻击，不惜浪费大量的物资，同时他们有绝佳的能力来执行这种战术。

此外，英军的一切计划都以"正确计算"的原则为基础，只有掌握完全物质优势的一方，才有资格采取这样的办法。其实他们根本不需要什么"作战艺术"，只需仰赖炮兵和空军的威力就行了。他们指挥官的反应还是和过去一样慢。当我们在 11 月 2 日开始撤退的时候，隔了很久，英军才开始追击——倘若不是受了希特勒的干涉，我们可能会连同大部分的步兵安全地撤到富凯之线。英军的指挥官仍显现出过于谨慎的习性，缺乏决断果敢的精神。所以他们一再地让装甲部队实行个别的攻击，而不肯把

900 多辆战车集中在一起炮轰。当时他们在防线的北端，可以大干一场，不必死伤许多人，就可迅速获得决定性的战果。事实上，在他们的炮兵和空军掩护之下，只要使用半数的战车，即足以使我们全军覆没——因为当时我方的部队常常完全丧失了机动性，只有挨打的份。这种"少吃多餐"的战术，使得英国人损失惨重。可能是英军的指挥官想把装甲兵保留着供追击之用，因为他们的第一批攻击部队，没有马上跟着追击的能力（隆美尔这个看法并不准确，参看下章）。

英军当局基于过去与轴心国部队作战的教训，对装甲兵和步兵的训练，做了最佳的利用。不过一定要有他们那样多的物资装备和弹药，才有资格使用他们那种战法。这些方法可以详述如下：

（一）战车战术。

英军有了新式的战车和取之不尽、用之不竭的弹药补给，才敢采用这种新的战术。他们的战车在火炮和装甲两方面都优于我方，包括格兰特式、谢尔曼式等美国战车在内；此外丘吉尔式重型战车据说也曾出现。

英军先以轻型战车前进，而重型战车则暂留在后面。轻型战车的目的就是吸引我方战防炮、高射炮和装甲车辆的火力。一旦我军的火炮和战车暴露了他们的位置以后，英军的重型战车马上就会对着所有被发现的目标，实行毁灭性的火力攻击。其射程可以达到 2700 码，若可能的话，将从山脊后方的斜坡上实行射击。用这种战术，势必要消耗大量的弹药，这些弹药利用装甲弹药载运车输送到前线。利用这种方法，英军把我们的战车、机枪掩体、战防炮和高射炮的阵地都打垮了，而我方的火炮在这样远的射程，却始终无法穿透他们重型战车的装甲。同时，我们也没有那样多的弹药可以消耗。

（二）炮兵战术。

英军的炮兵曾经一再地表现出他们的优越性。他们最大的特点就是高度的机动性和灵敏的反应，足以适应攻击部队的要求。英军的装甲单位常常载运着炮兵观测人员，以便在极短时间之内，把前线的需要通知炮兵。除了弹药补给充足以外，英军炮兵还有另一个优点，就是他们火炮的射程极长，使他们占了不少便宜。意军炮兵的射程大部分在 6000 码以内，所以英军炮兵可以从较远距离射击，使意军连还手的能力都没有。德军炮兵大部分使用的也都是这种落伍的意大利货，使我们十分狼狈。

（三）步兵战术。

等到我们的防线被炮兵、战车和空军打得体无完肤的时候，英军的步兵才开始进攻。

我们的前哨早已被英军炮兵钉住——他们的位置在很久以前即已被空中侦察所发现——于是受了高度训练的英国工兵，开始在烟幕掩护之下扫清地雷，并在雷区中开出宽广的通路。接着战车开始前进，而步兵则紧紧跟在后面。战车此时被当作活动炮兵使用，英军的冲锋部队直向前逼近我方的防线，然后突然挥着刺刀，跳进我方的堑壕和阵地。一切都井井有条，好像是一次演习。炮兵又跟在步兵的后面推进，以便击毁任何仍在抵抗的孤立据点。战胜之后，英军并不做深入的扩张，而只是以守住被征服地区为满足，接着增援的兵力和炮兵也展开了，开始做固守的部署。夜间攻击更是英军的看家本领。

（四）有无其他的办法？

对此，过去我已解释得很详细，当这次会战开始时，我们自己的部署都是以过去作战中所获得的经验为依据。当我们的步兵决定占领阿拉曼一线时，尽管明知敌人在炮兵和弹药两方面都占有极大的优势，我们也还是抱定了决心，准备在这里接受这次会战的考验。假使我们马上撤退，那么由于没有足够的运输车辆，一切囤积在阿拉曼的弹药都必须忍痛放弃，而我们在后方又没有大量的补给足以抵补这个重大的损失。而在会战中，我们的战术又受着战况需要和物质资源的限制。

在这一次会战后，根据会战中所有的经验，我便想出一套也许在当时可能守住埃及西部，并击退像蒙哥马利这样厉害的强敌的办法。虽然时光无法倒流，不过，我还是提出这个计划，因为其中有几点很值得检讨：

首先必须把非摩托化步兵调回，扼守富凯防线，应该尽可能使用最大量的地雷，把富凯防线照阿拉曼防线的形式加以构筑。富凯防线也和阿拉曼防线一样，它的南端是依托在盖塔拉洼地上面的，无法绕过。此外在它南面大约 12 英里的地方还有陡坡，使战车和车辆都无法通过。

阿拉曼防线可以用摩托化部队和侦察单位来防守，至于部署在阿拉曼和富凯之间的摩托化兵力，则可当作一支机动兵力使用。

假使英军发动攻击，其行动可能照下述的路线发展：英军的摩托化兵力将会冲入开阔的地区，当我们的侦察和摩托化部队撤回阿拉曼防线时，他们会跟踪追击。于是在一个于我们有利的位置上，我方的机动兵力开始与敌人交战，使他们无法获得炮兵的掩护。这个会战将会在富凯防线的前面展开。当然，我们的装甲兵力面对着英军的强大打击兵力，是无法支持太久的。不过经验告诉我们，也许可以使过分谨慎的英军，在战术上一再地陷入窘境，而使其打击力量受到相当的损失。等到英军的兵力已经集中，情势变得对他们有利时，我方的机动兵力应立即撤回到防线的后面，不让它受到太大的损失。在富凯防线前面实施机动战的唯一目标，就是消耗英军的打击力量到相当深的程度。

在没有强大炮兵的支援之下，英军若向富凯防线攻击，结果必然会受到惨重的损失。所以他们被迫要去调动炮兵，换言之，就是要把一切的基地设备都向前推进。这样一来，我们将获得一个喘息的机会，一切偶然的新变化也就有可能发生了。我们那些多管迫击炮团也可以运过海来，或者可以获得虎式战车 ❶ 的支援，改善补给情况。不过即令如此，我们在非洲所能撑持的时间，是否会再延长，也还是一个疑问。我为什么要提到这个计划呢？因为以后我们在的黎波里塔尼亚和突尼斯的计划和行动，好几次在原则上都是以阿拉曼的经验来作为基础的。

我早已说过我们的防御计划是妥协性的。因为我们的空中劣势和补给

---

❶ 虎式战车配有一门 88 毫米炮和极厚的装甲，总重量达 50 吨以上。当时刚出现在苏联战场上，北非方面的德军还没有配属。在北非战役的末期，虎式战车曾被运到北非作战，但是为时已晚，于事无补。——编者注

情况，无法做"治本"的改善，我们的步兵也不可能全部摩托化。换言之，非洲军团的指挥官必须设法自己解决难题。

这种不彻底的解决当然不理想。我们只有尽我们最大的努力，凭着极有限的资源，来做无可奈何的奋斗。但这是毫无希望的。用一把大刀做武器，最勇敢的战士也还是打不过手里拿着冲锋枪的敌人。

比起敌人来，我们唯一的优势就是占领着一条已经设防的防线；不过在英军可怕的炮兵射击和空军轰炸之后，这条防线也逐渐丧失了它的作用。接着英国的步兵，就一码又一码地攻入了我们的阵地。从北端起，我们节节败退，终于整个弃守了。若是再在阿拉曼死守下去，实在是毫无意义，结果只是使防御部队徒然做无谓的牺牲而已。

在会战的初期，我们也无法集中兵力来发动逆袭，因为英军在南部地区中也有同样的厚集兵力，使得我们不敢抽调所有的摩托化部队北上，否则敌人会从南面进攻。由于燃料的缺乏，使得我们无法把阿里埃特师和第二十一装甲师调上来又调回去，以担负机动预备队的任务。在会战的每一阶段中，要想把南面的兵力抽调到北方去，都是一种极大的冒险。

另外有一点也非常重要，应该在此一提。任何用在北面的部队，在英军的强大火力之下，其消耗的速率都非常惊人。这个战场好像是一个大石磨，任何部队投进去，不管数量多少，都会逐渐被磨成泥沙。

即令到了大难当头的时候，德国部队以及大多数的意大利部队，都还是表现得十分英勇，这实在令人感动。当我的每一个部下在阿拉曼作战时，他不仅是为保卫祖国而战，更是为保卫非洲装甲军团的传统荣誉而战。尽管失败了，我这个军团的奋斗经过在德意两国的民族史上还是占有光荣的一页。

# 第十六章

# 大 撤 退

## 一步步地撤退

11月4日夜里，我们开始向富凯撤退。我们采取一个宽广的运动正面，主要通过开阔的沙漠地区，因为沿海岸的公路在英军空投照明弹的照耀下，不断受到英国空军的攻击。我们的装甲部队现在正和英军的装甲部队赛跑，双方的目标都是相同的。

英军第一和第十两个装甲师，在突破之后，奉命向西北前进，在艾打巴和其西面的杰拉勒（Galal）横过海岸公路。第七装甲师和新西兰师，加上配属的装甲部队，经过沙漠绕了一个大弯，以富凯为目标。

11月4日夜间，这些追击的兵力跟在隆美尔残部的后面——由于希特勒的无理干涉，隆美尔的撤退已经延误了不少时间。可是到了第二天的下午，德军残余摩托化部队的大部分，却已经溜过一连串的陷阱，安全逃脱了。冒着英军的陆空攻击危险，再加上沿途的混乱和阻塞，他们居然逃脱了，这实在很难解释。

事后，英方把没有能够包围住德军的理由，归之于一场偶然的骤雨。蒙哥马利的报告说："只因为11月6日和7日的大雨，才使德军免于被全歼的厄运。"实际上，大雨是从6日的夜间才开始，对于隆美尔退却的最后一个阶段，固然很有帮助；但是到了这个时候，对德意军来说，情势早已好转了。这一次追击中的最紧张阶段是在11月4日的日间和夜间。在那个时候，看来逃脱似乎绝无可能。可是当隆美尔的部队由于情况严重被逼得要迅速行动时，蒙哥马利的部队却在久战之际，自然而然地犯了反应迟缓的毛病。尤其是隆美尔的大名，更使英军不敢掉以轻心，此外，由于是在夜间，英军害怕在黑暗中发生混乱，所以迟迟不敢前进，坐失良机。

在以后的一个阶段中，英军的追击不仅受了泥泞的影响，同时也因缺乏足够的燃料，使他们无法保持原有的攻击力。

我麾下的多数单位都缺乏车辆，他们必须依靠装甲部队的运输工具。伞兵和意大利部队因为在南面，只好徒步行军。上文中我已说过，由于英军装甲部队十分活跃，已经透入我方的防线，并扰乱我们的补给运输，所以在南面的部队已经好几天没有得到适当的供应，结果使这些部队在燃料和饮水两方面都极感困难。

当一切必要的命令都下达之后，夜幕低垂时分，我的司令部从艾打巴西南面的地区，沿着铁路线的南侧向富凯撤退。那是一片漆黑的夜晚，车辆常常跑出了小径之外，陷在沙丘里，必须要用很大的人力才能把它拖出来。我心里真是百感交集，在托布鲁克大胜之后，我们原本希望长驱直入，一口气攻入亚历山大港。我的部队虽然在疲劳久战之余，也还是个个争先，希望在非洲战场上争取这最后一次的"主动"。可是补给却使我们吃了大亏，而今天我们已饱尝这个恶果的苦味。在这个败退的晚上，内心的苦痛真是难以形容。

德国的元首和意大利的领袖现在都有命令来，授权我们可以撤退——可是已经太迟了。尤其好笑的是他们要我负责把那些非摩托化的单位完全撤出。我们看了命令之后，只能耸耸肩，因为原先那个命令正是不准我们撤退那些步兵。而且，假使我们一定要等到这个命令到达之后才撤退，则不仅会把步兵丢光，连所有的摩托化部队也都会同归于尽了。现在只有命运之神才能做最后的决定——那就是看英国人能够让我们在富凯停留多久，看那些德意两国的步兵是否追得上来。

我用摩托化的兵力尽量守着这一条防线，以等候步兵完全撤完为止，或是在英军准备向我们的摩托化部队发动最后攻击时，才再采取撤退行动。

假使遭遇到的情形是后者，我只好设法救出现在已经逃出的部队，而无法再顾及尚未撤出的步兵，否则全军都会同归于尽。我之所以要反复说明这一点，是因为以后有许多不明了非洲当时情况的浑蛋攻击我，说我不应该把那些意大利步兵丢在阿拉曼不管。

11月5日那天，非洲军的大部分、第九十轻装师以及意大利摩托化部队中的若干单位，都已经到达富凯周围的地区。从第二线调来的英国生力军，大约包括200辆战车和200辆装甲人员载运车，正跟在非洲军的后卫后面，不断地对我们施加压力。夜里，意军第十军和第一伞兵旅也都到达艾打巴西南的地区。在缺水的情况下，又经过长途的徒步行军，这些部队的力量可以说都已经消耗殆尽了。

中午的时候，我们的摩托化部队和远占优势的英军装甲兵力在富凯展开激战。沙暴常常使能见度减到零。不久，有一支强大的英军迂回纵队迅速地向我军开放的南面侧翼挺进。现在事态已经很紧迫，我军若再不赶紧撤退，一切就都完了。

在富凯与马特鲁港之间的海岸公路上，此时已变得混乱不堪。车辆纵队把整条公路都塞断了，卡车上挤满了逃命的士兵。英军的飞机一直在上方盘旋，一发现值得轰炸的目标，马上就把炸弹扔下来。我先到海岸公路上的防线去视察，然后转向南走，来到非洲军的防区。这时还是上午，可是激战已经开始了。当我回到我的司令部时，英军实行迂回的报告也已经送来了。

不久以后，英军的飞机对军团司令部又连续来轰炸了两次，很明显，他们从无线电中找到了我们的位置。我和魏斯特伐躺在一条壕沟里，静候弹雨过去。所幸损失不大。不久以后，又有几辆谢尔曼式战车冲了过来，看见什么东西，都一律发炮乱打。很明显，在我的司令部与英军之间已经不再有其他的部队。

因为非洲军在第十五和第二十一两个装甲师之间被突破，而且也没有其他的预备队可供调用，我只好下令向马特鲁港退却。当时我非常痛苦，因为还有许多德意两国的部队还在徒步行军，这样一撤退，那些部队也就丢定了。

这个命令发出之后，我们马上行动。这又是一次在黑夜里的拼命狂奔。偶尔会看见一两处阿拉伯的乡村，然后又消失在黑暗中。我不知道这一点残部是否可以顺利撤出。我们的作战兵力已经十分匮乏。意大利步兵的大部分都已经失去。意军第二十一军的一部分为了抵抗优势的英军，也已经被击溃，其余在撤退中被英军追上，都做了俘虏。关于他们的运输，我们曾经一再向意大利补给当局提出车辆的要求，但车辆始终没有到达。第十军正在富凯的西南面行军，缺乏饮水和弹药，应无逃出来的希望。在这些部队中，只有运输纵队是在海岸公路上，正慢慢向西撤退。我们很难使这些纵队做有秩序的行动，因为我们没有时间，我们必须尽快走。

至于意军第二十摩托化军，早在 11 月 4 日就被击溃了——剩下的不过几个连和一些支队，还掌握在该军军部人员的手里。战车和各种车辆都早已被打散，无法采取任何一致的行动。

只有下列各单位还勉强保有一部分的战斗力：第九十轻装师的残部、非洲军的两个师——已经变成了两个小型战斗群、非洲装甲步兵团以及若干零星德军单位，还有第一六四轻装师的残部。战车、高射炮、重型和轻型的火炮差不多都毁灭在阿拉曼，现在剩下的已寥寥无几。

11 月 6 日的拂晓，我们想重新集合军团部的各级人员，好传达一些命令——这个工作并不轻松，因为我们的车辆分散在四处，距离很远。公路上的情形已经坏到了极点。纵队毫无秩序可言——一部分是德军的车辆，一部分是意军的车辆——把雷区之间的公路，挤得水泄不通。走不了几步就又塞住了，很久都无法前进。有许多车辆都要拖着走，燃料消耗得相当厉害。

当第十五装甲师和第九十轻装师到达他们在马特鲁港西南的指定地区时，第二十一装甲师就奉命率领本军团的最后一点残余战车，在夸沙巴（Quasaba）的西南构成一个撑持的据点——现有的燃料只够非洲军一个师使用。弗斯战斗群（Voss Group）本是留在富凯防线中，以供诱敌之用，但在夜间受到英军强大装甲兵力的包围，于是开始撤出（拜尔莱因将军附

注：弗斯上尉原为隆美尔的副官，现任第五八〇侦察营的营长）。11月6日大约上午10点的时候，英军的60辆战车，开始向差不多已经完全丧失了机动性的第二十一装甲师发动攻击。这个师集中全力抵抗，终于击退了敌人。弗斯战斗群正从富凯撤回，也同时向英军的后方夹击，从而使他们受到了相当大的损失。于是弗斯战斗群占领着第二十一装甲师的南面阵地，其目的是预防英军包围该师——这时，该师的战车差不多完全丧失机动性了。我们派去补给他们的燃料纵队，根本无法到达。敌人一再向第二十一装甲师猛攻，到了那天下午，该师忍痛把那些已经不能移动的战车全部自行炸毁，然后靠轮式车辆向西且战且走。不过走了几英里之后，他们也不得不停下来，再改取防御的态势。一直到夜间我们才终于把一些燃料送到该师的残部，使他们得以继续西行，到达指定位置。

此时，我军的纵队一直向西撤退，快要到塞卢姆了。那天下午，意大利的甘丁将军（Gen. Gandin）代表卡瓦莱罗元帅，来到前线向我询问现在的情况如何，以及我将采取怎样的行动。这家伙来得正好。我把作战的详细经过和盘托出，特别强调补给危机的重要性，以及德意两国元首的乱命所引起的损失。我老实不客气地告诉他，以现有的实力打下来，我们不可能有站得住脚的机会，只要英军高兴，他们可以长驱直入，一直冲到的黎波里塔尼亚为止。我们根本没有接受会战的资格，最多只能采取迟滞的行动，以便让纵队能够勉强退到利比亚的边界。唯有退回到利比亚，才可能恢复战力，因为只要逗留在边界的那一面，随时会有被切断的危险。所以，现在唯一重要的就是加速逃离。我们已经不可能再用残余的装甲摩托化部队来和敌人作战，因为我们没有燃料了，连最后一滴也都用在撤退上了。甘丁离开我的司令部时，大概被吓呆了。照意大利最高统帅部的看法，战争实在太简单了。举例来说，当7月间阿拉曼开始发生危机的时候，我曾经告诉过卡瓦莱罗元帅，假使英军有突破的威胁时，我们就只有两条路好走——要么停留在我们的防线上，苦撑两三天，然后因为缺水而向英军投降；或是赶紧向西退却——卡瓦莱罗却说他毫无意见，只是不去想它就好了。这真是一个最容易的解决办法。

那一天，我们终于又建立了一道相当坚固的防线，并击退了所有的敌军攻击。尽管敌人应该已经看见我们的惨状，但他们的行动还是十分慎重。所有的德国部队以及部分意大利部队，在纪律方面还是完全遵从军官的命令。要晓得这种挫败对每个人而言，都是一个重大的打击，夏天时他们怀着极大的希望，想征服许多的土地，现在却彻底失败了。

燃料的情况依然十分匮乏，尽管11月4日有船到达班加西，运来了5000吨燃料——这是一个空前的数字，我们的溃败终于使罗马当局紧张了。可是燃料到了班加西又有什么用呢？更糟的是，在英国人对班加西的空袭中，这5000吨的燃料就又毁去了2000吨。

这个时期正是大雨倾盆的季节。所有的车辙小径都不能通行，逼得我们只好沿海岸公路走——有许多地点都被塞断了，很难通过。不过英军也有困难，他们无法迅速把纵队送过沙漠，对我军实行迂回。结果是双方的速度都相对降低了。


英军通过沙漠中的迂回行动，其所受到大雨的影响，要比隆美尔所料想的还要惨。11月9日夜间的大雨把沙漠变成了一个沼地。用卡车载运的新西兰师和装甲师的步兵旅，以及他们的补给梯队，都被陷住了。战车本身的速度降低了，但是更严重的是，他们的支援部队和补给也都无法赶上。

20年代的早期装甲战争理论家，都主张未来理想中的兵力应该使用履带式车辆，不过由于种种困难，结果还是使用了轮式车辆。1941年的秋天，德军在苏联丧失了决定性胜利机会的主因，就是因为他们那些装甲师的轮式车辆有问题。现在又轮到英国人吃苦头了。

不过这并不是追击失败的唯一原因。英军第一装甲师在艾打巴第一次停顿之后，又继续前进，试图切断隆美尔在马特鲁港以西的退路。它的行动很快，追过了公路上走不动的隆美尔退却部队。可是在11月6日，当大雨还不严重的时候，它的装甲旅已经由于燃料的缺乏，两度被迫停止前进——第二次停顿时，已十分接近隆美尔的退路。这实在是一个很痛苦的经验，因为在突破之前，师长布里格斯将军（Gen. Brigges），早已主张一个装甲师所载运的燃料，应以足够做长距离追击为原则。可是英军当局还是力主慎重，同时弹药被视为第一优先携带品。

这个停顿的结果，使得在第二天只有部分单位，还能够继续做迂回性的追击，但兵力太弱了，既不足以切断，又不足以钉住正在退却中的德军。英军第十装甲师本已在富凯停止，现在又奉令沿着海岸公路向马特鲁港挺进。但是这种直接的尾追只不过是逼迫着隆美尔的后卫沿着他们原有的路线退却而已。

因为步调已减慢，我希望至少有一点机会，把摩托化部队的秩序略为恢复一下，有能力在马特鲁港守几天，以便争取一点时间建立塞卢姆防线。11 月 7 日上午，我与意军第二十摩托化军军长斯提凡尼斯将军（Gen. Stefanis）和他的参谋长鲁格里（Ruggeri）举行会商。他们部队的大部分现在都已不再有逃脱的希望。这个军的全部实力只剩下了一个营以上的人数和 10 辆战车。我命令意军向布格布格（Buq Buq）和卡普佐运动，那里应该会收容落伍的散兵，并把他们重组。

那天上午我发觉：英军行动受到的阻碍并不如我想象中那样的厉害，一天之内他们可能就会到达我方的战线。我到非洲军的军部中，和拜尔莱因商量下一个行动。我们都认为，无论如何，都不可以和敌人正式交战，否则无异于自寻毁灭。昨天第二十一装甲师发生了不幸悲剧之后，拜尔莱因已在极力设法解决燃料接济的问题。第二十一装甲师受到的打击实在太大了：该师从阿拉曼还救出了 30 辆战车，现在只剩下 4 辆是完整无损的了。不仅如此，由于昨天英军进攻时，该师几乎是处于无机动性的状态之下，因此连火炮也都丢光了。

在这次商谈之后，我下令全军尽量守住他们的防线，时间拖得越长越好，并使用集中的火力阻止敌方的一切攻击准备。他们本身应避免被卷入会战，以免脱不了身。假使敌人压力加重了，就应该慢慢退回后方的阵地。

大约 10 点钟的时候，伞兵旅旅长雷姆克将军（Gen. Ramche）带着他那个旅的 600 名壮士，逃回来向我报到。当我们听到先前英军在差不多与富凯平行的地方，追上意军第十军的残部，并且俘虏了他们时，我们都以为雷姆克他们也会是同样的下场。这些伞兵的退却实在是一个很光荣的成就：他们自己的车辆极少，中途却夺取了一些英军卡车，变成了机动化部队。雷姆克对部队的统率可以说是很成功。我们一向都不太喜欢这个旅。因为他们还依照空军的正规习惯，遇事要求特殊的待遇。❶譬如说，他们常常要求把他们的单位从防线中抽出来，以保存他们这种特殊部队。现在他们又在发脾气了，因为我们没有供给他们车辆做退却之用。不过那是没办法的事，因为：第一，我们根本就没有车辆；第二，我们也不能够把德军都装走，而把意军丢在后面不管。

在那一整天当中，英军轰炸机组成强大的编队，向海岸公路攻击，使我们的纵队损失惨重。英军对我方的后卫——由第九十轻装师所组成——曾经一再猛攻，但都被击退。敌人的步兵在战车支援下，分三路实行迂回，但均被逐回。下午，又有一支强大的英军兵力，经过坚硬的石质地区向西行动，他们的进展很快，没有受到大雨的影响。


隆美尔此处所称的"强大兵力"，不知道是指何者而言，除非是第四轻型装甲旅的一部分——但那却称不上"强大"。在7日受阻之后，英军主力重新整编，这时隆美尔已经溜走，使英军无法追击。从此这个追击成了"长跑"而非"短跑"。为了解决补给上的困难，追击部队只好实行紧缩，现在只剩下英军第七装甲师和新西兰师（加上配属的装甲兵）。这支兵力在英军第十军的指挥之下，在11月8日继续前进，以边界为第一目标，托布鲁克为第二目标。新西兰师沿着海岸公路走，而第七装甲师则采取在大斜坡顶上的内陆路线。打击隆美尔后卫的任务基本上由空军担负。

在占领了边界阵地之后，新西兰师准备停在那里整编，而改由第一装甲师接替他们继续前进。

---

❶ 德国伞兵属于空军辖下。——编者注

我决定把军团司令部迁回西迪拜拉尼地区。我们想先从海岸公路的南面通过，但是大雨已经把车辙都变成了泥泽。有些车辆陷得很深，花了很大的气力才把它们拖出来。于是我们决定改沿海岸公路走，几个钟头之后，新的司令部就已经建立在西迪拜拉尼飞机场的附近。不久军需处长就从埃及边境送来一个报告：大量的车辆纵队，长达三四十英里，挤在哈尔法亚和塞卢姆隘道的这一面，开始慢慢越过山地退却，在英军飞机不断地攻击下，可能要一个星期才撤得完。很明显，英军绝不会允许我们如此从容不迫地行动，于是我下令要大家赶紧通过，派了许多的军官专门负责指挥交通。同时命令高射炮部队对这个地区努力设防。德国空军的指挥官也向我保证，德国的战斗机会保护这个受威胁的地区。我们希望守住塞卢姆—哈尔法亚防线，把英军的矛头阻挡相当长的时间，使我们至少可以有机会在这道防线的后面，把纵队重新编成战斗单位。

因为船运的情形如此恶劣，这一阵子我们不可能指望欧洲会有援兵到来。所以，假使英军一定要继续苦追不放，那么我们就只好放弃昔兰尼加，一直退到梅尔沙隘道之后才站得住脚跟。我希望我们到达那里的时候，能有较多的物资运到的黎波里塔尼亚，可以用比较好的武器来对付英军的攻击纵队，这样也许有机会把敌人的一部分兵力击溃。

英军现在似乎正在调动一个装甲师，绕着马特鲁港的南面前进，所以我命令全部兵力在夜间撤出这个地区，退向西迪拜拉尼，而以第九十轻装师为后卫。在11月7日的夜间，英军果然向北转动，以切断我军退路为目的。可是他们这个陷阱已经落了空：他们这一次猎获的东西，只有几辆已经焚毁的车辆而已，那还是我们因为燃料缺乏而自行焚毁的。除非你能先在正面把敌人牵制住，否则实行迂回是不会成功的，因为守军一定可以使用摩托化兵力——假定还有车辆和燃料——来抵抗迂回的纵队，它的主力也就趁机溜出了陷阱。

那天夜里，敌人的轰炸机不断向塞卢姆—哈尔法亚阵地猛炸。我们在那时退却，有两个最紧急的问题：（一）我们是不是来得及把我们的纵队撤过这个隘道？（二）我们的燃料补给接济得上吗？当大量的车队还挤在隧道这一边没有过去的时候，我们的摩托化战斗部队已用尽一切的方法来迟滞敌人。到第二天上午，没有过去的车队还有25英里长。车辆在夜里通过的速度非常慢，这是由于英国空军不断轰炸的缘故。

11月8日上午大约8点的时候，我遇到了拜尔莱因，并告诉他敌人一支由104艘船只所组成的护航舰队快要到非洲来了，可能是美英两国的兵力准备从西面向我们进攻。大约11点的时候，这个消息获得证实。事实上，那天夜里美英联军已经在非洲西北部登陆——这是我刚刚从魏斯特伐那里听到的消息。从此，我军在非洲的失败也就注定了。

大约中午的时候，我向西进发，与我的军需处处长奥托会晤，和他在一起的还有新任工兵指挥官布罗维斯将军（Gen. Buelowius）和贝恩特中尉。奥托少校向我报告说，我们的车辆还要两天的时间才能通过完毕，因为车辆把路都塞死了，很难把补给送达战斗部队——火车一天只能运去几吨而已。我决定命令意军第二十军、第三侦察营以及非洲军经过哈巴塔后撤，以减轻公路上的压力，把隧道空出来专供第九十轻装师（后卫部队）之用。我立即驱车赶回来，以最快的速度把这个决定通知各部队。

14点过后不久，我遇到了拜尔莱因上校，和他讨论到美英联军在西面登陆对我们的影响。当我们谈到我刚下令要非洲军使用哈巴塔以北的吉布尔高坡当作退路时，拜尔莱因表示很为难。他说以非洲军现有的车辆，实在无力做如此的越野行动。我跟他说，我当然明白会有这样的困难，但再没有其他的途径可以选择。不过，我准备留待11月9日的上午再做最后的决定。

我们的纵队现在已经可以比较顺利地通过这些隧道了——这是我那天夜间亲眼看见的事实。由许多的军官组成了交通管制站，分段管制交通。于是我们又有了一个新希望，那就是所有的车队可以在11月9日以前通过完毕，届时非洲军就可以利用这条公路了。因为燃料十分缺乏，许多车辆又都必须拖着走，所以若能如此，对于现在的紧张局势一定大有改善。

意大利的领袖又有命令来，要求死守塞卢姆防线。事实上不可能守得太久，因为我们没有能打硬仗的装甲部队和战防炮单位，无法阻止敌人强大的装甲兵力经过西迪欧麦尔以南的开阔沙漠地区向我们进攻。所以，长期坐守根本不列入我们的考虑范围。现在唯一重要的事，是赶紧把德意两军的人力和物资尽量撤回西部，使我们在大后方找到一个立足点，或直接用船把他们运回欧洲。此时，意大利当局已经把皮斯托尼亚师的一些单位（这个师一直留在利比亚境内，从未开上前线）和其他的几个营，开到了利比亚—埃及边界上，希望由我来指挥。但我只能拒绝，因为我没有足够的装备去解决他们的通信、运输和补给问题。

11 月 9 日上午，在隘道以东的海岸平原上的车辆，只剩下 1000 辆左右了。通过隘道的工作进行得要比我预期的还快。我马上通知拜尔莱因，告诉他非洲军还是有希望利用这条公路撤过隘道的。由于塞卢姆隘道的情况已有好转，于是我命令放弃西迪拜拉尼以西的地区。

这个时候整个军团的实力，大致如下：

（一）我们有 2000 名意军和 2000 名德军防守塞卢姆防线。一共有 15 门德制战防炮和 40 门德制野战炮。此外还有少数的意制战防炮和野战炮。

（二）作为机动预备队使用的约 3000 名德军和 500 名意军。他们共有德制战车 11 辆、意制战车 10 辆、德制战防炮 20 门、高射炮 24 门和野战炮 25 门。

很明显，凭着这一点兵力，我们绝不能坐候英军数百辆战车和几个摩托化步兵师的攻击。

青年法西斯师（Young Fascist）本应由锡瓦绿洲调到塞卢姆，但始终未能如期赶到，于是奉命撤往梅尔沙隘道。对稍早的我们来说，要在迈尔迈里卡迎战英军简直难以想象。尽管当我们放弃这许多辛辛苦苦争来的土地时心里非常难过，但是勇敢若是超过了军事判断之外，那就是狂妄。


最亲爱的露：

我一切都好。谢谢你的来信，衷心地问候你们。

1942 年 11 月 9 日

自从阿拉曼防线被敌人突破之后，我就一直没有写信的机会，不过今天终于可以抽空写一两行。对一支军队而言，当他们被敌人突破时，其情形可以说是糟糕之至。它必须夺路而逃，而在退却的过程中，就会把战斗力逐渐消耗完。在这样的情形下，我们绝不可能长时间在一地逗留，因为还有一个强敌跟在我们后面。

我的身体还不错。以后我们只好苦撑到底。赛德里尔（Seiderer）和布罗维斯都到了。他们看到当前这种情况，不免有一点胆寒。

11 月 10 日

# 退出昔兰尼加

此时，我们听说轴心国军队已经在突尼斯登陆，准备去应付从西面来的威胁（这些抵挡西面盟军的轴心国军队后来编成第五装甲军团，最后又在它和"非洲军团"之上再成立一个"非洲集团军"）。虽然如此，美英联军还是可能从那个地区向本军团发动攻击。假使到了这个最后关头，我认为我们最好的行动，就是设法守住在吉里尼（Giarene）两侧的山地，以便掩护本军团的人员，利用飞机、潜艇和小船，整个撤出北非。

11 月 10 日的夜里，在照明弹的光线下，成百架英国战斗轰炸机在卡普佐的周围实施猛烈的空袭，使我军受到相当大的损失。

第二天快中午的时候，英军沿着海岸发动了一次猛烈的攻击；同时我们也发现他们的装甲军集中在南面。所以第九十轻装师也奉命在中午时分，沿着通向塞卢姆的公路撤退。这个行动完全照计划进行，下午就完成了，当最后的车辆通过之后，隘道当中的公路就被炸断了。

行军梯队连同一切分散的人员和单位，纷纷向昔兰尼加撤退。而具有战斗力的部队仍留在原地不动，以便对敌人实行迟滞作战。我们甚至在加扎拉防线也无法停下来，因为若是要守那一条防线，必须有相当大的机动支援兵力，可我们如今却一无所有。

由于突尼斯的情况吃紧，我要求卡瓦莱罗元帅和凯塞林元帅一起到北非来举行一次会商。我希望从他们那里晓得突尼斯防务的切实情况，而且即令突尼斯的情况已经很紧急，但我们在梅尔沙隘道防线上的部队，也至少还需要有相当多的增援。这种情况要求的是一种战略性的决定。在做一个战术性决定时，不可以没有几分冒险进取的勇气。可是在做战略性决定时，必须仔细考虑到所有一切可能的后果，而且要百分之百安全。

可是卡瓦莱罗和凯塞林两个人却认为没有来非洲之必要，所以第二天我又派贝恩特中尉回元首大本营去报告一切情况。几天后他回来了，报告说大本营中对他所说的一切情况根本就不了解。元首命令他跟我说，我不必考虑突尼斯的问题，只要假设那个桥头阵地一定可以守住就好了。这就是我们最高统帅的惯有态度。在以后一连串的劣势中，他都抱着这样的态度，而这也是造成一切劣势的主要因素。尽管我们在所有的战场中，都能够获得极优良的战术性成就，但是我们缺少一个坚定的战略基础，以指导我们的战术技巧向正确的路线上发展。在另一方面，贝恩特又报告说："主子"一点都不温文有礼。虽然他口头上还是说对我具有"特殊的信心"，可是事实上他却已经忍不住要大发脾气了。他已经允诺加强补给作业，尽快通知有关当局我们各方面的需要——任何人都不准延误。梅尔沙隘道阵地必须不惜一切代价死守，因为那是发动新攻势时的跳板。

此时，我们还是继续向昔兰尼加撤退。在塞卢姆附近，我们还可以加一次油，够走60—100英里的距离，这是昔兰尼加的最后燃料存量了。事实上，我们无法到班加西去运取存油，因为我们的卡车上装满了非摩托化部队和伤兵。此外，我们还有许多纵队仍然没有恢复正常的运作。所以，当我们在11月10日必须准备撤出迈尔迈里卡的时候，面临的问题实在非常严重。我用十分肯定的语气告诉最高当局：对于装甲军团一切的重要作战物资，都应该趁这个时候赶紧运往的黎波里。因为现在还有此种可能，但是几个星期之后，英军的飞机将可以从苏尔特海岸上起飞，去轰炸的黎波里了。

英军现在已命令一个装甲师（第七装甲师）绕着西迪欧麦尔的南面前进，以追过我们为目的，因此我们赶紧撤回与托布鲁克平行的地方。英国空军的活动也没有前几天那么频繁。利用最后的燃料储量，我们大约在中午的时候到达阿代姆—托布鲁克防线。直到此时，英军才来到公路上，但在他们的"切断点"之东,我们没有遗留下任何部队。

我们希望在托布鲁克停留的时间越长越好,这样至少可以把存在那里的 1 万吨物资运出一部分来。到了 11 月 11 日,尽管我们要求除了燃料以外不要空运其他的东西了,可是运输机队还是运来了 1100 人。这些兵员对我们目前的作战是毫无价值的,因为他们根本没有作战的能力。同时他们也没有自己的车辆,所以对我们而言,只是又多了一些累赘而已。

11 月 12 日,在加扎拉瓶颈地区又是被车辆挤得水泄不通,因此我们又必须守住托布鲁克防线,直到那天夜里为止。有好几百辆车子都要被拖着走,有些是引擎出了毛病,有些是因为缺乏汽油。但是现在纪律已经完全恢复了。过去那种惊慌的现象已经完全没有了,全军人员都深信他们可以逃过难关。但是燃料状况却恶劣到未曾有过的情形,因为大批的运输机都牵制在突尼斯方面,每天的运量无法超过百吨。

英军已有通过艾克罗马,从西面迂回托布鲁克的迹象,因此我们被迫决定要撤出这个要塞。反正托布鲁克现在只有象征性的价值。从军事方面来说,除非准备牺牲我们的大部分兵力,否则此时绝无固守的可能。我们不想重犯 1942 年英军所犯的错误。所以当第九十轻装师撤出后,英军在12 日的夜里,就兵不血刃地占领了该城。


最亲爱的露:

　　北非的战斗已接近尾声。在我们这一方面,末日已不会太远,因为敌人光凭数量上的优势就可以把我们压垮。军队本身无须对此负任何责任,因为他们太英勇了。

　　　　　　　　　　　　　　　　　　　　　　　1942 年 11 月 13 日


差不多在 11 月 13 日中午的时候,装甲军团的第一批人员到达梅尔沙隘道防线。尽管在隘道中车辆相当拥挤,但是大致说来,我方的纵队都还能照计划行动。

糟糕的是,由于公路已经被塞断,我们无法把燃料从班加西向东运输,同时也不可能经由铁路线运到巴尔切（Barce），因为意大利人早已把轨道炸毁，我们只好要求空军用运输机来帮忙了。

当英军攻克了加扎拉防线之后，我们的处境日益困难，他们现在很可能迂回到我们的后方，并且以囊括整个昔兰尼加为目的。我们在绕默基利小径行进时，必须极严密地监视西方，以便使我们的摩托化部队及早出发迎击来攻的英军纵队。现在撤出昔兰尼加的工作也已经在加速进行。

最亲爱的露：

又向西走了。我身体还好，但是心里很痛苦，这点不用我说你也晓得。侥天之幸，敌人并没有拼命紧追。我们到底能够走多远，连我也不敢说。这完全要视燃料的情况来决定，现在还在等候空运。

你们两个好吗？尽管我心里塞满了许多难题，但我仍一直惦念着你们。假使我们丧失了北非，对于战争会有怎样的影响？这场战争会怎样结束呢？我只希望我能够从这些可怕的问题里脱身。

1942 年 11 月 14 日

第二天，我们又是面临严重的燃料危机。空军一共运来了 60 吨，可是我们一整天的需要量却是 250 吨——这也是凯塞林所答应的数量。由于燃料不足，又因为一场大雨使小径变得泥泞（我们本想用它来减轻公路的担负），所以已无法到达目标。在这种危急的环境中，沿途仍荆棘遍布，实在是糟糕至极，因为我早已说过，速度是一个最重要的因素。所幸的是，英军也无法利用小径通过沙漠，所以他们的行动也同样受到了阻碍。

自从 11 月 12 日起，卡瓦莱罗元帅就一直在利比亚，虽然我曾几度要求他到前线上来与我会商，可是他仍觉得并无此必要。反之，他却通过德国驻意空军武官波尔（Ritter von Pohl），把意大利领袖签署的一份命令交给我，要我在昔兰尼加再多撑一个星期。这个命令还要求我们不惜一切代价守住梅尔沙隘道防线，因为轴心国部队在非洲的命运完全系于这一线上。

卡瓦莱罗元帅所代表的是一种头脑很聪明，但意志却很薄弱的典型军人。这种人只能坐办公室，不能打仗。举凡补给的组织、人员的指挥，以及一切有建设性的工作，其所需要的不仅是智慧，还需要精力、推动力和意志力，然后才能排除万难达到目标。学者型的军人多半把战争看作一个纯粹斗智的问题，因而看不起精力和推动力，认为那是"匹夫之勇"，可是他们自己却正缺少这种"匹夫之勇"。这些人每每自命不凡，认为好事都属于他们，而坏事都是属于那些"匹夫"的。到了今天，无论是在德国或意大利，这种心态都有澄清之必要。

11月15日，燃料的危机更趋严重，因为有几艘运油船本来准备开往班加西，现在却中途回转了；另有一艘匆匆离开班加西，上面却还有100吨燃料没有卸。此外，空军所能空运的数量也还是那样有限。因为缺乏燃料，使得非洲军中午时才开始行动，黄昏时就一滴油都没有了，只得停了下来。公路还是被车辆阻塞住，一时毫无打通的希望，因此非洲军只能获得极少量的弹药补充。最糟的是，巴尔切的弹药仓库偏偏又被一些紧张过度的人给破坏掉了。

15日夜仍继续下着大雨。英军的追击因此迟缓了些，使得我们的工兵有足够的时间布置一些障碍物。

最亲爱的露：

又退了一大步。头顶上方老是下雨，使一切运动都感到困难。燃料还是极感缺乏。这些都足以令人痛哭流涕。现在我们只好希望英国人也遭遇到同样的恶劣天气。

1942 年 11 月 16 日

非洲军还是没有恢复它的机动性。意大利的补给当局却偏偏净是帮倒忙，他们到处破坏弹药库和水源，这却正是维特我们作战能力最需要的东西之一。我们在最后关头，总算阻止了他们破坏班加西水电设施的打算。

第二天上午，虽然一切进行得极不顺利，可是英军的强大兵力已经跟在第九十轻装师的后面追了上来，同时在孟沙斯附近的侧翼上，也发现相当数量的英军。那就是说，我们现在必须赶快撤出昔兰尼加，否则全军就有在班加西附近被切断毁灭之可能。又是和过去一样，最严重的问题还是燃料。在好几天以前，意大利的军舰就答应运油来，可还是没能兑现。

总算运气不错，不久空军就报告说，英军在孟沙斯的迂回纵队被暴雨造成的洪水阻止住，无法前进。我们的燃料如此缺乏，已经无法调动摩托化部队阻止敌军的进袭了。

实际上，英军用来迂回的兵力并不太多，只有两个装甲车团，加上一些支援部队。亚历山大的记载上这样说："敌人正通过吉贝尔（Gebel）撤退，我们很想采用过去的战略，把一支兵力推过沙漠，以便在艾达比亚附近将敌人切断。可是蒙哥马利将军却坚决主张不做任何投机的行为，尤其在补给还很困难的情况下。所以，第十军只派遣装甲车沿着这一条路进攻。事后，我们才发现德军由于燃料的缺乏，曾经暂时无法移动。于是第十军奉命增强迂回的兵力，可已经来不及了。"

11月18日拂晓时分，英国的装甲车和战车从孟沙斯蜂拥而上，向我们的掩护兵力进攻，但立即被击退了。上午我们接获一个消息，说那些运油的驱逐舰都已经回头了。不久之后，又有报告来说：一支由15艘运输船和同样多的护航军舰所组成的英国船团，已经在德尔纳的东北海面上出现，正向西前进。我们假定英军就要在班加西登陆了，所以尽管海上的风浪极大，我们还是命令把战车和其他的物资装上我们所有的驳船，起碇出港。多数的船只在以后几小时内都沉没了，从昔兰尼加的港口中，我们只救出极少量的储存物资。港口和船坞的设备全被破坏，班加西的民众发生了极大的混乱。这个饱经兵祸的城市在战争中已是第五次易手了。

现在非洲军的前卫部队在极端困难之中，一直撤到了祖韦提奈附近，在那里重新组织起来，向东面设防。仍有数以百计的车辆需要拖运。尽管敌人的追兵将至，物资又极感缺乏，但我军仍严守纪律，一切照计划进行。

在孟沙斯以西的英军迂回纵队，曾经一再被第三十三侦察营击退。11 月 19 日清晨，第九十轻装师撤出了班加西。在这一天，全部的非洲军都已经撤到了新阵地，而第九十轻装师则扼守着艾季达比亚。昔兰尼加的撤退战已经完成了。

从加扎拉撤到艾季达比亚，其间的经过相当惊险，因为英军一直有通过默基利以切断我军退路的可能。我军由于缺乏燃料，常常整天瘫痪在公路上无法行动。英国空军对这个长达 60 英里的纵队轮番攻击，获得相当程度的成功。我们收到的油量——从空军的观点来看颇为可观，因为那都是用运输机送来的——根本不够我们的消耗。虽然如此，我们的撤退还是照计划完成了。从托布鲁克到梅尔沙隘道，我们没有损失一个人。

当我们到达艾季达比亚的时候，已经一滴汽油都没有了。在的黎波里还有 500 吨，在布拉特也还有 100 吨，不过即令是后者，也在 250 英里以外。一切可以行驶的补给车辆，都被派往的黎波里，以便把燃料运来前线。在沙漠中若再不能恢复机动性，那么其危险性真是不堪言状。巴斯蒂科元帅说，他会尽可能帮助我们，准备用最快的速度把早已卸载的 500 吨燃料，从的黎波里运送到艾阿格海拉。

此时，我们也正倾全力利用手头的有限资源来建立梅尔沙隘道防线。这条防线的位置非常合适。在海岸南面几英里的地方，是一个大型盐水沼泽地，直径约为 10 英里，车辆极不易通过。所以任何敌人要想从东面进攻，并迂回到这个阵地的后方，必须向南绕过一大段的距离。在北非的作战中，向南拉得越远，其危险性也越大。不过话虽如此，即令是防守梅尔沙隘道防线，我们也还是需要部署相当多的摩托化兵力，其强度至少应以能击退敌方迂回纵队为限度。在这个地区的作战中，若是双方的实力大致相等，则攻方在会战过程中，其战术地位总是比较不利，因为它的补给线向南延展，很难避免守方摩托化部队的袭击。所以防御计划的要点是：严守梅尔沙隘道和盐水沼泽中的通路，在防线后方控制一支摩托化兵力，并备有足够的弹药和燃料。若是没有这支兵力，或是没有这些燃料，这条防线还是无法守住。

双方现在又是各自埋头准备，准备在梅尔沙隘道防线上做一次决战。英国人对他们的补给问题也需要加以整顿。所以这次会战胜负的决定因素，就是要看我们在敌人完成攻击准备之前，是否能获得相当多的摩托化兵力的补充，以及足够多的燃料和弹药。

意大利的"青年法西斯"师、皮斯托尼亚师和斯比齐亚师（Spezia），现在已分别占领梅尔沙隘道防线，并在巴斯蒂科元帅指导之下，开始构筑工事。新到达的森陶罗装甲师（Centawro）也已部署在防线的后方。伞兵旅、第一六四轻装师和意军第二十一军的残部，也都集中在附近地区开始整补。当我到了这个地区之后，我明白地说：不管这些防御工事多坚固，对我们都不一定有多大的益处，因为敌人还是可以迂回这整条防线——虽然不无困难。于是，这些非摩托化的意大利部队，又会和他们在阿拉曼的伙伴一样，对开阔的沙漠中的英军机动化部队没有多大的抵抗力，而只好束手就擒了。

为了要使我们的最高当局明了此间的战术情况，又因为卡瓦莱罗元帅始终不肯到非洲来与我会晤，我便派斯提凡尼斯将军到罗马去，当面向意大利领袖和卡瓦莱罗元帅报告一切。斯提凡尼斯在意军中是一位杰出的将才，他精通战术，对意大利陆军的弱点有很深刻的认识。他准备强调下列的事实：当一个指挥官没有补给物资可以动用的时候，他将丧失做决定的自由，只能顾到眼前的生存问题，而无法考虑到明天的进展。大局自阿拉曼开始就已不妙了，现在要想挽回已经太迟了。今天唯一的出路就是要冷静地面对现实，一切从长考虑，所以想要在梅尔沙隘道之线接受会战，实在是大错特错。

当我向斯提凡尼斯将军面授机宜之后，他就启程飞往罗马，之后我驱车去访问纳瓦里尼（Gen. Navarrini）将军，他是意军第二十一军的军长，指挥那三个意大利师。他也完全明白，以现有的兵力来接受会战，无异于自取灭亡。

这一次的大撤退就是我们在阿拉曼大败的必然后果。当大败之后，自然不免发生无组织的现象，可是一旦恢复了秩序，德意两军的一切行动还是很值得赞扬的。除了在阿拉曼本身所受到的损失以外，我们其他的损失都不算太大。在阿拉曼会战之前，全部德军的实力约为9万人（包括海空军在内），现在我们救出了7万人，尚不包括早已空运回欧洲的几千名伤兵。

关于非洲战场的将来，德意两国的最高当局还没有做出战略性的决定。他们从来不肯认清现实。最使我们感到惊异的，就是他们现在拼命地把大批物资运往突尼斯，其数量远超过我们过去收到的。危急的局面终于使意大利当局感到手忙脚乱了。可是美英两国的补给物资却增长得更快，同时他们对海空的战略控制也一天比一天紧，轴心国的船只一艘又一艘被击沉在地中海里。我们已经陷入了泥沼，只剩下脑袋在外面，再也无力自拔了。

管理的失当、作战的错误、主观的偏见和拼命寻找替罪羊，现在都已经达到最白热化的阶段。而真正成了牺牲品的，却是德意两国的士兵们。

# 第十七章

# 在欧洲的会商

在往后的日子里，我们面临的最大困难不是英军的活动，而是我方最高当局极度不了解前线的情况。诚如我们在前面所说，唯一的途径就是永远不和敌人决战，不管我们的主子多么渴望。

我们现有的战斗兵力只相当于阿拉曼会战前的三分之一。我们既没有补给库，也没有任何的存品，所以真是朝不保暮。

在那个时候，我深信最高当局对本军团所采取的态度完全出于误会，可能是受了意大利人和空军报告的影响。我希望能唤醒他们，认清当前情况的真相。但是我也深知这些身居高位的人，往往不肯承认事实；他们像鸵鸟一样，只会把头埋在沙子里，一定要等到木已成舟之后，才肯放弃他们的成见。

当斯提凡尼斯将军启程回意大利之后，德国元首有一个电文来，重申意大利领袖的前令，要我们不惜一切代价死守梅尔沙隘道防线。他并允诺立即为我们补充大批的战车、高射炮和战防炮，根据以往的经验，我们知道这些诺言根本一文不值。我们再度归巴斯蒂科元帅管制，这不过只是一种"纯粹形式上的考虑"而已。（在装甲军团尚未进入埃及境内以前，隆美尔本是受巴斯蒂科的管制，不过在阿拉曼会战中，他直接向德意两国的最高统帅部负责。）

现在英军正在调集他们的兵力，我想应该趁这个喘息的机会回欧洲一趟，设法使德意两国的最高当局，明了当前的情况，才有办法获得一个正确的结论。

关于我的计划，以前曾经说明了一部分，现在为了使它更清楚，再叙述如下：

（一）在现有的补给情况下，一方面我们所应该获得的战车、车辆和武器的每月配量老是赶不上；另一方面我们也无法建立一支足以支持得住一次机动性会战的兵力。因此，在的黎波里塔尼亚的任何地方，我们都不可能停下脚步来对抗英军的猛烈攻击。其理由是因为每一处的阵地都可从南面来加以迂回，所以防御的重任必须由机动部队来担负。

我们必须完全撤出的黎波里塔尼亚，最后撤到加贝斯（Gabes）——这里有一条防线可供扼守，其西南界线为杰里德盐沼（Shottel el Jerid）——这就是我们在非洲的最后立足点。（这一条防线在突尼斯边界以西约 120 英里处，恰好在的黎波里与突尼斯之间。在海岸和一连串湖沼之间，只有 12 英里长的狭窄孔道。）

我们最大的问题就是非摩托化的意大利部队。假使我们不想丢弃他们，那么这些行动得最慢的部队，也就决定了全军的退却速度。这在面对一个完全摩托化的优势敌军时，真是危险到了极点。所以我们一定要在英军的攻击开始之前就把意军各师送往新的阵地，只留下摩托化部队在道路上布雷牵制英军，并使用一切可能的手段，使敌人的前卫受到种种损失。英军的指挥官一向以过分谨慎著称。因此，我们的摩托化部队在表面上应尽量活跃，这将使英军更小心慎重，使行动变得更慢了。蒙哥马利从不冒险对我们实行果敢的追击，这一点使我感到十分欣慰，因为他若真的发动大胆的追击，必定无往不利。

向突尼斯的撤退，必须分为若干阶段，以迫使英军实行步步为营的战法。这又是一个赌博，其着眼点也是以敌人的持重特性为基础。第一个立足点应该是布拉特，第二个应该是泰尔胡奈—胡姆斯。即令在这些地方，我们也不打算与敌人正式交战，而是想在遭遇攻击之前，先将步兵撤出，只留下机械化部队与敌人周旋，以迟滞他们的前进。最后在加贝斯防线坚守——和阿拉曼一样，此处也无法从南面加以迂回。

（二）在加贝斯，我们可能把会战的主力放在非摩托化的步兵身上。专用摩托化兵力是攻不下这条防线的，必须集中大量的物资，才能够突破它。所以蒙哥马利一定要花好几个月的时间，才能够把足够数量的物资运过整个利比亚。而在这几个月当中，我们的摩托化兵力可能已经重新整补好了。加上刚刚在突尼斯登陆的第五装甲军团，我们可能有击败敌人的机会。

我们最大的危险就是突尼斯的西部边界，它完全是门户洞开，这就使美英联军获得了一个发动攻击的良机。所以我们必须先下手为强，趁此时蒙哥马利因为缺乏大量的炮兵弹药而未攻入加贝斯防线的时候，把我们全部的摩托化兵力调往西方，向敌人发动一次奇袭，击溃美英联军的一部分，并把其余的部队都赶回阿尔及利亚。

当在突尼斯西部的盟军已经被击败并丧失了打击力量之后，他们势必要花上一段时间来重整旗鼓，即令是极短的时间，我们也可以利用它来向蒙哥马利实行反击，将他逐向东面，迟滞他的一切部署。当然这个作战相当困难，因为地形对我方不利。

（三）从长期的观点来看，无论是利比亚还是突尼斯，都无坚守的可能。因为我早已说过，决定非洲战争的因素就是大西洋之战。只要美国的强大工业力量能够在某个战场上发生作用，那么对我们而言，这个战场上就再也不会有最后胜利的机会了。即令我们征服下整个非洲大陆，但只要留下一小块土地，允许美国人逐渐积累他们的物资，那么结果我们仍将一败涂地。战术上的技巧只能使这个崩溃的时间略为延缓而已，并不能使这个战场的最后命运有所改变。

所以我们在突尼斯作战的目的，也只是尽量争取时间，以便把这些能征惯战的老兵撤回欧洲，留供他日之用。根据经验，假使盟军为了寻求决战，发动一个主要攻势时，我们就应该步步为营地缩短战线，并利用运输机、驳船和军舰，尽量把部队撤回欧洲。当美英联军最后攻克突尼斯全境时，除了极少数的战俘以外，他们将会一无所获，正和当年我们在敦刻尔克一样，并不能获得真正的胜果。

（四）撤到意大利的部队可以组成一支打击兵力，从训练和战斗经验两方面而论，这些部队都是最适宜担负对抗美英联军之用的。

11 月 22 日，我和巴斯蒂科元帅会晤。我把上述计划讲给他听，告诉他假使我们一定要坚守梅尔沙隘道防线的话，将冒着全军覆没的危险。

"我们不是提早四天放弃这个阵地，就是在四天以后，不仅丧失了阵地，也丧失了整个军队。"我劝他正视事实。纳瓦里尼也力劝巴斯蒂科放弃死守的观念——他可能心里也早已明白，只是表面上不肯认输。不过他也没有什么可说的，因为我们都知道撤出的黎波里塔尼亚是一个极大的损失，可是事实上也没有其他的路可走了。最后，巴斯蒂科答应尽可能采取最客观的态度，把我们的意见向上级陈述。

　　最亲爱的露：

　　　　这几天战事十分沉寂。老是下着大雨，使人颇不舒服，尤其我一直住在帐篷里。

　　　　今天我头上已经有了屋顶，同时还有一张桌子，这真是太奢侈了。我曾经写了许多悲观的信给你，事后想想颇为追悔。固然现在还是不敢奢望局势会突然好转，不过奇迹也是有可能发生的。

　　　　　　　　　　　　　　　　　　　1942 年 11 月 21 日

11 月 24 日，凯塞林元帅和卡瓦莱罗元帅终于来非洲与我会商，这是我盼望已久的一件大事。会商的地点是在阿尔柯戴费里尼，位于昔兰尼加和的黎波里塔尼亚之间的边界上。出席的人为凯塞林、卡瓦莱罗、巴斯蒂科和我自己。

卡瓦莱罗和凯塞林还是过分乐观，为了浇他们一瓢冷水，我在会谈开始的时候，首先叙述自从阿拉曼以来的一切作战经过，特别强调说明由于会战的补给作业极差，才使我们一败不可收拾，尽管部队已经打得非常好了。我们已经把一切的重要装备都丢了，一部分丢在阿拉曼防线上，一部分丢在撤退途中——虽然我们已经尽量把车辆拖回、把物资运回。整个军团现在所剩余的战斗兵力，大约一个师还不到。我又补充说，三个意大利步兵师实际上毫无用处，无法和英军交手，所以根本不可能死守梅尔沙隘道防线。我再度提出撤出整个的黎波里塔尼亚的主张，可是凯塞林和卡瓦莱罗坚决反对。前者的观点是以空军为基础，他认为此举对于突尼斯的空军战略形势有重大的影响。至于后者，则完全是生活在一个自欺欺人的假想世界当中。

我告诉他们两位，再耽搁三四个星期就会太迟了——那时英军就会"挥动"800辆战车、400门大炮和550门战防炮，向我方防线实施猛攻。所以现在我们必须痛下决心。假定他们真想要死守梅尔沙隘道防线的话，那么在一个星期之内，必须将下列的装备连同使用的人员送到前线：

75毫米战防炮：50门。

长炮管Ⅳ型战车：50辆。

100—150毫米野战炮：78门。

上述装备需充足的运输工具和弹药，燃料和弹药至少各4000吨。

还有相当数量的空军。

根据过去的经验，我们知道这些要求绝对无法兑现，所以唯一可能的解决方法就是向西撤退。他们两位对我的说法提不出任何合理的反对意见。当我问道："假使英军实行迂回，两位在战术上有何高见？"他们一句话都不说。他们来此的目的不是想认清事实的真相，然后再做出一个合理的判断；他们相信失败的过错应由我们负责，并相信只要他们胡说八道乱吹一阵，就可以提高我们的战斗精神。他们尤其认为我是头号悲观主义者。


读者应注意隆美尔写这一段文章的时候，是在大败之后，他的心理多少也不太正常。他对凯塞林的批评就很有问题；因为后来1944年他再论及非洲战役时，对于凯塞林颇有赞美之词。


补给的情况仍然非常糟糕。我们一天至少需要400吨的物资，可是最多只收到50吨。一方面是车辆奇缺，另一方面是从的黎波里到前线的距离实在太远。结果是各方面都感到困难不堪。

11 月 26 日，我们接到这一次会谈后的反应。当凯塞林要求我们派遣部队去保卫的黎波里城的时候，意大利的领袖仍要求我们死守梅尔沙隘道防线。最后，墨索里尼更进一步要求我们以最快的速度向英军发动攻击，并说可以获得德国空军的强力支援。根据我们过去的经验，我们早已知道这个"强力支援"的效力会有多大。虽然当英军攻击时，巴斯蒂科元帅有权决定是否撤退，但是意大利的最高统帅部又暗中关照这位元帅，除非到了最后关头，否则不准撤退。不过巴斯蒂科却很有礼貌，立即和我商量一切步骤。

这些命令使我感到十分怒恼。从头到尾，每一次的难关都是我这个装甲军团一手冲破的，若是听任意大利最高统帅部的主张，那一切都完蛋了。现在既然罗马方面无可理喻，我决定直接飞往德国元首大本营。我想请元首本人做一个战略性的决定，把撤出北非作为一个长期的政策。

我们在 11 月 28 日上午动身，下午就到了拉森堡。大约 16 点的时候，我和凯特尔、约德尔❶、希孟德三个人举行了第一次会谈。凯、约两个人的态度很狡猾，遇事都采取保留的看法。

大约 17 点的时候，我谒见了元首。一开始现场的气氛就十分冷清。我把本军团在会战中和退却中所遭遇到的一切困难，都做了详细的叙述。一切都足以证明在作战的执行方面，我们是毫无过错的。

我说：经验告诉我们，船运的情况总无改善的可能，所以应该把放弃非洲战场当作一个长期的政策。对于一切的情况应不再存任何幻想，一切的计划必须以可行为原则。假使这个军团还留在北非，结果必然是全军覆没。

我希望能对我的意见做一次合理的讨论，所以还想把话说得更详细一点。但是我却无法再说下去，因为一提及战略的问题，马上就好像是点着了一桶火药一样：元首突然大发雷霆，连珠炮一样地向我反攻，把一切的

---

❶ 三军统帅部参谋长。——编者注

责任都推到我们身上。多数的大本营高级人员也都在座，他们之中的很多人连一声枪响都没听过，对元首所说的一切，无不点头称是。为了举例说明我们的困难，我说在非洲军和第九十轻装师一共 1.5 万人的战斗部队当中，只有 5000 人还有武器，其余都是赤手空拳的。这句话又触发了他的怒火，他硬说是我们自己把武器都丢光了。我对这一类的无理指控提出强烈的抗议。我说：在欧洲的人根本无法想象当时的战况。我们的兵器都已给英军的轰炸机、战车和大炮打成碎片了，我们能使全部德国摩托化部队逃出，可以说已是一个奇迹了，尤其是在燃料那样缺乏、常常一天只能退却 10 英里的情况下。

可是根本就没有讨论之余地。元首说在 1941—1942 年的冬天里就是因为他下令在东线实行坚守，所以才挽救了苏联战场上的危机。所以，他还是坚持已见。我现在才开始明白希特勒是个不肯面对现实的人，他的感情冲动得使他完全丧失了理智。他说为了政治上的需要，必须在非洲守住一个主要的桥头阵地，所以绝不可以退出梅尔沙隘道防线。他愿意尽量为我解决补给上的困难。帝国大元帅戈林将陪我一同到意大利去。他拥有特殊的权力，有权和意大利人及一切负责当局做必要的谈判。

在离开元首大本营之后，我和戈林同乘汽车到了贡宾嫩（Gumbinnen），然后换乘戈林的专车向罗马进发。我们的最高当局居然这么不了解实情，只想把前线上的军人拿来当作替罪羊，这使我感到怒不可遏，尤其是当我看到戈林专车中的奢华享受时，更是无法忍受。对于当前的情况，他似乎一点都不关心。他把他自己装扮得十分漂亮，口里谈论的不是古画就是宝石，而他的那些左右更是把他捧得肉麻。在平时，他这种态度只是使人感到好笑，可是在今天，却令人发指。

戈林这个人野心无穷，好大喜功，可是他的能力却不足以与之配合。他认为在非洲战场上，也许可以大出风头，所以想利用空军去控制它。他的亲信部队戈林装甲师早已开始调往突尼斯。他这种对于非洲战场的看法完全是想入非非。事实上，我们无论是从素质、装备、武器哪一方面来看，都赶不上在北非作战的美英联军。我们唯一的优点是对于战争的观念比较进步，但是当必要的物质条件不再存在之后，这个空洞的观念也就毫无用处了。所以若是把我们西方敌人的实力估计得太低，那才真是疯狂。

在这段时间，我的头号大敌就是戈林，我想他是想设法中伤我，以便兑现他的北非计划。他对于我呈送给大本营的一切情况报告，一律加注意见，说这是悲观主义者的看法。他认为我已经是败军之将，不足言勇，他说我是害了"非洲病"，对胜利丧失了信心，必须予以撤换。当然，这位大元帅坐在他那辆华丽的专车里面，他的看法自然和我们在前线上拼命的军人完全不同。

为了争取万一的机会，我命令副官贝恩特中尉——他的口才极佳——去向戈林做游说的工作，使他接受我的"加贝斯计划"。我自己实在对他有点鄙视，迟早我们一定会发生冲突。

贝恩特用夸大的语气，居然挑动了戈林对于这个计划的兴趣。我特别指出，使用两个军团的摩托化兵力，向阿尔及利亚实行大规模的攻击，一定可以轰动全世界。戈林表示赞成，决定支持这个计划。

可是好景不长，当我们到达罗马之后，凯塞林却坚决反对这个计划；因为他害怕突尼斯会受到更多的空中威胁。我指出：事实上，我们并无选择余地，因为迟早我们总是要被迫撤退的。我们应该趁最有利的机会，集中全力来争取有利的战果。可是这位大元帅因为害怕敌人会把马耳他—阿尔及尔—的黎波里三地构成一个三角形的空军基地，于是否决了这个计划。撤往加贝斯防线的理想终于又落空了。其实这完全是废话，因为英国的空军没有这个三角形的基地，也照样可以轰炸我们。不过我也明知一切的辩论都不会有结果，所以我也就不说话了。

在和意大利领袖会谈时，戈林居然宣称在阿拉曼会战中，我曾经弃意大利部队于死地而不顾。在我还来不及开口之前，墨索里尼却已经抢先说："这倒是一件奇谈了。隆美尔元帅，你的撤退实在是一个伟大的杰作。"

这一次，意大利人似乎远比我们的最高当局要有理智，他们开始支持我那个撤往加贝斯防线的计划。只不过却还没有真正做决定，我只好向部队发出命令，遵照元首的意思，死守梅尔沙隘道防线，直到最后一兵一弹为止。不过意大利人已经很明白这次非全军覆没不可，所以在获得墨索里尼的同意之后，我又开始构筑布拉特防线，并准备在适当的时机先撤退非摩托化的意大利步兵。同时，假使英军开始进攻，摩托化部队也奉命可以自行撤退。

12月2日上午，在意大利最高统帅部中又举行了一次有关补给问题的会议。我早就提醒他们注意下列事实：几乎所有的船只都在为第五军团（在突尼斯）服务，我们这个军团连维持生活的基本物资都接济不上，而真正打仗的还是我们。主要的原因，是因为德国空军和某些意大利当局希望补给第五军团，好让他们在西面发动攻击。

在会议开始的时候，戈林又吩咐我说，必须不惜一切地坚守布拉特防线。可是假使有这样的可能，那么我在梅尔沙隘道就早已向敌人发动攻势了。

于是又转而讨论把物资运往的黎波里的若干技术问题。在这种讨论中，我心中真有说不出的难过。假使我们的最高当局能够早些注意到这些问题，且在几个月之前着手布置，那么在非洲也许早就获胜了。有许多人都是火烧眉毛才肯顾眼前的。

使我不愉快的是凯塞林又要把一些最新的88毫米炮送往突尼斯去，那本是元首早先答应拨给我们的，而且是非常迫切需要的。最后，凯塞林还是命令那些船开回了的黎波里。

特别使人感兴趣的还是在非洲这种困难情况之下，戈林对意大利所表现的政治态度。虽然我们一向奉命禁止向意大利人提及有关他们国家和军队的缺点，或是要求他们改革，可是现在戈林却开始和卡瓦莱罗谈到这些基本的问题，例如意大利的恶劣装备、海军战略等等。我早已感到：德意同盟在政治基础上无法令人满意。对非洲战场的失败来说，这实在也是一个极重要的因素。本来在一场同盟性的战争当中，同盟国彼此之间常易发生摩擦，因为每一个国家都注重自己的利益而忽略别国的利益。在这种情形下，唯一合理的办法就是将一切都开放讨论，万万不可采取粉饰太平的政策。有许多意大利人对于轴心并无信心，认为即令在胜利之后，我们也不会重视他们的利益。

一般人都感觉：假使的黎波里塔尼亚沦陷了，墨索里尼在意大利必然会遭遇政治危机。大多数的意大利人都已经厌恶战争，只想赶紧脱离这个苦海。

飞回非洲之后，我认清了我们真的已到了山穷水尽的阶段。为了使我们的军团不至于因为上级的乱命或是其他的原因而走上毁灭的途径，那么一切就只能看我们自己的了。

# 第十八章

# 回到突尼斯

这个时候，英国人并没有松懈。他们的炮兵已经开上前线，补给中心也建立起来了，同时他们的侦察行动也十分活跃。现在我们的位置已经超出了从西里西亚起飞的空运航程之外，所以我们的燃料情况每况愈下。事实上，我们已经完全丧失了机动性。为了这个装甲军团，虽然在 11 月间已经有 5000 吨的燃料运到，但是中途却也被击沉了 8100 吨以上。假使我们注意到这 5000 吨当中，有很大一部分是靠空运来的，那么就更可看出地中海里面的船只沉没率有多高，而油料的损失又多骇人。

在这种环境下，我们的部队能否撤到布拉特，似乎都是一个疑问。英军的大规模攻势预计会在 12 月中旬来临，所以我们在此之前一定要行动。

我们最先的观点是想等到有了足够的燃料，能够使全军同时撤出时，再开始撤退。可是不久以后，我们就放弃了这个想法，因为自从 12 月 5 日以后，很明显英军的攻势拖不了多久了。所以我们在 12 月 6 日的夜间，开始命令意大利部队撤退。尽管需要绝对的保密——我确信：假使英军一旦听到了我们撤退的风声，他们马上就会发动攻势。可是意大利部队在行动中却还是犯了很多错误，有一些车辆在有月亮的晚上还开着车灯行驶。

意军每晚就这样向西撤走，为此已把我们收到的一点儿汽油都用尽了。而对于前线上的弹药运输也完全停顿。一切摩托化兵力全丧失了机动性，若是英军进攻，他们就只好束手就擒了。因为敌人的空中侦察和一部分地面侦察都集中在南方，很明显表示他们有经过大沙漠做迂回攻击的企图。我们真是度日如年，天天希望赶紧恢复机动性。

我亲爱的曼弗雷德：

我该祝贺你的 14 岁生日，希望我的信不会到得太迟。

战事仍十分艰难，我能否再和你见面，似乎都有一点疑问。你应该知道，我们和英国人正陷入艰苦的决斗中，他们大占优势，而我们的补给少得可怜。若是长此以往，我们毫无疑问地将会被敌人的巨大优势压垮。在那样英勇的奋斗之后，最终落得这样的下场，对我和我的部下而言，都只好付之天命了。我们只有竭尽一切努力，以求避免失败。

现在，对于你，亲爱的曼弗雷德，你马上就要 14 岁了，不久将脱离学校的生活。你应该认清时局，在学校里多学一点东西。你是为自己而学。因为可能不久就要完全自立了。未来对我们所有的人而言，都可能会变得十分艰难。你要听你母亲的教导，她永远是爱护你的。希特勒青年团花费你的时间实在过多，一定会使你的学业受到影响，这一点使我很担心。

1942 年 12 月 8 日


最亲爱的露：

没有太多的新闻。我们的补给情况还是和从前一样，这使我感到相当头痛。我希望你能寄一本英德字典来。这对我很有用处。

内林已被免职，代替他的人是一位上将，我不知道他是否可以干得更好？

圣诞节几天后就要来到了。祝你们母子有一个快乐的节日。

1942 年 12 月 11 日


12 月 11 日夜间，在用重炮猛轰了我方几个据点之后，英军沿着在北面的沿海公路开始进攻。不久以后，我军击退了英军的一支侦察兵力，他们的任务是要侦察在梅尔达马（Merduma）的道路情形。于是蒙哥马利的真正意图现在就完全明白地表现出来了。敌军一再向我们北面的据点猛攻，不久就连最后一点疑问都没有了——敌人的攻势的确已经展开。

非摩托化的德意部队现在已撤退完毕。我们必须避免使我们的部队在梅尔沙隘道战线中和敌人发生过于激烈的搏斗，所以到了黄昏的时候，我下令退却。从 19 点以后，我们的战斗部队和运输车辆就不断向西退走了。我不敢指望使用摩托化兵力来对抗英军的迂回攻击，因为我们的燃料实在太缺乏。若是在这个位置再停留下去，无异于自杀。

　　蒙哥马利本来是想在 12 月 16 日发动他的大攻势，但月初他看到隆美尔部队有撤退的迹象，所以便提前发动了。他的计划是用第五十一山地师担负正面的攻击，第七装甲师在它的左翼方面前进，至于新西兰第二师则执行一个圈子更大的迂回行动，以切断隆美尔的退却线为目标——预定切断的地点是在梅尔达马附近的华地马垂亭（Wadi Matratin，在艾阿格海拉以西约 60 英里处）。这个攻势由第三十军指挥，它刚刚接替了第十军的任务。

　　12 月 9 日，新西兰第二师集中在艾海赛特（El Haseiat）附近，自 12 月 12 日起，开始执行迂回的任务。蒙哥马利又命令从 12 月 11 日的夜间起，第五十一师即应发动大规模的突击，以吸引敌人的注意力，至于正式的正面攻击则要等到 14 日才开始。哪知道隆美尔却把这个大规模的突击，当作是英军攻势的开始，于是迅速撤退——结果破坏了蒙哥马利的计划。

　　英军指挥官的计划里有一个极大的错误。经验应该已经告诉他们，我们绝不会在梅尔沙隘道之线接受会战。他们不应该首先轰击我们的据点和防线，应该等到他们的迂回兵力运动完成之后，再同时实行双管齐下的攻击。

　　此时，在 12 月 10 日，第五装甲军团司令部已经在突尼斯成立，司令为阿尼姆上将。不幸得很，这个新成立的司令部与我们之间，居然很少有联系。我们深深感觉到在这段时期，非洲地区中实在有设立一个单一的指挥部之必要，因为这两个军团在今天的命运真是休戚与共，所以最好是能有一个统一的指挥者。

# 经过苏尔特

我的部队再度经过干燥单调的大苏尔特荒漠，向西退却——这可能是最后的一次。这次退却依照计划在夜间进行，很明显英国人完全不知道这次行动，所以到了第二天（13日）的上午，他们还是对着我们原有的阵地猛轰。在那一天当中，英军的战斗轰炸机不断地攻击在艾穆格塔（El Mugtta）的瓶颈地带。

在那一整天当中，我都派出了侦察部队向梅尔达马地区搜索，以防敌人的迂回纵队在沿海岸公路上对我们发动奇袭。

我们那天夜间又继续撤退。第二天上午，第二十一装甲师扼守着艾穆格塔隘道，充任全军的后卫。大约上午10点钟的时候，我把军团司令部的位置后撤到诺夫里亚以东约30英里的地方，下午我在那里从空军方面获得了一个新消息，说英军已经到达在梅尔达马西南20英里远之处。这的确是个坏消息，因为我们剩下来的燃料实在是不多了。此时，作为南面屏障的第三侦察营，在优势敌军的强大压力之下，也被迫慢慢向梅尔达马退却。

下午，第十五装甲师连同第二十一装甲师的一个战斗群，移动到梅尔达马的前面，守住巴尔比亚大道，使其不被切断，留下一条退路给正在艾穆格塔和敌军苦战的第二十一装甲师的主力。为了使在艾穆格塔作战的部队不至于被敌人缠住，我只好命令撤到与阿尔柯戴费里尼齐头之线为止。

黄昏的时候，英军冲破了第三侦察营在梅尔达马附近的防线，于是有相当大的兵力向西朝着诺夫里亚前进，企图追上我们。

我决定把一切可以赶到的部队，都部署在诺夫里亚地区周围。非洲军将趁着黑夜进入新阵地，而第九十轻装师则以后卫的身份留在华地马垂亭。到了拂晓的时候，我发现第二十一装甲师已在开向诺夫里亚的途中，但第十五装甲师则因为燃料补给太迟，还停留在梅尔达马。

16日清晨，英军步兵在第九十轻装师的后卫防线正前面，占领了一座可控制全局的重要高地。到了这个时候，第十五装甲师也到达了巴尔比亚大道，敌人的主力就在它后面穷追不舍，其前卫早已跨过了公路。不过，这个师设法分散了英军前卫的兵力，一路且战且走地退到了诺夫里亚，只受到极轻微的损失。因为英军的主力已非常接近，该师无法守住在第九十轻装师南面侧翼上的后卫线——这是原计划中所规定的。这也使得第九十轻装师无法守住阵地，他们也奉命撤回诺夫里亚。

> 最亲爱的露：
>
> 　　我们的帐篷正安扎在一个盖满了野花的草场上面。但是，天哪，我们正在退却中，而且这个局势似乎毫无好转的希望。还有八天就是圣诞节。我不知道我们会在什么地方过这个佳节。
>
> 1942 年 12 月 16 日

在南面的英军纵队企图再次切断我们。开罗的无线电广播说我们已经被关在瓶子里，只等着英军指挥官去盖上那个瓶口上的软木塞。当我们听到这个夸大的广播之后，我向我的部下说只要把我们油箱中的燃料装满，那么这个瓶子不久就会空无一物了。我们的燃料仅够使我们退回诺夫里亚，因为眼前并无补给运到的迹象，我被迫只好在诺夫里亚地区暂守一两天，尽管被围的威胁已经迫在眉睫了。为了预防敌人迅速冲到沿海岸的公路从后面切断我们，于是部队沿着公路线向西做纵深的配置。在诺夫里亚附近，由非洲军构成一道屏障，沿着公路向西去，依次是第三十三和第五八〇两个侦察营、非洲装甲步兵团和第九十轻装师等单位。至于苏尔特地区则由青年法西斯师和阿里埃特战斗群负责防守。

夜间，我军纷纷开入他们的指定位置，到了次日上午，他们都已进入阵地，但是燃料也用完了。17 日上午，英军开始发动猛烈的攻势，首当其冲的就是非洲军和第三十三侦察营，此时他们都已经丧失了机动性。战火逐渐逼近沿海岸的公路。最后，终于有几吨燃料送到了，于是非洲军和第三侦察营开始发动逆袭，在激战之中，击毁了英军战车 20 辆。这个行动使公路不至于被切断，接着又有汽油运到，于是我们这些饱受包围威胁的各部队，就又开始沿着公路向西加速退去了。

那天上午 9 点钟的时候我离开司令部，去劝巴斯蒂科元帅和我联名反对死守布拉特阵地的命令。我认为那不过是一个中途的歇脚站而已；我希望英军能在那里停顿一段相当长的时间，等他们重整攻势的时候，我们就赶紧退往泰尔胡奈－胡姆斯地区。我们现在可以肯定：在最后意大利的最高统帅部会下令授权退却；但他们一定要等到罗马当局也感到军队的处境十分危险时，才会下达这个命令。到那时可能已经太迟了。若是上头的那些人能够学会事先拟好计划，而不是等到被敌人压迫到了最后关头的时候才放弃死守的念头，那么我们向加贝斯的撤退就能更有体系，且结果也会对我们比较有利。

在路上，我又和纳瓦里尼将军讨论这个问题。他们并不那么乐观，且认为既然燃料这样缺乏，我们能否退到那样远似乎是个大问题。我明确指出：现在我们最重要的就是不要接受决定性的会战，而应尽量设法避免被英军从正面给钉死。当然，决定我们退却速度的因素，却是我们每一天能得到的少许燃料。不过我却认为还有一线希望，即英军也许不会把它的主力放在南面的迂回行动上。假使他们认清了这一点，并且这么做的话，那么我们能否逃出重围，就真的很成问题了。

大约 12 点的时候，我到布拉特和巴斯蒂科元帅举行会商。我一再强调现在应该开始考虑撤出的黎波里塔尼亚的问题，我们最后决定联名把情况的研判，用无线电报告意大利最高统帅部，并要求他们做最后的决定。我负责起草这个电文。在会谈的时候，巴斯蒂科元帅曾经详细地解释说，假使撤出了的黎波里塔尼亚之后会有什么后果。不过补给情况已经如此恶劣，这些事实都是无法避免的。一个军人必须学会承认事实。

最亲爱的露：

我们又是在激战之中，成功的希望很小，因为我们几乎没有一样东西不缺乏。当全军遭到这样的命运，个人就更不必谈了。

巴斯蒂科早也已感到失望。在西面的情况也并未好转，尤其是在港口方面。我们希望也许还可以再撑几天。但燃料仍非常缺乏，而没有燃料则一切事都不可为。

1942 年 12 月 18 日

12 月 18 日，我去视察布拉特的阵地，当时部队正在魏斯特伐的指导之下，利用我们现在一点有限的资源开始努力构筑，一共布了 8 万颗地雷，多数都是人员杀伤性的地雷，沿着前线上的某些地点，曾经有德意两国的劳动单位掘好了一些战防壕。

此时，英军方面宣布说对诺夫里亚的周围已经形成合围之势，正准备肃清包围圈中的残敌。他们又说我们的部队中有好几个单位陷入包围圈，虽曾做突围的企图，但都没有成功。事实上，我方留在包围圈内的部队，一共只有一排人，甚至这一排人最后也都突围逸去。

12 月 19 日的下午，为了答复我和巴斯蒂科元帅联名发出的电报，意大利领袖有一个命令来了。从当时的情况来说，这个命令的措辞简直是语无伦次。它的大意如下："尽量抵抗，我再重述一遍：使用一切德意两国部队在布拉特防线上，尽量抵抗到底！"

墨索里尼对于战争的情况，到底是做怎样的幻想呢？我早已尽了最大的努力，把沙漠战争的艺术要点，解释给我们的最高当局听，并且曾经特别强调说明：过分重视土地的得失，完全是一种错误的成见。唯一重要的守则就是：一直保持运动的态势，非要找到一个有利的战术形势，否则不和敌人决战。以我们现在所面临的情况而论，这个唯一的有利位置就是加贝斯防线。尽管如此，我还是把上级的命令照转给各部队，命令他们"死守到底"。

我立即用无线电向卡瓦莱罗元帅请示：假使敌人只是从南面实行迂回，而不与布拉特的守军做正面的战斗，那么我们应该如何应付？

卡瓦莱罗元帅却答复说：不管怎样的打法，这一次绝不可以再牺牲意大利的部队。于是我就命令曼西尼里将军（Gen. Mancinelli）亲自去谒见巴斯蒂科元帅，报告他说我不可能一方面在布拉特防线上做"尽量的抵抗"；

而另一方面却又同时设法使意军能够撤回。所以要求他必须立即下决心，在鱼与熊掌之间选择一种。可是巴斯蒂科却不肯做出个肯定的答复。

他的处境也是非常不利。他本人完全明了我们所面临的困难，同时也终于认清在加贝斯之前的任何地方都没有长久支持的可能。但是他身为利比亚的总督，从感情方面来说，他是不愿意撤出的黎波里塔尼亚的。此外，他也深知卡瓦莱罗这一批人，正在找机会把他清算掉，他们想要掩饰自己的过错，于是就想把他当作替罪羊。

事实上，在那个时候，我的确十分害怕英军的指挥官继续向南发展，赶到我军的前面去。假使他们真是如此的话，那么布拉特阵地就可以不费一枪一弹地唾手而得了。

蒙哥马利因为行政上的原因，无法继续做大规模的前进。因此他主张宁可停下来等候，等到物资到齐了之后，再一鼓作气地攻入的黎波里，中途不再停顿。他说："我很关心后方地区应该保持平衡的关系，在计划我们第二个阶段的前进时，当第三十军继续向西运动的时候，我就希望能从后方再调一个军，来占领着艾阿格海拉的位置。"结果第十军被抽调前往——包括第一装甲师、第五十师和印军第四师。由于1月4、5两日，班加西的港口受到了强风的袭击，损失颇大，补给更为困难，于是部队的调动也就更迟缓了。

这时，德国的空军当局也和我们发生了冲突。凯塞林宣称，我们对于燃料的使用完全不适当，说我们把该用在前线上的燃料用在后方地区，才会使我们的摩托化兵力丧失从事逆袭的能力。这种指控简直完全与事实不符，他之所以这样说，其目的可能是为了掩饰只有极少量燃料到达我们手里的事实。所以当我听到这些谎言，心里真是忍不住怒火中烧，于是立即打了一个电报给凯塞林，把我们的感受说给他听。

英国人现在似乎正在进行大规模的补给工作，以准备做一个比较完全的迂回行动。无尽长的车辆纵队，从托布鲁克和班加西出发，经过巴尔比亚大道向西驶去，而这两个港口的起卸工作也正在加速进行。

英军又根据一个极周详的计划，组成一支长距离的沙漠突击队，来袭击我方的补给线。他们在后方到处活动，攻击我们的补给车辆，埋置地雷，砍断电话线，从事种种的破坏行动。他们的行动迅速，一击之后，马上就在大漠中消失不见了，极难捕捉。

当摩托化部队还正在坚守苏尔特防线的时候，其他的部队已经开始用最大的努力来建立布拉特的阵地。我们把我们所有的地雷都用尽了。因为意大利领袖假使真是想死守布拉特防线，那么我们至少也应该有所准备。不过当然最好还是把我们现有的一切资源，都赶紧用在建立泰尔胡奈—胡姆斯防线上，在那里非摩托化的意军可能会发挥更大的作用。在以后几天之内，我又曾一再向上级说明这些情况，可每一次我接到的答复都是叫我遵守领袖的命令。在罗马的这些家伙皆胆小得要命，没有一个人敢做决定，而只是想把责任推到旁人头上。我决定在没有获得一个肯定的答复之前，绝不停止这种争论。我绝不为在罗马纸上谈兵的战略家们做替罪羊。


最亲爱的露：

真是每逢佳节倍思亲，我是如此地想念留在家中的你和曼弗雷德。曼弗雷德已经14岁了，我想你一定接到了我祝贺他生日的信。我祝你们圣诞快乐，也祈求上帝像过去那样帮助我们。

我今天一大早就到了前线，打算和士兵们一起过这个佳节。他们的精神极好，感谢上帝，不知道要花多大的气力，才能让他们不感觉到目前情况多么恶劣。

1942 年 12 月 24 日


12 月 24 日，在美丽的朝阳下，我们上午 7 点出发，去视察在防线以南的各地区。我们先沿着巴尔比亚大道进发——有两辆意大利装甲车担任随护——然后折入沙漠中，向艾法西亚（El Fashia）前进。不久我们就发现了英国车辆的车辙，可能是英军沙漠突击队遗留下来的。这个车辙的痕迹还很新，所以我们提高了警觉，看是否有机会顺手捉到几个英国兵。在艾法西亚的附近，我突然发现了一辆落单的车辆。于是我们追上前去，后来发现里面是意大利人。我的警卫营在这个地区中也有部队。前一天他们曾向英军的突击队做了一次奇袭，缴获了他们的地图，上面记着英军的物资备存库和据点的位置。现在他们正在这个地区中展开搜寻的工作，想把英军突击队一网打尽。

在回程的时候，我们碰到一群羚羊，我和另外一位幕僚人员从疾驶的汽车中开枪，居然击中了两只——它们是沙漠中跑得最快的动物——于是我们的圣诞晚宴上又添新鲜菜了。

当我回到司令部之后，才知道英军此时已经在苏尔特的南面发起进攻了。敌人一共有4500辆各型车辆，现在正在向西推进。在苏尔特，第十五装甲师的人员刚刚集合起来，举行圣诞节的庆祝大会，突然接到敌人进攻的消息，马上收拾一切匆匆撤出那个地区。大约在17点钟的时候，我和拜尔莱因将军一同参加了军团部直属单位的圣诞晚会，在那里我收到了一件圣诞礼物，那是一个袖珍型的油桶，里面所装的东西却不是汽油，而是一两磅缴获的咖啡。

第二天（12月25日）英军的前进又暂停了，似乎是在等候增援和补给的到达。第九十轻装师和第五八〇侦察营担任后卫，缓缓向布拉特防线退却。

我趁此机会，用敌人的观点再把布拉特防线做一次详细的视察，主要的目的是要检查我们那些伪装的设施是否有效。在阿拉曼，英军曾经集中火力来摧毁我们的88毫米炮阵地，因为这种火炮对他们是最大的威胁。所以这一次我们尽量利用伪装，来分散英军炮兵的火力。

到了29日，我军全部撤回到布拉特防线的后面。


最亲爱的露：

我们的命运不久就要决定了，补给十分缺乏，要想再支持下去，除非有奇迹出现。现在一切唯有听天由命，尽量地苦战下去。

这个艰苦的日子使我更想念你们。我总是安慰自己说:不要紧,一定可以平安度过。请你不要烦恼,我也会尽量做到这一点。

1942 年 12 月 28 日

现在会战已经开始了。结果如何,我早已心知肚明,因为双方的兵力实在是太不相等。补给差不多已经用光了。现在一切只好付诸天命,但愿上帝帮助我们。我昨天在前线上,今天还要去。

12 月 30 日

凯塞林今天还会到这里来,似乎情况"略"有好转的可能。当然不会太大,但至少有一点。我们也不敢抱太大的希望。

中午的时候,我和巴斯蒂科又做了一次会谈,他越来越喜欢强调自己总司令的身份,我只好忍下来。无论如何,这表示他现在应该多负一点责任了。

这里的军队精神还很旺盛,士兵并不十分了解全部局势,这的确是件好事。

12 月 31 日

# 布拉特的喘息

使我们感到奇怪的是,敌人在布拉特突然又停止不前了,这使我们获得了一个意外的喘息机会。我们马上利用这个机会,继续向上级要求把意大利部队赶紧撤到泰尔胡奈。假使我们要避免受到从南面来的包围威胁,那就应该和在梅尔沙隘道的时候一样,趁情况尚佳的机会,先把非摩托化的意大利步兵撤出危险地带。


英军只用了一些轻装的兵力,跟在隆美尔的背后追到了布拉特防线。蒙哥马利的计划是准备在 1 月 15 日,使用第三十军的兵力攻击这一条防线。


12 月 31 日那天,我和巴斯蒂科元帅又开了一次会。意大利的最高统帅部经过长时间的犹豫踌躇之后，似乎已经决定不让军队在布拉特冒全军覆没的危险。不过他们还是希望二者可以兼得，并认为我应该在布拉特防线做最大限度的抵抗，一直到真有全军覆没的危险时，才再向西撤退。他们说，一定要在的黎波里塔尼亚至少再抵抗一个月。我马上回答说，我们在的黎波里塔尼亚到底还能停留多久，应该由蒙哥马利来决定，而不是意大利最高统帅部能做主的。

巴斯蒂科元帅问我："是否已准备命令非摩托化部队先行撤退呢？"这当然也是一条出路，不过这会使我和意大利最高统帅部之间发生更多的摩擦，毫无疑问，他们又会借着这个机会，把另外一份领袖的命令送到我手里。这是一个原则问题。所以我回答说我坚持要收到巴斯蒂科元帅的正式命令之后，才准许步兵师撤退，不过他们实际离开战场的时间，却应由我自己决定。

在一个军队里面，假使把找替罪羊变成习惯，那么一有错误，马上就会有一个"牺牲品"，这真是一个极坏的现象。通常这种行为只能表示最高统帅部的无能而已，并使下级完全丧失自做决定的勇气。在这种情形下，一般的结果是庸庸碌碌的人爬到高位，而真正有骨气、有魄力的人却永远不会出头。

从本质上来说，巴斯蒂科元帅是一个很高尚的人，具有深厚的军事知识和相当高的道德标准。实际上，他对情况的认识并不比我差多少，但是不幸得很，他却代表着意大利最高统帅部，随时强迫我接受意大利领袖的观点。这种情形也使他感到十分难堪。事实上，他反而常常帮我讲话，所以虽然我们的上级如此固执己见，由于他的暗中调处，的黎波里塔尼亚的撤退总算是成功了。

在这个除夕夜里，我们怀着非常黯淡的心情坐在一辆卡车中，我们尽量不谈到军事问题，免得心里更难受。


最亲爱的露：

当旧的一年过去，似乎情况也随之改善一点。所以我满怀新希望，来迎接这个新的 1943 年。至少是有一点好转的象征。

我祝你和曼弗雷德新年快乐。拜尔莱因、博宁（Bonin）和我，三个人无言地相对坐在我们那辆小型指挥车中，直到半夜才入睡。我们的心都寄托在遥远的家园……

1943 年 1 月 1 日

几天之后，巴斯蒂科元帅有命令来，准许意大利部队开始撤回泰尔胡奈—胡姆斯之线。但是还拖着一个尾巴，因为该命令要我们负责的黎波里阵地的前面，阻止住英军的进展至少达六个星期。过去我早已说明固守这样的目标毫无意义。当然，我尽可能争取时间，但是我从不认为应该遵守一定的时限。我马上把我的意见告诉了巴斯蒂科，并请他转告意大利最高统帅部。

在1943年1月初的平静期中，我一直带着拜尔莱因在前线上东奔西走，目的是要利用这个空当，把未来可能的战场上的一切，都有一个深刻的印象。我们也忙里偷闲地去到罗马时代的古城大莱普提斯（Leptis Magna）的废墟中，做了一次观光式的巡礼。一位意大利籍教授为我们做向导，并用极流利的德语把一切事物都解释得很清楚。可是我们却有一点心不在焉，当时我们脑海中所思考的还是蒙哥马利的行动。此外，过去几天紧张和失眠的生活，到了这个时候也开始来要债了。我的副官哈特德根中尉（Lt. von Hardtdegen）尤其好笑，他居然在两座女性石像之间睡着了。拜尔莱因还特地为他照了一张相，以资纪念。

最亲爱的露：

这阵子没什么消息可讲。敌人还不想冒险进攻。我不知道他们还要拖多久。天气很冷，寒风刺骨。每天只有在中午太阳出现的时候，才稍有一点暖意。我收到鲁普克（von Luepke）的来信，他是一年前被俘的。他现在被拘留在南非，有一次他和另外一个人向北逃走达四个月之久，最后却被一个祖鲁人（Zulu）交还到英国人的手里。

最近的邮件极少，也许已整批整批地沉到大海里面去了。我最近心境好了一点，也许现在还有一线希望，可以在这里再支持下去。

1943 年 1 月 5 日

凯塞林和卡瓦莱罗昨天都在这里，不过现在他们连空头支票的谎言都没有了。我们只好尽量应付。这里的情况还是十分沉寂，我们的"朋友"实在太谨慎了。

1 月 7 日

没有什么新消息。对方在部署上需要很多的时间，也就是说我们可以喘一口气。

你们的情况怎样？战地的邮政也大致和补给差不多，工作效率坏透了。曼弗雷德是否曾经收到我庆贺他生日的信件？他一直没有提到这件事。

1 月 8 日

这个时候，英军向更远处运动，很明显他们仍然想把攻击的重点放在南面，英军轰炸机的活动也开始加强，夜以继日地攻击我们的补给设施。在1月1—8日之间，有30吨的弹药运到了前线，可是已经用去了50吨之多。在同一段时间内，我们用了1900吨燃料，但是到达的却只有800吨。

大约在1月10日的时候，英美联军向突尼斯加贝斯隘道（位于的黎波里和突尼斯的半途中）发动攻击，情势开始变得十分尖锐化。这一作战可以把我方两个军团分成两截。卡瓦莱罗元帅问我能否调一个师到那边去。由于这个隘道是我们的生命线，于是我建议派第二十一装甲师去增援，其补给则由突尼斯方面供给。这个师在13日的上午开始向西进发。

最亲爱的露：

我们现在又开始运动了。你可以想象到我们的心里多么焦急。

在这个失眠的长夜里，我心里只想念着你。

1943 年 1 月 13 日

今天是拜尔莱因的生日，我们大家为他祝贺。他是非洲军的灵魂，我们有许多贡献都要感谢他。战况还是没什么变化。昨天这里发生了大沙暴，因此我们的行动不至于被敌人察觉。东线战场的情形似乎已略见好转，使人可以大为欣慰。不过我们这一方面的情形会如何演变，完全要看我们补给工作的努力。而我似乎不必把这一方面的真相告诉你。

1 月 14 日

从无线电的窃听中，我们知道敌人在 1 月 15 日即可以完成一切攻击准备。我们早已发现在前进机场上，英军已经集中四五百架飞机，这个数字虽然比在阿拉曼会战时要少，但是毫无疑问要比德意两国所有的空军的飞机多了一倍以上，而且我们还没有重型轰炸机。在 1 月 15 日双方实力的对比大致如下：

| 英军（英军数字都是约数） | 轴心国部队 | |
|---|---|---|
| | 德军 | 意军 |
| 战车 650 | 36 | 57 |
| 火炮 360 | 72 | 98 |
| 战防炮 550 | 111 | 66 |
| 装甲车 200 | 17 | 16 |

14 日夜间，英军的炮兵推进到了最前线。15 日天一亮，英军第七装甲师和新西兰的部队，就开始在南部地区发动攻势。他们首先使用 140 辆战车和 100 辆装甲汽车，向弗尔提罗师（Fortino）进攻，然后再直向第十五装甲师攻击。在那里他们被阻止住了。过了正午之后他们又继续进攻，于是接着发生了激烈的战车会战。英军的战车有 33 辆被击毁并留在战场上，我们却只损失了两辆。

现在英军在整个前线上的其他地区，也都开始发动了攻势，很明显，他们会使用一切力量继续进攻，而把主力集中在南面。我们的燃料和弹药，在这种会战中都不足以做坚守的打算，所以我只好命令向西退却。所有的部队趁黑夜的掩护开始运动。

最亲爱的露：

我们的行动已经开始了。它的速度会根据敌人的压力大小而决定。贝恩特又走了，预计明天可以回来。

在体力方面我倒还撑得住，但神经却紧张得受不了。

1943 年 1 月 15 日

# 的黎波里塔尼亚的末日

第二天（1 月 16 日），英军在后面紧紧跟着，不久即有一支拥有 100 辆各型战斗车辆的英军兵力，开始向第十五装甲师的 30 辆战车发动攻击。因为在南北两个侧翼上面，该师都没有掩护的兵力，所以其处境相当危险。

现在我们又开始感到缺乏燃料了，因为在运动中，消耗量也随之增加。一方面因为这个原因，另一方面由于敌人的兵力不断增加，我们决定不要在开阔的地区和敌人再纠缠下去，以免有脱身不得的危险。

最亲爱的露：

已经苦战两天了。在南面侧翼上战况尤其艰苦。对于这个凶猛的攻击，如果还要我们做长时间的支撑，那么就只有坐待奇迹出现了。你知道，我对这次会战的结果，早已一清二楚，不过有许多人却不知道，一直到最近还对我们的情况抱着一种过分乐观的想法。在未来的作战中，我们只有鞠躬尽瘁，尽到我们国家所希望我们应该尽到的责任。

1943 年 1 月 17 日

1月17日，在贝尼沃利德（Beni Ultd）的附近展开了后卫战，英军第七装甲师的主力企图在那里对我们的部队做迂回切断，所以第九十轻装师只好且战且走。

这一条防线因为在南面侧翼门户洞开，所以无法坚守更长的时间，否则必然有损失相当数量兵力的危险。所以我命令在1月17日的夜间，全部开始向泰尔胡奈—胡姆斯之线撤退。为了确保意大利步兵的安全，我又下令：当摩托化部队到达泰尔胡奈—胡姆斯之线以后，马上向的黎波里防线撤退。

17日中午，我又向利比亚意军总司令部的参谋长提出报告说，由于英军数量上的绝对优势，想要扼守泰尔胡奈—胡姆斯防线的想法，也成为泡影了。我们推测：在1月20日左右，可以看见英军的大兵，进到的黎波里城下。

当意大利步兵开始向西撤走之后，英军的强大兵力随后追来，一直冲到我们的防线。意军的统帅部告诉我说，泰尔胡奈—胡姆斯防线是难以迂回的。同时，就其他方面来说，这个防线的防御可能性也比较大，因为无论英军从南面和东南面进攻，他们都要经过沙碛崎岖的地形。事实上，假使我们能有比较充足的补给物资，一定可以把敌人阻止在这一道防线的前面达相当长的时间。


最亲爱的露：

　　战事正在进行中，程度的激烈迄未减退。我们现在已进入了地形良好的山地，希望能够支撑一阵子。不过双方众寡差得太远，却是无法补救的。贝恩特已经回来，他这一次旅行的机会很好，而且也很有益处，不过所得到的诺言能否兑现，却又是另外一个问题了。过去的情况已经够坏了，而更坏的也许还没到。贝恩特为我带来了元首的手谕，说他对我还是无比信任。在这个环境中，我们固然还是竭尽一切人事上的可能继续努力。但是能否成功，则非常没有把握，只好听天由命。

当前的局势变得非常严重（在东线方面的情形也是一样）。可能不久德国就要实行全面的总动员，任何人不管他的身份、财产和年龄，都一律要贡献他的劳力。你应该随时留心去寻找一个适合于你的工作。至于曼弗雷德，不久也要站在一个工具凳子的后面，或是坐在高射炮位的旁边。你当然知道，这已经是德国民族生死存亡的最后关头。我为什么要把这些话写在这里，因为我希望你对于这些可能就要来临的一切能先有所了解。若是能够早一点明了这些道理，对未来的变化就比较容易适应。当然，敌人方面的情况也并不完全那样乐观，尤其是苏联方面。很久以前，他们就已经把全体老百姓的最后一点点气力都压榨出来了。对于为什么他们最近能反败为胜，这似乎是唯一的解释。

1943 年 1 月 19 日

1 月 19 日，差不多有 200 辆英国战车，沿着通向泰尔胡奈的公路前进，想一鼓作气将我的部队冲垮。但是我们的炮兵集中火力加以抵抗，终于使他们损失惨重，暂时停止不前。

那一天上午，我把我的司令部设在泰尔胡奈西北高地上的一间农舍里面，从那里我们可以望见当英军车辆沿着泰尔胡奈通往盖尔扬（Garian）的公路前进时掀起的尘雾。几个钟头之后，我到达第十五装甲师所在的位置，发现英军正准备用一个装甲师的全部兵力向盖尔扬进攻。对我们来说，这是一个特别具有威胁性的行动，所以我立即用炮兵的全部实力来阻止它。不久就有调整态势之必要：第一六四师、伞兵旅和侦察部队现在都在右边展开，以防止英军向泰尔胡奈—卡斯特尔贝尼托（Castal Benito）公路的攻击。不久敌人的炮兵也调上了前线，开始向我们在泰尔胡奈附近的阵地猛轰，炮弹像雨点般落下。现在英军指挥官在作战的指导工作上面，似乎要比过去具有更多的活力。

此时在北区方面，还没有什么重要的战斗发生，所以我们可以依照原定的计划，使留在胡姆斯地区以内的我军部队，分别完成摆脱战斗的工作。

到了黄昏的时候，英军的意图就变得更明显了。他们是想一方面在胡姆斯和泰尔胡奈发动猛烈的攻击，以牵制住我军的兵力；同时在另一方面，展开一个大规模的迂回运动。有好几千辆英军的车辆集中在南面。白天，德国的空军用尽全力阻止英军纵队在南面前进，但是却没有多大成就。到了黄昏的时候，英军的纵队已经到达距离盖尔扬差不多只有30英里的地方，并越过泰尔胡奈—盖尔扬公路，当这个坏消息传来的时候，我只好勉强决定放弃泰尔胡奈，以便空出相当数量的打击兵力，来阻止敌人在侧翼方面的深入行动。而在胡姆斯地区中的意大利部队，更有加速撤退之必要。

在1月19日的夜间，一切行动依照原定的计划执行，于是第二天的上午，我军的新部署大致如下：

（一）在黑夜之中，第九十轻装师接替了意大利步兵的位置，而以后卫的姿态扼守原阵地。

（二）第一六四师防守泰尔胡奈以西的隘道，而伞兵旅则在它的后面做纵深的部署，以防止英军向公路上攻击。

（三）第十五装甲师和鲁克侦察团，位于阿齐济耶（Azizia）的附近地区，准备从盖尔扬向北做掩护退却性质的攻击。

（四）青年法西斯师和森陶罗战斗群位于索尔曼（Sormam）以南，以抵抗英军在更西方面的攻击。

那一天清晨的时候，我们听到从的黎波里的方向传来了巨大的爆炸声。这是港口设备已经在爆破中的信号。一切重要的仓库也都全部被毁，现在我们更没有守住那个港口的希望了。

1月20日的清晨，卡瓦莱罗元帅有一个电报来，内容是把意大利领袖的一个命令照转给我。这个命令批评我决定把部队撤出泰尔胡奈—胡姆斯地区，而把他们部署在阿齐济耶—索尔曼地区之内以等候敌人大规模攻势的举动。他认为我这个行动实在是违背了他那个"坚守泰尔胡奈—胡姆斯防线三个星期"的命令。他认为当前的情况并没有那样严重，我们未免太张皇失措。他命令必须死守现有的阵地，否则马雷斯（Mareth）防线就不可能有充分设防的时间。此外，卡瓦莱罗也做了强有力的告诫，嘱咐我应该遵守领袖的命令，不得擅做主张。

当我们收到这种命令之后，真是感到啼笑皆非。任何一个阵地，若是已被突破或受到迂回，实际上也就变得毫无价值了。除非我们拥有一支机动兵力，可以把敌人迂回或突破的纵队迎头赶回去。即令有最优良的战略计划，若是在战术方面无法有效执行，那也无异于一纸空文。

我立即用无线电拍了一个回电给意大利最高统帅部。但是当天下午，我又有一个机会，当着凯塞林元帅和巴斯蒂科元帅的面前，和卡瓦莱罗元帅面谈这个问题。我对他上午给我的那个电报，发表了一些非常激烈的意见，同时坚决地表示：我自始至终没有接受墨索里尼和卡瓦莱罗所给予我的时间限制。于是会谈的情形非常不愉快，到了快要结束的时候，我进一步要求意大利最高统帅部做一个明确肯定的决定：到底是准备在泰尔胡奈—胡姆斯地区和英国人决战，把我军全部都牺牲在那里；还是退到突尼斯去。我说："你可以在的黎波里再多守几天，把全部兵力都拼光；或者是保全实力，去保卫突尼斯。现在请下定决心。"正在会商的时候，突然又有一个坏消息传来，英国的鱼雷艇又在的黎波里以西的海面上，击沉了我们14艘运燃料驳船中的10艘。

第二天（1月21日），敌军开始在前线各点上同时展开攻击。一支强大的英军纵队通过了盖尔扬与泰尔胡奈之间的洼地——过去意大利人认为它是无法通过的，现在英国人却通过了——马上产生极大的威胁，足以切断泰尔胡奈以西的第一六四师的后卫阵地。我立即命令弗兰兹将军（Gen. Frantz）率领一个团去应付这一方面的英军攻击。

同时，在我们的右翼方面也是险象环生，所以我被迫下令，立即把非摩托化的步兵撤出的黎波里防线，用车辆把他们运回到扎维耶（Zavia）地区去。卡瓦莱罗元帅此时以意大利领袖代表人的身份在前线上，但是他却故意逃避责任，不肯做一个明确的决定。当我问他是否应该死守的黎波里到底的时候，他的回答模棱两可，一方面要保全军队的实力，另一方面又想争取时间。

很巧合，那一天的情形又印证了我在1月19日所做的判断完全正确。

假使当时我不把摩托化部队撤回索尔曼—阿齐济耶地区，而遵照远在罗马的意大利领袖的意思，仍然留在泰尔胡奈—胡姆斯防线上面，那么到了今天，整个军团连同它的全部步兵在内，一定会被敌人包围，从而遭到全歼的命运。

　　最亲爱的露：

　　　　我昨天没有写信给你，因为太忙了，从早到晚都没有空。我们在敌人重压之下，无法再支撑下去，所以罗马方面有很多人在说我们的闲话。我们已经尽了最大的努力。昨天一整天的发展即足以证明我所采取的行动路线完全正确。照现在这样困难的补给情形来看，我们还能拖多久都是一个问题。我们当然想好好打仗，而且尽量地撑持下去。但对于我们的同盟国，我已经有许多烦恼，这是我所不便说出的。他们今天的顽劣态度本是预料中的事情。我不相信他们还能和我们合作下去。民族性是永远不会变的。

1943 年 1 月 22 日

　　向西的运动一直延续到 22 日为止，到了这个时候，英军已有 6000 辆车到达了泰尔胡奈，预计在 23 日开始进攻。所以，必须下命令在一切设备都破坏完毕之后，立即撤出的黎波里。

　　这一行动是在敌人的重压下和战斗轰炸机不断的轰炸之中，于夜间完成的。我们在的黎波里差不多把所有的物资都抢运了出来，对军需人员而言，的确是一个伟大的成就，因为海运只能担负 7%，其余 93% 都是由公路运输走的。凡是我们所留下来的食物，都分给当地的平民了。

　　最亲爱的露：

　　　　我希望目前的转进工作顺利完成。这附近的乡村风景真是美到了极点，平时若能够在这里悠闲地旅行，那真是一种享受。不知道此生还有这个好日子没有？

1943 年 1 月 23 日

1月23日的正午，英军开始指挥强大的兵力向的黎波里防线进攻，但被我军击败。我们的3万名意大利步兵现在都撤走了，以便去协助马雷斯防线的修筑工作。

英国的第八军团在阿拉曼发动了全面攻势之后，一直打了三个月，才进入的黎波里——一共前进了1400英里。

在的黎波里失陷之后，英国人也暂时停了下来，进行休息整补，并且把补给向前推进。这对我们而言，也是一大福音，因为它至少提供给我们相当长的时间，把原先囤积在朱瓦（Zuava）地区中的物资运回后方。

最亲爱的露：

　　昨天一切都能照计划进行。我想你一定知道，在这种撤退中是多么辛苦。从早到晚，我脑海中一直在思考着，非常害怕在非洲的情形会恶化到底。我非常失望，甚至已经无法工作了。也许旁人能从这个危局中看见一线新希望，并有所作为。譬如说，凯塞林就是非常乐观的。也许他认为：为什么陆军不能够再多支持一些时间？他对我们部队的实力，尤其是意大利的单位，缺乏正确的估计，而对敌人的优势也一无所知。我现在正焦急地等候，看这里会有些什么变化发生。我只能尽力撑下去。现在凯塞林已经是我的上司了。

1943年1月25日

拜尔莱因将军附注：在那个时候，意大利当局、南欧德军总司令部和元首大本营都一致主张召回隆美尔。其理由是说他故意违背元首和领袖的命令，擅自放弃泰尔胡奈—胡姆斯防线。隆美尔对这些攻击感到很难过。

1月26日，我们把军团司令部移到在本加尔丹（Ben Gardane）以西的地区——已经越过了突尼斯的边界。在路上，我们看到在突尼斯和利比亚边界之间尚未建筑完成的铁路线。假使我们在苏尔特防线上再守上三个月，那这条铁路线也许就可以通车了。意大利人在战前始终没有沿着北非的海岸修筑一条铁路，这对我们而言实在非常不利。当补给线长过几百英里以上时，大批的物资就只有利用铁路和海运才能够运输畅通。因为公路的运输要消耗大量的燃料，相当不经济。

1月26日的午夜，我接到了意大利最高统帅部的一个电报，说由于我的健康状况不佳，等到达马雷斯防线之后，立即解除我的指挥权，至于实际的日期则留待我自己决定。意大利准备另外成立一个意大利军团司令部，由梅斯将军（Gen. Messe）担任司令，他过去曾在苏联前线上担任意大利远征军军长。我也实在不想再恋战下去，继续为意大利统帅部做替罪羊。所以我立即回电给意大利最高统帅部，要求他们马上把梅斯将军送到非洲来，以便立即成立他的司令部。

> 最亲爱的露：
>
> 在几天之内，我就要把军团指挥权交给一个意大利人，其唯一的理由就是"我现在的健康情形不允许我再干下去"。当然还有许多其他理由——主要是面子问题。
>
> 以身体而论，我的确也不太好。剧烈的头痛、过度紧张的神经，尤其是循环器官方面的毛病，都使我无法休息。贺斯特尔教授开安眠药给我吃，并用一切方法来帮助我。我可能能有几个星期的休假来调养身体。不过局势如此紧张，要想真正休息也是不可能的。
>
> 1943 年 1 月 28 日

1月26日，大约15点的时候，我动身去视察马雷斯防线，以便判断它的真正价值。这道防线位于突尼斯边界以内约80英里远，一端是海岸，另一端是迈特马泰山地（Matmata Hills）。防线由一些古老的法国要塞所构成，用近代战争的标准来看，并没有多大价值。而且在法国休战之后，这些要塞早已解除武装。所以在真正作战时，最多只有防御敌人炮火的作用，而真正的主力防御战仍要在野战工事和旧要塞之间的地区做决定。这条防线的南部是战车所真正不能越过的。中部有一个很深的洼地，对战车也有相当好的阻碍功能。在北部方面，有一个盐水的沼泽，但是其中多数地方车辆都能通得过。此外，这条防线的形势却坏到了极点：在防线的前面是一些高地，它们一方面挡住了守军的长距离炮兵观测；另一方面利于攻方居高临下观察。这些山地对我方而言，又都有分兵扼守之必要，于是我方兵力就更分散稀薄了。从战略方面来说，意大利最高统帅部采取这一条防线，虽然它比较难被迂回，但其实一无是处。

因为上述的弱点，我主张不如占领在杰里德盐沼和海岸之间的阿卡里特防线。这一道防线距离马雷斯防线约退后 40 英里，是真正无法迂回的，我们也因此能有效地利用非摩托化的步兵。我特别强调，我们的摩托化兵力实在不够强大，它一方面要守住艾哈马（El Hamma）的防线；另一方面又要守住加夫萨（Gafsa）的防线，甚至还要去支援马雷斯防线，那是不可能的事。以后，英国人竟真的实施了一个计划得十分周详的迂回运动，结果使马雷斯防线完全丧失了它的价值。尽管后来拜尔莱因面对着从三方面都有被敌人突破的危险，仍很巧妙地把他的机动兵力撤回阿卡里特，并没有受到太多的损失。不过假使我们能事先集中全力来建立加贝斯防线，则其结果岂不是更好吗？

隆美尔所指的并不是加贝斯镇本身，而是西面 15 英里处的险道——跨过它就是阿卡里特洼地。他有时称这一条防线作加贝斯防线，有时又称它为阿卡里特防线。

1 月 31 日，巴斯蒂科元帅交出了他的指挥权，回意大利去了。我们之间曾经发生过很多次的摩擦，但主要都是由于意大利最高统帅部所颁发的命令而引起的。一般说来，我们还算是能够合作，他总是支持我的意见。尽管我们最高当局毛病多多，但由于他的帮助，我们还是全军安全撤回了马雷斯防线，躲过了全军覆没的命运。

不过，卡瓦莱罗元帅也同时被撤职，这未尝不是一个值得兴奋的好消息。像这样疲懒无能的人，早就应该让他滚蛋了。

英军从东面开始前进，我们预料英军第八军团马上就要倾全力来和我们决战了。

差不多正是这个时候，梅斯将军到达非洲。像其他从苏联回来的人员一样，他对任何事物的看法都相当乐观。我不想马上就把军团的指挥权交给他，等到我感觉情势比较稳定的时候，再移交才比较安全。

最亲爱的露：

没有什么新闻。这是下一次大战之前的沉寂阶段。似乎（据说）准备更换指挥官的计划是早已决定的。当然，意大利人曾经一再地提出这样的要求。

1943 年 2 月 2 日

在 1 月间，我们有一部分高射炮手曾经用奇袭的方式，消灭了一些在突尼斯境内活动的英军沙漠突袭纵队，并且俘获了他们的第一团团长斯特林中校（Lt.-Col. Stirling）。因为看守的疏忽，他被俘后又逃走了，他碰到了一些阿拉伯人，便劝诱他们把他送回英军战线，并答应给他们一些报酬。不过他出的价格太低，在做生意方面最讲究现实的阿拉伯人便把他送还给了我们，所要的代价却不过 11 磅茶叶。这实在太上算了，我们马上就成交了。于是英军丧失了一位最能干的沙漠突袭指挥官，这个纵队所给予我们的损失，要比其他同样实力的英军单位多得多。

1943 年 1 月 15 日，第十五装甲师的后卫部队也撤入了马雷斯防线，从阿拉曼一直到突尼斯的大撤退，到此时算是完成了。部队的战斗精神依然完整如故，经过了许多次的挫败尚能如此，未尝不是一个奇迹。主要的原因是他们认为自己并非真正被敌人打败，只是寡不敌众而已。

最亲爱的露：

贺斯特尔博士昨天又来看我，力劝我马上开始治疗。不过，责任感使我不肯离开战场，只要我的双脚还能够站得住，我就还会苦撑下去。

1943 年 2 月 7 日

　　我已经决定除非奉到命令，否则绝不放弃这个军团的指挥权，而不管我的健康情形多么坏。你一定懂得我的处世原则。罗马派来接替我的人，也只好请他再等等。

2 月 8 日

　　到今天，我来非洲已经整整两年了。两年以来，都是在不断的激烈苦战中，面对的敌人多半具有很大的优势。在今天，我想到我所指挥过的那些英勇的部队，他们忠于国家，尽了军人的职责，而对于我的领导尤其表现出无比的信心。我必须努力忠于我的职守，一方面是站在个人的立场，另一方面也是为了全体，不得不如此……今天我们的处境已经是风雨同舟，必须大家努力来解除我们周围的致命威胁，但补给的问题带来很大的困扰。我希望我这永远不离开部队的决心，最后能获得上级的认可。你一定也懂得我的心情。作为一个军人，舍此无其他途径可循。

2 月 12 日

# 从阿拉曼到马雷斯

　　在机械化的战争当中，即令是兵力较少的部队，只要能满足下面这些条件，那么一个指挥官必有相当的战术性机会可供使用。

　　（一）他的兵力一定要能保持完整的状况，并且保持他们的战斗力。

　　（二）在退却中，对于每一个新的集中地区，都应该储存着相当数量的燃料、弹药、粮食和其他可供补充的装备。

　　敌人前进得越远，则它的补给线就拉得越长，他为了确保自己在补给上的安全，在后方所留置的部队就一定会越来越多。在前进的时候，补给线越拉越长，而在后退的时候，补给线越缩越短。所以最后一定会有那一天，使退却的部队对敌人具有局部的优势。假使在这个时候，能够获得适当的燃料和弹药，那么在战术上一定是一个难得的好机会。原本撤退的一方可以回转过头来，向前进中的敌人发动攻击，并把他们击毁——假定敌人蠢到会在这种情况下寻求作战的话。执行这种作战的时候，一定要使用最快的速度，使敌人无法调集他们的增援兵力。

基于这种原理，我们在阿拉曼会战中，不等到最高潮的时候，就决定摆脱战斗。在这一次会战的整个过程中，我们在指挥方面都受到相当多的限制，因为在防线上有许多德意两国非摩托化部队的存在。在退却的时候，这种问题变得更伤脑筋。我们的摩托化部队曾经一再被迫停下来和英军缠斗，主要就是争取足够的时间，以使意大利部队完成他们的撤退。

不料在这个时候，却发生了新的变化。由于遵从德国元首和意大利领袖的命令，我们在11月3日和4日这两天当中，被强迫去和敌人做不必要的苦战。事实上，这两天的战斗决定了我们未来的命运，因为在这一战中，我们付出的代价差不多有200辆战车（包括意大利战车在内，相当于我们所剩余装甲兵力的全部），以及意大利部队的大部分。这一场战斗使我们在以后的撤退中，再没有能和敌人做机动性战斗的机会，因为整个军团已经被打得七零八落，从此只好一路退到底。我们最多能做到的，只不过是尽量向敌人多争取一点时间而已。这一个目标总算勉强达到了。无论是在哪里——不管是在梅尔沙隘道，在诺夫里亚，在布拉特，还是在的黎波里——蒙哥马利都没能把我们一网打尽。不过要想用我们的摩托化兵力实行逆袭，事实上也不可能了。

这实在非常可惜，因为敌人的行动曾经一再使我们获得了这样的好机会，可是我们只能坐着干瞪眼，让这些机会自动地化为乌有。蒙哥马利是一个过度小心的人，他极力避免冒险，随时都在调集他的预备兵力。英军指挥官的反应速度通常都比较迟缓。在我们撤退的初期，他们的迂回纵队兵力每次都太微弱，假使我们当时有足够多的燃料，一定可以把他们打得落荒而逃。不过，以后在布拉特和的黎波里，英军的指挥官却开始显现出真正的本领，他们终于克服了那种过分谨慎的习惯。他们在这个时候的作战表现出了无比的活力和信心，当时我们能够逃出虎口，实在需要很大的努力。

至于我这个军团的补给情况，我已经尽了最大的努力，使它可以勉强应付战局的需要。一般说来，我们在这种情况下，已经算得上是恪尽厥职了。从战术方面来说，退却的发展并没有被英国人的计划牵制，而是完全依照我们自己的计划。英国人想毁灭我这个军团，可是却并未能如愿以偿。我们的部队曾经克服了一切困难，他们每次都是抵抗到最后一回合为止。我们的部队值得赞美，因为在经常不断的撤退中，他们寝食俱废，过着十分紧张劳苦的生活，而他们的战斗精神始终和当初攻克托布鲁克时一样高昂。

我们的最高当局始终不肯承认现实，一开头就不肯相信的黎波里塔尼亚的撤出是无可避免的。由于这个缘故，使我们平白地损失了不少宝贵的时间和物资。譬如说，对于布拉特防线和泰尔胡奈—胡姆斯防线的设防工作，到头来完全白费了。假使意大利的步兵能够一口气退到加贝斯防线，并且立即开始构筑工事；假使我们在利比亚所浪费掉的地雷留在加贝斯再使用，那么这许多的劳力和物资，其所能发挥的贡献将是多么巨大啊！

# 第十九章

# 在两条火线之间

当我们进入马雷斯防线之后，马上又可根据另外一种不同的战略原理来作战。因为我们占有"内线"的优势地位，可以集中摩托化兵力，向西对在突尼斯西部的英美联军发动一次攻击，甚至有可能强迫他们撤退。我们第一个意图是要击破敌军的集中地区，以免英美联军从加夫萨冲到海岸上，切断我方两个军团的联络。这个任务完成之后，我方的打击兵力马上赶回马雷斯防线，再对付蒙哥马利。我们主张在这次攻击发动之前，先放弃梅德宁（Medenine，在马雷斯以东 20 英里处）和本加尔丹，以免英军直接压迫在我方的阵地上。

作为这个作战的序曲，第二十一装甲师（现在改由第五军团指挥，其实力已经补充充足）在 2 月 1 日开始进攻费德隘道（Faid Pass，在加贝斯隘道的北面约 80 英里处）。其目的是占领该地，以此为起点，进攻西迪布济德（Sidi Bouzid）和斯贝特拉（Sbeitla）——两地距费德隘道的距离分别为 15 英里（西面）和 35 英里（西北面）。德军以迂回的方式进攻，俘获盟军约 1000 人。

对于突尼斯桥头阵地而言，其最大的危险就是美军可以从加夫萨（在加贝斯隘道西北面 70 英里处）向加贝斯进攻，如果他们成功了，就可以把两个轴心军团一切两断。所以我们要先击破美军在突尼斯南部的集中地区。于是，第二十一装甲师再加上第十装甲师的单位，奉命攻击驻在西迪布济德和斯贝特拉地区的美军，其目的是尽量做深入的突破，以毁灭敌人的集中兵力。同时，由我这个军团组成一个战斗群，以消灭留在加夫萨的美军守兵。〔这次作战常被称为"卡塞林（Kasserine）之战"。〕

2 月 14 日，第二十一装甲师从它在费德隘道前的桥头阵地向前推进，以包围的姿态向驻在西迪布济德地区的美军第二装甲师实行攻击。（其实是美军第一装甲师。德军的攻击对美军来说是一个奇袭，因为盟军指挥官没想到德军会向这里进攻。布雷德利将军在他的回忆录中，曾坦白承认这个判断是一个致命的错误。）德军一方面从正面钉住敌人的部队，另外分兵两路：一个装甲兵团绕到北面地区，深入美军的侧翼方面；另一个装甲兵团则直趋西迪布济德，从后方向美军攻击。这样一来，遂使美军陷于非常困难的境地。接着就发生了一次猛烈的战车会战，我手下的战车兵都是沙漠中的百战健儿，结果把没有经验的美国人打得溃不成军。不久战场上就到处都是燃烧起火的美国战车：格兰特式和谢尔曼式都有。美军残部向西逃走。

在这一次成功之后，我请第五（装甲）军团——它是这次作战的主力——趁黑夜向前直追，把敌人逼得不敢停留，一口气把斯贝特拉拿下来。有了战术性的成功后，必须毫不容情地扩张战果。因为不花什么气力，就可以把一个溃败中的残敌完全歼灭掉。留到明天，他们可能又会恢复作战能力。

可是第二十一装甲师直到 16 日的夜里，才开始向正在退却中的美军实行追击。17 日上午，该师才到达在斯贝特拉前方的位置。由于这个迟误，已经使美军有了部署防务的机会，现在他们开始坚守苦战。假使当时指挥第二十一装甲师作战的齐格勒中将（Lt.-Gen. Ziegler，第五军团的副司令），在西迪布济德获胜之后做主动的追击，那么他在斯贝特拉就不需要那样苦斗了。不过，黄昏时敌军的抵抗终被克服。在这几天内，美军第二装甲师一共损失了 150 辆战车（在艾森豪威尔总部的新闻记者也报道了同样的损失数字，亚历山大在报告中说，美军共损失 86 辆战车，轻型战车的损失不包括在内），兵员被俘的总数约为 1600 人。第二十一装甲师的损失却极轻微。

美军当时完全没有战斗经验，而且自上场的时候起，对德军就有一种自卑情结，所以才会遭到这一场惨败。

第二十一装甲师在斯贝特拉获胜之后，美军在夜里自动撤出了加夫萨，我军就兵不血刃地进入了加夫萨。

16 日的上午，当我们沿着往加夫萨的公路驱车前进时，遇见了一长队的阿拉伯人，他们牵着牲口、背着各种东西，把放弃的房舍中能带走的东西都搜刮一空。他们发了财，感到很开心，就把小鸡和鸡蛋送给我们军人享用。由于美军未事先警告附近的居民就把他们储存在卫城内的弹药炸毁，使得 30 多栋房子倒垮。在废墟中找到 30 具阿拉伯人的尸体，失踪的约有 80 人之多。当地人民相当痛恨美国人，现在则很高兴地庆祝他们的"解放"。

李本斯坦少将（Maj.-Gen. Liebenstein，曾任古德里安的参谋长）是第一六四轻装师的师长，奉命率领非洲军战斗群向富里亚奈（Feriana，在加夫萨西北面 40 英里处）进攻，2 月 17 日克服美军的顽强抵抗，占领这个重要的中心。但守兵又纵火把他们的储藏物资烧毁了。从搜索部队方面传来的消息指出，甚至远到泰贝萨（Tebessa，在加夫萨西北 80 英里处），盟军都在焚毁他们的物资。德军一直挺进到泰莱普特（Thelepte）为止，那里的盟军被迫纵火烧毁了停在机场上的 30 架飞机。

美军似乎正向泰贝萨退却。他们的指挥已经十分混乱，证明将领毫无决断的能力。这是没有经验的人第一次面临困难时所常发生的情形。现在我军已经连获胜利达四天之久，我决心集中全部兵力，向泰贝萨做一次猛烈的突击，占领这个重要的空军基地的补给和运输中心，并深入盟军的后方。以非洲战场的情况看来，对我而言，任何举动都是冒险，因为我的兵力总是处于劣势的地位，但是我从来不"赌博"，即令是在最果敢的作战中，我手里还是控制着足够的兵力，以便应付任何的意外。不过当时局演变到现在这个样子，我只好冒更大的险了。


最亲爱的露：

　　我的身体已经逐渐好转，可是不久指挥体系会有改变。不用说你也知道这对我是个严重打击。我希望在接受治疗后，能恢复往日的活力，让我又可以像从前一样拼命干。

1943 年 2 月 18 日

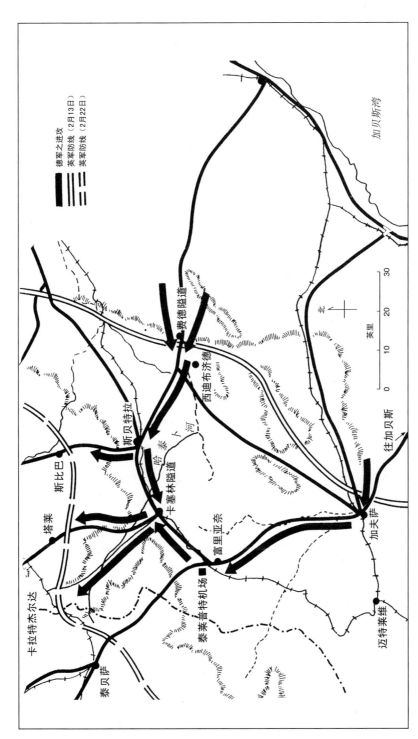

图 17　卡塞林之战

假使盟军的指挥官知道把他的兵力集中在那个绵长的侧翼上，以切断我们的供给，使我方打击力量孤立，那么原定的作战计划就可能会大受影响。但是那些完全照书本打仗的指挥官，对于对手行动的反应都是"直接的"而非"间接的"。（拜尔莱因将军附注：从此处可以看出隆美尔受李德·哈特"间接路线"理论的影响。）初学者的注意力通常不够周全，他们的决定难免受到心理上的压迫，不能专以军事上的利害为考虑的基础。

我深信：此时若能集中我方两个军团的摩托化兵力，一直冲到泰贝萨的后面去，一定可以迫使英美联军把他们的大部分兵力都撤回阿尔及利亚，这样就可以使他们的攻势准备大为延迟。这个攻击要成功，其基本的条件就是要在一击之下把敌人完全解决掉，所以打击力量一定要够强大，能迅速压倒敌人的任何顽抗，一直突破到底。向北面的突击已经深入敌后达到足够的深度，足以遏止敌人调集他们的预备队来守住那些隘道，以阻止我军的前进。只要在道路上能够守住一些隘道和具有战略性的要点，我就很满足了，因为这样已经可以阻挡敌人对我方侧翼的攻击。不过，敌人的主力和我方打击兵力的正面竞赛究竟孰胜孰负，现在还是一个疑问。

可是阿尼姆上将（第五装甲军团司令）还未认清这种作战的可能性，也许他存有私心，希望把第十装甲师保留在他的辖区之内。所以他坚决反对这个计划，实际上，他对真正的情况一无所知，也没有和西方敌人作战的经验，完全不知道敌人的强弱优劣。于是，我把我的意见报告了意大利最高统帅部和南欧总司令部。拜尔莱因也说服了赛德曼（Gen. Seidemann）将军，使他认清了这次作战的可能性。因为凯塞林（南欧总司令）和意大利当局都太乐观，我相信他们一定会很高兴地批准我这个计划。事实上，墨索里尼的确需要一次胜利来重振他的威名。

黄昏的时候，凯塞林回电，表示完全同意我的意见，并已转报意大利最高统帅部。我们十分焦急地坐等他们的最后决定。午夜时还是一点消息都没有，意大利人素来是不着急的。于是我们再发出一个电报，说明必须赶快决定，否则时间耽搁太久，成功将无希望。

最后，到了2月19日凌晨1时30分时，意大利最高统帅部才有命令来，准许进行这个作战，但是却加了一个极重要的修正——主张不向泰贝萨进攻，而采取由塔莱（Thala）到卡夫（Lekef）的路线（这样就使原定向西北进攻的路线改为正北，即紧跟在盟军阵线的后方）。这真是意想不到的短视，其结果足以使整个计划付诸东流，从这一线进攻，距离正面实在太近，必定会一头碰上敌人的强大预备队。可现在已没有时间来作做空洞的辩论，否则这种作战根本没有实施的可能。

我马上命令非洲军战斗群立即向卡塞林西北面的卡塞林隘道（在斯贝特拉西面 20 英里、富里亚奈东面 20 英里处）进发。第二十一装甲师奉命向邻近的谷地进攻，以达斯比巴（Sbiba，在斯贝特拉北面 25 英里处）。第十装甲师的各单位跟在后面推进到斯贝特拉，根据今后的情况发展，再决定是否增援在斯比巴的第二十一装甲师，或在卡塞林的非洲军战斗群。

这个时候，盟军方面已经把他们在突尼斯所有可动用的兵力，开往西南面增援受威胁的战线。此时保护他们南面侧翼的兵力相当微弱。


也就是说，德军进攻的方向是朝北攻击盟军紧接前线的后方地区，而不是像隆美尔原先计划的，向西北面深入切断他们的交通线。隆美尔的记载说明他是受了意大利最高统帅部的牵制，这一点实在很有趣：因为丘吉尔在他的大战回忆录第四卷里面，曾经提到他以为这个向北的行动是隆美尔自己选择的。当这个危机发生时，指挥盟军作战的亚历山大将军也认为隆美尔必定会采取向北面的路线，因为这样比较容易，所以他曾经命令安德逊将军（Gen. Anderson）"集中全部装甲兵力保护塔莱地区"。亚历山大认为隆美尔所追求的只不过是一个"战术性胜利"——但向泰贝萨的进攻似乎是战略意味重于战术意味。


当非洲军战斗群的兵力正在卡塞林周围开始部署的时候，第三侦察营直向隘道冲击，但为敌人击败。接着，梅登（Meuton）装甲步兵团又开始攻击，虽然最初获得成功，但最终还是失败了，其原因是他们的方法错了。这些部队已经习惯在沙漠中作战，而现在他们碰到的地形却像欧洲的阿尔卑斯山地区。在隘道的两侧，山地高达5000英尺左右，美军居高临下实行固守。很不幸，梅登的攻击只限在谷地之内，可能是低估了美国人。假使他能把山地和谷地两种战术融会贯通地加以运用，一定会先占领两侧的山地，消灭敌人的炮兵观测所，并深入敌人的后方。

2月19日大约13点的时候，我驱车前往非洲军的司令部，了解了真正的情况，并命令布罗维斯将军率领一支战斗群，去向卡塞林隘道实行迂回的攻击。然后我又赶往第二十一装甲师方面，该师最初也是进展不大，但是现在已经顺利前进了。这时，我还无法决定让第十装甲师去增援哪一方面。

不过没多久，第二十一装甲师就停在了斯比巴的前面。在连续不断的大雨之后，道路情况已经坏到了不堪使用的程度，他们误入了敌人的厚密雷阵，那里正好有敌人的坚强设防（守军为英国第一近卫旅）。

经过了猛烈的战斗后，德军越过第一道地雷障碍线，但再也无法再进一步。他们也犯了同样的错误，只知道在谷地中做正面的攻击，而不知道从山地中绕道进攻。

这种恶劣的天气虽使我们在行动上阻碍重重，但其实对我们极为有利。因为敌人无法使用他们强大的空军，否则在这个低深的谷地中，我军一定会蒙受极大的损失。

此刻在我们的两个攻击点上，都面临我所害怕的现象。敌军已经有机会把预备队调到山地阵地的上方——那是很难加以仰攻的，同时他们也可以争取更多的时间，以获得更多的增援。假使我们向泰贝萨进攻，可能在没有遇到任何严重的抵抗之前，即已深入相当长的距离。在这里，我们却很早就和敌人碰上了。

我相信盟军在卡塞林的实力比在斯比巴时更弱，于是我决定把攻击的重点放在卡塞林地区，并且调集第十装甲师的兵力参战。

2月20日上午7时，我又驱车前往非洲军的司令部。在卡塞林，我遇到了第十装甲师师长布罗赫将军（Gen. von Broich）。他只带了该师的一半兵力前来，因为阿尼姆太自私，硬是截了一半兵力下来。该师的机车营已经在运动中，我在半路上曾遇见他们。

美军将山地上的炮兵和迫击炮的阵地布置得很好，所以梅登的一切攻击都为其火力所阻止住了。现在第十装甲师的机车营也开始投入战斗。可是一整个上午，我们都不曾看到和听见该营的消息。于是我询问布罗赫师长，为什么会迟误这么久，他说他已经另外派了一个单位去参加攻击的任务，并想把这个机车营保留起来，供将来追击之用。而另外那个单位还正在运动的途中。这样一来，又糟蹋了不少的宝贵时间。我当时十分愤怒，立即命令这些指挥官尽量接近第一线，好让他们多了解一下当前的情况。我命令机车营立即开上前线，因为美军的实力正一小时一小时地加强，我们的处境越来越困难。

中午之后，这个攻击发展成为激烈的肉搏战，我们的多管火箭炮第一次在非洲战场上使用，证明它是一种很有效的武器。

最后，大约17点的时候，这个隘道终于落入我们手里。美军这一次打得很好，梅登这一团的损失相当惨重。在黄昏的时候，我们发现在隘道的那一面，又有一支敌人的装甲部队出现。他们停留在一个侧谷里面，已集中部分兵力，很明显有向卡塞林地区增援的意图。我马上命令调一个战车团到隘道那面去。这支兵力（第八战车团）迅速挺进，并在哈泰卜河（Hatab）上很快重新架好了桥梁，使敌人全面受到奇袭。于是敌人被迫背山作战，不久即为我方能征惯战的老兵们所完全歼灭。这场肉搏战是在最短的射程之内进行的，敌人纷纷放弃他们的战车和车辆，徒步翻过山岭逃命。我们一共俘获了20余辆战车和30辆装甲人员载运车，其中多数后面都还拖了一门75毫米的战防炮。美军的装备实在是太好了，在组织方面，我们大有向他们学习之必要。其中一个特别惊人的现象就是他们对车辆和零件标准化的严格要求。

我们预料敌人明天会实施逆袭，所以我决定把非洲军和第十装甲师的兵力，都控制在卡塞林的附近，以便应付敌人的任何行动。

不过到了20日的夜间，我军又开始从卡塞林向北沿至塔莱的公路前进，然后向西朝泰贝萨前进。敌人已经撤退了。

第二天（2月21日），我驱车经卡塞林隘道去视察我们击毁的美军战车。一大长列的装甲人员载运车，正经过隘道向后方行驶，其中一部分还装满了美军的俘虏。

敌人的计划现在似乎是要在新的阵地上实行迟滞作战，并且改取守势。基于这个假定，我决定立即向他们的后方实行压迫。大约中午的时候，第十装甲师向卡拉特杰尔达（Kalaet Jerda）进攻，在那里他们切断了公路和铁路交通。非洲军奉命击败在艾哈门拉（El Hamra）的敌人，并占领通向泰贝萨公路上的隘口。第二十一装甲师则守住原有战线。把兵力分布在几个危险点上，我希望能够借此引诱敌人，使他们的兵力分散得比我们更厉害。此时，第五军团也应在他们的地区之内发动正面的攻击，以牵制住敌人的兵力，使他们无法分兵向南线增援。

到了13点，第十装甲师在向塔莱的行动中，已经跨过了一大步（在卡塞林北面35英里处）。大约中午的时候，我和拜尔莱因一同到第十装甲师方面去视察。这个师的进度还是不够快，我不断地催促他们快走，他们似乎并不知道他们正在和敌人的预备队做长距离竞走的比赛。为了要对当前的情况做出正确的判断，我一直赶到最先头侦察单位的位置，来做实地观察。我发现他们正卧倒在一个仙人掌的种植园内——在一个阿拉伯人村落的旁边。敌人的猛烈炮火正在向这个村落中射击，一切都混乱到了极点。所有的动物，无论是鸟和兽，都纷纷四散奔逃。有些母鸡留下了一些鸡蛋，拜尔莱因还顺手把它们捡了起来。我们非找掩蔽物不可，拜尔莱因在仙人掌的下面爬行着，手里还拿着他那些珍贵的"战利品"。我们并没有受到伤害，同时那几个鸡蛋也都安然无恙。

然后我们走到大约500码以外的小山上面，从那里可以观察我军攻击的发展情形。我们的前方有17辆被击毁的英国战车——它们是 Mk. VI式，我们不免感到相当奇怪，为什么他们从北面会来得这样快。更令我们不解的是，它们都已经装上一门75毫米火炮。

隆美尔的这个观察是错误的。英国的Mk. Ⅵ式战车，是一种非常快速的战车，当它们在1941年第一次出现的时候，只装有两磅炮，口径约为40毫米。后来在1942年又改装6磅炮（57毫米）。它从来不曾用过75毫米口径的火炮。不过改装供直接火力支援用的"十字军"式战车——并非Mk. Ⅵ型——都装有3英寸口径的榴弹炮，约相当于76毫米。隆美尔看见的也许就是这种战车。

我方的炮兵不久也加入战斗，再过一会儿，我们所在的位置受到了战车火力的威胁，势必又要移转到新的位置。在路上我们看见一些英军的尸体，躺在被击毁的战防炮的旁边。阿拉伯人已经把死尸劫掠一遍，连他们的衣服都剥光了。幸亏他们并没有碰到我们，否则我一定要惩罚他们的这种行为。

大约19点的时候，第十装甲师冲入塔莱。

在这次作战开始之前，我曾经要求阿尼姆把19辆虎式战车借给我们使用，这是第五军团独家拥有的。假使我们在塔莱有这种战车，那么我们一定可以透入进去。可惜阿尼姆拒绝了我的要求，他说所有的虎式战车都正在修理，事后我发现他是在说谎。他想保留这一份"家当"以供自己攻击之用。

2月21日的下午，当我从第十装甲师方面回去的时候，可以看见在非洲军进攻的方向上，正展开激烈的炮战。照情况看来，他们似乎没有太大的进展，果然等我回到总部之后，已经有报告等着我，证实我的印象并没有错：在最初获得少许成功后，由于敌人的抵抗更趋顽强之故，该师的进展终于受挫下来了。很不幸他们只停留在谷底，而没有同时向两侧的山地进攻，以便从侧面迂回攻击敌人。这已经是第三次发生同样的错误了。

第二天（2月22日）上午，我又驱车前往塔莱，在那里我发现敌人的兵力又已经增强了，遂不得不决定停止这次的攻击。

到了13点左右，我遇到了凯塞林元帅，他正带着魏斯特伐和赛德曼两人，到我的总部来视察。我们商量之后，大家一致同意此时若再向卡夫进攻，实无成功的希望，于是决定逐步停止这一次的攻击。

因此，第十装甲师和非洲军的各个部队，都奉命在黑夜里撤回卡塞林，他们在隘道的西北面占领阵地。第二十一装甲师（东面的一段）此时仍然留在斯比巴，不过也奉命在道路上布雷，并准备撤退。

凯塞林问我是否愿意出任集团军的总司令。很明显，由于卡塞林攻势的成就，我不再是一个罪人了，尽管我还是一个失败主义者，但他们觉得还属可用之材。不过我已经考虑过几个月，而且更知道元首的本意是让阿尼姆上将出任这个集团军的总司令，于是我毅然拒绝。无论如何，我不愿意在空军和意大利最高统帅部之下做事，让他们来干涉我的战术行动。凯塞林元帅本人固然有很多长处，可是他完全不了解非洲战场的战术和作战问题，他看任何东西都是戴着玫瑰色的眼镜：我们这次小胜美国人，更增强了他的信心。他认为前途无限光明，更严重低估了美国人的战斗力。诚然，美军的作战能力赶不上久经战阵的英国第八军团，但是他们也有其他的长处足以抵补他们缺乏经验的弱点。他们的装备太好了，数量又充足，同时他们在战术性的指挥体系上也比英军有弹性。事实上，他们所拥有的战防武器和装甲车辆数量实在太多了，使我们瞻望未来的机动战斗时，感到成功的希望非常渺茫。美军对防御战术的执行也是一流的，在第一次震惊过后，他们很快就恢复了活力，集中预备队守住隘口和要点，以阻止我军的前进。不过，不是所有的部队都能来得这样快，所以我坚信这一次若以泰贝萨为攻击目标，我们将可以尽量向北深入，不至于马上遭遇敌人的强烈抵抗。

2月23日，我方的最后部队也都已经撤回了卡塞林隘道的后面。恶劣天气已经结束了，从那天中午起，美国的空军开始像斧劈一样，在富里亚奈、卡塞林地区中实行不断的攻击，其规模与密集的程度足以与上次阿拉曼会战时相比拟。当我军通过谷底撤退时，美军各种飞机纷纷用炮火和炸弹实行猛烈的炸射。侦察机也指导炮兵，向有价值的目标猛轰。在15分钟之内，专就卡塞林的上空而言，就发现了104架敌机。这个空中攻击一直到夜幕低垂的时候才停止，充分表现出盟军空中打击力量的强大和可怕。

这样就结束了所谓斯贝特拉—卡塞林之战。它的开端是一次伟大的胜利，德国的装甲部队把美国"菜鸟"打得七零八落，若是能扩张这个最初战果，一直攻入敌后，那么盟军整个突尼斯战线就可能已经总崩溃了。但是，意大利最高统帅部命令我们把打击兵力用在不相干的地方，而且还正对盟军的预备队。由于美军在卡塞林隘道的顽强抵抗和第五军团的一再迟误，使我们未能以奇袭的姿态，一口气突入敌人的心脏地区。结果才使敌人有时间组织他们后方的防务，并把预备兵力调集到危险地区来。而且某些德军的指挥官实在太缺乏领导能力，以及第五装甲军团故意按兵不动，都足以使我们的攻击很早就受挫。

最亲爱的露：

一直到今天我才有空写信。尽管战斗如此激烈，我的体力还是勉强支撑住了。很可惜的是，我们并没能守住已经获得的土地。

1943 年 2 月 23 日

## "非洲集团军"的成立

2 月 23 日的傍晚，我们接到意大利最高统帅部的命令，说为了适应目前的紧急需要，在突尼斯的军队必须有统一的指挥，所以决定成立一个非洲集团军总司令部，由我担任总司令（共辖两个军团，东边的非洲装甲军团——后来改称意大利第一军团；以及西边的第五装甲军团）。我接到这个消息之后，真是百感交集，就某一方面来说，我应该感到快慰，因为我对部属的命运可以有更大的影响力量。从另外一方面来看，我实在不愿意同时伺候三个不同的老板——元首大本营、意大利最高统帅部和德国的空军。

最亲爱的露：

我的官阶算是又升了一级，结果也交出了我那个军团的指挥权。拜尔莱因仍然是我的参谋长。这是不是一个永久性的解决方案，我颇为怀疑。我的身体勉强可以支撑，虽然最近几天实在非常吃力。

从东线战场方面传来的公报比过去要好一点。在那样恶劣的局势之后，似乎已经显现一线新希望。

1943 年 2 月 24 日

2 月 24 日，我和第五军团的作战处处长举行会商，讨论他们的作战计划。阿尼姆正在计划做一次迂回式的攻击，以击毁已经集中在梅德杰兹艾巴布（Mediez el Bab）附近的敌军——在突尼斯以西 40 英里处。我同意他们这个计划，但是反对他们在作战完成之后，又撤出这个平原，而重新回到攻击起点的地方。这个地区是在攻击突尼斯时，摩托化部队的一个理想集中地，所以对我方防线而言，正是一个"阿喀琉斯之踵"。

傍晚的时候，我在空军司令部里遇到了魏斯特伐上校。他代表凯塞林元帅问我能否在卡塞林的后卫阵地再多守数日，以便第五军团向巴杰（Beja）进攻。这是我第一次听到巴杰这个地名以及第五军团的全部计划。我不敢表示同意，因为他们的兵力太少，所定的目标实在太高。

很不幸的是，此时已经不可能把第十装甲师留在卡塞林，因为他们早就在撤退了。预计在以后几天内，敌人一定会对该师现在的位置实施包围攻击，该师要想杀出重围，必然会受到重大的损失。

意大利最高统帅部向来缺乏一种现实感，他们从来没对当前的军事情况做出过合理判断。他们的计划不是以目前情况中的真正可能性为基础，而是以幻想中的希望来当作思想的根源。虽然罗马当局自认为非常高明，有资格修改在突尼斯前线指挥官的一切战术性决定，可是他们并不知道第五军团对巴杰的攻击应该和我们对塔莱的攻击相配合。当时若果真能如此，则两方面作战都可能有更大的成功希望。

2月26日，第五装甲军团开始发动他们的攻势。这次攻击对敌人来说，几乎又是一次完全的奇袭，所以他们很轻松地获得了突破的机会。可是不久敌军就发动了一个猛烈的反攻。在风雨中进攻当然很困难，但对攻击者而言，最大的弱点就是很难将重兵器运到前线。

这次攻击一连持续了好几天。我方只获得了一些并不重要的成果，而损失远比敌军大。事实上，一切都不过是浪费精力而已。最使我感到愤怒的，就是看到那些虎式战车也投入了战斗，这是我们在非洲仅有的宝贝。当时阿尼姆不肯借给我用，现在却用在低湿的沼泽谷地中，使它们的最大优点——重炮的长射程——完全丧失了作用。结果这些重型战车不是陷在泥潭里面，就是被敌人击毁了。一共有19辆虎式战车参加战斗，却损失了15辆之多。当其他战车开入这个狭窄的谷地时，结果也差不多，大部分都给英军击毁了。我马上命令第五军团赶紧停止这个毫无意义的行动。不幸的是，在我离开了非洲之后，他们仍继续进攻，一切的条件都还是和这一次一样。于是一个山头又一个山头地冲锋，完全恢复了第一次世界大战时的旧观。

最亲爱的露：

……我对东线方面传来的好消息 ❶ 感到十分愉快。整个来说，一切似乎都有一点好转。假使我们在这里也能够打一个大胜仗的话，那该多好呀！我不分昼夜地思考寻找一条"出路"。不幸的是，现在这里不具有可以获胜的条件。一切的结果都依赖在补给上面——几年以来莫不如是。

我的体力勉强可以维持得住。心脏、神经的问题和风湿病带

---

❶ 指德军在哈尔科夫（Kharkov）会战中击败了苏军的进攻。——编者注

来不少麻烦。不过我决定只要能够忍受，就勉强支撑下去。

1943 年 2 月 26 日

贝恩特上尉致隆美尔夫人的信件：

亲爱的隆美尔夫人：

2 月初，您丈夫的体力严重透支，心理压力甚巨，健康情况已变得很差了，所以贺斯特尔教授认为他至少应该请假八个星期，及时治疗。元首的准假令由南欧德军总司令部送来，指定最早的日期为 2 月 20 日。

有一个足以影响您丈夫健康条件的最重要因素，就是无法解决的指挥权纠纷问题。意大利人已经把他的继任人选送来，但是绝口不提及召回他的话。他们正在等他自请病假。可是他却决定自己绝对不称病请假。关于这一点，我十分同意。他是属于他部下的，假使他自己决定离去的时间，而又假定在他去后几天内就发生了什么意外的事情，那么别人会指控他缺乏先见之明，太早离开。

他看到人家对他表示嫉妒，所以决定退后一步，让旁人去指挥。可是当作战成功之后，对于战果的扩张并没有能够尽如他的想法，于是他不免又跃跃欲试。接着他向上级建议，终于又取得了指挥权。这又是一次机动性的作战。那一天夜晚，他要了一瓶香槟酒，说他此刻的感觉好像是和一匹老战马听到战鼓的声音时差不多。在以后几天内，他的体力大有进步，似乎已经完全恢复了。贺斯特尔教授检查之后，也觉得好多了，并不反对他继续作战，认为过几个星期再去治疗也不迟。

我立即把这些话忠实地向元首和南欧总司令报告——虽然元帅本人可能不知道。正在大获全胜之际，我们接到了一个好消息，当局决定组成一个"非洲集团军"，两个军团都受他指挥。这进一步表示了元首和领袖对他保持高度的信任。我向他道贺说：即令是在退却之后，他还是享有完全的信任，我希望这些话可以提高他的信心。可是他的想法却与我相反。

在他休完病假之后，是否会再回到非洲，可能要看当时的情况来决定。假使我们在非洲战场还是继续取着攻势的姿态，那么我相信他还是会回来的。假使不是这样，元帅一向被元首认为是他手下头号善攻的猛将，也有可能调往其他地区，去负责大型的攻势作战。当然，目前由于他的责任更重，所以会感到吃力。不过工作也使他获得了必要的刺激，所以他的身体反而好转。他可以完全放心地依赖他的僚属——因为没有一个人对他不是忠心耿耿的。

前几天，当他驾车从部队身边经过的时候，士兵们对他的欢呼非常动人。有一次正在攻击中，他去一个新到的师那边，这个师是他过去不曾指挥过的。他一直跑到了最前线，和侦察兵一起卧倒在泥地上面。他的老部下也许司空见惯，可是对这些人而言，真是前所未见。更没有哪一个指挥官可以获得部下这样的尊敬和爱戴。

在塞默灵的房子已经取消了租约。但是我相信他在3月的下半月或是月底，仍然会回家一趟。他那时可能会带一个小型的幕僚群回国——可能是两个军官和六个士兵——以便撰述他的战争报告。

我希望这一封信能够使您更明了实际的情形。

敬祝健康，希特勒万岁！

你的忠仆贝恩特

1943年2月26日


最亲爱的露：

我已经经过一个非常艰苦的阶段，将来可能会更艰苦。我希望我的体力能够撑过这个难关。我的神经仍十分紧张。我只希望能够拥有我所需要的物资，但是补给的情形依旧困难。

1943 年 3 月 1 日

我到底在什么时候才能开始我的治疗工作，似乎还是很难决定。一时还无法离开这里。

3 月 2 日

我现在还是可以掌握这个集团军，不过烦恼仍然不少。希孟德曾经写过一封很客气的信给我。元首对我更是感到忧烦。但是目前我无法离开。我必须再拖一段时间。此刻对别的职务我毫不关心。差不多每一件事我都要请示罗马当局，可是全部的责任还都是由我一个人负。这是我最难忍受的。我常感觉到我的神经会炸裂。感觉上好像是在深渊旁边的险路上行走一样，若是错了一步，其后果就会不堪设想。外面已经是春天，到处都是花树、草场和太阳。对所有的人而言，世界似乎是太美丽了，因为这一切使他们感到愉快和满足。

3 月 3 日

我希望高斯在今晚可以到这里。他现在要重回参谋长的旧职。在情况许可之下，当我请病假回国的时候，阿尼姆将代理我的位置。不过，我不知道何时可以动身。我们正面临着具有决定性的事件……

3 月 4 日

在我奉到上级的命令，去执行一个勇敢的新的作战之前，愿意先向你和孩子表示我最高的爱意。

3 日 5 日

早在 2 月 23 日，我就接到命令，执行我所建议的攻击计划，准备向在梅德宁的英军阵地进攻。这是一个非常困难的作战，假使这一次无法达到突破到英军第八军团的集中地区的目标，以阻止英军的攻势，那我们在

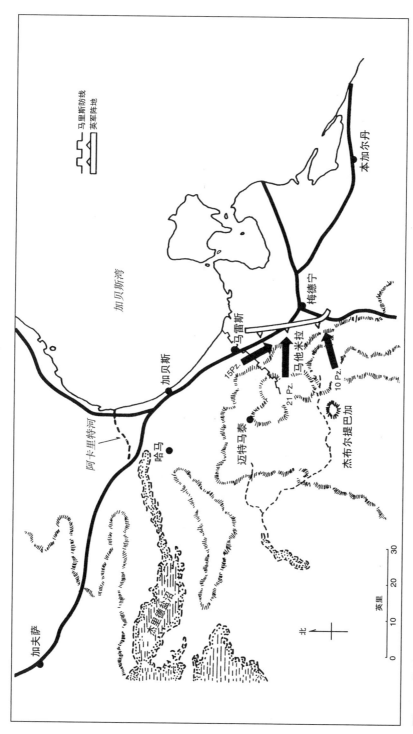

图 18 梅德宁之战

非洲的军队也就此完结了。在这一点上已没有任何幻想可言。

在不久之前的 2 月 20 日，蒙哥马利已经开始攻击第十五装甲师后卫线的南面，以图减轻德军对西部突尼斯防线的压力。在一整天之内，我的部下和有绝对优势的英国装甲部队发生了激烈的战斗。该师克服了极大的困难，利用它所仅有的 20 辆战车，一再地实行逆袭，才算是勉强没有被敌人切断退路。这个师在这番英勇作战之后，就趁黑夜撤到马雷斯防线的前哨阵地后面去了，从而让英军在我们预定时间之前就开入了我们准备和他们一战的地区。所以在时间上，我们已经吃了亏。

由于第五军团攻击的结果，使得第十和第二十一装甲师开入马雷斯防线的时间又延迟了几天，让蒙哥马利有更充分的时间建立新近获得地区的防务。


蒙哥马利也有充分的时间去增强他在梅德宁的兵力。到了 2 月 26 日，他已调集第五十一师的全部兵力来增援第七装甲师。到了 3 月 6 日，当隆美尔最后发动攻势时，蒙哥马利已经调集了新西兰师、第二〇一近卫旅和另外两个装甲旅。他的防御部署在 3 月 4 日的黄昏即已完成。除了 400 辆战车以外，在全部阵地中他还有 500 门以上的战防炮。所以在这个时候，隆美尔想保持优势打击力量的机会，实已完全消失。

第八军团的参谋长甘冈将军（Gen. de Guingand）在他的回忆录中，曾经有过下述的记载：“蒙哥马利曾经坦白地向我说，因为协助第一军团（西方的盟军部队）的作战，现在也已经使他本人步调大乱。所以我们要马上努力工作，以准备迎击敌人的新攻击……到了 3 月 5 日，我们准备就绪，隆美尔已经丧失了他的机会，我们又可以放心地呼吸了。”


向梅德宁的英军第八军团进攻，实在是一个非常困难的工作，不仅因为蒙哥马利的部队具有极丰富的战斗经验，而且这里的地形限制也极大，战术上简直没有什么选择的可能性——除非舍得消耗极大量的汽油。无论从哪一点进攻，都少有不被敌人发现的机会。

我们唯一的希望寄托在英军也许还没有充分的时间完成全部防务的部署。为什么这一次一定要决定攻击呢？其原因是由于我们只有两条可以选择的路线——不是坐等英军来攻击我们自己的防线，就是先下手为强地去攻击英军的集中地区。若是坐等，势必会一败涂地，所以当然不如冒险一试。

关于如何执行攻击的方法，在各位将领之间曾经引起了激烈的辩论。最后，我们采取了梅斯将军的建议：把一个装甲师展开在道路上，另外一个放在杰布尔提巴加（Jebel Tebaga）的后面，另有一个师是准备摆在山地的那一面。

有些幕僚建议暂时不进攻，等到下一个满月日再说。这个建议我无法接受，因为到了那个时候，敌人绝对已经准备妥善了。

这许多的延迟又使攻击一再延期，最后终于定在3月6日。3月5日，我移驻到图坚（Toujane，马雷斯防线的最南端，距离海岸线20英里处）南面第七一五号高地上的前进指挥所里，开始和攻击部队的各个指挥官举行商谈。这个高地上的视界非常好，可以一直看到梅德宁后面很远的地方。

第二天上午，天上布满了密云，整个战场都笼罩在大雾中。像敲钉锤一样，炮兵在6点钟开始轰击。多管迫击炮的炮弹轰穿了雾幕，一直落入下面的谷地。这个时候，第十装甲师开始经哈罗（Halloui）向前推进，并未受到敌人的干涉。

攻击开始的时候非常顺利，可是不久就碰上了设在山地中的英军坚固阵地，这个阵地有地雷和战防炮的保护。我军一再向前猛扑，可是毫无成就。我方的俯冲轰炸机也参加了作战，但马上遭到高射炮火的猛烈阻击，其浓密的程度前所未有。因为在第七一五号高地已经看不见什么东西，我亲自赶往前线，不久我就发现这个攻击已经失败了，局势也已经无可挽救。大约在17点钟的时候，我命令停止攻击，并命令各部队守住已经占领的地区，修理受损的车辆。黄昏的时候，我又只好决定整个放弃这次作战。

英军的指挥官在兵力集中方面做得非常好，对于作战前的准备，其速度更是惊人。其实，这次攻势的发动已经迟了一个星期。由于英军早已有了准备，我们遭受了严重的损失，其中包括 40 辆战车全毁。

蒙哥马利的报告说，在战场上一共遗留下 52 辆德军战车。英军战车毫无损失，而且只是一个战车连参加了战斗。

正和阿兰哈法之战为阿拉曼的胜利铺路一样，梅德宁之战也正是为蒙哥马利对马雷斯防线的攻击，奠定了一个胜利的基础。甘冈曾说过一句值得深思的话："这是在研究蒙哥马利战役时最有趣味的一点。在每一次伟大攻势的胜利之前，都先有一次守势的胜利为前奏曲。"

我们心知肚明，从此以后，我们再也无力干涉蒙哥马利的攻势准备。我们所有的人对前途都已开始绝望了。现在英军第八军团的攻击已经迫在眉睫，而我们却要面临这一个危机。我们这个集团军若再留在非洲不走，其结果无异于自寻死路。

# 非洲的末日

2 月终了的时候，我已经命令两位军团司令——阿尼姆将军和梅斯将军，对于目前在突尼斯的情况，提出他们的意见。他们两个人的报告都认为目前本集团军所处的地位是无法持久的。我对于他们的报告，又加了下面一段按语："目前，这两个军团在突尼斯所守住的防线大约长达 400 英里，其重点有二：一在突尼斯西面和西北面的地区中；一在马雷斯防线上，夹在山与海之间。这一条防线差不多有 350 英里长，只有极薄弱的守军，由于我们缺乏部队，所以有些地方根本就没有防守。在第五装甲军团方面，大部分正面都是山地，但即令是山地，敌人的步兵还是有办法通过，并可以绕到后面去攻击隧道上的守军。在两个军团之间，在杰里德盐沼的两侧，都有一个大缺口。在干燥的季节中，这个地区极适合敌人摩托化部队的作战。"

我又计算了敌军的兵力，把美英法联军的人数总加起来，我们这个集团军此时所面对的敌军，其实力为：战车1600辆、战防炮1100门、火炮850门、战斗部队约为21万人。

我认为盟军方面必然会采取正确的作战路线，用他们所有的兵力，从两面同时向这个桥头阵地实行夹击。我们的防线根本经不起这样的攻击，我们的步兵阵地很快就会被透过。不需多久，所有的作战预备队都会用光。

于是我做了下述的结论：

"一个长达400英里的防线从长远的眼光来看，是不可能守得住的。所以必须缩短到100英里左右。我建议可能的新防线应是这样的：

"第五军团的正面到达杰布尔曼索尔（Jebel Mansour）为止，从那里越过山地到达昂菲达维尔（Enfidaville）。若能迫使敌人走出梅德杰兹艾巴布和布阿拉代（Bou Arada）地区，让他们爬过山地西面来，那实在是一件有利的事情。不过这个建议当然要放弃一大部分突尼斯的土地，其中还包括一些飞机场。同时也使东西两面的敌人获得陆上的联络。不过，缩短战线总是有利的，它可以比现在守得更久。假使现在的长防线被击溃，意大利第一军团就会丧失补给的供应，于是两个军团就会一个又一个地被敌人击破。到了那个时候，由于兵力的缺乏，连缩短阵线也都不可能了。换言之，非洲桥头堡也就丢定了。"

然后又讨论到补给问题：若是想构成一道坚固的防线对抗敌人的大规模攻势，那么我们每个月的船运量一定要增到14万吨。以过去的经验看，这个数字是绝对无法达到的。

我的报告在结论上是这样说的："鉴于目前严重的局势，我要求对突尼斯的战争长期计划，应有早做决定之必要。我们估计到了下一个满月的时候，敌人会发动他们的攻势。"

关于我这个建议的回音来得非常慢，经过我一再催促之后，我终于从凯塞林方面听到了：元首对我的判断表示不同意。在回批上面，他附了一个双方兵力的比较表，上面只有团队的数量，至于双方部队摩托化的程度以及人员和装备的情形一字不提。当然，从这个比较表上面看来，我方的兵力"似乎"并不比敌方弱。

一点都不错，以我们现有的兵力，若能使其适当的摩托化，并拥有现代化的装备和充分的补给，那么防守这一块土地，当然并不会感到困难。可是事实上，我们早已丧失了机动性，所以只好完全采取阵地战的方式，把我们仅有的少数摩托化兵力，保留专供抢险之用——当敌人在防线上实行突入之后，就用它们实行逆袭。

很明显，我们的最高当局因为看到最近的船运数字日有增加，就产生了一种幻想，以为前途颇为乐观。补给量比过去固然大有增加：1月为4.6万吨，其中包括着50辆战车、2000辆其他的车辆和200门大炮。在2月间又增加到5.3万吨，其中包括50辆战车、1300辆其他的车辆和120门火炮。不过他们应该记住英美联军的武器，现在比过去更进步了，他们拥有大量的火炮和战防炮，而且获得的物资要比过去多出了好几倍。

我有一肚子的心事。3月7日那一天，驱车回贝尼宰勒坦（Beni Zelten），在那里和齐格勒将军、拜尔莱因上校一同告假回欧洲。拜尔莱因现在已被指定为梅斯将军的参谋长；我相信他一定会补救当前的情况，同时监督意军不至于出大乱子。那天上午，我最后决定直接再飞往元首大本营。我认为我的责任是尽我的力量使最高当局更清楚地了解实际的作战情形。而更重要的是，设法救出我的这些部下，以免他们陷于火坑。我马上请阿尼姆上将来代理我的职务，可是却发现，他和范尔斯特将军已经奉召准备飞回罗马。当时我很愤怒，马上用电话向凯塞林提出抗议，他立即取消了这次约会。第二天我把指挥权交给阿尼姆，在3月9日启程赴罗马。

到了罗马之后，我先到意大利最高统帅部，和意大利陆军的安布罗西奥（Gen. Ambrosio）总司令会谈。我不久就认清了意大利人并不希望我再回非洲去，而想要元首命令我请病假。这与我的原意大相违背，因为我希望上级能够采纳我的意见，然后我再回到非洲，尽量苦撑下去。

于是我和安布罗西奥将军、魏斯特伐上校一同去谒见意大利的领袖，和他长谈了 25 分钟。我很简单也很坦白地，把当前的情况和我的意见一一解释给墨索里尼听。但他似乎不清楚现状，而且强辩说他的意见是正确的。他最感到焦急的是假使突尼斯沦陷了，那么意大利的民心士气会受到多大的打击。他说准备再派一个师到突尼斯去，我很不客气地拒绝了他的好意，我说我宁可先使现有的几个师获得较好的装备，使他们真正能够去打仗。意大利领袖说得一口流利的德国话，在所有的谈话中都非常有礼貌，不过话却越来越刻薄了。后来我听贝恩特告诉我，领袖本来准备把意大利的金质军功勋章授予我。不过由于我的"失败主义者"的态度使他很不愉快，所以才临时打消了这个念头。不过话虽如此，他还是很客气地感谢我在非洲战役中的成就，并表示对我仍有无比的信心。

说实在的，我很敬佩这位领袖。他和多数的意大利人一样，很像个伟大的演员。尽管他演戏的"功夫"很好，可是本性绝不是一个古罗马人。虽然他具有很高的智慧，但是在实施具有野心的计划时未免太依赖他的直觉。现在这位领袖眼看着美梦就要毁灭了，这当然是一个极大的打击，所以他已没有勇气来收拾这个残局。也许我的话说得太使他难堪了，那是因为我恨这种虚伪的乐观主义，才忍不住要发作的。

大约中午的时候，我听说帝国大元帅戈林恰好也在罗马，于是问他是否愿意和我见面一谈，他叫我坐他的专车一同去元首大本营。戈林似乎很想和我一同到元首大本营里去。我拒绝了他的好意，因为我不愿意在向元首报告时有戈林在座，因为他一定会加上许多乐观的意见，那些话实在是太好听了。

3 月 10 日下午，我到达设在苏联某处的元首大本营。在同一天的晚间，希特勒请我喝茶，以便和他做一次私人性的谈话。他对斯大林格勒的悲剧，十分灰心和不安。他说一个人在失败之后，常常会只看到事情的黑暗面，这样很容易引到一个错误而危险的结论。他很不耐烦地听我的见解，他认为，一言以蔽之，我的想法都是代表失败主义者的。我特别强调说明："非洲军"若能在意大利加以再装备，就可以让他们守卫我们南欧的侧翼。我甚至愿意向他保证说——这是我平常所最不愿意说的话——假使这些部队交给我指挥，那么我有把握击败敌人在南欧的登陆。但这都是废话。希特勒命令我请一个相当长的病假，把身体休养好，然后再去指挥对卡萨布兰卡（Casablanca）的作战。（卡萨布兰卡位于大西洋的海岸上，希特勒想从这里反攻回去，把在非洲的全部盟军都赶到海里去。这可以证明他完全是自我陶醉。）照他看来，在突尼斯是绝不会出毛病的。同时他更反对缩短防线，因为他认为这样一来，就更无采取攻势的机会了。我又要求让我再指挥集团军几个星期，也遭到他的拒绝。不过他承认似乎应该从马雷斯防线撤到加贝斯，然后建立加贝斯防线。

戈林第二天也回到了元首大本营，又带来了莫名其妙的乐观气氛。元首把带有宝剑和钻石的橡叶勋章授予我，但是其他的一切还是不变。我虽然尽了最大的努力想救出我的部下，可是结果仍一无所成。我飞回我的家，然后再转往塞默灵开始我的治疗。

曼弗雷德附注：德军在第二次世界大战期间的勋章制度如下：第一级是"铁十字"勋章，又分一、二两等，通常一等勋章专门颁给军官；再上一级是"德意志金质十字"勋章，一共约有3000人获颁；再向上是"骑士级铁十字"勋章，获颁的大约有1500—3000人；再来是骑士级勋章加授橡叶，大约有250—300人；更高一级就在橡叶上加挂宝剑，共有80—100人（德军里常戏称这些徽章是"甘蓝菜"和"刀叉"），最高一级则在勋章上再加挂钻石，获奖的大约只有30人。

没多久，盟军开始发动攻势了。

虽然最初元首曾经命令部队撤回到阿卡里特阵地，但是这个命令不久又收回了。很明显，凯塞林又飞往元首大本营，报告了一大套乐观的好消息，这些话对希特勒来说，当然非常中听。主张死守马雷斯防线的人就是他，由于他和意大利统帅部的固执昏庸，才使我们的军队陷入了绝境。当凯塞林后来和阿尼姆会谈的时候，他说我没有把加贝斯阵地和马雷斯防线合在一起，实在是一个很大的错误，并且说这也是元首本人的见解。由此可知他一点都不了解实际的问题。这根本是不可能的，以我们当时的兵力，根本无法分兵数处作战——一方面在马雷斯与英军对抗，一方面又要在艾哈马和英军作战。同时美军又在向加贝斯的后方进攻。假使盟军在我军防线以西，冲到了海岸边，那么马雷斯防线的一切设备对我们就毫无用处了。这时再撤往阿卡里特也都太迟了。后来的事实都证明了我的判断没错。

关于我被召回这件事，元首大本营有一个命令，要求各方保密。因为我的威望还可以用来吓唬人。但是，因为战略情况已经坏到了这样的阶段，即令是拿破仑再世也不会有办法。乐观的心理是没有用的，甚至拼老命也不中用。部队要射击和运动，就得先有军火和燃料。但是这两种补给品始终盼而不至。

正和我们所预料的一样，蒙哥马利把他的第十装甲军，绕过迈特马泰山地，然后"投掷"在"马纳尔里尼地区"之上。〔这个夹在杰里德盐沼和迈特马泰山之间的地区，恰好掩护着轴心国部队的东西侧翼。这个地区是由马纳尔里尼将军（Gen. Mannerini）指挥的意大利部队担负防守的责任。〕同时从北面向马雷斯防线进攻，美军也从加夫萨以大约一个装甲师的兵力向前进攻。战略上他们配合得很好，我们很难应付。这时，最重要的就是军官们要有随机应变的能力，由于拜尔莱因在梅斯将军的幕僚群中，使我可以略为放心。

尽管敌人的攻势来得很厉害，我军还是能从马雷斯防线撤回到阿卡里特洼地，并且保持着相当好的战斗力。不过部队已经没有时间部署新的防线，蒙哥马利很快就深深地透入了我们的防线，结果使阿卡里特也失去了它的价值。此时意大利部队实际上已经完全丧失了作战的能力。意大利第一军团的炮兵——德意两国部队都有——在马雷斯防线已经损失了一大部分，对于战局完全不发生作用了。此时，第十装甲师曾经阻止住美军突破到加贝斯防线的后面去，不过付出的代价也不小。现在意大利第一军团的残部和第十装甲师，一同退往昂菲达维尔之线。当我尚在非洲的时候，即已构筑这一条防线，以后在阿尼姆手上也曾继续修下去。尽管我们吃了一次大败仗，可是艾森豪威尔仍未达到他的主要作战目标——把意大利第一军团和第五装甲军团之间的联络完全切断，他的左翼兵力不够强大，反把大量的兵力投掷在北面，恰好撞在我方坚固阵地上，蒙受了很大的损失。他应该先把重点放在突尼斯西南边，以图切断轴心国两个军团间的联络，接着和蒙哥马利实行夹击，以歼灭意大利第一军团。然后再回转头来击毁第五装甲军团。至于照他们现在的办法，向北面的山地进攻，实在是毫无意义可言。

我方现在防守昂菲达维尔防线的兵力非常薄弱。意大利第一军团的步兵和炮兵大部分都不适合作战。他们的摩托化兵力也早已在南部开阔地上消耗完了。对非洲的补给实际上已经断绝，所以每一个人都知道末日就要到了——除了我们的最高当局以外。我从医院里向最高当局上了一个紧急报告，请求赶紧把部队撤出非洲，结果当然是石沉大海。于是我又要求把那些最重要而无法递补的人员撤出，例如高斯、拜尔莱因、布罗维斯等人，但还是没有下文。最后由于阿尼姆特地把高斯派往意大利去参加会议，才使他脱离了陷阱。拜尔莱因为害病，也先回了意大利。只有布罗维斯将军不幸落入敌手。

5月6日，盟军开始向梅德杰兹艾巴布发动最后的一击，在炮兵和空军的掩护下，他们在我方的防线上做了一个深入的突破，结果使第十五装甲师几乎全部被歼。整个防线崩溃了，没有武器也没有弹药，一切都完了。这个军团投降了！

这个坏消息果然震撼了元首大本营。这对他们而言，真是晴天霹雳。这似乎很难解释，除非你能够明白当前方部队正在拼死苦战的时候，最高层人员为何还在钩心斗角、争权夺利。戈林尤其忙于利用他的势力压倒陆军，他的所谓"空军野战师"就是一个开端。他很想找一个机会使空军风光一下。他认为北非是一个理想的战场，在这里可以获得一个轻松的胜利。因为他对军事方面完全外行，才会觉得很简单。

对斯大林格勒的惨败，戈林也难辞其咎。据说元首当时曾经决定命令第六军团向西面突围逃出，可是戈林却向他说："说真的，元首先生。你是不是越来越脆弱了？我们可以利用空中补给在斯大林格勒的部队。"

当我听到所有我的旧部都已经走入盟军的战俘营时，真是痛彻心肺。当第一个盟军士兵的脚踏上意大利的领土时，墨索里尼就完蛋了，他"重建罗马大帝国"的梦想从此化为乌有。

第四部

意大利

# 第二十章

# 1943 年的意大利 ❶

那是 1943 年的 3 月中旬。我站在维也纳新城郊外的大飞机场上，等候我的父亲。因为我们已经接到无线电，说他从元首大本营回家了。终于，一架双引擎的海因克尔（Heinkle）轰炸机在灰色的跑道上着陆了，机身是绿斑斑的颜色。机身下面的舱门打开，父亲慢慢地从铝质的扶梯上走下来。

当我们握手的时候，他说："元首不让我再回非洲了。集团军总司令由阿尼姆继任。"

过了一两天之后，父亲由母亲陪同进医院继续他的治疗——由于阿拉曼会战时他匆匆飞回非洲，上次的治疗并未完成。我留在家里，以免影响学校的课业，只有在周末的时候，才坐火车去探望我的双亲。当时我只有 14 岁，无法将我父亲那时说的话完整并正确地记录下来。不过其中有某些片段印象特别深刻，至今记忆犹新。

譬如，我记得有一天，父亲告诉我他已经失宠了，暂时不能再指望获得任何重要的职位。那时和元首大本营的联络几乎完全中断，除了报纸和无线电以外，得不到其他的消息。他整天的工作就是埋头撰述他的非洲战役回忆录。

当马雷斯防线和阿卡里特阵地正发生激战的时候，父亲十分紧张，他在书房里不停地踱来踱去，内心的苦闷可想而知——那间大书房是医院特

---

❶ 本章由曼弗雷德执笔。

别为他而设的。他早就预料到非洲战争的结果。他对最高统帅部的批评总是非常激烈，甚至对希特勒也不例外。当时我还是希特勒青年团的忠诚团员，听到他这些言论之后，内心十分矛盾。当德意两国的军队正集中起来准备开入盟军战俘营前不久，父亲突然接到大本营打来的一个电话，要他立即向元首报到。从那一天起，我父亲的军旅生涯开始了一个新的阶段，使他有机会从比较近的距离，来观察希特勒是如何领导政治和军事上的事务。这些经验使得他完全背弃了纳粹。

可惜的是从1943年5月10日起，一直到他奉命视察大西洋长城❶为止，这一段时间，他没有做过完整连续的记录。唯一存留的文件就只有私人信件和简短的日记——日期是从5月9日到9月6日，其中包括许多会议的速记记录。除了这些资料，还要再加上我和我母亲的记忆，才拼凑出下述的记载。

1943年5月10日那一天，所有的战线都发生了前所未有的大危机。第六军团，总数32万人，在斯大林格勒的废墟中被歼灭。23万人战死，其余9万人做了苏联人的俘虏。在突尼斯的13万德军也蒙受同样的灾难。

在这种情况下，父亲于5月10日的下午在滕珀尔霍夫（Tempelhof）机场（在柏林市西南部）着陆。他马上被送往元首大本营，并在那里见到了希特勒。这时候的希特勒脸色灰白，神经失常，他的信心很明显也发生了动摇。

事后父亲告诉我们，元首向他说："我早该听你的话，但是现在已经太迟了。突尼斯不久就要完蛋了。"

几天之内，报纸和广播都宣布了非洲集团军投降的消息。此后在战争中，成千上万的德国军队仍被这个丧失了人性的希特勒驱策去做无意义的牺牲，所以我父亲对他的旧部能够被关进西方国家的战俘营中，反而觉得颇为安慰。不过，当突尼斯投降之后，从他写回来的家信中，可以看出他当时有多激动。

---

❶ 即大西洋壁垒，是德国自1940年7月开始建造的从挪威到西班牙的一道防线。——译者注

最亲爱的露：

今晚，和蔡茨勒参谋长共进晚餐。我们之间曾经有一次愉快的谈话。我们的观点几乎一致。

我听说英国人对阿尼姆很有礼貌。所以我希望布罗维斯、赛德尔、贝克以及其他一切勇敢的孩子，所遭遇到的命运尚可忍受……

1943 年 5 月 15 日

……高斯今天要来。我非常快乐，我们旧幕僚中的许多军官不久可能都会和我们聚在一起，有很多事情要做。

你不要担心我的身体。这里的孤寂生活以及突尼斯最后阶段的霉耗，在我的神经上留下了一个可怕的创痕。不过，这已经过去了。

5 月 18 日

昨天平安而迅速地到达此地。（依照德国的保密规定，隆美尔不会说明是什么地方。不过从其他的方面可以证实这封信是在东普鲁士拉森堡写的，那是当时希特勒大本营的所在地。）高斯也来了。现在我们要安定下来开始工作。我相信一定可以闯过这些难关。现在我感觉比较愉快，因为又有事可做了。这可以使我忘掉过去的许多旧伤痛。

我们短时间在一起的相聚是如此甜蜜。你应尽量设法让曼弗雷德多留在家里。一想到这个刚刚 14 岁半的孩子，再过几个月就要入军营了，这事真使我感到不习惯。对你而言，这种分别当然更是难受……

5 月 24 日

当我父亲写着"我相信一定可以闯过这些难关"的时候，他所指的应该是整个战局，因为当时他并没有特殊的任务。不过我们不要误解了他的意思，以为他认为德国还有获胜的希望。他所想的是：德国人民在军事上可能还有力量强迫敌人和他们签订一个可以忍受的和约。

父亲曾经向希特勒陈述他的意见，但是不久就发现自己和这位最高领袖的想法完全不同。在1943年当中，他和希特勒曾经有过两次谈话，使他印象深刻。事后他把这两段谈话讲述给我和母亲听。第一次的情形是这样的：当时希特勒非常不放心意大利的情形，似乎随时都有崩溃的可能。他和希特勒首先谈到英美两国在物资方面的强度，两人谈了很久，他认为这是一个机会，可以向希特勒提出他对战局的意见。

他指出特别公报（刊布胜利消息）的次数越来越少了，而每个月损失30艘潜艇的数字，还有继续升高的趋势。再这样下去是不行的。在东线和意大利的情况也都不乐观。当然，由于从1943年起，德国实行了劳动人力总动员，生产的兵器和弹药数量有所增加。但是他反问道："即令如此，我们能够赶得上全世界的产量吗？"

我父亲说话的时候，希特勒一直是低垂着眼皮静听。突然他睁开眼睛开始说话了，他说他也认清了胜利的希望非常渺茫。不过西方国家绝不会与他和谈——现在所有西方当政的人都没有这个资格。而那些准备与他和谈的人，在今天又都没有权力。他本来不想和西方国家作战。不过既然西方国家硬要挑起这场战争，那么就让他们打到底好了。

母亲曾经告诉我说，之后我父亲曾经表示过，希特勒在1943年就已知道战争是非败不可的。

可是情况越是不利，希特勒觉得一切的批评都是冲他一个人来，所以就更不肯放手，而硬要自欺欺人地认为胜利还是有希望的。

当防线崩溃之后，盟军的轰炸机也开始成群结队地在德国城市的上空飞过。这个时候，希特勒已经"走火入魔"了，他的心里充满了不正常的仇恨。当他一帆风顺的时候，这种病态心理还潜伏着。而在这几个月当中，就完全显露出来了。

父亲曾经告诉母亲说，在1943年7月底的某个黄昏，他又曾两次和希特勒讨论到结束战争的问题。这一次的谈话更使他感到骇异。

希特勒说："假使普鲁士民族打不赢这场战争，那就让他们腐烂好了。因为优秀的分子一定都死光了。一个伟大的民族，应该死得轰轰烈烈——这是历史的要求。"

父亲事后说："有时你会感觉到他这个人已经不再是一个正常人了。"

我父亲是在欧洲旧有的军官传统中长大的，他当然坚守绝对服从的原则。从他在1943年圣诞节写给我的一封信，就可以看出这种基本态度。

亲爱的曼弗雷德：

　　……再过两个星期，你就要离开家庭，入伍参加空军辅助队的工作，开始另一种新生活了……你应该学习准确地服从上级的命令，不要多加辩论。常常会有一些命令是你所不愿服从的，常常有些命令是你无法了解的，但你应该毫无疑问地服从它。因为上级不可能花很多的时间，把命令解释给他的部下听……

1943 年 12 月 25 日

不过，我父亲现在也慢慢认清了，即令是对一个高级的指挥官而言，服从也还是有限度的。一方面是希特勒的命令，这个人不惜把整个德意志民族一同拉着跳进灭亡的火坑中去。另一方面却是德国的8000万人民，他们是为生存而战，并非自寻毁灭而战。到了1943年的下半年，我父亲感觉到应该有所决定了。

常常有人问我们，到底我父亲是在什么时候开始决定阻止希特勒想和普鲁士民族同归于尽的计划的。这可以从他在1943年12月间和我的一次谈话里找到一点线索。我对这次谈话记得非常清楚，因为与我个人的私事特别有关系。

那个时候，德国各地正在推行一个广泛的宣传运动，鼓励青年们不要投入陆军而加入党卫军。大家都知道党卫军的装备比正规陆军好，制服也更漂亮。有一天我也决定要加入党卫军，于是我告诉父亲，希望取得他的同意。

他的反应非常强烈。他说："这完全不在考虑之列。你应该加入那个我曾经服务三十年以上的军种。"

照平常的惯例，我父亲是很开明的，对这一类的事情，他一向给我很大的自主权，于是我和他展开辩论，可是这一次他却严厉禁止我再往下说。他说无论如何，他不愿意我受到"那个人"的指挥，因为据他所知，他是个实行集体屠杀的刽子手。

我问："你是说希姆莱吗？"

他说："是的。"他命令我对这一件事要绝对保密。这场战争已经每况愈下，他曾经听到这样的说法，说像希姆莱这些人，准备不择手段地把德国人民后面的桥梁烧断，以便同归于尽。我相信当时他还不敢确定希特勒是否知道这些事，因为当时的元首大本营还没有人提及这种集体屠杀的事件。假使不是在1944年年初，他获得更多的情报，证实了这些罪行的存在，并且知道其范围之广泛，也许他还不会下定决心背叛希特勒。自从那个时候开始，他对希特勒的信仰就已经完全幻灭了。过去他是崇拜他的，现在则不惜与他为敌。

但是这些政治上的发展还没有成熟之前，意大利方面的军事情况却早已显现极度的严重性。在1943年这一年当中，他本人虽然不是负责人，可是他却清楚地观察到这些情形的演变。

7月9日的夜间，盟军的登陆部队开始向西西里岛发动攻击。意大利在这个岛上虽然差不多拥有30万人的兵力和1500门火炮，但却丝毫没有做任何激烈的抵抗。自始至终，所有的仗都是留在那里的两个师的德军打的。这时，德国陆军与空军之间为了指挥权的老问题，又展开激烈的暗斗。从我父亲的日记中，可以发现他个人对这个问题的态度。

盟军登陆的时间是7月10日的凌晨。他们是蒙哥马利的英军第八军团和巴顿的美军第七军团，以宽广正面在东南海岸上实行登陆。意大利防守海岸线的部队马上就瓦解了，于是防守的责任完全落在那两个当作预备队的德国师身上。他们一方面顽强地抵抗，一方面向西西里东北角的墨西拿海峡（Messina）撤退。德军又匆匆地调了两个师到西西里岛，以这四个师的兵力和盟军不断地苦斗，盟军到了8月17日才把这个岛完全肃清。可是盟军登陆的成功和他们对意大利本土的威胁，使得意大利的人民都更希望马上获得和平，推翻墨索里尼的统治。

1943年7月15日

……晚间参加元首的情况汇报。胡贝将军（Gen. Hube）奉令指挥西西里的作战。

1943年7月16日

……中午，情况汇报。戈林主张任命斯塔赫尔将军（Gen. Stahel）为总司令，来代替胡贝将军。我主张仍由胡贝负责指挥，并建议派拜尔莱因将军为他的参谋长。元首表示同意。苏军在布良斯克（Briansk）的突破已经被封锁住了。打电话给拜尔莱因，但没有接通。

晚间，参加元首的情况汇报。胡贝奉命改取攻势。

1943年7月18日

正午往见元首。克卢格元帅也在座。苏军在整个东线上都发动了攻势。现在攻势虽被阻止住了，但是我们连一个师的兵力都抽不出来。我听说有人劝告元首，不要让我去意大利担任总司令，因为我和意大利人的感情不佳。我相信这又是空军方面进了谗言，被派往意大利的计划又告吹。元首可能要和意大利领袖会晤。

虽然我父亲曾经设法使胡贝将军获得对西西里德军的指挥权。可是空军方面也设法阻止他获得意大利境内德军总司令的职务——原定的计划是如此的。

但不久后，在西班牙的海岸边上，发现了一个英国传令官的尸体，那是飞机失事后被海水冲上岸的。在尸体上发现了一份文件，证明盟军有准备侵入希腊的企图。（这是英国情报人员要的一套把戏，居然骗过了德国人。）希特勒当即决定任命我父亲做东南欧的总司令，指挥这个战区中德意两国的兵力。但是24小时之后，情况突然改变了，希特勒收回了成命。在日记上面，关于这件事也多少有一点记录可以引述：

1943年7月23日

……与元首做了一次长谈。我奉命把希腊的详细情形向他提出报告——在那里的部队，除了意大利第十一军团以外，就只有德军一个装甲师（第一装甲师）和三个步兵师。

1943年7月25日

11点钟到达萨洛尼卡（Salonika）。天气酷热。

17点钟和勒尔上将（Col.-Gen. Lohr）举行会谈。勒尔表示一切情况取决于补给问题。照我看必须再加紧努力，才能使希腊变成一个可用的堡垒。明天拟先飞往各地视察，然后再接手指挥权，以便了解这个地区的情形。高斯将军对这里的情况也不表示乐观。

21点30分，瓦里蒙特将军（Gen. Warlimont，三军统帅部作战处副处长）有电话来，说意大利第十一军团已经决定交由我指挥。我希望把所有的德军抽出来组成一个军，由我直接指挥。照原定的计划，他们是由意大利人指挥的。可是，到了23点15分，三军统帅部突然来了一个电话，把一切的定案都推翻了。意大利发生了政变，墨索里尼已被监视。我被召回元首大本营。意大利的情况变得模糊不明。

从这些日记看来，意大利的政变对希特勒而言，是一个完全的意外。在元首大本营里面，充满紧张过度的气氛。情况还是非常模糊，每一个人都在等候新消息。我父亲又奉命在阿尔卑斯山地区集结部队，准备必要时开进意大利境内。他的日记上很可以表现出这种气氛。

1943 年 7 月 26 日

12 点回到了拉森堡。直接到元首大本营报到，参加元首的情况汇报。所有党政军的要人都出席了。其中包括着海军大元帅邓尼茨（Marshal Donitz）、外交部部长里宾特洛甫（von Ribbentrop）、党卫军总司令希姆莱、宣传部部长戈培尔博士（Dr. Goebbels）等等。克卢格元帅首先报告东线方面的情况。苏军在奥廖尔（Orel）的突破还没有肃清。同时美军已经占领西西里岛的西半部，并且突破了德军的防线。

意大利的情况还是混乱不明。关于墨索里尼被推翻的详细情形，还没有人搞得清楚。巴多格里奥元帅（Marshal Badoglio）根据意大利国王的命令，继任了政府的阁揆。尽管意大利国王和巴多格里奥都已经发表了宣言，可是我们却预料意大利不久将退出战争。或者至少英军即将在意大利北部登陆。

会后，与元首共进晚餐。意大利的内阁阁员法里拉西（Farrinaci）来到这里，他是从罗马逃出来的。在罗马已经有暴动的事情发生，人民攻击法西斯党员的生命和财产。不过除了小型的冲突以外，德意两国之间尚未有不幸事件发生。法里拉西告诉我们，在一个星期或十天之内，意大利必然会提出休战的建议，于是英军会在热那亚（Genoa）和来航（Leghorn）等地登陆。我们和自己的部队还没有失去联络。

我希望马上被派往意大利。

晚间，与古德里安会谈。

1943 年 7 月 27 日

参加元首的情况汇报。魏克斯元帅（Field Marshal von

Weichs）奉命接管希腊的指挥权。尽管有两个意大利的军团驻扎在那里，而且很可能将变成叛徒，但由于政治上的原因，我还不能马上开入意大利。不过都已经准备好了，我现在负责监督德国军队的集中。

1943 年 7 月 28 日

　　我正准备进入意大利——不过目前，还是不准我越过 1938 年的原有国界……关于意大利的情形，已经有一些新的消息传出来了，即墨索里尼召开的法西斯最高会议宣布反对墨索里尼的行动。在以后的讨论中，投票表决时，反对墨索里尼的有 18 票，拥护的 8 票，缺席的 2 票。于是墨索里尼准备往见意大利国王，亲自报告这件事，可是中途被一些官员拘禁，开始受"保护"。接着巴多格里奥奉命组织新阁。据说在新的内阁之下，已经发动了一个全面搜捕法西斯党的运动。

　　16 点 45 分的时候，法尔斯坦将军（Gen. Feuerstein）和席格尔上校（Col. Sigel）也来参加会议了。法尔斯坦是一个战斗群的指挥官，地区危机发生的时候，他要负责使布伦纳隘道（Brenner）不至于被封锁。

　　第二天（7 月 29 日），父亲和法尔斯坦将军——一个黑色八字须的大汉，据说是一个一流的山地战专家——以及霍弗尔（Hofer）〔他是蒂罗尔（Tyrol）的纳粹党负责人〕举行了一个会谈。关于这次会谈，存有一个速记记录，足以表示当时德军统帅部所关心的基本战术问题。

　　霍弗尔：这就是我要求你所应该做的事。今天你可以走过布伦纳，安然进入意大利。可是到了明天，也许就非要经过战斗不可了。假使有战斗发生，意军势必实施爆破，那么火车至少有六个月不能通车。

法尔斯坦：党代表的目的是希望马上动手入侵意大利？

霍弗尔：是的，意大利人整条铁路线上都有爆破的准备。所以我主张不管兵力多少，都要赶紧过去。

隆美尔：三军统帅部反对这种决定。

霍弗尔：除非你马上准备开进意大利，否则就不要把一切的兵力陈列在边界上面。意大利人一定也会注意到这一点……假使我们准备干涉，动作要快。现在正是时候，再过几天也许我们就无能为力了。意大利人会把铁路炸断，并据守一切工事。至于今天，他们还只是防守第二、三线……他们对阿尔卑斯山区的设防早有准备。

隆美尔：这我都明白。今天总比明天重要。但是我们必须等候。这是政治上的需要。

霍弗尔：元帅，我绝不是信口开河。我求你现在就动手，否则将来会很困难。

隆美尔：我必须等候元首的命令。


霍弗尔离去之后，隆美尔私下对法尔斯坦一个人说："你知道我是怎样想的？我认为丘吉尔一定已拒绝了意大利政府的要求，所以他们势必拖下去。但是意大利内部的情形却还是会逼得他们非求和不可。"

像下面一封信中说明的，当时父亲对意大利新政府的真正意图也不了解。不过他却猜到了巴多格里奥的目的是想单独投降。他害怕的是意大利人突然采取行动，再加上盟军伞兵的援助，会把这个隘道先占领住，一直守到整个意大利半岛都为盟军占领时为止。为了避免这种事件发生，7月30日那一天，父亲命令法尔斯坦将军率部越过布伦纳，占领那些要害地区。不过他本人，依照希特勒私人的命令，还是不准进入意大利的境内。


最亲爱的露：

我率领我的总部人员，在慕尼黑逗留了好几天。这些工作似乎要比东南欧方面合我的胃口。不过工作进行得并不顺利。自从墨索里尼被推翻之后，意大利人的心理似乎不难猜度。他们很想跨到那边去，并携带着全部的财产，一点都不损失。不过事实上是否那样容易，却又是一个疑问。在东线方面，苏军的攻势似乎已经慢慢减弱了，奥廖尔地区附近是一个例外，那里的战斗还是十分激烈。

1943 年 7 月 29 日

我一时尚不能离开，可能短时间内无法回家。因为新工作已经开始，部队出发了。因为某种原因，还是不准我进入意大利，甚至不得越过旧有的 1938 年边界。这是件很不愉快的事，可我必须忍受。不过无论如何，凯塞林迟早要退出意大利舞台。

过去几天的情形特别紧张，尽管意大利人提出了抗议，我们还是设法把一个加强师运过国界。我希望他们现在能够各安本分，帮助我们保卫他们自己的国家。意大利是注定要做战场的，无论如何都避免不了。对我们而言，宁可在意大利境内作战，也不要在国内作战。

8 月 3 日

在意大利北部的作战一直延续到 7 月 31 日为止。我父亲和法尔斯坦将军之间又有进一步的会谈，这些谈话的记录可看出意大利人对德军行动的印象。

法尔斯坦：我们部队开入非常顺利，也获得博尔扎诺（Bolzano）意大利地方官员的合作。不过你不可以完全信任这些意大利人，我们得先守住布伦纳隧道。

隆美尔：是的。尤其应该注意防空和防止阴谋破坏的行动。

法尔斯坦：意大利军营中还是塞满了部队——他们可以凑足一整个军团。他们对德国军官的态度，比对他们本国军官要好些。

中级军官简直毫无用处。

隆美尔：因为他们完全不了解他们的部下。

法尔斯坦：我们偶然发现所有的炸药箱内都是空空的，也并未见到任何地雷。

隆美尔：意大利人的态度是否会永远如此呢？

法尔斯坦：假使罗马方面有命令来，他们的态度可能就会变坏了。

隆美尔：所以我们必须有可以自卫的措施。

法尔斯坦：我方已组成一个情报机关，专门侦察意大利军队向北部的行动。目前有一个阿尔卑斯山地师中的一部分兵力，正向米兰运动。据说每一个人只有10发子弹——很明显是缺乏弹药。

隆美尔：很有可能。他们的工业始终不曾有过适当的动员。

法尔斯坦：在混凝土的道路上，我们使用虎式战车时发生了许多困难。已经损失了两辆，一辆被焚毁，一辆翻了车。我需要修理设备、物资和燃料。仓库中是满满的，可是管理人员却要先向罗马方面请示。

隆美尔：这又是那个老套的拖延战术。他们这些人是从来不做决定的。现在布伦纳隘道的交通情形又怎样了？

法尔斯坦：我们打开了障碍物之后，就再没有关起来。现在交通的情形已经非常流畅。


在意大利部队准许德军入境之后，过了几天，德意两国之间的关系就突然紧张起来，但不久又恢复原状了。"他们会帮我们打仗吗？"这是在南欧方面的每个人想要问的问题。当时当然不可能知道意大利人的真正意图是什么。

当在意大利边境上面的所有隘道都已经被德军占领之后，德军即停止进展。父亲的观感与德国留在罗马的当局完全相反。他认为意大利人和英美的谈判搁浅了，他们一定敢立刻和意大利人翻脸。

逐渐风平浪静了。不久，德意两国的军队已经在一起玩足球。但是在这个时候，那些军人并不知道政治上的温度又快要升到沸点了。

隆美尔昙花一现地被指派去负责巴尔干战场的指挥时，他组织的指挥部定名为集团军。等到墨索里尼被推翻之后，希特勒匆匆地增强他的南翼，并准备派兵进入意大利，于是隆美尔又率领他的幕僚人员转到慕尼黑，并配属一些兵力在身边。8月15日，隆美尔正式接管意大利北部的最高指挥权。9月12日，当意大利投向盟国阵营之后，他的总司令部又移到加尔达湖（Lake Garda）。到了12月，希特勒决定把意大利的全部指挥权都交给凯塞林，于是隆美尔移交了他的一半幕僚人员和全部的军队。接着希特勒命令他去视察并改进北海和大西洋沿岸的防御工事——从丹麦一直到比利牛斯山。他的核心幕僚组织暂时称为特种任务集团军总部。这个调动使他改属西欧德军总司令伦德施泰特元帅麾下。他的这个任务缺乏明确的范围，处境颇感困难。到了1944年年初，才有一部分的解决方案，把主要一段防线——从德荷两国的边界起直到法国西部止——交给隆美尔的B集团军指挥，而这个集团军本身又再受到伦德施泰特的节制。于是B集团军的组织又再度扩大，不过它还是没有军需部分——一切行政工作均由伦德施泰特总部负责处理。

我父亲的日记和信件，可以说明从B集团军的立场上对情况的看法是怎样的：

1943年8月2日

　　法尔斯坦将军报告说，大约在昨天中午的时候，在布伦纳隘道突然发生了紧急情况。意大利人尝试阻止德军第四十四步兵师前进。意大利将领格罗亚将军（Gen. Gloria）已经命令意军不惜开火以阻止第四十四师的继续前进。不过在当地的意军下级军官却不肯执行这个命令，结果第四十四师还是顺利通过了隘口。大多数意军都自动向南撤退。

傍晚的时候，意大利军队在博尔扎诺举行示威游行以后，情况又逐渐平静下来。根据法尔斯坦将军的报告，搜索部队已经发现在维罗纳（Verona）到博尔扎诺间的地区中，意大利人已经集中了大约 6 万人的兵力。

1943 年 8 月 3 日

情况日益转好。甚至报纸上的报道都指明意大利人现在很希望和德国人合作。从 6 点钟起，党卫军希特勒近卫师也已通过了布伦纳。

1943 年 8 月 4 日

军需总监瓦格纳将军（Gen. Wagner）来到此间，并留下来和我一同吃饭。他告诉我们生产量已经大有增加，也许我们可以渡过这个难关。他又说东线上的弹药消耗量相当惊人，所以我们可以推测苏联人的损失也相当大。

诺伊拉特总领事（Neurath，是前外交部部长的儿子）中午也来了。他说他知道意大利人的意图是要早日退出这场战争，同时也知道巴多格里奥和艾森豪威尔谈判的内幕。他又说英国人准备在热那亚登陆："在与艾森豪威尔谈判时，艾森豪威尔坚决拒绝了意大利准备让德国军队撤退的要求，并固执地主张：所有的德意部队，连同一切军用物资在内，都要无条件投降。巴多格里奥不肯接受这个要求，不过盟军又和意大利海军建立了新的接触，意大利的海军素以亲英著称。美英两国现在已分别进行他们的谈判，好像彼此间也在互相争胜。一旦意大利投降或革命，盟军马上会在热那亚登陆……"

在我父亲的日记当中，有一份文件显示基夫上校（Col. Chrisf）——他是里希特霍芬元帅（Field-Marshal von Richthofen）的参谋长——在8月5日曾经有一个报告说：在240架轰炸机中，只有120架可以升空作战。在意大利战场上面，可用的战斗机只有80架。

他说里希特霍芬元帅认为意大利人不可靠，即令在目前他们对德国人具有好感。事实上，意大利人已经完蛋了，因为他们一点物资都没有。不过，若是把他们合并在德国部队内，也许还有一点用处。

我父亲说他的意见与此完全符合，他不知道是谁给他上了这样一个尊号，说他是"仇意派"。

关于意大利人的政治态度，基夫上校说他们很想推翻法西斯的统治。过去，元首只和墨索里尼打交道，不曾和意大利国王发生直接关系，这实在是一个错误。


最亲爱的露：

我的集团军已经慢慢移动了。主要的工作是要使意大利边界上的交通能够保持畅通，这样就可以使敌人不敢进行大规模的作战。

意大利人似乎很愿意和我们一道走。墨索里尼的复辟已经毫无希望了。当然，从某一方面来说对我们有利，因为现在欧洲只剩下一个巨头了……

1943年8月6日


1943年8月7日

昨天在塔尔维西奥（Tarviso）和OKW的人员会谈，另有意大利的领袖人物参加。意大利人显然以此当作迟滞行动。同时，他们已经北调一部分部队，在某些地区进入布伦纳隘道的周围。


1943年8月8日

一支党卫军派出的侦察部队，奉命向拉斯佩齐亚（La

Spezia）搜索，但由于路上发生了障碍，最后没能到奥拉（Aulla）。意大利人显然又阻止德军占领在拉斯佩齐亚的海军基地。

1943年8月9日

10点45分，维京霍夫将军（Gen. von Vietinghoff）向元首报告之后，回到了防地。他奉命指挥在意大利南部的两个军。元首的意思是想撤出意大利南部，他认为除非在意大利南部和西西里的部队都已经撤回到罗马以南的地区，否则他不放心。他认为英军绝无在意大利南部登陆的危险——因为那里的疟疾太猖狂了。他再也不相信意大利政府的诺言。

凯塞林和维京霍夫之间的合作，似乎并不和谐，因为凯塞林主张尽量把部队调往意大利南部。元首仍不允许我进入意大利。他认为我若去无异于公开宣战。因为意大利人都害怕我，原因是我是唯一领导他们打过胜仗的将领。

11点5分。党卫军第二装甲军的参谋长奥斯登多夫准将 ❶（Oberfuehrer Ostendorf）来向我报到。我把当前的情况讲给他听，并且请他注意元首是否希望我们站在以善意理解的立场，来执行我们在意大利境内的任务……

最亲爱的露：

在一两天之内，我要与元首会谈，但是时间很匆忙。意大利人的态度非常不明确，在我们的面前，他们表示仍愿效忠于共同的目标，可是在我们的背后却尽量地制造麻烦，并且偷偷和盟军进行谈判。贝恩特已有信来。关于汉堡和柏林的撤运工作，有许多的事情要做。在汉堡空袭中的死伤数字一定非常巨大。这一件

---

❶ 党卫军才有"准将"这一级官阶。——编者注

事已经使我们够受了……

1943 年 8 月 9 日

罗塔（Gen. Roatta，意大利陆军参谋长）已经向法尔斯坦将军发出一封很没有礼貌的信件，在信里他指控法尔斯坦对意大利人的态度，完全不合于盟邦之间的习惯。这又是聪明的意大利人在故作姿态，假使他们肯把部队都调回南方，则一切的冲突都不会有了。这样，我们就可以把军队向南调动，不必为我们的补给线担忧。

依照美军所发表的消息，苏联人似乎有和谈的倾向，假使真是如此，对我们而言将是一个从未有的变局。

## 8 月 9 日

意大利人仍然拒绝德国军队对阿尔卑斯山区隧道的保安指示。他们不信任我们，不知道我们补给线的重要性。我们绝不能冒险，让意军或是盟军封锁住这个隘口，使我们处于进退维谷的地步。我相信只要丢一颗炸弹，即足以使意大利人就范。

## 8 月 10 日

尽管上午有空袭警报，我还是在 9 点 30 分的时候，飞往元首大本营。恰好赶上了中午的情报汇报。戈林、邓尼茨、施图登特(Gen. Student，伞兵司令)和希姆莱诸人都出席了。

东线战场方面，在哈尔科夫的附近发生激战。苏军已经突破到了该城的西面。在列宁格勒附近发生了消耗战，炮击终日不停。

关于意大利方面，元首和我对情况的判断恰巧一致。元首似乎马上就准备派我进入意大利。我说我认为已经是时候了，应该向意大利人提出一个明确的要求，以作为共同作战的基础。意大利人对防务丝毫没有贡献，这个时间实在不可以再浪费了。元首说意大利人的一切目的，只不过是为了争取时间，最后还是会退出战争的。最近丘吉尔和罗斯福的会晤（魁北克会议），其目的就是要引诱意大利人叛变——可能有意大利人参加会议——果真如此，对于英美当然是一个大胜利。

元首很清楚地说明他的意图，他还是要扶助法西斯主义者，因为他认为只有这样才可以保证意大利人对我们的绝对忠贞。他尖刻地批评麦肯森（Mackensen）、林提仑和凯塞林等人的工作，认为他们完全不了解当前的情况。尤其是凯塞林，居然对意大利的新政府完全表示信任。

戈林说，只有元首一个人可以保障意大利国王不至于丧失王位。元首却反对他这种见解，说这个新王不会希望他去保障王位。而且无论如何，这个国王已经完蛋了，同时也被英国人收买了……

在午饭之前和约德尔商谈。他已经拟好了一个计划：把指挥权扩展到意大利的全部地区，分为南北两个军团，连同意大利部队都在指挥系统之内。集团军总司令部应设在罗马附近，以便对意大利的政府和最高统帅部发挥相当重要的影响作用。经过一番争论后，约德尔同意了。

## 8 月 11 日

晚间参加情况汇报。里宾特洛甫也出席了。他要诺伊拉特总领事完全受我指挥。我说：我怕和意大利人做任何谈判，因为他们本来就想出卖我们，所以都是毫无意义的。我的建议是在西西里做迟滞性的作战，除非在敌人重压之下，否则绝不撤回意大利境内。同时也建立下述的四道防线：（一）科森扎—塔兰托（Cosenza-Taranto），（二）萨莱诺（Salerno），（三）卡西诺（Cassino），（四）在阿尔卑斯山中的最后一道防线。这些建议全被批准了。不过，元首也不相信这可以成为事实，因为意大利人一定会反对。他派我代表他个人和意大利的统帅部举行一次会议，使意大利人的态度明朗化。约德尔也参加了这个会议。

晚间汇报的时候，元首一直都在研究文托泰内（Ventotene）的航拍图，墨索里尼现在正被囚在那里。他把邓尼茨和施图登特留了下来，共同讨论如何救出墨索里尼。我希望这个工作不要和我发生关系。我认为不会有什么好处。

8月11日

墨索里尼被推翻之后，7月25日被拘禁，囚在蓬察岛（Bonza）上，也就是在文托泰内的附近——在那不勒斯（Naples）以西，加埃塔湾（Gulf of Gaeta）之内。过了几天，他又被运往撒丁岛北岸附近的马达莱纳岛（Maddalena）。正当希特勒准备营救他的时候，他又被运回意大利本土，囚禁在阿布鲁齐（Abruzzi）山的绝顶上面——几乎是一个人迹罕至的地方。可是在斯柯尔齐尼（Skorzeny）的领导下，用滑翔机载运一小队德军，终于在9月8日夜里降落在峰顶上。他们用恐吓的手段使那些卫兵投降，然后把墨索里尼带上一架小型的斯托尔赫型机飞走了。

依照希特勒的指示，我父亲和约德尔在8月15日一同前往博洛尼亚，和意大利陆军参谋总长罗塔将军举行一次会谈，企图澄清整个情况。这个会议开场时情势就很紧张，因为我父亲获得一个情报，说意大利人准备在食物中下毒来谋害他，或是用武力来劫持他。因此他带了一连卫兵同去，让他们在会场中担负警卫的任务。

依照会议的记录看来，约德尔和罗塔为了意大利在法国南部的占领军突然撤回的事件，曾经发生过辩论。当约德尔问意大利政府为何采取此项行动时，罗塔回答说："很简单，我们是为了集中兵力以供防御意大利本土之用，目前意大利总兵力为62个师，其中只有24个师留在国内，而又只有11个师具有作战能力。无论如何，这些兵力都不过是用来对抗我们共同的敌人（英美联军）而已。"

当意大利参谋总长说明意大利陆军的弱点之后，我父亲和约德尔就进一步要他解释为什么有大量的意大利军队向北移动。罗塔回答说只有一个阿尔卑斯山山地师。这个师是从苏联撤回来的，已经受了很大的损失，原本由于政治上的原因向南移动，现在不过是重回它原有的阿尔卑斯山区而已。在这个师的后面，又有一个师正在移动，其主要的目的是保护铁路的安全，防止英国人的攻击。罗塔将军接着再强调说："这两个师的唯一目的就是要确保铁路线的安全。事实上，无论意大利最高统帅部是否对德国保持不友好的态度，他们绝不会蠢到那种程度，认为以这两个还在整补之中的师即足以守住意大利的边界，阻止德军的侵入。"

罗塔将军继续谈到反攻的问题。他说："我国最高统帅部对于旁人怀疑他们的命令，感到不能忍受。这种怀疑实在是一种极大的侮辱。意大利统帅部对于这些问题不愿再做进一步的详细讨论。直接保护意大利本土的责任应留给意大利人自己去担负，就好像意大利王宫的警卫只能由意大利人担任一样。德国人只可以担负空防方面的工作。我国的边界防线都不准备派兵驻守，只留下极少数的人员负责保管的工作。多数的防线都是没有人的。"

当约德尔说明由于意大利发生革命，才引起德国有干涉的意图时，罗塔马上接口说："在意大利根本就没有发生过革命，只是调换了一个政府而已。旧政府'自杀'了。由此而引起的纷扰现在已被克服，德国实无任何不信任的理由。"

不过约德尔还是坚持说，德国人认为对于他们补给的安全，仍应由德军自己负责保护。关于这一点并不曾获得一个协议，不过最后双方对于占领的真正原因，却认为已无可疑之处了。

最后讨论的是如何编组德意两国的军队以共同防卫意大利的问题。罗塔主张把党卫军近卫师送往撒丁岛，其余的德军则应尽可能开往意大利的南部。很明显，指挥权仍然掌握在意大利最高统帅部的手里。包括隆美尔元帅本人，也都应受意大利最高统帅部的节制。当然，我父亲和约德尔对这个意见是不能表示同意的。于是这次会议完全失败，所谓"轴心"也已经崩溃了。我父亲在他的日记里对这次会谈的结果，曾有一个综合性的叙述：

1943 年 8 月 15 日

　　意大利人对于我们的某些要求拒绝让步，例如铁路的防护完全由意军负责，以及在意大利境内的全部指挥权。他们宣称我方的要求是对他们不信任，并且认为有损他们的荣誉。

　　在这里应该注意的事实，是在 8 月 15 日那一天，意大利人才第一次向盟军试探要求休战。罗斯福和丘吉尔在 8 月 16 日分别打电报给斯大林，其起句这样说：“驻马德里的英国大使在 8 月 15 日向我们提出报告说，卡斯泰拉诺将军（Gen. Castellano）代表巴多格里奥，已经带英国驻教廷公使的介绍信来到此间。卡斯泰拉诺宣称他已经获得巴多格里奥的全部授权，可以做如此的声明：假使意大利今后可以被准许加入盟军方面，则它愿意做无条件的投降。这似乎是可靠的，英国驻教廷公使也证实了这一点，他说巴多格里奥的确曾经书面表示他已经授予卡斯泰拉诺全权……”

1943 年 8 月 18 日

　　……林提仑将军有一封信来，说罗塔曾经在他面前提出控诉说博洛尼亚会议时，德军曾经在会场附近做含有敌意的警戒。我回信说我根本不知道有这件事。

　　关于战后的欧洲，希特勒也许有一套计划，不过我父亲只知道一点而已。事实上，希特勒本人的见解也随着战局的转移而变化。

　　1940 年法国战役之后，我父亲有这样一个印象，认为希特勒的目的是想解决整个欧洲的问题。当 1940 年 6 月 21 日，在贡比涅森林中接受法国投降时，凯特尔元帅代表希特勒宣读了一项文件，似乎表示出纳粹政府准备采取一种合理的政策。他说：“法兰西做了英勇的抵抗之后，在一连串的血战中战败了。对于这样一个英勇的敌人，德国无意使休战条件或休战谈判带有任何屈辱的意味。”

　　非洲战役正在进行时，我父亲曾经一再向希特勒建议，认为德国应使法国成为它的伙伴，一同参加抗英的战争；也应该与法国缔结和约，并保障它的海外领土不受剥削。希特勒拒绝了这个建议，理由是假使德法两国缔结成一个军事同盟，意大利和西班牙两国一定为之不悦，因为他们都想吞并法国的海外殖民地。他并非不晓得缔结这种同盟有其价值，问题是在实际上的困难，鱼与熊掌不可兼得。

父亲去世前，有一次在散步时，大致把他对于欧洲问题的个人意见解释给我听。他说，照他的看法，欧洲最大的悲剧就是当拿破仑每战皆捷之后，在政治方面，并没有使欧洲各民族走上统一之路。假使不是这样的，则欧洲人民就可以躲过几次浩劫了——只要回忆到 1866 年、1871 年和 1914—1918 年的战祸， ❶ 即足以使人感到惊心动魄。德国人的悲剧也是一样，那就是在这些战争中，他们不知道如何使欧洲合而为一。假使能够如此，则世界上所要考虑的就不仅是 8000 万的德国人，而是 3 亿的欧洲人了。德国的战争目的绝不可以和其他各民族的主要利益相冲突。我父亲说，到了 1943 年，他还曾向希特勒陈述过这个意见，可得到的答复却是否定的。


1943 年 9 月 4 日

元首的态度似乎是非常镇静且有信心。最近他准备派我去和意大利国王谈判。他同意我对于意大利境内作战的看法——沿着海岸设防——但是约德尔表示反对，认为这不合于近代战争的要求。

元首认为成立"欧洲联合国"之议似乎还未达成熟的阶段。

东线的情况日趋紧张。苏军又已经做了一个大规模的突破……英军在卡拉布里亚（Calabria）并未受到攻击，反之，这个地区是自动撤退的。

20 点 30 分，与元首共进晚餐。他告诉我和意大利国王谈判

---

❶ 分别指普奥战争、普法战争、第一次世界大战。——编者注

时应特别小心。

在下一个星期中，已经在卡拉布里亚登陆的盟军，一直冲到了桑格罗河（River Sangro）。1943 年 9 月 9 日，当艾森豪威尔的登陆艇冲上了萨莱诺滩头的时候，意大利投降的消息才开始传遍了德国。

很可惜的是，这个时期的日记因战后的混乱而遗失。不过我们可以从其他的资料和他的信上，找到一些线索。

首先我们可以参考魏斯特伐将军在他那本《西欧的德军》（The German Army in The West）一书中的记载。他说，1943 年 9 月 7 日，意大利的海军部长戴柯尔登上将（Adm. de Courten），曾经访问过德军南欧总司令部：

> 戴柯尔登上将解释说，由于一切迹象都显示出盟军不久即将登陆，所以意大利的海军在这个生死关头，不愿继续困守在港口内，他们不愿意束手就擒。意大利海军的重型单位不久将从拉斯佩齐亚港口内偷偷地溜出去，绕着西西里的西角航行，然后找着英国的舰队与他们决一死战。这一次奇袭的结果不是光荣的胜利就是全部葬身海底。这个行动在未开始之前绝对要保密，所以必须等到起锚时才可与德军的空军联络。当戴柯尔登如此声明的时候，他的情绪非常激动，他的眼泪和他自称具有德意志的血统（他母亲是德国人），也使我们深深感动。凯塞林和我都不曾疑心到这是一种诡计，其目的只是欺骗德国人，不要阻挠意大利的舰队开往马耳他岛去向盟军投降。

1943 年 9 月 8 日，魏斯特伐将军被邀请到意大利陆军参谋本部，去参加一次会议。在他的书里面，对于这一次会议也有详细的记载：

> 正在会谈的时候，从罗马有一个电话来，是德军方面的报告，

从广播中已经收听到了休战协定签字的消息。〔意大利陆军参谋本部位于蒙特罗通多（Monte Rotondo）〕罗塔解释说，这又是敌人所耍的把戏。在我们谈话结束的时候，他表示，希望今后双方的合作，一定要比过去还更为密切。我们回来的时候，罗马街头已经挤满了许多狂欢的老百姓，告诉我们意大利投降是千真万确的事。

魏斯特伐又这样写着：

　　第二天夜间，罗塔又打来一个电话，说他和我们谈话的时候，的确不知道意大利已投降的消息。对这一点他说可以用他个人的荣誉来做保证。

最亲爱的露：

　　现在看来意大利人的奸计已是事实了。我们对于他们的判断并没有错。直到目前，我的计划都进行得很顺利。不过这样一个逆转却使整个情况变得非常困难。但我们还是应竭尽努力，来挽救这个局势……

1943 年 9 月 9 日

　　当然，意大利此举是在我的预料之中的，我们已经尽了最大的努力来应付这次突变。在南部，意大利军队已经和英军比肩向我们攻击了。在北部，所有意军都已被解除武装，并以战俘的身份送往德国。对一个军队而言，这真是一种奇耻大辱。

9 月 10 日

在作战尚未结束之前，我父亲突然患了盲肠炎，在他写给我的信上，曾提到这件事：

亲爱的曼弗雷德：

谢谢你 9 月 13 日的来信。我听说你的假还没有放完，真使我大感吃惊。我希望你不要把所学的东西都忘光了。我的盲肠手术很顺利。这次病来得非常突然。晚间 8 点钟的时候，我还好好的。没想到一个钟头之后，突然感到腹部右方剧痛，于是去休息。结果越来越痛，一夜都不能睡，最后经由医师的帮助，才勉强睡了一阵。第二天上午就动了手术。

这里的情况都很顺利。那些奸贼都已被解除了武装，并且大部分已被装车送往德国。我附上两枚邮票，是专为你搜集的……

1943 年 9 月 24 日

当德军把意军的武装解除完毕后，希特勒原本想让我父亲出任意大利方面的最高指挥官，而把凯塞林调往挪威。

我和母亲都还记得，希特勒曾经和我父亲讨论到发动一次反攻，以重新夺回意大利南部，甚至西西里的可能性。我父亲认为机会很小。反过来说，以现有的兵力要想守住意大利，已经少有把握。我父亲主张完全放弃意大利的南部和中部，而在波河流域南面的亚平宁（Apennine）防线上做最后的死守。这样就可以缩短海岸防御线的长度，增加防御兵力的厚度。凯塞林却认为可在罗马以南做相当长时间的抵抗。我们从魏斯特伐将军的记载上，可以看出凯塞林总部方面对当时情况的看法。

……我们也征询过隆美尔的意见。不过他认为由于敌人具有如此强大的两栖作战能力，若是防线的位置太接近南方，将非常危险。一旦敌人在北方实施登陆，那么整个集团军将陷于死亡的陷阱中。他不主张冒险，但是他却承认守住罗马以南的防线，所需的兵力也许要比扼守亚平宁防线少一半。希特勒也考虑了一段时间……在 11 月中旬，他命令隆美尔接管凯塞林的指挥权。可是当这个命令还在传送的时候，他又改变了决定，命令凯塞林元帅自 1943 年 11 月 21 日起，接管意大利战场的最高指挥权。

我父亲从意大利境内发出的最后一封信，对这件事也有记载：

最亲爱的露：

这个位置还没确定。从各方面看，元首最后似乎又改变决定了。无论如何，此次任命命令还没有签署。当然，详情我不得而知。可能是因为我对前途不抱太大希望，也许是因为我迟迟没有到任的缘故。当然，也可能还有其他的理由。可能我会被调开，一切我都表示听天由命。

东线的情况非常紧张。在极困难的条件下，我们必须放弃大第聂伯河湾。这样看来，可能连克里米亚也都守不住了。敌人处于绝对的优势，我真不知道我们要退到哪里。

我今天会见格拉齐亚尼元帅。他的人格很高尚，和我所认识的其他意大利军官完全不同。当然目前他一点实权也没有。

当我昨天往亚德里亚海岸方面旅行的时候，途中曾经去访问圣马力诺（San Marino）——那是一个中立小国。匆匆地在城市中观光了一番之后，就买了一些邮票。当我正准备离去的时候，有一位该国的大员代表摄政向我表示欢迎，并说摄政很愿意接见我。于是我们又重新走入这座城堡……

当然，这个国家希望德国尊重他们的中立。自从 1600 年以来，圣马力诺就不曾参与任何战争。拿破仑曾经想扩大他们的领土，并且准备给予他们以一个港口和一些火炮。但他们拒绝接受这个好意，他们宁愿做一个小国……

1943 年 10 月 26 日

1943年10月21日，我父亲在维拉弗朗卡（Villafranca）机场上了飞机，从此离开了意大利，没再回去过。他去接受一个新的任务，他要回到多山的诺曼底，1940年他在那里成名，现在却注定要在那里失败。

第五部

侵入战

# 第二十一章

# 1944 年的侵入战 ❶

非洲战役结束之后，我第一次和隆美尔元帅重逢，是 1943 年 7 月间在东普鲁士的元首大本营里。他住在一间半木制的房子里，那里过去是前陆军总司令的住宅。我们一同出席元首汇报，正是贝尔哥罗德—库尔斯克（Byelgorod-Kursk）攻势失败之后的那几天（这是希特勒在东线战场上的最后一次冒险）。在这一战之中，我们的攻击力量被苏军的战防阵地和防御工事所阻，损失了不少最新式战车。要想在苏联发动一次新的夏季攻势，可以说是完全绝望了。

在这次会议之后，隆美尔和我一同坐在他的书房里，谈论一般的军事情况。在这个阶段中，他已经相当适应这种完全改观的战略情况；而关于未来战争的执行，他有许多的新观念。因为这一次谈话是唯一足以显示隆美尔在那个时期中对战况看法的资料，所以我在此尽我记忆之所能及，把它引述如下：

他说："拜尔莱因，你知道我们已经丧失了主动，关于这一点是毫无疑问的。这是头一回，我们刚刚从苏联人那里学到：只靠勇敢和过分乐观的心理是不够的。在以后几年，无论是在东面或是西面，我们都谈不上采取攻势，所以应该尽量发挥出守势的优点。对战争的主要防御工具就是战防炮。在空军方面，应该多生产战斗机，放弃目前这种轰炸第一的观念。我今天对局势的看法已经不再像我在非洲时那样悲观，不过现在我还是认

---

❶ 本章由拜尔莱因将军执笔。

为完全的胜利实在是殊少可能。"

我问他，在他的想象中，这种防御应如何执行？

他回答说："我们应该采取内线作战的方式。在东线方面，我们尽快撤到一个可以据守的防线。但最重要的是打消盟军任何建立第二战场的企图，这才是我们防御的重点。假使我们能够破坏他们的这个企图，那么我们的前途就会显出一线光明。我们不久就可以生产出大量的作战物资；几天以前，元首告诉我，在 1944 年年初，我们飞机的产量每一个月可望达到 7000 架，战车可望达到 2000 辆，假使我们能够使英美在失败之后再花上两年的时间才能卷土重来，那么我们就可以把重点再移到东线上，于是我们的机会就到手了。这样我们就可以获得一个较势均力敌的和平了。"

隆美尔继续讨论到防御的战术。他说："拜尔莱因，你总还记得在非洲的时候，我们为了要攻击英军的战防炮阵地，所遭遇到的困难是多么巨大。要想使攻击成功，就要有高度训练的一流精兵。现在我对于苏联作战的经验，也曾经做过一番研究。苏联人够顽强，但缺乏弹性。他们绝对不会像英国人那样用审慎精密的方法。苏联人在攻击中，总是一头撞了过来，不惜牺牲大量的人力和物力，完全只凭着单纯的数量优势来获取胜利。

"假使我们能使每一个德国的步兵师获得 50 门战防炮，然后再逐渐增到 100 门甚至 200 门，把它们布置在准备周密的阵地上，再加上大量地雷的掩护，那么我们就可以阻止住苏军的攻势了。战防炮是一种非常简单的武器，对它们的要求只有下列两点：（一）在适当射程之内，它可以穿透任何苏联战车的装甲；（二）它们同时又可以当作步兵炮使用。

"我们的战车产量很难与敌人并驾齐驱，但是在战防炮方面，我们却有这种可能，因为敌人要采取攻势，势必要花更多的资本来制造战车。制造一辆战车所花的代价，可能可以制造 10 门战防炮。

"现在让我们假想苏军向一个浓密的雷区进攻，假定这个地区的纵深是 6 英里，再加上良好的战防炮掩护，那么不管他们的实力多充足，只要几天工夫就一定会受挫，此后若是再想前进，就只好一步又一步地向前爬。此时我们在后方地区中，还可以继续布置更多的战防炮阵地。假使敌人的战车每天可以向前爬行 3 英里，那么我们在同一天中，就可以使阵地再增加 6 英里的纵深。这样拼下去，让他们自己慢慢地到爬不动为止。我们在有掩护的阵地中作战，而他们却得在开阔地上进攻。我们固然要损失战防炮，但他们却要损失战车。一旦部队知道他们可以守住他们的阵地时，士气马上就会提高……战车或是太过精密的战防炮和其他的东西，目前的产量似乎都可以减少。我们在东线战场上的唯一机会，就是要使我们的军队获得一种装备，足以使他们永远守下去。"

在隆美尔 1943 年 8 月 6 日的日记上，也曾有过这样类似的议论。他说步兵连应该加以改编，使连级的战防武器数量增加，这实在是一个非常明显的事实。他又主张步兵连应配有四连装的高射机枪。最好用自动推进的方式。他认为应该减少步枪兵的人数，以增加步兵的火力。

毫无疑问，为什么在战争初期德国人能那样地轻取胜利？主要的原因是由于英法苏三国的步兵都缺乏战防武器，所以遇到大量战车的攻击时，当然束手无策。可到了战争末期，这种优势已经减弱，步兵拥有现代化的武器，据守着良好的工事，还是有很大的抵抗力的。

隆美尔又说："但是西线战场却是这个阶段中的重心。假使我们能把来攻的盟军赶下海去，那他们就需要很长时间，才可以卷土重来……"

当我听到隆美尔元帅又已经奉命组织西线的防御，以防止敌人侵入法国的时候，我心里马上就回忆起上述的这一段谈话。在法国也和在东线一样，他认为我们如果使用机动战争的方式，绝无获胜的机会。不仅由于英美拥有空中的优势，而且德国的工业对于战车、车辆、火炮的生产量，也绝对无法赶得上西方国家。1943 年 12 月 31 日，当他视察大西洋海岸防务的时候，就上了一个报告给希特勒，在报告里提出了他的解决方案。他这个报告的开端先讨论到盟军可能的登陆地点。有趣的是他那时的见解与他以后的看法并不一致。

他这样写着："敌人登陆作战的焦点可能是指向第五军团的地区（加

来海峡），其主要的原因是从这个地区，我们可以向英格兰的中部和伦敦发动长距离的飞弹攻击。由于海面上波涛汹涌，敌人势必以最快的速度夺取一两处港口，以便大船的使用。他们更可能赶紧占领我们准备发动长距离飞弹攻击的基地地区。

"……很可能敌人的主力会先投于布洛涅和索姆河口之间，以及加来两侧的地带。在这些地区中，他们可以获得最好的长射程炮兵的支援，同时无论对突击和补给，其海上的距离也都最短。而且在使用空军时，这里的条件也最为有利。至于说到空降部队方面，我们可以预料到：他们大部分都会被投掷在我们海岸防线的后方，并迅速占领我们长射程飞弹的拟定基地地区。

"……敌人的攻击将在何时发动，当然很难预料，但他们一定会尽可能在我方长距离飞弹攻击之前，抢先发动他们的攻势。假使由于恶劣天气和不利的海洋条件，妨碍他们做到这一点，那么当我们发动飞弹攻击的时候，或是飞弹攻击以后，他们也必然会马上动手。因为我们对英国的攻击时间越长，效力也就越大，并且会使英美两国的部队在士气方面受到极大的打击。所以，假使我们能在恶劣天气开始而不利于登陆行动的时候，就发动飞弹攻击，那么就可以逼迫敌人在不利的条件之下，冒险进攻。"

希排德将军在他那本《我们防卫诺曼底》（We Defended Normandy）一书中告诉我们，隆美尔曾经不断询问有关飞弹这种新兵器的最新发展情形。隆美尔夫人和他的儿子也记得，当盟军侵入后，他曾经告诉他们他主张使用V型武器在盟军登陆之前，先攻击英国南部沿海地区，使盟军延后他们侵入的日期。不过希特勒却拒绝了他的要求，理由是说V型武器的目标绝不可以比伦敦更小，同时他认为必须生产足量之后，才可以开始发动攻势。

"……在登陆之前，可能先有一个非常猛烈的空中攻击，同时施放烟幕，并使用强大的海军火力。除了海面上的登陆行动以外，空降部队可能在主要攻击地区之内，降落在海岸防线的后方，以便切断我方防线与后方的联络，并且在极短时间之内建立一个巨型的桥头阵地。

"在海岸上，我们现有的防线非常单薄，在敌人轰炸和炮击之下，一定会受到严重的损失。所以当敌人在烟幕或黑暗的掩护之下，从宽广的正面上，同时使用千百艘装甲突击艇和登陆艇向滩头进犯时，我们能否挡得住这个狂潮，实在颇有疑问。但是假使这种攻击不能够立即被击退，我们这种浅薄的防线，不久就会被他们穿透，随即登陆部队将与空降部队取得接触。

"现在我们在海岸防线的后方只有极少数的预备队，我们也绝无逆袭的力量。尤其是我们缺乏自行火炮和各种形式的战防武器，以摧毁已经登陆敌人的强大兵力。

"因为我们目前在海岸上的兵力非常薄弱，敌人可能在好几个地方建立桥头阵地，于是在我们海岸防线上就会被冲开一个大缺口。一旦发生了这样的情况，就只有迅速地调动我方的作战预备队，把他们赶回海里去。因此，预备队的位置必须十分接近海岸防线。

"否则，我们的主要预备队就要从内陆深处去调动，这种调动不仅需要大量的时间——在这个时间内，敌人也可以增援，并且更深入内陆——更经常处在空中威胁下。由于敌人的打击力量在数量和物资两方面都占着优势，同时他们拥有巨大的空中优势，所以要在大陆上赢得一次巨型的会战，照我个人的看法，根本不可能。盟军的空中优势即足以使一切大部队的运动都成为不可能，无论在前线和后方，还是在白天和夜里。"

隆美尔所做的结论特别有意义。他提出保证说，即令以现有的力量——这种装备不精的步兵师，也足以击败盟军的登陆。他继续说：

"……所以我认为应集中一切力量，在海岸上把敌人击退，一定要在我方已经设防的地带中实行战斗。因此必须建立一个要塞和布雷区，从海岸边向内陆延伸，纵深应达五六英里远，并且对海面和陆上同时设防。现在的雷阵只有铁丝网保护，其效果非常有限，甚至可以说毫无价值。尤其是那种宽广的空隙，必须赶紧消除。理想中的雷区包括无数的雷阵，每一个都有几公里的宽度和纵深，在建立时具有一定的计划，大致夹在海岸线和内陆 6 英里之间。我明白照这样的计划，所需的地雷数量一定非常可观。不过在目前，我们可以只在这种'两面防线'的前方埋置地雷，在其他地区用假雷即可。

"在这种雷区内，应该留出某些通道，以便我们做逆袭之用，主要是与海岸线平行和沿着雷区内的道路两侧。从我们和英军的作战经验上面看来：在大型雷阵之内将孤立的据点分布在它的中央，是一种最难攻击的阵地。此外像这样的布雷区只要用辅助部队和预备兵，就可以守住它了。

"所以在海岸所展开的各师，其任务有二：（一）防守海岸线，不让敌人登陆；（二）守住这个纵深达五六英里的地带，防止空降部队的突袭。假使敌人的伞兵恰好落在这个雷区内，自然不难把他们歼灭掉。

"为了减低敌机轰炸和敌舰轰击的效力，防区的纵深必须设法增大。海岸防御师的师长必须把他的指挥所设在他这个雷区中央。换言之，他正像是一个要塞的指挥官一样。

"假使这些地区中，有某一个地区没有受到敌人的攻击，那么负责该地防守的部队，就可以很容易地抽出来用在其他方面，而让其他辅助性单位来代替他们。即令守兵的实力很薄弱，这种布雷区也具有极大的防御力量。

"……目前，在主要的海岸战斗地区中的最前方，所有的战防炮、机枪及火炮，数量还是太少。因为我们应该尽量趁敌人还在水面上，或是刚刚登陆的时候，立即加以迎头痛击。所以第一线的火力必须大大增强。因为只要敌人的兵力还停留在水面上，防御的问题就简单多了。等到他们一上岸，他们的战斗力马上就可以增加好几倍。

"所以在最感受到威胁的地区中，必须拥有重战防炮、自行火炮和高射炮，以便随时推进到海岸边，阻止敌人的登陆行动。

"……我认为沿着布洛涅到索姆河口之间的危险地段，在海岸防线之东，一定要摆着两个师的预备队。一旦发现敌人的攻击重点之后，这两个师马上就可以开入第一线，以阻止敌军建立桥头阵地。这也许不是一个大规模的作战，而只是使用小型的战斗群，逐个地把正在下船或刚刚下船后的敌人予以扫荡歼灭。海岸上的战斗也许只要几个钟头就结束了，假使经验就是判断的基础，那么后方的兵力若能迅速地开入前线，就是一个最具决定性的因素。要使这种逆袭能够获致成功，则德国所有可以调动的战术空军，都应该用来支援这种攻击。最重要的是击溃敌方的轰炸机编队。"

隆美尔对他手里已有的资源，皆能够善加利用，从这些方法可以看出他这个人具有极高度的天才，善于随机应变，而同时对技术问题也有充分的了解。这种新型的防御计划也可以表示出来，他完全不遵守正统的教条和体系，只依循他自己的理想。以下是在他的计划中，有关主要技术部分的简述，都引述自他本人在当时所发布的各种文件。

## 雷阵

隆美尔在某一备忘录当中，曾经这样写着："在非洲前后两年的战役中，我获得一个机会来试验地雷在各种不同战争形式中的重要性。而对敌方大量使用地雷的方法尤其熟悉。和他们相比，我们的资源实在太少了。1941—1942 年冬季，在迈尔迈里卡和昔兰尼加苦战结束之后，英军在建立他们的新防线时，就大量使用地雷。这个防线长达 50 英里，从加扎拉向南进展，一直到沙漠地区为止。在这条防线上和在托布鲁克的前方地区中，两个月之内埋置了 100 万枚以上的地雷，这些雷以电线彼此相连着，有些地方的纵深在几千码以上。

"……在以后的各次战斗中，我们要克服的敌人通常都拥有大量的战防炮，有时还有战车，而且都部署在雷区的中央。这种战斗实在是非常困难而激烈。这些经验使我深刻认识到英军大量布雷的价值。假使据守阵地的人是德军，那么这些阵地也许就永远不会被人攻陷了。"

所以根据他在非洲的经验，隆美尔相信大量的地雷可以使装备恶劣的德国步兵师能够对抗英美的精兵。

下面所节述的是 1944 年 3 月 17 日，隆美尔写给 B 集团军总部工兵指挥官麦西将军（Gen. Meise）的一封信，从这里可以显示出来隆美尔布雷计划的一斑。

......在第一阶段中，沿着海岸方面和内陆防线方面，都应该有一个宽达 1000 码的布雷地带，平均每一码地需要 10 枚地雷，所以整个法国前线需要 2000 万枚地雷。至于其余的地区（共 8000 码），还一共再需要 2 亿枚之多。

虽然隆美尔对于布雷工作的完成，已经尽了最大的努力，但时机已经太迟，并未发挥充分的效力。不过，假使在 1943 年的夏天希特勒就命令隆美尔去负责整顿大西洋和海峡地区的防务，那么这一场侵入战就可能会是德国人占上风了。隆美尔在法国境内临时组织起来一个制造地雷的工业生产线，利用许多被缴获而尚未使用的炸药，一共制成了 2000 万枚杀伤性地雷。下面所引述的是 B 集团军战时日记中的一段，足以证明他的成就：

截至 1944 年 5 月 20 日，在海峡地带的沿海防线上已经埋置了 4,193,167 枚地雷。其中 2,672,000 枚出于隆美尔的主动要求，多数都是在 3 月底以后才埋设的。在同一时间内，也是由于隆美尔的推动，在最初的生产阶段内，还临时拼凑成功了 1,852,820枚地雷。

根据隆美尔所想象的，在这些雷区中所进行的战斗，其景象可以用下述的语句来表达——这也是他亲笔写的一段文章：

在夹在或绕着固定战车、据点群、单独据点、抵抗掩体等之间，应该布置极大纵深的雷阵。这些雷阵里面包括着所有各种不同形式的地雷，并且都应具有高度的效力。假使敌人陷入雷阵之后，还想要向我军阵地进攻，则他们的处境将十分凄惨。他们要面对我们各种不同的防御火力，在死亡的陷阱中寻找出路。而且不仅在沿海岸地区如此，在后方地区中也还有更多和更广泛的雷区。任何企图从后方向海岸防线透入的空降部队，也都会尝到这个雷区的威力。

# 滩前障碍物

所谓"滩前障碍物"（Foreshore Obstacles）就是布置在水面上的障碍物，其目的是构成一种"人工的暗礁"，以阻止和毁灭靠近岸边的船只。它们的内容大致可以分述如下：

（一）埋在海底中的木（铁）桩，在顶端多数还挂着战防用的地（水）雷。

（二）混凝土筑造的多角体，在顶端加上钢片或战防用的地（水）雷。

（三）其他以前可以临时使用的工具，例如缴获的法军战防障碍物。

（四）隆美尔所建议的"干果夹式地雷"（Natcracker mine）。即一根木桩下面插在一个水泥盒子里面，装置着一颗重炮弹。当登陆艇碰着了这根木桩之后，由于杠杆的作用，信管受了压力而使炮弹爆炸。

（五）滩头上的照明设备，以照射来袭的敌军。

关于这些障碍物的目的，隆美尔曾经有下列的解释：

"……1月底以来，沿着大西洋的整个海岸线上，都在着手建立这种滩前障碍物。在某些最重要地区已快完工了。有人一定会问：为什么不早布置这些工事呢？假使早日动手，则所完成的障碍防线，不就可以更坚强吗？答案是：在过去，并没有人想到这种形式的障碍物。不过这样迟迟才动手做，也自有其好处，因为敌人事先也没有想到这一点，所以到最后阶段才设法应付这个新型的防御方式，于是他们的登陆船只所受到的损失必然会异常巨大。事实上，由于这些新的障碍物，其结果可能会使敌人大大地延后了他们的进攻日期……

"当敌人分乘千百艘两栖车辆和各种不同的登陆舰艇，在黑暗或人工烟雾的掩蔽下向滩头进犯的时候，这种水底障碍物的目的就不仅是阻止敌人迫近岸边，而且还可以毁灭他们的登陆装备和部队。它们包括着各种不同的障碍物，再加上地雷和炮弹。最重要的是要把它们埋在深水中，以便在各种潮汐情况下都有效。最近盟军的登陆演习，都是假定在低潮点以后两小时才举行的，他们相信此时他们的炮兵和炸弹，已经把那些滩前障碍物都完全扫清了。不过我们知道要用炮火去扫清障碍物非常困难。要想扫清这一大堆坚强的障碍物达到顺利登陆的目的，其困难更是无法估计，敌人必须使用极大量的弹药和极长久的时间。而且即令他们已经把某个地区的水底障碍物完全炸毁，那时我们也可以预料到他们的登陆重点是在什么地方，于是我们就可以事先准备，并且把预备队调集好。

"敌人给予我们的时间越多，障碍物也就可以越坚强。我们希望不久之后每一个营都可以向我报告说，所有的障碍物完全准备就绪，具有极大的纵深，再加上千千万万的地雷和炮弹……"

依照麦西将军的报告，准备建立以下四条水底障碍物带：

（一）第一个地带的水深平均在涨潮时为 6 英尺。

（二）第二个地带的水深平均在半潮时为 6 英尺。

（三）第三个地带的水深平均在低潮时为 6 英尺。

（四）第四个地带的水深平均在低潮时为 12 英尺。

当盟军侵入之日，在多数地区——尤其是诺曼底，前两条地带大致完成，不过时间还是太短，尽管隆美尔已经在准备方面尽了最大的努力，而较低的两个地带却还是没有完工。

隆美尔的成就从 B 集团军的战时日记上也可以看出一点端倪：

截至 1944 年 5 月 13 日，沿着海峡的防线上，一共已经构筑了 51.7 万处滩前障碍物，其中 3.1 万处都装有地雷。

## 空降障碍物

隆美尔对于计划的目标和执行的方法，都有详细的解释：

"现在，我又要谈到对于空降部队的防卫问题。攻击一开始的时候，敌人就可能会把一切力量都使出来，以求获得一个闪电性的胜利，并且在沿海岸上许多地点企图获得一个宽广的立足点。所以我们对这种空降攻击，必须有充分的准备。他们可能来一次突然的奇袭，或是在猛烈轰炸之后，立即实施空降。利用月光，或在拂晓和黑暗之中，沿着海岸线或是向内陆深达数英里的地区，伞兵都可以大批地降落。甚至整师的空降部队，也可以乘着滑翔机，在我们海岸防区的后方着陆，并企图从后面攻入我方的第一线。同时他们还可以降落在大后方的地区，担负着半战略性的任务，也还可以分散成小型的战斗群，向法国内地到处乱窜，以促成法国地下军的迅速动员。但是只要我们守住海岸线，则无论空降部队如何活动，迟早还是会被我们消灭干净的。

"……所以最重要的事情，就是要使所有地区对于空降部队提高警觉，要使敌人的飞机和滑翔机在降落时，都会受到严重的损失——人力和物力莫不如此。所有各师都应采取必要的步骤，且越早越好，在陆海两条防线之间，尽量加强防御工事。"

隆美尔计划的障碍物是一种大约 10 英尺高的木桩，每隔 100 英尺埋上一根，在大多数的木桩顶端都挂有从法国缴获的炮弹，或者彼此间用铁丝网连着。只要一拉线就可以使它爆炸。从经验上来看，若是有一架滑翔机落在这个地区之内，不被炸毁也一定会受到重伤——事实上，可以说是毫无幸免的希望。在盟军发动侵入战的前几天，隆美尔才刚刚获得批准，领到 100 万颗炮弹，准备装在这些障碍物上面。但是已经太迟了——实际上已经没有时间把它们装好。


# 隆美尔从西线寄发的信件

上文叙述的是隆美尔对于防御问题的看法，不过最可惜的是，缺乏在这段时间内关于他个人的日常生活的完整资料可供参考。唯一可靠的就是他在这期间（1943 年 12 月—1944 年 6 月）写给他太太和儿子的信件。现将其中一些有趣的片段摘录下来，并适当地加以注解：

（隆美尔沿着丹麦海岸视察）

最亲爱的露：

我们今天又要向极北的地点前进了。在几天之内，这一次旅行即可以告一结束，于是又要开始纸上作业了。在东南两线方面仍在激烈苦战。当我站在远处看着这种情形，心里是做何感想，想必你知道。

我听说征集令已经下到 14 岁的孩子们身上。孩子们根据他们的体格，也要分别参加国防或生产的工作。

1943 年 12 月 8 日

我们现在已回到了首都（哥本哈根）。再做几天纸上作业之后，又要继续出发视察。

在丹麦你可以买得到你需要的一切东西。当然，丹麦人只肯卖给他们本国人。在所携带的金钱限度之内，我为你买了一些圣诞礼品（隆美尔也和其他所有的德国军官一样，只准携带一定数额的丹麦钱）。

12 月 11 日

（在到达法国之后）

……昨天平安到达了。

今天我和伦德施泰特共进午餐。他似乎非常愉快，认为一切都很乐观。但是我认为应该先全盘了解后再说。

1943 年 12 月 15 日

拜长途电话所赐，昨天晚上我已知道你们的一切情况。最大的消息是曼弗雷德将于 1 月 6 日应征入伍。他一定是非常高兴，但是对我们而言，尤其是你，对于孩子离家总会感到一时难以习惯。

祝你们圣诞快乐。昨天晚上我先和军官们聚首，然后又去和士兵们在一起共度佳节，可是事实上很难有欢乐的气氛。

12 月 25 日

今天从一次长距离旅行回来。我看了许多东西，对进展的速度颇感满意。我相信若是再有足够的时间让我们完成防御的准备，那么我们在西线方面就一定有获胜的把握。根舍明天会带一口箱子回家去，他要把我的褐色便服、轻大衣及帽子等带回来。我希望有时出门走走的时候，可以不必拿着这根元帅的权杖。

东线的情况显然是稳定住了。

南线方面还在苦战，敌人正在不断地猛攻。

在西线方面，我相信一定可以击退敌人的攻击。

1944 年 1 月 19 日

从昨天起，我也要算是一位"狗主"了，因为 OT 部队（Oranisatior Tott，德国的劳动部队）把两只狗送给我。其中一只有一岁大，毛很长，还有很漂亮的胡须。另一只才只有三个月。小狗非常讨人欢喜，但是大的却不太肯接近人。现在这两只狗都睡在我的写字台下面。大的一只看见任何人走进来就吠叫。在夜间两只都偶尔叫唤几声。可能是在想念他们的故主吧。

1 月 21 日

工作又遇到很多困难。官僚主义的现象又来了，这些头脑顽固的人拒绝接受一切新式和进步的东西，但我们总要设法干下去。我得把两只狗分开才行，那只大狗对小狗亲热得过了头，几乎把小狗弄死了。

1 月 26 日

东线上的情形还是非常紧张而严重。尽管在三天之内，我们击毁了苏军大批的战车——数量达 860 辆之多，但他们仍有充分的补给能力。

意大利的情况发展又被我不幸言中了。那个开阔而无保护的侧翼实在是一个极大的危险。不过，我相信这个危局还是有办法应付的。

我在巴黎定做了一件新上衣，那件旧的实在是太紧太小了……

1 月 29 日


亲爱的曼弗雷德：

当我接到你的信，知道你已经加入了空军辅助队时，我非常愉快。你对新生活很能适应，让我很放心。一个人这样离开家庭，本不是一件容易事。在 2 月你可以有几天假期，到那时你可以详细地告诉我们一些新鲜事。我们还有许多工作要做，才能把将来的战事准备就绪。在平时，当情况平静之后，人们往往感到自我满足而懈怠下来。但是平时和战时的情形却差得很远，我们必须准备应付最困难的环境。

我还总是在东奔西跑，每到一处都是征尘满面。希望你一切都好。

1 月 31 日


最亲爱的露：

没有什么重要的消息。斯大林似乎对他的同盟国提出许多苛刻的条件，例如供给他一支相当强大的舰队，大致和意大利在地中海内的舰队相等——完全从英美现有的海军实力中去挖取。要求占有三个地中海方面的港口、阿拉伯石油资源的三分之一，并且在一定的时间内开辟西欧方面的第二战场。假使这些条件不能满足，斯大林认为他就不再受以前各次协定的束缚。若真是这样，对我们是一个好消息。昨天我在这里视察了许多东西，都使我感到愉快。虽然我们还有许多弱点，但是展望前途，仍然觉得充满了信心。

3 月 31 日

似乎看起来，盟军在时间上的拖延会让我们占到便宜。对海岸防御而言，具有无比的价值，因为我们会一天比一天更强大——至少在地面上是如此。

我的小狗越来越可爱了，而且爱吃甜东西。它现在睡在我的房内，就在箱架下面，再过不久就要注射防狂犬病的疫苗了。昨天又出去骑马，但是今天我觉得关节相当不舒服。

古德里安今天下午要来这里。我和盖尔将军 ❶ 的争执已经解决了，根据上面的命令，还是我胜利了（他们争执的是关于装甲师配置位置的问题，见下文）。

4 月 27 日

OT 部队现在又把一只褐色顺毛大猎狗送给我。它很年轻，很可爱，不久就可以适应它的新生活。艾尔波（Elbo，以前那只小狗。隆美尔已经把那只大狗送回家去，但不幸被一辆汽车轧死）最初还对它感到陌生，不过现在却已经玩得很熟了。我不久或许也会将艾尔波送回去，不然你自己也可以找一只狗养养，养狗实在是一个很好的消遣，它可以消去你心里的烦闷。

5 月 8 日

5 月中旬了，敌人还是一点进攻迹象都没有。不过在意大利境内，敌人已经发动了一个钳形的攻势，这也许是春末夏初大事发生的前奏曲。我又已经出发视察了好几天，到处和官兵们谈话。在最近几个星期当中，我们的成就的确非常惊人。我深信当敌人进攻时，他们一定会吃大亏，而终于一无所成。

5 月 15 日

两天前，我第一次打电话给元首。他似乎非常愉快，对我们在西线上的工作也颇多赞美之词。我希望工作进度能比过去更快。

---

❶ 盖尔将军的全名是 Leo Baron Geyr von Schweppenburg，在本书的英文版中，李德·哈特常直接称为 "Geyr"（盖尔）。——编者注

天气还是那样冷，又下雨了。英国人也许还要再耐心地等下去。我正在等着，看到了6月间是否可以抽空回家一趟。可惜的是，意大利的局势越来越坏了。敌人在炮兵方面具有极佳的优势，而在空军方面尤其如此，他们已经把我们的正面突破了。

5月19日

昨天，敌人的空军非常活跃。我们则完全无力应战。今天到目前为止还是平静无事。敌人在意大利境内的成功于我们来说是很不幸的。我们的地面兵力并非不行，主要是对手拥有空中优势和无限量的弹药，这完全和非洲战役的情形一样。我希望在西线上情形能够好转一点。截至目前，在空中方面毫无准备可言。许久以前受到的损伤，到今天元气还未恢复……

5月21日

# 对于侵入战的准备

1944年3月20日，希特勒曾经向西线方面的陆海空三军指挥官们做过一次讲话，说明他对西线战争任务的看法。在他的致辞中，曾说：

……很明显英美联军必然会在西线方面实施一次登陆战，至于它怎样来和从什么地方来，谁也难以预知。同样，对于这个问题要做某种猜想也是不可能的。不管他们的船只如何集中，都不能算是一种证据，或是一种征候，使我们足以确定他们在这个绵长的西线上，会在哪一个地区实施登陆。从挪威一直到比斯开湾，还有地中海方面——在法国的南部、意大利的海岸上，甚至在巴尔干。这种船只的集中是可以移动的，所以他们可以实行声东击西的诡计。最适宜登陆的地方也就是最危险的地方，应该是西岸上的两个半岛——瑟堡和布雷斯特（Brest）。这两个地区似乎最易于建立桥头阵地，然后大量使用空军和各种重兵器，以使它有计划地逐渐扩大。

……无论在何种情况下，敌人的整个登陆作战，绝不可以使它延长到几个钟头，或者至多一两天的时间——迪耶普之战 ❶ 即为一个范例。敌人登陆的企图一旦被击败，就绝不准许他们再卷土重来。他们不仅因已受到了严重的损失，而且还需要几个月的时间，才能够完成再来一次的准备。不仅是这些物质的因素，同时只要第一次侵入战惨败之后，他们在士气上也就会受到极大的打击，足以阻止他们再来做第二次的尝试。在美国，这一定可以阻止罗斯福的再度当选，他如果运气不好，也许都会被美国人关到监狱里面去。在英国，厌战的心理一定会涨到空前的高度，那个年老多病的丘吉尔的声望一定会一落千丈，再也无力鼓动英国人做第二次冒险尝试了。在一个非常短的时间之内，我们可以使用同等的兵力，以对抗敌人的数量优势——大约五六十个师。击毁敌人的登陆企图，其意义不仅是在西线方面获得了一次局部性的解决。它实在是整个战争中的唯一具有决定性的因素，这就是最后的结束。

……我们目前在欧洲留置着 45 个师的兵力，这些兵力也正是东线方面最迫切需要的。一旦西线方面获得决定性的胜利之后，他们马上就可以完全移转到东线上去，局势就一定会发生极大的变化。所以今天在西线上作战的每一个人，都应该深切认清这一战即足以决定整个国家的生死命运。大家必须认清这个任务的重要性，而准备不惜一切牺牲来完成他们的使命。

从希特勒这篇演讲词当中，实在看不出来一点足以表示元首大本营内正陷于犹豫不决的困境中的迹象，但事实的情形就是这样。虽然

---

❶ 加拿大部队于 1942 年对法国海岸的失败突击。——译者注

敌人可能在此登陆，但是此时大本营中却并不肯开始把兵力向这些地区集中。实际上，希特勒对下述的两派战略主张，也感到无所适从：一派是以伦德施泰特特元帅和盖尔将军为代表，另一派的代表人就是隆美尔。

这个时候盖尔将军所负的责任本只是监督在法国境内的装甲兵训练而已，但他却很想组织一个装甲兵团，由他个人指挥，并把所有的装甲师都集中在巴黎附近。为了支持他的主张，他特别强调：盟军的空降部队很可能会在巴黎附近发动一次大规模的作战。他更主张应该让盟军登陆，让他们冲进来，然后再发动一个大规模的反攻，以把他们赶下海去。

虽然他的第一点见解为所有的专家所拒绝，可是第二点见解却获得了很多拥护者。因为那些德国高级将领中，多数人都只有在东线战场上作战的经验，他们所知道的战争还只是二度空间的，并非三度空间的。这些将领完全不了解制空权的重要性，他们没有见过盟军在南线战场拥有多大的空中优势。此外，他们更认为英美的军队对于机动战是很不在行的，可能完全不是德国从东线方面所调来的老兵的对手。

从隆美尔个人的记载中，就可以知道他在北非之战中，已经获得了许多宝贵的经验——那代表最现代化和最进步的战争技术。反对隆美尔意见的将领们，过去从未和美英联军这样一个高明的敌人交过手，同时他们也不像隆美尔过去两年在非洲有机会可以把他的战术锻炼到精益求精的层次。他主张把一切可用的装甲师，都部署在海岸边最受威胁的地区中，这绝不是表示他不懂得"集中"的战略原理。事实上，他在非洲的机动战争中，之所以能够百战百胜的主要原因，就是由于他非常善于运用"集中"的原理，并尽可能地把最大的兵力集中在最适当的时间和地点上面。他对这一点所具有的经验，似乎要比其他人都更多，尤其盖尔将军更是不足以和他相比拟。

7月上旬，当盖尔将军的装甲兵力集中在诺曼底的时候，虽然有丛林和树篱的掩护，但是在英美空军的连续袭击之下，不久即全部被炸毁。当被解除指挥权之后，盖尔曾写了封信给隆美尔：

亲爱的元帅：

在我被解除了指挥权之后，让我在正式的告别书之外说几句话。这个战场上最近发生的战斗，要比我过去所曾经历过的任何一次都紧张，我有幸被编入B集团军之内，在你的指挥下作战，使我的想法发生极大的变化。你的军人美德和丰富的经验，使我感到无比佩服，这是我以前从未想到的。

元帅麾下，在这短短几天的苦战中，你对我个人和我的部队曾经表示过极大的信心，我应该向你敬表谢忱。我想我的军事职业生涯到此应该告一段落了，所以我以最坦白的态度表明我的心迹，而不怕有任何的误解。

盖尔

1944年7月6日

事实上，隆美尔也曾要求从德国境内再抽调6—8个装甲师和5—7个摩托化师，把它们摆在巴黎地区，当作预备队使用。5月17日，我自己和隆美尔在他的司令部中，曾经有过一次长谈，专门讨论到东线战场方面的将领和在非洲有作战经验的人之间的差异问题。当我们一同在公园中散步的时候，隆美尔曾经很不客气地发表了下列的意见："我们那些从东线方面来的朋友，很难想象这里的情况：敌人并不是一群用人海战术向我们的战线狂冲的乌合之众。我们在这里遭遇到的敌人具有高度的民族智慧，善于运用他们在战术方面的优点，他们是一点都不肯浪费物资，每次作战时他们都好像是事先经过反复的演习，一切井井有条、毫无破绽。拜尔莱因，在今天还只靠匹夫之勇，就再也不能成为一个标准军人了；他一定要有充分的智慧，足以使他的战争机器的效率发挥得淋漓尽致。敌人们似乎已有这样的本领，我们在非洲战争中，就曾发现了这个事实。"

以我最近在东线战场方面所获得的经验来看，我对他所说的一切，表示绝对的赞同。我们在东线战场方面与苏联人苦战的结果，已经使我们感到自卑。其原因是我们的装备实在太恶劣，同时 OKW 对于战争的指导也实在太不够水准，使部队一再受到无益而惨重的牺牲。此外，德国士兵又都害怕被苏军俘虏，受到非人的待遇。在非洲的战场上则完全不然，在那里是一个斗智的场所，而不是无目的的死拼。

我还记得隆美尔曾经这样说过："拜尔莱因，你还不知道，要说服这些人，那才真是困难呢！他们迷恋的就是运动战的形式，他们硬想不惜一切的代价来追求它。可是今天我们在西欧早已丧失运动的自由，而他们仍然穷追这个幻影。事实上，只要敌人一脚踏上陆地，他们就会以最快的速度，把所有的战防炮和战车都送入桥头阵地之内，而让我们一头撞在上面，直到头破血流为止——这正是他们在非洲梅德宁之战时所采用的伎俩。要想突破这种防线，你一定要在大量炮兵的掩护下，实行迟缓而有组织的攻击，可是由于盟军拥有空中优势，我们当然办不到。像战争初期那样使用战车横冲直撞的时代早已过去了——连东线方面也慢慢地不再使用这样的作战方式了。"

这段时间，隆美尔正在尽最大的努力，使当局采纳他的意见。但是大本营方面还是犹豫不决，而对主要的预备队问题，则最后所采取的解决办法是折中于二者之间。希特勒之所以批准隆美尔的海岸防线计划，并不是因为他对于隆美尔的思想表示赞同，而是因为他本人就最喜欢建立巨型要塞工事的观念。对作战预备队的问题，希特勒和他的幕僚人员却比较倾向于盖尔将军的见解，因为他们也不相信敌人的空军对我方部队的运动能产生那样大的影响作用。

3 月 21 日，隆美尔算是已经说服了希特勒，使他承认了这些预备队有驻守在海岸附近的必要。但是仅仅过了 24 小时，希特勒又推翻了他自己的决定。在这个时候，隆美尔发明了一句"格言"："谁最后走出他的房门，谁就是对的。"

以下是从 1944 年 4 月 23 日隆美尔写给约德尔上将的信里面摘录下来的一个片段，从这里就可以看出隆美尔意见的梗概：

假使不管敌人的空中优势多么强大，而我们在最初几个小时之内，即能够把我们大部分的装甲兵力，全部投入遭受威胁的海岸防御地区之中，那么我确信：敌人在海岸上的攻击，在第一天之内即可以完全被击溃。截至目前，敌人的猛烈轰击虽然足以使我们在许多地区中的野战工事、交通壕等受到完全的破坏，但是我们那些加强混凝土所构成的要塞工事，却只受到极轻微的损失而已。这就可以证明所有的阵地都有使用混凝土的必要，甚至像位于后方深处的炮兵阵地、高射炮阵地、预备阵地等也都莫不如是。

我唯一感到焦虑的还是机动兵力的问题。和 3 月 21 日会议中所决定的内容完全相反，这些兵力截至目前还没有拨归我指挥。他们其中有一部分都是分散在内陆的深处，一旦海岸上任何地区发生了激战，他们赶来增援可能已太迟了。我们可以想象到敌人拥有绝对的空中优势，所以当摩托化兵力想向海岸方面做任何大规模的运动时，势必会受到敌人空军的严重攻击。但是若无装甲师的迅速援助，则我们担负海防的各师，也就很难有力量发动逆袭，以同时击败从海上和空降两方面夹攻的敌人。我们在陆上的防线，对这个作战而言，守备的兵力实在太单薄了。所以无论战斗和预备的兵力，在分布方面，都要以只需极少量的运动即可支援任何最有被攻击可能的各地区为原则。这些高威胁地区可能是荷兰、比利时、海峡地区、诺曼底和布列塔尼等地。我们必须使敌人的海运或空运的部队，在接近我方阵地时，即已被我方火力歼灭了一大部分。

和我本人完全不同，盖尔将军也许在平时相当了解英国人，可是他从来不曾和英国人打过仗。他担心敌人会在我们的大后方地区，做一次大规模作战性的空降登陆。所以他主张把装甲兵力集中在后方某一个位置，以便实行迅速的反击。他对于兵力的分配完全以这个观念为基础。进一步说，他不愿意把他的装甲师摆在海岸防线的后面，可是敌人的空降登陆却很可能就在这些地方。照我看，他们的兵力究属有限，只要我们能够守住海岸防线，则纵令敌人能在我们后方实行作战性的大规模空降登陆，也迟早会被歼灭的。我始终认为要扫灭这些空降部队并不太困难，可是敌人从海上登陆之后，他们在几分钟之内就可以把很多的战防炮布置起来，再加上轰炸机的支援，此时若要向他们实施逆袭，那可就非常困难了。关于这个问题，我的意见和盖尔将军可以说是完全不同，除非他能够早日把部队拨交我们集团军总部加以指挥，否则我的理想就无法实现。

这整场战争中最具有决定性的会战，以及德国民族的未来命运，在这里都已受到了极大的威胁。假使一切兵力，不能在统一指挥之下从事防御工作，则所有的机动兵力就不可能尽早投入海岸上的战斗，那么胜利也就非常可虑了。假使我此时不提出一个紧急的要求，则将来一定会误事，我们很可能再度遭遇到像意大利一样的失败……

这一次隆美尔的要求又碰了钉子。5月间他已经注意到诺曼底的危机，他要求把一整个高射炮军（德国的高射炮部队是独立的）移到奥恩河（Orne）和维尔河之间的地区中，把一个多管迫击炮旅移到卡朗唐以南的地区中，把党卫军第十二装甲师移到科唐坦半岛内，把装甲训练师（师长即为拜尔莱因本人）移到阿夫朗什（Avranches）的附近。此外，他更要求海军应立即在塞纳湾中布雷（此时，他们还在比斯开湾中布雷）。可是他的这些要求却没有一个能兑现，所以诺曼底的防御力量始终不曾达到他理想中的标准。

以下是隆美尔的副官所写的日记，节录如下：

6月3日，下午和西线德军总司令（伦德施泰特特）在一起，总司令（隆美尔）正准备回德国一行。

从1944年6月5日到8日之间，侵入的威胁似已经降低，潮汐在以后的几天当中对敌人非常不利。同时从空中侦察方面也看不出来敌人有即将登陆的迹象。现在最要紧的工作就是向元首提出直接的报告，使我们在一旦敌人登陆时，人力和物力两方面都不至于处于劣势。于是要求再拨两个装甲师、一个高射炮军和一个多管迫击炮旅到诺曼底地区去……

在获得伦德施泰特特的批准后，隆美尔又打电话给希特勒的侍卫长希孟德将军，告诉他：自己就要回来了。6月5日，隆美尔从他的总部，坐汽车回德国去了。

## 盟军侵入的日子

6月5日的夜晚，天色一片漆黑。偶然地，月亮会从低垂着的云幕中露出来，把一道寒光照射在诺曼底的海岸上。在孤立的防御据点外面，哨兵们不断地合着拍子走来走去。

在断黑不久以后，开始可以听到盟军轰炸机群的单调嗡嗡声，不久就又可以听到炸弹爆炸的声音，从海岸上许多地区中传了出来。夜间的轰炸对诺曼底而言，并不是一件稀奇事，不过在那一夜里，却一小时比一小时更凶，不久就达到空前的猛烈程度，过了午夜之后，又有更大的飞机编队向欧洲大陆飞来，突然在海岸线后方很大的地区内，到处都出现了"圣诞树"式的光彩——这是空降部队的引路标。自从1点钟之后就开始有数以千计的伞兵落在这些地区内，此外还有几百架滑翔机载运着人员、火炮和车辆，

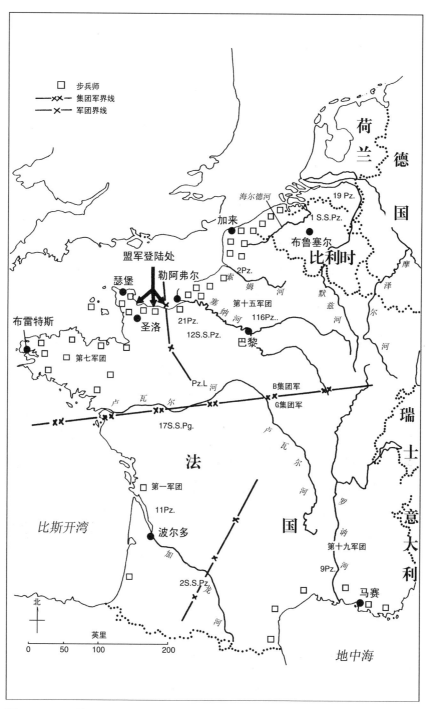

图 19  D 日德军防御布置

也都纷纷着陆了。隆美尔所设计的防御滑翔机的木桩，并没有发挥太大的效力，因为德军并没有时间用铁丝网将它们连起来，也没有装上地雷和炮弹。他们固然使滑翔机本身受到了严重的损毁，但是机身中所装载的人员和装备却大多数能安然地到达地面。

附近据点中德军的指挥官，纷纷用野战电话报告敌人伞兵已经着陆的消息，整个作战指挥系统也开始开动了（由于盟军不断而广泛地实施空中攻击的缘故，这种指挥系统已经发生了很多次故障）。不久在内陆方面的战斗就已经发展到了高潮，因为盟军的空降部队马上就向海岸线进攻，以图冲破我方的海岸防御地区。不久德军即卷入战斗之中——这是决定德意志帝国生死存亡的一战。

由于沿着塞纳湾一线的雷达站几天以前即已被炸毁，所以此时它们完全丧失了作用。更因为天气恶劣的缘故，德国空军的侦察机也没有在海峡地区的上空做侦察性的飞行，而德国海军的哨船也正停在港口内。所以，当盟军这一支庞大无比的运输船团通过海峡时，德军当局事先居然一点风声都不曾察觉。在 10 个小时以前，他们就已经越过了德国海军的警戒线，此时已经列队摆在塞纳湾中的海面上。5 点 30 分的时候，盟军舰队开始发炮向海岸上轰击，这时才惊醒了德军的好梦。于是一炮接一炮，6 艘战舰、23 艘巡洋舰和 104 艘驱逐舰，同时展开猛烈的轰击。盟军的轰炸机群也不断地分批飞来，向整个诺曼底海岸实行地毯式的轰炸。

在他们军舰的火力掩护下，美英两国的特勤部队逐渐接近滩头，从他们的装甲小艇中跳下水去，开始动手爆破滩头上的障碍物防线——由于落潮的缘故，它们现在都已经暴露在水面之上，假使德国已经把落潮时在水线之下的两道障碍物也都建立好了，那么情形也许就会完全不同。不久之后，当军舰上的炮火还继续钉在德军的防御工事上时，大批的登陆艇即已开始向滩头蜂拥而上。

那些在火海中还没有送命的德军士兵，现在知道打击敌人的机会已经来了。不管盟军的火力是如何强大，他们中间的多数人都还是死守在岗位上，除非他们被击毙，或是武器被毁才停手。在许多地点，他们居然能够击退敌人的登陆，不过就整体而言，这一条防线上的兵力实在太单薄，防区的纵深也太浅，所以还是守不住。美英两国的步兵从滩头上向内陆推进，在孤立据点之间的空隙中渗透进来，在某几点上也和降落在敌后的空降部队取得了接触。战车已经到达滩头上，步兵们在强大装甲兵力支援之下，担负主要攻击的任务。德军除了地雷以外，就只有少数的战防火箭炮和一些孤立的战防炮、战车，真可以说是难以招架。

少数的师预备队很快投入了那些紧急的地区，当敌人还正在登陆之际，这种逆袭可以获得相当程度的成功。可是当他们前进的时候，一路不断受着敌人战斗轰炸机群的攻击，使他们的力量逐渐消耗殆尽。对师长们而言，他们感觉到好像是在和一个不断增高的怒潮作战，他们心里十分清楚，知道这一点抵抗的力量，不久就会被怒潮扫荡干净，于是洪水就会向内陆泛滥。不久，所有的预备队都用光了，已经无兵可调。防线在许多地点上都已经被突破，到了下午的时候，盟军的登陆已经成功，大势已定了。

沿着侵入战的海岸线上，唯一的装甲部队就是第二十一装甲师，师长为福伊希廷格尔中将（Lt.-Gen. Feuchtinger），该师位置在卡昂（Caen）附近。这个师一共有战车150辆、突击炮和自行火炮60门、装甲运兵车300辆。6日上午，福伊希廷格尔把该师兵力的一部分组织起来，准备向在奥恩河东岸的英军伞兵发动一次逆袭。他的部队已经分别向指定集中地区开动，可是第七军团却又有一个命令来，叫他们在奥恩河的西岸上发动逆袭。福伊希廷格尔马上改正他已经发出的命令，可是时间已经浪费了，于是在奥恩河西岸的攻击，实际上参加作战的只有一个战斗群（约有50辆战车和一营装甲步兵），但居然还冲到了海岸边。但是英军的指挥官在面临这个威胁时，却赶紧把伞兵投掷在这个战斗群的后方，于是德军由于害怕被切断，遂停止进攻而悄然撤退。

实际上，这是英军的第六空降师依照预定计划，把剩余的滑翔机载运部队在傍晚实行着陆，以增援该师的另两个在拂晓前即已着陆的伞兵旅。同时也投掷了许多的降落伞，不过搭载的不是伞兵，而是物资。

对德军装甲部队而言，这波空降恰好在这个时候出现，曾经使他们大受震惊。他们自然以为英军是用空降的方式，来对他们的逆袭做一次反逆袭——多数德军方面的记载，都以为是如此。

6月6日的黄昏，情况似乎已经很不乐观。在德军防线的右方，英军已经获得了一个桥头阵地，宽达20多英里，纵深3—6英里。在左侧，美军也已获得两个立足点。德军却据守着夹在中间的地区，盟军的透入企图已经被阻止。但是德军一切可用的预备队，都已经完全投入战斗中，所以前线上的指挥官们都焦急地等待着装甲兵主力的到达，希望他们一赶到，就可以把敌人赶下海去。但是什么都不见来到。弹药开始匮乏了，在整个前线上都不得不做尽量节省的打算。

那么这个时候的后方，其情形又是怎样呢？在6月5日的夜里，伦德施泰特特元帅已经命令装甲训练师和党卫军希特勒青年团装甲师（即党卫军第十二装甲师）准备开动。若是早依了隆美尔的主张，那么这两个师这时已在海岸上了。但是OKW却通知他说，这是否即为盟军的主要登陆行动仍有疑问，所以要再等候观察。以后又一误再误，直到6月6日的黄昏，这两个师才开始向海岸方面移动，隆美尔的参谋长也已经把隆美尔召回法国——这时他的参谋长是希排德将军。

隆美尔对头几天的战斗情形所表示的看法，可以从1944年6月10日他发表的一份文件上面看出大概：

截至目前，在诺曼底的战斗发展经过已经很明显地把敌人的意图显示了出来：

（一）在奥恩河与维尔河之间，获得一个纵深的桥头阵地，以作为向法国内陆——可能是指向巴黎——发动强大攻势的跳板。

（二）切断科唐坦半岛，以期在极短的时间内占领瑟堡，如此他们可以获得一个大型的港口，以便有较大的登陆能力。（似乎还有一种可能性，那就是假使战况过于激烈，敌人也许会放弃在科唐坦半岛方面的作战，而倾全力向法国内陆挺进。）

由于海岸防御部队已经做了顽强的抵抗，而一切可以使用的

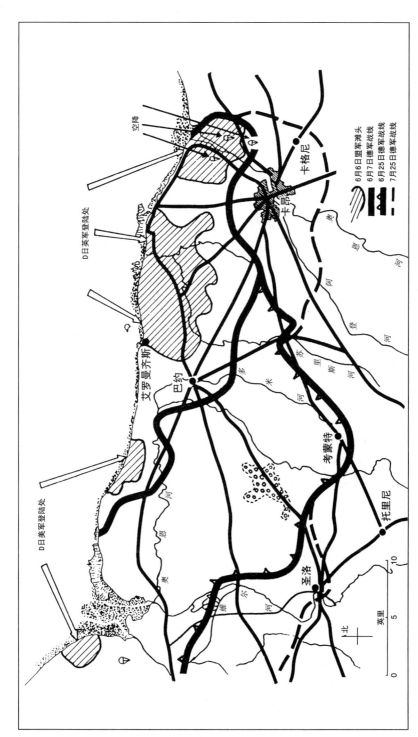

图 20  卡昂附近的战斗

预备队也都曾立即发动逆袭，所以敌人尽管已经尽了最大的努力，但其进度仍比他们希望的要慢得多。同时敌人使用的兵力，也似乎比原定计划中的数量多。

在他们非常强大的空军掩护下，敌人已经逐渐予以登陆的部队增援。可是我们的空海军——尤其是在白天里——对于他们却一点阻拦的力量也没有。所以敌军流入桥头阵地的速度，可能比我方预备队开上前线的速度，要快上一大步。

由于敌人拥有空中优势，我们无法迅速地把党卫军第一装甲军、第七重迫击炮旅、高射炮军和孟德尔军（Corps 'Meinal'，伞兵第二军。他们在这几年一直被当作步兵使用，孟德尔中校担任军长）调到奥恩河和维尔河之线，以便在敌人登陆之后，发动一次逆袭。重火箭炮旅、高射炮军和孟德尔军还在向前开进的途中，而党卫军第一装甲军已经被迫采取守势，正陷入苦斗中。

目前，本集团军所能做到的，就是利用陆续赶到的兵力在奥恩和维尔两条河流之间，保持一条连续不断的防线，以阻挡敌人的攻势。不幸的是，在这种情形下，我们无法救出沿岸许多地点中仍在那里苦守待援的部队。

本集团军正设法用步兵替换装甲部队来守住防线，然后再把装甲部队集中起来，摆在防线后方，当作机动预备队使用。

集团军总部也想方设法在以后这几天之内，把它的作战重心移到卡朗唐—蒙特堡（Montebourg）地区，其目的是击溃在那个地区中的敌人，并解除瑟堡方面的威胁。此后，我们才开始攻击夹在奥恩河与维尔河之间的敌军。

我们在诺曼底的作战，受到下列诸因素的影响，处于极端不利的情况下，有些地方简直是不可能的：

（一）敌方空军的力量实在是太强大了，简直有压倒之势。这是我和我的幕僚们（也包括所有的战地指挥官在内）所亲身感受到的痛苦经验。敌人在整个战场上——从最前线一直到深入后方60英里以内的地区，都掌握着完全的制空权。白天，我方所有的交通运输——不管在道路上还是空旷地区中——都无时不被强大的战斗轰炸机群或轰炸机群钉住。其结果是我方部队在战场上的行动，几乎完全陷于瘫痪，而敌人却可以自由地运动。在后方地区中，每一道运输上的'关口'（例如隧道和桥梁等）都不断地受到敌人的空中攻击，所以要把必需的弹药和燃料补给到最前线上的部队，实在非常困难。

甚至在战场上小型单位的移动——例如炮兵进入阵地、战车集中编队等等——也马上都会受到猛烈的空中攻击而产生重大的损伤。白天，战斗部队和各级指挥部被迫在森林密集的地区中寻找掩蔽物，以逃避不断的空中攻击。6月9日，在党卫军装甲军的后方地区中，其情况可以简述如下：大量的战斗轰炸机在战场上空不断盘旋，而强大的轰炸机编队则对着部队、村落、桥梁和十字路口加以猛炸，完全不考虑平民的安全。不管是我们的空军也好，高射炮兵也好，似乎都没有能力来阻止敌方空军这样强大的攻击力量。据估计他们一天可以出动 2.7 万架次（这太夸张了。即令在 D 日那一天，盟军全部战略战术空军出击的架次也只有 10,585 而已）。我方部队——无论是陆军还是党卫军——利用他们手里所有的工具，对防御尽到最大的努力。但是弹药却十分缺乏，而且部队的调换也必须在极端困难的条件下进行。

（二）敌方强烈的海军炮火也产生了很大的影响。盟军使用的火炮有 640 门之多。它们的威力巨大，在这种速射炮火控制下的地区中，我方无论是步兵或战车，根本都无作战的可能性。不过，尽管在如此猛烈的炮击下，在沿海阵地中的我方守军，以及之后在蒙特堡地区中实行逆袭的部队，都曾经用极端顽强的精神，死守他们的阵地。但是除非我们的海空军有办法使对手丧失作战能力，否则敌人军舰对陆上作战的支援还是会持续不断地增加——尤其是在科唐坦半岛方面——因为他们根本不必考虑弹药的消耗。

（三）美军的物资装备比我们优越，他们拥有许多新型的武器和作战物资。根据党卫军中将狄特利希（Sepp Deitrich，党卫军第一装甲军军长）的报告，敌人的装甲部队似乎远在 2500 码以外的距离时，即开火射击，对于大量的弹药消耗毫无顾惜，并且也拥有极良好的空中支援（在阿拉曼会战时，就早已是如此了）。此外，他们在炮兵方面也具有强大的优势，而且炮弹的补给十分充足。

（四）敌军对空降部队的使用，不仅数量众多而且具有极大的弹性。当他们降落在我军所未设防的地区时，他们就会马上掘壕固守，我们的步兵即令有了炮兵的支援，也无法把他们赶走。我们应预料到今后敌人还会常常使用空降作战，尤其是对我军尚未设防的地区。很不幸，我们的空军未能依照原定的计划击败这些部队。敌人利用他们空军的力量，可以一次就把我方的机动兵力钉死达几天之久。而他们在作战时，却可以任意使用机动兵力和搜索部队，所以我们的处境实在是非常困难。

各军种的部队在战斗中，都已经尽了最大的努力，尽管敌人不惜浪费大量的物资，但我军官兵们却都还是死战不退。我要求应该把上述的情形转告给元首知道……


但是希特勒却否决了隆美尔把重点移到卡朗唐—蒙特堡地区，以消灭美军桥头阵地的计划。他的命令是要 B 集团军利用现有的增援和补充，从卡昂地区直向英军的桥头阵地进攻。可是在科唐坦的美军桥头阵地，不仅是威胁比较大——因为用它作基地，可以切断整个科唐坦半岛——而且它所包括的兵力也较少，对德军而言比较可能予以击灭。结果由于英军的增援速度要远比我军迅速，所以希特勒命令从卡昂地区进攻，实际上毫无成效可言。

在希排德将军所著的《我们防卫诺曼底》一书中，曾经告诉我们当盟军登陆之后，OKW 曾经禁止西欧战区总司令和 B 集团军总司令调动在塞纳河北岸的任何一个师，而他们自己对这些师应该如何调动，也始终不曾做出一个决定。他们又一再把不正确的情报分送给 B 集团军和西线总司令部，这些情报指出盟军在英伦三岛上还保留着足够的部队，足以供第二次登陆之用。隆美尔在他逝世前不久，曾经亲口向他的儿子说过，在最初的阶段中，他也认为假使德军的大部分兵力都已经撤出了加来地区，则盟军非常有可能在那里实行登陆。盟军的计划可能是想把德军都吸在诺曼底地区，然后用空中攻击切断塞纳河上的桥梁，再在加来地区登陆，直捣鲁尔地区——这种想法绝不能说不合理。不过，后来他却认清了把大量德军留在加来地区，实在是一个具有决定性的错误。

在侵入战斗期中，希特勒和伦德施泰特特、隆美尔这两位元帅，曾经举行过两次会商。第一次的地点是在苏瓦松（Soissons）附近，时间是1944 年 6 月 17 日。隆美尔首先发言，把当前的情况做了一个扼要的报告，在报告中他强调德军的官兵是如何在不可能的条件之下奋勇作战。由于有了伦德施泰特特的支持，隆美尔要求希特勒亲自到前线上去做一次视察，以便他在指挥战争的时候，可以了解战场上的实地情形。这个时候的德军都知道丘吉尔常常到前线上去视察，所以他们对元首之从来不曾到过前线都感到很失望。在这次会议中，隆美尔也提出了一个冒险反攻的计划，事后他向他的家人说，这个计划可能会失败，但至少有四分之一的成功机会。反之，若是这样继续消耗下去，则不出几个星期之内，B 集团军的全部兵力也毫无疑问会同归于尽的。

> B 集团军总司令谨慎地反对任何从现有战线上实行攻击的计划，因为它必然会把所有的装甲师都消耗完。他的建议是用步兵师去防守奥恩地区。目前使用的装甲师都留在卡昂的西面，而预备队则集结在侧翼方面。在完成了部署之后，即开始向南做有限度的撤退，其目的是使用装甲部队，向来攻的敌军侧翼上发动一个突击，并且在敌方海军炮火射程之外的地区作战……（摘录自隆美尔副官的日记。）

但是到了第二天上午，突然有一颗打歪了的 V-1 飞弹，落在他的大本营驻地的附近，希特勒马上像发了神经，一口气转回了德国，不再谈视察西线的问题了。隆美尔建议的作战计划也从此没了下文。希特勒认为获得胜利的唯一办法，就是"寸土必争，死拼到底"。

到了 1944 年 6 月 29 日，伦德施泰特特和隆美尔两位元帅又一同去谒见希特勒。这一次的地点是在贝希特斯加登（Berchtesgaden，希特勒别墅所在地），其目的是想要明了最高统帅对于目前的战局有何看法。希特勒对两位元帅所说的话，曾经有过详细的记录，从里面可以看出他那时候对于战局的观念是多么模糊紊乱：

> ……在详细的检讨过当前的情况之后——在这次检讨中，特别注意敌人的制空权、海军炮火的威力，以及英军在作战时所采取的有体系且缺乏弹性且不惜使用大量物资的方法——于是元首对于今后的战局，做了下列数点指示：
>
> （一）第一点，元首认为必须设法阻止敌军的攻势，这是肃清桥头阵地的唯一先决条件。
>
> （二）空军应使用最新型的飞机（喷气式机和火箭轰炸机）在敌人的桥头阵地之内，继续不断地制造不安的情况，并且击毁敌人的飞机。
>
> （三）海中布雷的工作仍应继续加强。一方面毁灭敌人的补给来源，一方面使敌人的军舰无法停留在沿岸的海面上。
>
> （四）用特种炸弹来对付敌人的战舰。就这一点而言，元首特别说明击毁敌人的战舰实具有极大的重要性。
>
> （五）在补给路线上建立高射炮阵地。为了达到这个目的，准备在沿着从巴黎到战区的补给公路上到处安置从旧飞机上拆下来的火炮，以及其他的高射武器，避免敌机朝这条公路实行扫射。
>
> （六）马上供给 1000 架战斗机，以期至少在一个星期中的几天内，可以使一个有限地区的上空中，获得局部的空中优势。（希特勒甚至在盟军尚未侵入之前，即已一再谈到 1000 架喷气战斗机

的问题。事实上，那时喷气机尚未完成作战的准备。尽管在战争结束以前，德国人已经生产了1988架喷气机，可是在战争中却始终不曾大量使用过它们。）

（七）使用一切海军所可能供给的船只，包括鱼雷艇、E艇和U艇（潜艇），以及其他各种小艇在内。但根据邓尼兹海军大元帅的报告，这种船只的数量极其有限。


接着，伦德施泰特特和隆美尔各自发表意见，在其他的问题当中，隆美尔又特地向希特勒指出这样一个问题："你怎样会幻想这场战争还可以获胜呢？"

由于这一场争论，两位元帅都准备辞职了。不过很奇怪的是，隆美尔还是官居原职，没有变化；而伦德施泰特特则被召回了，他的继任人选为克卢格元帅。在元首大本营里面，克卢格先入为主地受了希特勒、约德尔和凯特尔诸人的影响，对隆美尔的印象很坏。他们说他是一个孤立主义者、失败主义者和不肯服从命令的人。此外，他们告诉克卢格的战况，并非那样不利。所以，当他到达隆美尔司令部时非常乐观——多数的东线将领刚到西线时的态度常是如此。他毫不客气地把隆美尔指摘得体无完肤。隆美尔对于这种无理的指控当然不肯接受，于是他马上写了一封信给克卢格，其内容如下：


致西欧战场总司令克卢格元帅：

我把对于诺曼底战役发展情形的意见书，随函附上。请查阅。

当你来视察的时候，当着我的参谋长和作战处处长的面前，无理地指摘我，并且说："就算是你，到现在也应该学习服从命令。"这实在使我受到了很深的创伤。我要求你说明你这种指控的根据到底是什么。

元帅隆美尔

1944 年 7 月 5 日

这封信里面附的一个文件，隆美尔早已送给希特勒看过。他非常清楚且一再地把他对于诺曼底战役的批评说了出来。

## 备 忘 录

地点：B 集团军总司令部

时间：1944 年 7 月 3 日

发文者：B 集团军总司令

为什么不可能长期守住诺曼底海岸、瑟堡半岛和瑟堡要塞，分述如下：

（一）驻在诺曼底的守兵太弱，而且有一些部队严重"超龄"（例如第七〇九师的平均年龄是 36 岁）；他们的装备完全不符合现代化的标准，弹药的存量也太少，要塞的工事也未完成，而补给的情况更是不适当。

（二）在敌军侵入之前，B 集团军曾经一再要求增援——尤其是在 5 月底，当诺曼底的威胁已经很明显的时候——但全被驳回。这些要求中最重要的一个，就是想把党卫军第十二装甲师调到莱赛—库唐斯地区，若果真能如此，则无论敌人在科唐坦的西岸或东岸登陆，这个师就都可以立即发动一个强力的逆袭。在预计敌人拥有空中优势的条件下，若想把党卫军第十二装甲师临时从塞纳河以南调上前线，则至少需要两天的时间，而且还一定会受到严重的损失。约德尔上将对此项事实有充分的了解，因为在敌军尚未侵入前不久，他曾经通过布勒将军（Gen. Buhle）向我询问，党卫军第十二装甲师要参加诺曼底的战斗，需要多少时间。可我一再请求把该师拨归我直接指挥的要求，却始终被拒绝，我所获得的只是一张空头支票，说一旦敌人进攻，这个师就会立即拨归我的指挥系统。

（三）我又主张把装甲训练师摆在一个可以迅速投入诺曼底或布列塔尼任何一方的战斗的位置上。但是这个要求也未能兑现，其原因是害怕敌人会在巴黎附近实施空降行动。

（四）本集团军曾经要求在 5 月底的时候，把强大的高射炮兵力分布在敌人空军已经对我方阵地做猛烈攻击的地区中。依照第三高射炮军军长的意见，我建议把整个高射炮军移往奥恩河口到蒙特堡（瑟堡东南面 18 英里处）之间的地区中，因为这个地区受到敌人的威胁最严重。这个要求也未被批准，结果高射炮军采取一种机动的部署：把一个团部署在索姆河的两岸上，一个团部署在奥恩河与维尔河之间。把高射炮兵力如此分割使用的理由，据说是由于缺乏燃料，但对于诺曼底的防御，则产生了很坏的影响。所以一直到战火燃起的时候，还有两个团留在 V-2 发射基地的附近。

（五）因为已经预料到一旦敌军开始攻击以后，增援的行动就会感到十分困难。所以我建议先把第七多管迫击炮旅调往卡朗唐以南的地区，以加强诺曼底的防务。这个要求也未被批准，直到敌人登陆之后，这个旅才拨交我指挥。所以在侵入战的最先几天中，这个旅并未能立即投入战斗。

（六）为了阻碍敌人登陆，我曾一再要求应由海空军方面使用最新式的水雷，赶紧完成塞纳湾布雷的工作。这个湾中的海水很浅，特别适合布雷。这个要求也未能成为事实。一直等到敌人登陆之后，才开始这项工作。此时的工作环境已经非常困难，而且只能由空军来执行。

（七）军需总监曾经下命令，在 5 月间减少在诺曼底的弹药存量，这是他们的一个整套计划，想从西线战场方面抽回弹药，以建立一个后方的储存量。不过由于马尔克斯将军（Gen. Marcks，第八十四军军长，负责诺曼底防务）的努力，本集团军设法拒绝了此项命令的执行。

（八）尽管有铁路网和海上航线的存在，可是在敌人侵入之前的补给情况——尤其是诺曼底方面——因受到空中攻击的严重打击，早已经变得非常困难了。

（九）当敌人在大陆上已经获得了一个立足点之后，B 集团军本想等待增援到达之后，先消灭在卡朗唐以北的桥头阵地，以解除对于科唐坦半岛和瑟堡要塞方面的一切威胁。这个工作完成之后，再向奥恩河与维尔河之间的敌人进攻。但是OKW不同意我们的计划，命令把重点移到在奥恩河口方面的东翼上来。

（十）党卫军第十二装甲师的先头部队，一直到6月7日上午9点30分，才到达卡昂西北面的地区，经过了75英里的行程，沿途受着低飞敌机的阻挠，受到了相当大的损失。但是在那里，时间和空间的条件都不适于装甲兵作战，所以攻击没有收到实效。

装甲训练师一共经过了110英里，才到达在卡昂以西的战地，那时候已是6月7日的13点钟了。在运动中，他们也受到敌方空军的阻挠，所以这个师和正在巴约（Bayeux）奋斗中的第三五二步兵师，始终不曾取得接触。

第二装甲师的原有位置是在索姆河的两岸，他们的先头单位到6月13日才到达——即使是直线距离都还有135英里远。再过七天，整个师才能参加作战。

第三伞兵师需要六天的时间，才能够由布列塔尼开入圣洛东北面的战地——直线距离为135英里。在途中也备受空中威胁。等他们到达的时候，向巴约攻击的时机早已过去了，强大的敌军早已占领了克里赛森林（Forest of Cerisy）。

第七十七师也需要六天的时间，才能够集结足够的兵力，来参加科唐坦半岛以北的战斗。

所有的预备队都太迟了，已经无法发动一次逆袭以粉碎敌人登陆的企图。等到他们到达时，敌人已登陆的兵力，在强大的空军和炮兵的支援之下，足够发动攻势了。

（十一）我方空军的支援，完全不符合原定的计划。敌人的制空权不仅遍及整个战区，而且向后伸展了60英里的距离。他们不仅摧毁了沿海地区中的各种防御设施，并有效阻止了我方预备队和补给的运动，最主要是炸毁了我方的铁路系统。

（十二）海军的活动也不能依照原定的计划（譬如说只有6

艘潜艇，而计划上则为 40 艘）。由于天气恶劣，6 月 5 日的夜里，在塞纳湾中根本没有巡逻船活动。潜艇对舰队的攻击战果也非常有限。6 月 12 日，敌人对勒阿弗尔又发动了一次空中攻击，使我方可用的船只损失了一大部分。

在敌人登陆后，对塞纳湾的布雷工作才匆忙展开，可是截至目前，似乎还看不出它的实际效力。敌人的登陆行动，其规模已经到了最大的限度。而其海军炮火的轰击，其强度更是空前，使我军感到十分头痛。

（十三）集团军本身没有管理补给的机构和军需处，当然也不能向西欧战场总司令部的军需处下命令。

（十四）指挥体系也不能令人满意。在侵入战开始的时候，集团军总部对西线装甲兵团（即盖尔将军所指挥的各装甲师）和多管火箭炮旅都没有指挥权，对高射炮单位也是如此。除非学蒙哥马利和艾森豪威尔，把所有兵力都包含在一个完整统一的指挥体系下，才有办法谈到最后的胜利。

元帅隆美尔

当克卢格亲自到诺曼底前线上视察过后，他马上完全改变了原先的观念。他完全同情隆美尔的看法，尤其是下面一段话（见隆美尔在 6 月底写给元首大本营的报告）："敌人的制空权，无论从空间和时间上来看，都足以限制我军的一切活动，使我们无法正确估计出时间。因为当一个师级兵力的装甲或摩托化部队，只能在夜间或恶劣气候下运动时，这种作战当然也只能囿限于有限的目标了。假使能有充分的高射炮防御，再把兵力分为小型的装甲战斗群，则在白天行动还是有可能的。"

从隆美尔遗留下来的文件中，找不到他和"7 月 20 日事变"的关系。主要的原因是他事先把相关文件销毁了，以免牵连他自己或是旁人。不过，也还有一两点应该加以说明的。

自从 1943 年的夏天起，据说隆美尔就已经认为：在紧急的时候，应该不考虑希特勒的反对，与盟军方面谈判一个合理的妥协。不过从他后来与他太太和儿子的谈话中，却又使人觉得他的意见是必须等到盟军侵入西欧之后，才发动推翻希特勒的政变。理由如下：

（一）在盟军尚未侵入前，德军唯一的战线就是在东线战场方面。若是此时发动政变，则东线可能会随之崩溃。于是苏联人会像洪水一样流入中欧，而没有英美的力量来阻止他们。

（二）在1944年的春天里，构成一个军事叛变的心理条件还不存在，因为在法国境内的部队和大多数的军官都相信英美联军的登陆必然会被击败，德军利用他们的新型武器（喷气战斗机、新型战车和其他武器），最后也一定可以阻止苏联人。

（三）事实上，假使德军能击败盟军的侵入，则英美两国因为害怕苏联人会单独占领整个欧洲，或者德国人又再度攻入苏联，他们就可能会放弃"无条件投降"的要求。这是最后的机会，绝不可轻易放过。

隆美尔认为一旦盟军登陆企图被击败，则西方国家可能会幡然悔悟，愿意和新的德国共同向东方的强敌作战。他认为西方同盟国对于布尔什维克主义做这样热烈的支持，实在是不可思议。他那个能干而忠诚的参谋长希排德将军也拥护他的意见。

虽然在"7月20日事变"发生之后，隆美尔曾经向他的家属和一些军官说过这样一句话："施陶芬贝格上校（Col.von Stauffenberg，动手行刺的人）把这件事弄糟了，任何前线上的士兵都可以把希特勒干掉！"不过他这句话却也只是激愤之词而已，因为他听到希特勒已经下令把参与事变的将军们一律处以绞刑，所以感到非常恼怒。❶

---

❶ 按照德国军法，死刑应以枪决执行，但希特勒为了表示他对参与者的痛恨，不将他们交由军事法庭处刑，而是交由秘密警察组成的"人民法庭"审讯并处绞刑，对他们而言，等于是剥夺了军人的地位和权利，这点使得许多军官私下觉得德国军人的名誉受到了侮辱。——编者注

事实上，隆美尔从来不知道有谋刺希特勒阴谋的存在，假使他事先知道，一定会竭力反对。在他遇害之前的几天当中，他曾经向他的儿子说过："谋刺希特勒实在毫无意义。我们害怕的不是这个人的行为，而是他个人在德国人民眼中所显现出来的偶像地位。事变不应该在柏林发动，而应该在西线上发动。假使能够如此，则我们希望获得下述的成就：空袭马上停止；盟军在无抵抗的情况之下占领德国；拒绝苏军进入德国的领土。至于对希特勒个人而言，最好的方法就是让他去面临一个既成的事实。"

也许就是基于这个理由，当隆美尔和希排德最后认清在法国境内的德军防线几个星期内一定会崩溃时，他们决定开始和西方国家单独进行和平谈判。一切都差不多准备就绪了，连克卢格和其他许多的将领也都被说服。可是到了7月17日，命运之神却伸出干涉的手来。隆美尔在利瓦罗（Livarot）的附近，遭遇低飞敌机的攻击，受了重伤。

在这个事件尚未发生之前，他曾经把最后的一件报告送给希特勒。在这个报告上面，他把紧张局势以及他个人的意见，都做了坦白的说明。所以任何人绝不能批评隆美尔躲在后面，做暗箭伤人的勾当。

时间：7月15日
地点：集团军总部
发文者：B集团军总司令

诺曼底前线的情况是一天比一天坏，现在已经接近一个严重的危机了。

由于战况惨烈，敌人不惜使用大量的物力——尤其在炮兵和战车方面——同时他们对战场更具有无限制的制空权，所以我们的死伤数字非常高，每个师的战斗力都迅速减低。从国内送来的补充兵源为数极少。死伤总数已经累积到9.7万人（其中包括军官2360人）——平均每天损失2500—3000人——而截至目前，补充总数仅1万人，实际上又只有6000人到达最前线。

物资上的损失同样巨大，而补充的数量更是不够。以战车为例，截至目前，一共补充了17辆，而损失却已有225辆之多。

新到的步兵师都是新兵，他们的火炮、战防炮和近战的反战车武器都极感缺乏，所以当敌人在排炮和密集轰炸的掩护之下，向前进攻的时候，他们不可能支持太久。事实上，像敌人这样拼命消耗物资的打法，即令是任何最勇敢的军队，也一定会逐渐地被消耗完——在消耗的过程中，人员、装备和土地的损失都在所难免。

由于铁路系统已经全部被毁，同时从前线到90英里以内的后方地区中，一切道路的交通也都受到敌人空军的威胁，因此我们的补给情况恶劣不堪，只有极少量的必需品勉强可以送到前线。所以在所有的战场上，都不能不力求节约，尤其是在炮兵和迫击炮的弹药消耗方面。这种情形似乎是很难改善的，因为敌人的活动只会使我方的运输量越来越少。

除非减弱海峡方面第十五军团的兵力，或抽调在法国南部地中海防线的兵力，否则诺曼底前线上的兵力断无增加的可能。可是以第七军团的整个正面而言，最起码还需要两个师的兵力。

在敌人方面，每天都有新的生力军和大量的作战物资进入桥头阵地。他们的补给完全不受我方空军的阻挠，来自敌人的压力在日益增强中。

在这种环境下，我们可以预料到不久的将来，敌人就会突破我们这道单薄的防线——尤其是第七军团方面——然后开始向法国境内深入挺进。除了装甲兵团地区的预备队以外——他们现在也被正面战斗牵制住了，而且由于敌人握有制空权，也只能在夜间行动——我们就再没有其他的机动预备兵力，可以用来对付这种突破。至于我方空军的活动，还是和过去一样，不会有太多的效力。

部队在任何地方都已经尽到英勇战斗的职责，但是这种不平等的战斗已经到了极限。在这种情况下，我以集团军总司令的身份，有责任把这些话坦白地说出来。

隆美尔

隆美尔预料敌军不久就要在第七军团的正面实行突破，不久之后的事实证明他不幸言中了。当蒙哥马利在卡昂地区执行他的钳形攻势时，在圣洛地区中的压力正日益增强。这个地区是 B 集团军所预料的敌人攻势重点所在，所以由我（拜尔莱因自称）率领的装甲训练师就调向这一方面。1944 年 8 月 18 日，我曾向集团军总部上了一个报告，说明战斗的经过。后来在隆美尔遗留的文件里面，居然找到了这个文件的副本，以下的叙述就是以这个文件为基础的。

在经过了惨烈的战斗之后，我这个师的实力只剩下原来的一半了。更糟的是我还得留下我所剩余的装甲兵力的一半在我原有防区的后方，以掩护去接替我原有防区的步兵师。

约在 7 月 23 日，美军已经获得一个适当的跃出地位，并且占领了圣洛城。装甲训练师在该城西面守住一个长达 6000 码的地区，我们再把单薄的预备兵力分散，使防区大约有 4000 码的纵深。剩下来的五六十辆战车和自行火炮，都部署在静止的位置，当作装甲战防炮用。

7 月 24 日，400 架美军轰炸机攻击我们这个地区，但是却没造成太大的损失。我的高射炮营居然还击落了 10 架敌机。预料中的地面攻击还没有来。

但是到了第二天，盟军空军发动了极重大的打击，这在整个战争中是最大规模的一次战术空军行动。后来我从美方的资料中，得知在 7 月 25 日这一天，盟军出动的空中堡垒❶和其他各式轰炸机数字在 1600 架以上，对装甲训练师地区的攻击，则从上午 9 点钟起，一直炸到中午时为止。防守阵地的单位几乎已经全部被扫灭无余，我们最好的装备，像战车、战防炮和自行火炮都完了。炸弹所构成的地毯左右前后全面铺开，炮兵阵地被夷为平地，战车炸翻了被埋在泥土里，步兵阵地完全炸平了，一切道路都被毁了。到了中午时分整个地区已经像是月球上的景象，遍地都是炸弹坑，这时想把我们的武器拖救出来已经不可能了。一切通信体系都被切断，根

---

❶ B-17 飞机。——编者注

本没有指挥可言。部队所受到的惊吓和打击可以说是空前的。有些人吓疯了，毫无目的地乱跑，直到被弹片击倒。当空中的攻击像暴风雨一样笼罩在我们上方时，美军的炮兵也同时以排炮向我方野战阵地猛轰。

这个时候，我本人正在拉恰培里（La Chapelle-en-Juger）附近某一个团级指挥所中，那里也正是轰炸的中心。这个指挥所设在一个古老的别墅里，墙壁的厚度达10英尺，所以比其他的地方都安全一点。一而再地，炸弹的地毯向我们滚卷过来，有些炸弹落下的地方距离我们只有几码远。地皮都在颤抖。我向外面迅速一瞥，只看见整个地区都笼罩在烟尘之中，地底下的泉水向上喷射，达到相当高的高度。我们在那个地窖里面停留了好几个钟头，不敢移动一步。快到下午的时候，我才爬出这个别墅，骑上我的摩托车赶回师部（从战争中学到的经验，我老早就宁可骑摩托车，而不用汽车。在侵入战中，我的座车被击毁了6辆之多，驾驶员也死了好几个）。在回程的时候，还是不断受到战斗轰炸机的扰乱。

当我回到师部的时候，第一份敌人已经渗入被轰炸地区的报告也送来了。我的师中尚有少数幸存的单位，已经开始做英勇的抵抗，但是大多数部队在轰炸中早已毁灭干净。其他地区的一些弱小预备队，曾想用逆袭的方式来阻止这个排山倒海的攻势。但是当他们还在集中编组的阶段中，即已被敌方的空军和炮兵击碎。到第二天上午，美军的突破就已经完成了。

在整个上午，美军不断向南推进，首先是步兵，利用轰炸机来作为支援；到了下午他们的战车群开始前进。在这个运动中，他们把我们这个师的一点残部也击溃了，剩余的人员连同我的师部在一起，匆匆向南撤退。我的师部设在一个别墅里。突然哨兵报告说，美军战车已经到了我们的邻近地区。不久战车就在我们旁边驶过，我们的车辆正停在不远处的丛林里，美军发现后马上朝它们开火，于是全部车辆都起火燃烧，我们住宅的前面一间房子，马上也中了一颗高爆炮弹，我带着5个人卧倒在第二间房子里。我们无法离开这间房屋，因为美军的机关枪正在向大门边扫射。后面的窗户又已经封起来了，所以我们就像是落在鼠笼中的老鼠一样。慢慢地，美军的战车开过去了，枪炮声也停息了。我们现已经落在美军战线的后方了。

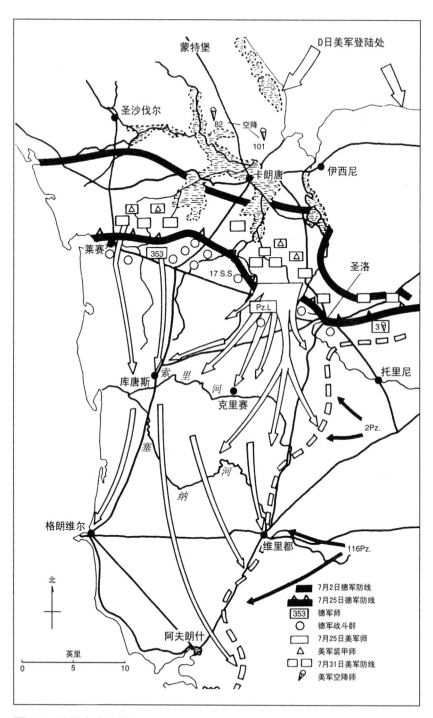

图 21 瑟堡半岛之战

到了黄昏的时候，我们才有溜回我军战线的机会。我在曲折的小径上走了几个钟头，一直到午夜的时候，才遇见本师的一辆汽车，把我载到我们的后卫阵地。

美军像洪水一样流入开阔地区，没有人能够阻挡住他们——一切都不出隆美尔的预料。在向西转到库唐斯之后，他们马上就把我们在科唐坦半岛中的战斗兵力封锁住并加以歼灭。于是在德军防线上被撕开了一个大口子，巴顿的军团从这里向法国的心脏地区狂冲而入。这就是战争结束的开端。阿夫朗什的突击，本是 OKW 计划切断巴顿主力的一个回马枪，可是当部队集结时，即被英军大批轰炸机击碎，结果攻击始终不曾发动。假使不是受了盟军空军的阻挠，这个攻击一定可以提前开始，那么毫无疑问我们一定可以获得一次胜利。所以这也和整场诺曼底侵入战一样——照隆美尔和其他许多指挥官的看法——这次战斗失败的主因，就是盟军握有完整的制空权。

隆美尔以及其他在西线上负责的指挥官，在这段时期，无不感觉到本身责任的沉重。因为这一条战线足以决定德国人民的最后命运，苏联的军队是否会进入柏林，以及德国的城市是否会变成废墟，全靠这一战来决定。从现存的隆美尔信件中，可以看出他当时的心境。

最亲爱的露：

……现在部队进行的战斗，才真算是苦战。我昨天一天都在最前线上，今天还要再去。敌人的空中优势对于我们的运动产生了非常严重的影响，根本就无法应付。不久可能在其他的地区还会有状况发生，不过我们只能尽人事而已。

1944 年 6 月 10 日

昨夜的电话线路真可以说是坏到极点，但聊胜于无。战斗的发展对我方完全不利，主要的原因是敌人拥有空中优势，且有海军重炮的支援。我方飞机出动三五百架次，而敌方却出动了 2.7 万架次左右。我昨天已向元首提出了报告，伦德施泰特也提出了同样的报告。这两个世界巨强曾经养精蓄锐多时，现在把他们的力量全部使了出来，很快就会有决定性的结果了，我们只好竭尽所能。现在是政治家应该负责任的时候了。我们相信不久更大的打击就会来到。我常常想念留在家中的你，衷心希望这场战争可以有一个比较圆满的结束。

6月13日

又是非常激烈的战斗。敌人在飞机、海军炮火、人力和物力等方面，无一不占有极大的优势，现在他们就可以显现这些威力了。我方最高当局是否认识到这种局势的严重性，以及能否获得一个适当的结论，照我看似乎很有疑问。各方面的补给情况都已经很紧张。你们两个人最近的生活如何？我还没有接到你们的任何消息。

6月14日

昨天又上前线去督战，情况还是没有改善。我们要准备面临着更大的难关。部队——无论是正规陆军还是党卫军部队——都在拼命死战中，但战况仍一天比一天更坏。我方的空军在整个战场上几乎完全不露面。我的身体一直都还好，尽管一切希望都幻灭了，但我还是尽量保持信心。你一定可以想象到我们不久就会要面临到何种困难的决定。请记住我们在1942年11月间的谈话。（1942年11月间，在阿拉曼会战结束后不久，隆美尔曾经和希特勒及戈林做过一次会谈。事后他在罗马曾经对他的太太说：这场战争已经败定了，现在应该尽可能迅速谋取一个折中的和平。）

6月15日

今天有一个机会，派了专人把这封信送给你。我昨天见到元首，他现在正在西线方面。我给了他一个极详细的报告，把一切的事情都讲述清楚。假使当初OKW诸公认为前线上的部队打得不够好，那么他们对这种主观的偏见，也似乎该修正了。我们部队本身就是证明自己曾经竭力苦战的最好证人。假使当局早肯听我的主张，在第一天黄昏的时候，就集中三个师的兵力发动一次逆袭，那么这一次攻击也许早已经被击败了。当前线上的战斗正处于十分危急的时刻，那些装甲师却要经 250—400 英里的距离，才能够到达第一线。不过这已经过去了，我对未来的展望比一个星期以前还要乐观一点，长射程的作战已经使我们大感快慰。 在最初几天的战斗中，已经有好几位将领战死了。其中包括法里将军（Gen. Faley），他是在第一夜——6 月 5 日到 6 日之间——遇害的。

……敌人现在是想迅速突破直达巴黎，但似乎已经不大可能了。我们的实力也已经增加了不少。元首很有礼貌，心情也很好。他也认清了局势的严重性……

6 月 18 日

军事的情况又突然转劣。敌人的空军使我们的补给方面受到了极严重的打击，到了现在，可以说补给线已经完全被切断了。假使发生一个决定性的战斗，我们将无弹药可用。你可以想象到我是多么烦恼啊。在这种情况下，连瑟堡也都不可能长久守下去。我们要准备应付严重的状况。

6 月 23 日

现在东线方面，苏军又发动攻势了。我希望至少在那一方面情况不会太坏。尽管守军已经在拼死苦斗中，瑟堡是绝难守得太久。凭炸弹和炮弹的威力，敌军在任何地区都可以制造机会，使他们只用突击的方式来收取战果。最大的悲剧却是我们绝对无法用同样的方法来还报他们。我现在又要上前线了，这已经成了我的日课。

6 月 24 日

1944 年 6 月 23 日，苏军展开夏季攻势，攻击的目标是维捷布斯克（Vitebsk）地区，位置在普里佩特大沼地（Pripet Marshes）的北面。德军的指挥官曾经建议在敌人尚未发动攻势之前，先撤退到贝里西拉（Beresima）之线，以使敌人的打击落空。但是希特勒却命令不准后退一步。苏军很轻易就突破了伸展得太长的德军防线，一个星期内深入 150 英里，越过了明斯克—华沙公路。到了7月中旬，他们已经深入到了波兰和立陶宛的领土之内，在普里佩特大沼地以南的苏军也加入了这个大攻势，到了7月底，这个联合攻势已推进到了维斯瓦河在华沙的附近，并且在南面越过了桑河（San）——五个星期内前进了450英里。他们在这里停顿下来，并建立后方的交通线。一直到1945年1月间，才再重整攻势向德军中央地区挺进。这次他们一直冲到奥得河（Oder），距离柏林仅60英里远了。

在这段时间，苏军的左翼兵力向罗马尼亚、南斯拉夫和匈牙利等地推进，做一个巨型的迂回行动。11月4日，到达布达佩斯（Budpest）郊外。该城守到次年2月13日才沦陷。在1944年的秋天里，苏军的右翼也横扫过波罗的海诸小国，德国的北方集团军，由于遵守希特勒的命令，被陷在库尔兰半岛上无法脱身。

> 我现在在医院里，只能静静躺着，要等到两个星期之后才能移动。我的左眼肿得很厉害，不过医师说已经比先前好一点了。夜间，我的头还是痛得厉害，不过白天却好得多。正当我负伤的时候，突然又发生了谋刺元首的事变，这真使我感到震惊。这个事件已经过去了，我们应该感谢上帝。在这个事变尚未发生之前，我曾经把我对于当前情况的意见，报告元首知道。
>
> 向你和曼弗雷德表示我热切的爱，并祝你顺心如意。
>
> 7月24日

这是隆美尔在负伤之后所写的第一封信。是由他口授的，因为他还不能执笔。他在6月24日到7月17日之间的信件都已遗失了。

在这封信里面提到他上给希特勒的报告，隆美尔曾经把他的意见表达出一部分。在这之前他还发过一个无线电报给希特勒，告诉他西线是绝对无法守下去了，请他速做适当的决定。

几个星期以后，隆美尔自己要求回德国，以免他在负伤的状况下落入盟军手里。他不知道他这个要求恰好注定了他自己的命运，因为希特勒可能在那个时候就决定要杀死他了。不过 7 月 24 日希特勒还拍了一个慰问电报给隆美尔，其内容如下：

> 元帅，请你接受我的好意，我希望你能早日恢复健康！
>
> 希特勒

# 第二十二章

# 末　日 ❶

　　那是 1944 年 8 月中旬的一天，我正在乌尔姆郊外某地服役。当我正坐在高射炮的炮位旁边的时候，突然接到连长打来的一个电话。他说："你父亲已经回到了黑林根，你已经被调到了他的幕僚中去服务。今天你就可以收拾动身了。"

　　一辆指挥车把我送到了黑林根，一直开进了花圃的大门，停在屋前。女仆打开房门。我把背包向地板上一丢，里面的餐具饭碗发出铿锵的声音，我匆匆地洗了手，就走进书房。我的父亲，左眼用一块黑色的绷带掩盖着，正坐在一把圈手椅上。他面部的左半边因为受重物撞击，已经压坏了。当他站起身来的时候，脚还有一点发抖。我们互相问候之后，他说："我一直都还好。现在还有点头痛，左眼还是闭着的，也不能够移动。但已经在慢慢痊愈了。"

　　我们都坐了下来，当我父亲把脸转向我母亲，继续谈论诺曼底的作战经验时，又是一副庄严的神态。我在这里就记忆所及，把他所说的许多话追记如下：

　　他说："我在诺曼底的职务总是受到希特勒的限制，再这样下去，只要一个'上士'就可以担任总司令了。他几乎大小事情都要干涉，而且对我们的建议一律不接受。刚开始时，盟军只占有两处桥头阵地，一处在科唐坦半岛，实力比较弱；一处在巴约附近，实力则较强大。我们当然想首

---

❶ 本章由曼弗雷德执笔。

先消灭较弱的那一方面。可希特勒所想的却和我们相反。这种分散实力的攻击，实际上只徒然消耗宝贵的兵力。假使我们想要抽出一个师来，他马上就命令我们把这个师立即送回原处。当我们下命令说'应该抵抗到最后一颗子弹为止'，但是上面却把它改成'应该抵抗到最后一滴血为止'。当瑟堡投降后，他们却派了一个军法官来，这就是上级对我们的援助。

"部队的行为可以说是英勇到了极点。在最初的几天中，他们为了争夺操作战防火箭炮的任务（这是一种极危险的任务），常常彼此之间打起架来。但是最后，他们都感到失望了，因为什么办法都不中用。不过几天之后，有一位军长在遭到英国低飞飞机攻击时，他恰好停留在车里面，结果受了重伤，倒在车座上。他的副官想在第二次攻击到来之前把他拖救出来。但他却抓着座位说：'就让我留在这里好了，我宁可死在这里。'第二次的轰炸就把他炸死了。"

我父亲颤巍巍地站起身来，向窗子外面看了一会儿。然后继续说："单单靠勇气是没有用的，这完全是一场可怕的流血惨剧。有时我们一天的死伤数字，可以和1942年非洲夏季战役的全部数字相等。我的神经本来非常健全，但现在偶尔会觉得自己马上就要崩溃。不管你到哪里，你听到和看到的，都是死伤数字报告、死伤数字报告……雪片似的死伤数字报告。在我过去的作战中从来不曾见过这样巨大的损失。假使我不是天天都要上前线去，我真不敢相信：我们每天竟损失一个团以上的兵力。"突然他转过身，靠在窗台上面，又说："最糟的是，这种牺牲既无目的，也无意义。我们现在一样事情也不能做，只在无意义地消耗。我们每放一枪，就使本身多受一点损失，因为敌人必然会以百倍以上的力量来向我们报复。这种悲剧越早结束越好。"

我们互相对看着，没有作声。于是我说："也许新兵器出现之后，我们就可以转败为胜了。"

他回答说："那全是废话。根本没有这些新兵器。这些谣言的目的是想欺骗前线上的普通士兵，好让他们能够多支持一会儿。我们已经完了，而那些身居高位的诸公，其中大多数也都心里明白，只是不肯承认而已。即令他们非常愚笨，像这样清楚的事实，大概也不至于认识不清。"

医师要求我父亲在床上多睡几个星期，但他不肯听。每天清早，我都可以听到他慢慢地从楼梯上走下来，于是我跟在他后面也进了书房，好把一些文件读给他听。通常在早餐桌上，就开始热烈讨论。我那时还只有15岁，而且身为空军的辅助队员，所受的教育使我对希特勒还存有一种崇拜的心理。所以每逢父亲批评朝政的时候，我所发表的言论，多半是偏向政府当局的。他在这种时候，总是用无比的耐心，把他的意见分析给我听。有一次他说："战争对于参加作战的人，通常是不会有什么好处的。一旦战争发生了，我们作战的目的就是使战争赶紧结束。既然知道没有什么收获，就应该立即停止。这就是我们今天所处的地位。不过只有东线方面的战争是一个例外，绝不可以向这种敌人投降。这是生死存亡的斗争，所以情形又不同。我们今天所要努力的方向，就是不让苏联人进入我们的国界。"

当父亲听到当局把东线的部队向西线调动的时候，他简直气炸了，大声喊叫着说："这一班蠢材！他们只知道'火烧眉毛顾眼前'。最多拖几个月，又有什么意思？东线一定会崩溃的，苏军下一波攻击就可以进入德国领土了。我们都知道这是多么严重的事。"

到这个时候为止，我对父亲想在西线方面获得单独和平的企图，还是一无所知。我也完全不知道他和那些在"7月20日事变"以后被捕的军官之间有什么关系。所以，当我听说有一些盖世太保正在我们住宅附近，想侦察屋子里的情形时，不禁感到十分惊异。在这个时候，我差不多天天陪父亲到附近森林里散步。有一天上午，当我坐在他房间里的时候，他突然向我说："向那边看，曼弗雷德，也许那里隐藏着某一个人，他想不惹太多麻烦就秘密地把我干掉。譬如说，在森林中行刺就是一个很好的方法。不过我却不愿因为这个危险而放弃散步的乐趣。从今天起，我们带手枪好了。他们那些人头一枪一定打不中，所以只要一听到枪声，我们就可以向着枪声来源的方向，盲目地乱打一阵，这样就可以吓得他们不敢伸出头来。"

我起先还不明了我父亲这些话的含义。一直等到有一天他向我说出了下面的话，我才明白。他问我："告诉我，曼弗雷德，当希特勒突然把这许多的人都处以绞刑时，你们年轻人有什么感想。这些人并没有错，只不过他们认为战争已输定了——这并非无理由——我们应该设法结束这场战争。"

我回答说："这个我很难答复。当那些青年坐在炮位旁的时候，他们也同样讨厌战争。但是多数的人却相信我们仍然可以获得最后的胜利。"

父亲插嘴说："但是它早已输定了。假使我本人也宁可违背希特勒的意志，宣布准备设法结束战争。你的感想又是怎样？"

我问："为什么你要问这个问题？"

他说："呵，现在姑且不谈这个，无论如何，有一件事非常清楚。当整个民族的命运和幸福完全操纵在极少数人的手里时，实在是一件令人难以忍受的事情。这一定要有相当的限度，否则一切不合理的怪事都可能发生。"

自从那一天起，我也感觉大祸即将临头了。

在那个时候，我父亲深信，在几年之内，西方国家和苏联之间一定非发生战争不可。当时有许多军官来看我们的时候，也曾发表同样的见解。不过我父亲的意见和旁人又有不同，他认为西方国家一定能获得最后胜利，不过也许是在很远的将来。这些话是他从法国回家一个月以后讲的，我还记得很清楚。这一次谈话是在夜间 10 点钟的时候，我们都在他那间大书房里面，父亲身穿褐色单排扣的便服，坐在面对着我的一把圈手椅里。那时他已恢复了活力，虽然他的左眼由于负伤还没有消肿。另外一只眼睛在许多年前就已经远视得很厉害，所以我必须暂时留在家里，为他代读各种文件。那一天夜里，有一本谈到世界原料分布统计数字的书，使他很感兴趣。接着我们又谈到将来的问题。

我父亲说："苏联和西方国家就好像水火不相容。他们一定会发生摩擦，可能最后会爆发战争。也许当我们崩溃之后，还不至于马上发生战争，因为整个世界对战争都已经感到厌倦。这个战祸的危险也许过几年就很明显了。"

我问："你是否以为英美的前途并不乐观？苏联陆军的力量可能超过西方国家之上。"

我父亲回答说："专靠陆军并不能决定最后的胜负。在诺曼底，我们即令有再好的战车和精兵，又有什么用处呢？不，青年人，美国已经掌握制空权，他们不会再放松的。制空权对于任何强大的陆军，都是一张死刑宣判书。没有空中的掩护，陆军根本无法作战。"

我母亲在中途插进来说："也许苏联人会等到这次战争结束、美国人解除武装之后，才开始向他们挑战。西方国家的人民需要一个高等的生活水准，所以他们的工业必须改作民用生产之用。"

他回答说："即令如此，美英两国最后还是会胜利的，即令整个欧洲被征服了也没有关系。我们不要忘记，美英两国还拥有制海权，只要地球上任何海水能达到的地方，他们的战争物资也就可以运到。"说到这里，他就指着地图再说下去："这里是法属北非。这里有许多大型的港口和第一等的铁路交通线。但是，在埃及到高加索之间，却只有一两段铁路，而且轨道都比苏联的标准窄，他们不一定有多大用途。从利比亚到突尼斯之间，差不多有 2000 英里的距离根本没有铁路。所以苏联人势必要用卡车载运补给物资，经过几千英里的距离送达部队。事实上这是不可能的。像这样的卡车，每走 7 英里需要 1 加仑的汽油，每走 2000 英里就需要大约 280 加仑的汽油，再加上回程的 280 加仑——共约为 120 桶。差不多每一辆卡车的载量都正好是它的燃料用量。另外还有一个因素也需要考虑：现今的战车马达也吃不消这样长远的距离。所以苏联人敢不敢越过这两三千英里的距离去冒险呢？当然不会。因此在非洲只要留着一支优良装备的小型精兵，即足以在那里做迟滞的抵抗达几个月之久。"

他再说下去："我们刚刚听说英美两国的生产能力要比苏联人高出四倍以上。所以在紧要关头，毫无疑问这两个国家在法属西非洲一定可以保持住最后的据点。以那里当作基地，他们一定可以慢慢把制空权争取到手，而且他们的实力也会一天比一天增强。于是他们就会开始反攻，像他们今天在西欧地区的行动一样。他们的轰炸机队一定可以把苏联陆军和他们补给基地之间的联系切断，并且把他们钉死在地面上，慢慢地把他们消灭掉。于是他们就会一步又一步前进，他们的船只装着补给，可以到达世界上任何地方。依照战局的发展，他们可以到达托布鲁克、苏伊士和巴士拉。一旦里海方面的石油产地进入联军轰炸机航程之内，苏联人的生命线也就被砍断了。"

当我父亲正在高谈阔论时，希特勒的鹰犬却正在忙于寻找从柏林到西线总司令部中的线索。法国的军事总督斯徒普纳格将军（Gen. von Stulpnagel），在自杀未遂之后，已经落入了盖世太保的手里。自从伦德施泰特特元帅因为"具有失败主义的观念"被免职，他的接任者克卢格元帅也已经失踪多日了。某一天有一个传令的军官从法国来，和我父亲做了一番长谈，带来许多有关法国的新闻。当我听到那个军官的车子开走后，我走进父亲的书房。他坐在书桌前面，脸色十分凝重。

他说："克卢格已经死了。我们现在才知道他是怎么死的。希特勒准备拘捕他，先把他召回德国去。途中，他在车里服了毒。很久之后，司机回过头一看，才知道后座坐的是一个死人。"

我父亲继续说："当克卢格刚到法国来的时候，他受了希特勒大本营中诸公的影响，见面就教训我说：'连你也应该学习如何服从命令。'当时我们之间颇不愉快。可是当他在前线上做了一番短期视察之后，他就明白我是对的，也认为实在有单独与西方谋和之必要。但在7月20日之前，他对这个事变一无所知，一直到从广播里听到了希特勒的文告之后他才知道。当然，那已经太迟了。"

无疑，父亲在此时也明知自己的前途已同样不乐观。可是他却不曾料到会与克卢格同样的死法。

9月初，我们接到一个消息说，希排德将军已被免去B集团军参谋长的职务，他到黑林根来看我父亲。他们之间长谈了好几个钟头。希排德将军准备过一两天后到元首大本营里去报到，他们希望通过新任参谋总长古德里安将军，再做一次和平的努力，但这个企图始终不会成为事实。

我父亲的事件使希特勒特别伤脑筋。因为假使大家知道连隆美尔元帅也认为战争是败定了而主张和平，则结果必将使士气大受打击，无异于在军事上宣告破产。由于这个原因，希特勒虽然早已知道我父亲主张和平，却迟迟不敢对他下手。9月7日，希特勒下命拘捕希排德，这个悲剧的最后一幕便开始上演了。希排德被捕的消息，以耳语方式从一个人的嘴里传到另一个人的嘴里，于是我父亲以前的一些朋友都突然变得非常沉寂。当我父亲发现这个现象之后，他不禁微笑着说："老鼠们准备离开沉船了。"他十分关心希排德的命运，虽然官方并未正式宣布希排德被捕的消息，可是他却用尽一切方法使希排德重获自由。最后，他坐下来写了他给希特勒的最后一封信。（读者应注意这正是流血清算达到最高潮的时候，而隆美尔却不计个人的安危，一心只想救出他的好友和助手。其人格颇堪敬佩。）

元首先生：

不幸得很，我的健康一直到今天都未能如我预期完全恢复。自从我负伤之后，西线战场的战况又日趋恶劣，尤其在我偶然听到我过去的参谋长希排德中将被免职并已被捕的消息时，我的精神上受到难以忍受的刺激。我已感觉到我再经不起更严重的打击了。

继高斯中将之后，从 1944 年 4 月中旬起，希排德将军奉命充任我的参谋长。前参谋总长蔡茨勒上将和他过去的军团司令沃勒尔将军（Gen. Wohler）都对他赞誉有加。他在出任集团军总部的参谋长后不久，便获得您所授予的骑士级铁十字勋章，并升任中将。他刚到西线方面不久，就显示出他是一个勤勉而有效率的好参谋长。他能切实掌握幕僚，对部队具有极佳的了解，并且忠实地帮助我，用一切方法在最短时间内完成大西洋长城的防御工事。当我上前线去视察时——差不多是每天的日课——我都信赖希排德为我传达命令给各军团，并与上级和其他单位取得联络。

当诺曼底之战开始之后，在敌人空中优势、强大海军火力以及其他物质优势的压迫之下，希排德不避艰险，努力工作，一心只想在苦战之中获得胜利。一直到我负伤之日为止，希排德总是忠实地站在我身边。克卢格元帅似乎对他也非常满意。我真想不到有什么理由将希排德中将免职并拘捕。狄特利希中将 ❶ 和他也

---

❶ 此人为希特勒的爱将。——编者注

是好朋友，常常有往来。

　　不幸的是，在诺曼底的战斗中，我们没有趁敌人还浮在水面上或在最初登陆的时候，就将他们击毁。这我早就向您报告过，当希孟德将军尚在时 ❶，我想他一定转呈给您看过了。

　　当克卢格元帅初任西欧战场总司令的时候，他曾经在我的参谋长和作战处处长面前不客气地指摘我。我不甘于接受这种指摘，于是第二天，我要求他说明他做此种指摘的理由。后来当我和克卢格元帅谈话时，他自动收回这个指摘，当时我就劝告他无论局势如何严重，对前线上的真实情况，都必须坦白向您提出报告，而绝不可以把不愉快的事实隐藏起来。元首先生，只有这样才可以使您有明确的观点和适当的决定。在我负伤的前一天，我曾经有一个最后的情况报告，由西欧战场总司令部转呈。事后据克卢格告诉我，他曾经加上了一个签注，然后一并呈给您。元首先生，您当然知道：从1940年的西欧战役起，一直到1941—1943年的非洲战役、1943年的意大利战役、1944年的西欧战役为止，我每次都是竭忠效力地作战。

　　我的内心只有一个念头，就是如何为德国战斗，并获得胜利。

　　元首先生，再次向您致敬！

隆美尔

1944年10月1日

　　但是希排德将军的下落还是不明。在他被捕后不久，在陆军荣誉法庭之前，他的名字曾经和父亲的名字一同被人提到。但是"隆美尔案件"始终不曾为官方公开提出。

　　10月7日，有一个电报送到了黑林根。凯特尔元帅要求父亲到柏林

---

❶ 希孟德死于1944年7月20日事变中。——编者注

去一次，以便参加 10 月 10 日的重要会议。有一辆专车会到乌尔姆来接他。我父亲看了这个电报之后，他说："我才不会再上当呢，我现在已经认清了这些家伙的真面目，我到了柏林之后绝对活不了。"他公开把这件事告诉了图宾根（Tubingen）大学的脑科专家阿布里赫特教授（Prof. Albrecht），他是父亲的主治医师。阿布里赫特教授马上签发了一张证明书，表示他不适宜旅行。

但是事情发展得非常快。我父亲拒绝去柏林的行动，只不过使他的寿命延长四天罢了。

法尔尼（Oskar Farny）是一位地主，也是我父亲的老友。因为他是前中央党❶ 所选出来的国会议员，所以一向被纳粹党视为不稳定分子。在战争末期，他曾经和前任的内阁阁僚费尔（Fehr）和盖斯勒尔（Gessler）等人做过长谈，研究如何结束战争和结束纳粹统治。

1944 年 10 月 13 日，费尔和盖斯勒尔都已经被拘，我的双亲同一天去拜访法尔尼，发现他已经在那里等待盖世太保的到来。可是他却向我父亲说："希特勒绝不敢动你，因为你是全国人民心目中的大英雄，若是加害于你，会引起太多的注意。"我父亲却好像是预知他的死期将至，便回答说："你错了，希特勒一定会把我铲除掉。他绝不会留下我这个祸根。"

当双亲回家之后，他发现正有一个长途电话在等着他们。电话的内容是说有两位将军明天会来拜访我的父亲，讨论他的新职问题。

几个星期前我已经归队了，但是连长 10 月 14 日又给了我一个假期。我一清早就离开了高射炮阵地，上午 7 点钟时赶回了黑林根。我父亲已经在进早餐，仆人赶紧送上一套餐具，我就坐下来和他一同吃，饭后一同在花园里散步。

父亲开口说："12 点的时候，有两位将军要来看我，和我讨论未来的

---

❶ 即德国中央党，是德国中间派政党，1870 年成立，1933 年被纳粹党解散。——译者注

新职问题。所以今天就可以知道他们到底想对我采取什么计划：是上人民法庭呢，还是到东线去接受一个新的指挥权？"

我问："那么，你愿意接受东线方面的新职吗？"

他握住我的手臂，回答说："我亲爱的孩子，我们在东线方面的敌人太可怕了，在他们面前，一切的考虑都应暂时放在一边。假使他们真是征服了整个欧洲大陆，即令只是暂时性的，那么一切也都完蛋了，此后的生活就不值得一活了。所以，我当然义无反顾地要去！"

快到 12 点的时候，父亲走进他楼下的房间，把那件褐色的便装上衣脱了下来，换上了他在非洲时最爱穿的开领制服。

差不多 12 点的时候，一辆暗绿色的汽车，牌照是柏林的，停在我们花园的大门前。在这间屋子里面的男人，除了父亲以外，就只有父亲的好友和副官艾丁格上尉及我本人。两位将军——一个是布格多夫（Gen. Burgdorf），他的个子很魁梧，另外一个是梅塞尔将军，却是一个短小精悍的人——先后下了汽车，走进屋子。他们非常有礼貌地向我父亲表示要和他做一次单独的恳谈。艾丁格和我便退到屋外。我心里好像已经放心了，我想："看样子，他们不是来拘捕他的。"于是我上楼去，找一本书坐下来看。

几分钟之后，我听见父亲走上楼来，进了母亲的房里。我急于要晓得事情的结果，立即赶了过去。他正站在房间的中央。他压低嗓音向我说："和我一起出来。"我们一同走进我的房间。他开始慢慢地说："我刚刚已经对你母亲说过了，我在一刻钟之内就要死了。"他的态度很镇静，继续说："死在自己人的手里是很令人伤心的。但是这座房子已经被包围，希特勒指控我犯了卖国的重罪。总算是他的好意，姑念我在非洲的战功，已经准我服毒自尽。这两位将军已经把毒药带来了。只要三秒钟就可以生效。假使我接受了，他们不会像平常那样牵连到我的家庭，就是指你而言。他们也不会加害我的僚属。"

我插嘴问道："你相信这些话吗？"

他回答说："是的，我相信他们说的是真话。他们当然不希望把这件事闹大。此外，我还要负责要你承诺保密。假使有一点风声泄露出去，他们就会认为已无遵守协定之必要。"

我又说："难道我们不能够自卫……"他马上拦住我，叫我不要再说下去。

他说："那是绝对不可能的。我宁可一个人死，而不要让大家在乱枪之下丧了命。而且，我们也没有充足的弹药。"接着他说："请叫艾丁格进来。"

这个时候，将军们所带来的随从正和艾丁格谈话，其目的是要牵制住他，不让他和我父亲接近。在我召唤之下，艾丁格上了楼来。当他听到这一切之后，顿时呆住了。我父亲说话的速度加快了。他也再度提到我们想要自卫的企图是毫无用处的："他们已经有了最完备的准备。我死后还可以受到国葬的荣典。我已经要求在乌尔姆举行。在一刻钟之内，艾丁格，你一定会接到一个从乌尔姆瓦格纳学校（Wagnerschule）预备医院中打来的一个电话，说我在中途中风去世了。"他看看表，然后说："好了，我要走了，他们只给我10分钟的时间。"他匆匆地和我们每个人道别。于是我们一同走下楼梯。

我们帮助父亲穿上了皮大衣。他突然从口袋里拿出了一个皮质的钱包，说道："这里还有150马克，我把这些钱带去好吗？"

艾丁格说："元帅，现在这都没有什么关系了。"

我父亲小心地把钱包放进他的口袋。当他走进大厅里面的时候，那只从法国带回来的小狗，高兴地跟在他后面乱跳着。他说："曼弗雷德，把狗关到书房里去。"当我和艾丁格去照料狗和关门的时候，他就站在大厅里等候。接着我们又一同走出住宅。那两位将军正站在花园大门的附近。

当我们走近那两位将军的时候，他们都举起右手向我父亲敬礼。布格多夫嘴里还高喊了一声"元帅"，然后站在一边，恭候我父亲步出园门。在路旁的不远处，有几个村夫在那里看热闹。梅塞尔回过头来问我："你是属于哪一连的？"

我回答说："将军，第三十六营第七连。"

汽车在门外等候着。一个穿党卫军制服的司机把车门打开，立正站在旁边。我父亲把元帅的权杖夹在他的左臂下，他的脸色镇静如常，上车前把手伸出来，与艾丁格和我再握了一次手。

那两位将军迅速坐上座位，车门轻轻关上。当车子迅速地往山坡下面行驶的时候，我父亲连头也没回一下，转了一个弯就不见了。当他们去远了之后，我和艾丁格再转过身来，静静地走进屋子里。艾丁格说："你最好还是上楼去看看你的母亲。"我走上楼去等候那个电话。心中万念俱灰，六神无主。

我点起一根烟，试着再把书读下去，但是每个字好像都已经丧失了它的意义。20分钟之后，电话铃响了。艾丁格拿起话机，一点都不错，他们说我父亲已经死了。那一天黄昏的时候，我们坐车到了乌尔姆的医院，那里是他遗体安息的地方。医师在接待我们的时候，态度十分不安，毫无疑问他们也已经猜到了真正的死因是什么。其中一位医师打开房门，我看见父亲穿着他那件褐色的非洲军制服，睡在一张行军床上，脸上显出藐视一切的笑容。

我们是后来才知道他离开我们之后的真正情形的：汽车开过了小山就停在一个森林地旁边的空地上面。那一天上午，早已有大批的盖世太保把我们的住宅包围了，假使我们反抗，那么他们就准备冲入宅内，格杀勿论。车停下之后，梅塞尔和司机都下车走开了。只留下布格多夫和我父亲两个人在车子里面。过了十分钟左右，司机才准许再回到车上。他看见我父亲向前倒在地上，军帽已经掉了，元帅的权杖也从手里掉了下来。于是他们用最快的速度向乌尔姆驶去，把遗体送进医院。然后，布格多夫到乌尔姆的驻军司令部，用电话把我父亲的死讯报告给希特勒知道，接着又打电话到他一个随从人员的家中，叫他们准备晚餐的菜单。德国军官团中99%的人，都痛恨布格多夫的这种兽行。后来当1945年4月柏林沦陷的时候，他和鲍曼（Bormann，希特勒的秘书长），在狂饮了数日之后，也用自杀的方式结束了自己的残生。

在整个故事当中，令人觉得可鄙可笑的莫过于我们接到德国政府中许多要人们的唁电。这些人不仅知道这个事件的内幕，而且对我父亲的死多少都是有"功劳"的。引述几封电文如下：

　　您丈夫的逝世对您当然是一个重大的损失，但请您接受我诚恳的同情。隆美尔元帅的大名，将和他英勇的北非战绩同样永垂不朽。

希特勒敬电

1944 年 10 月 16 日发自大本营

　　您的丈夫隆美尔元帅，由于负伤已经英勇死去了。我们都希望他能继续为德国人民服务，现在听到这个噩耗，使我感到十分悲伤。我亲爱的隆美尔夫人，我个人谨代表德国空军的全体人员，向您表示真诚的同情。

帝国大元帅戈林

1944 年 10 月 16 日发自大本营

我亲爱的隆美尔夫人：

　　听到了您丈夫逝世的噩耗之后，我的妻子和我愿向您表示极诚意的同情。德国陆军痛失了一个最成功的指挥官，隆美尔元帅的大名和他的非洲军团，将从此永垂不朽。在您的悲戚之中，请接受我们的慰问。

帝国部长戈培尔夫妇

1944 年 10 月 17 日发自柏林


　　当这些假冒伪善的伪君子还在拼命掩饰他们罪行的时候，成千上万的德国军人，却在东南西北各个战场上不断地浴血苦战。他们固然已经感到失望，但却还不知道他们的上级是这样一群卑鄙的小人。

# 第二十三章

# 天已经黑了

以下是一些关于非洲战役和诺曼底战役的回忆录，内容颇为精彩，都是隆美尔在负伤之后在家里休养时写成的。这只是一个初步的草稿，他没有机会加以修改。假使他没死的话，一定会加以修改的。所以读者一定要注意这个事实，因为其中有些观点不够妥善，还有对私人的批评也不一定公正。他对凯塞林最后还是有好评的，这可以作为一个例证，说明隆美尔这个人的确是公正忠厚，虽然两个人彼此不睦，可是事后他的批评还是很理智的。

突尼斯的陷落注定了北非战役已经"了结"。正和斯大林格勒之战一样，戈林的"不幸"影响决定了这个集团军的命运。结果总数 13 万人的德军，都步入了盟军的战俘营。这些人对南欧的防御原本有极大的价值，这些人的损失简直是无法弥补的。（从 1941 年起，一直到 1942 年至 1943 年撤出的黎波里塔尼亚为止，在非洲军团中，德国部队的损失数字，不过战死5200 人，被俘 14,000 人而已。）

决定北非战争胜负的主要因素就是盟军的物质优势。事实上，自从美国人参战之后，我们对最后胜利的希望就已经极其渺茫。假使我们的潜艇能控制大西洋，那么也许还有一线希望，因为即令美国人能够生产大量的战车、火炮和车辆，但仍须经过海运始能到达战场上。可是足以决定战争前途的"大西洋之战"，不久就因为我们潜艇损失数字惨重而宣告失败。这个事实就是一切胜负的主因：只要是美英运输舰队可以到达的地方，那么我们就已经败定了。

所以在盟军的侵入企图中，他们主要的问题就是取得一个足够纵深的桥头阵地，以使他们的物资可以源源不绝地流入，并且在卸载的时候不受到阻挠。一旦他们达到这个目的之后，我们对胜利就不会再有什么希望了。

不过即令是盟军有如此强大的力量，对于一个已经设防的海岸，他们也无法同时把20个师的兵力连同所有的装备和补给，一下都送上岸去。他们也还是需要相当长的时间，把兵力能够一个师又一个师地陆续送上岸。所以，在所有的登陆作战中，最初的几天就一定是最紧要的关头。

要想击败敌人的登陆作战，有两种可能的方式：（一）在最初几天内，把兵力集中在受威胁的点上，把敌人立即赶到海里去。（二）延长登陆战的紧急期，一面钉住敌人，一面集中兵力发动逆袭。换言之，使我方在敌人登陆地区中的局部防守兵力能有足够的强度制止敌人在几天之内扩张他们的桥头阵地。

因为我们在法国的兵力不够强大，所以无法同时担负两种不同的任务——一方面在海岸上保持着强大的守备兵力，另一方面又在内陆保持着一支适当的作战预备队。所以我们面临的问题是要在两者之间选择一样。要想增强沿岸上的防守兵力，势必要抽调作战预备队；要想建立一支作战预备队，势必要减少海岸上的兵力。

伦德施泰特特元帅是一位具有相当战略修养的军人，他的计划是想应付一切状况，把自己的位置摆在可以向各方面迎敌的地位上。所以他把装甲师和摩托化师部署在法国的中部，从那里他们可以迅速地赶往任何一方面的战场上，以便在敌人登陆的最初一两天内获得一个局部的优势。这个计划当然毫无疑问地要减弱沿海的防御兵力。若在正常的情况下，这是一种很正确的对策，其成功的机会应该是很大的。但是伦德施泰特特元帅对盟军的空中优势并没有适当的认识，他更不知道在这种空中优势之下，我们在作战和战术方面会受到多么重大的影响。

由于海岸防御兵力不够充足，所以这许多装甲师和摩托化师在开进的时候，一定要十分迅速，并且遵守严格的时间表。从我在北非作战的经验来看，我非常怀疑能做到这一点。

我们在非洲，从阿拉曼会战中，就已经有充分的机会来研究盟军的轰炸战术对我方摩托化部队的影响。而我们更可以预料到，在盟军入侵之日，他们在法国境内所使用的空军力量，一定会比在北非的规模还要大上好几倍。何况法国的地形又和非洲沙漠完全不同，部队运动时只能利用少数几条道路，这就是说，盟军空军的阻绝效力，会比在沙漠中增加许多倍。

所以我当时就提请伦德施泰特特元帅注意下列几点：

（一）英美两国的战斗轰炸机可以不分昼夜——夜间使用照明弹——监视所有的道路，阻止一切交通。

（二）盟军的轰炸机群可以炸毁一切桥梁和城镇，这种行动将封闭进路达几天之久。结果重要的道路将完全失去作用。

（三）摩托化部队在前进的途中，一定会遭受到极重大的损失。

（四）所以，要想维持原定的时间表，根本是不可能的。部队必须重新编组。假使只有两三个师的兵力，这种重组的工作还不会太困难。可是假使同时有十几个师分别前进，那么这个工作就不太简单了，而且需要很长的时间。若是将领没有应急的才能，更会乱成一团。

（五）也许需要十天或半月的时间，这支打击兵力才能到达战场上，并且重新编好组，开始作战。但是到了这个时候，盟军必已扫清了在海岸上的薄弱防守兵力，再继续向内陆挺进，并且在桥头阵地中建立起补给基地。一旦战事发展到了这个阶段，我们这一支在路上已经损耗了不少实力的打击力量即使再向敌人进攻，也已经没有成功的希望了。当然，我们也可以把兵力分为许多小部分，用强行军分别送上前线，但是这却达不到一个单独集中攻势的目的，而这种攻势却又正是伦德施泰特特计划的要点。

所以我坚持自己的计划，其实在这种环境下，这个计划也不过是一个"中策"而已：首先，对海岸防线的工事应尽量加强。步兵阵地应正临着滩头，而战车也应该分布在紧接的后方地区中，以便它们的火炮能够有效地控制滩头。对于最感到威胁的地点，应该尽可能地保持最强大的局部兵力，我主张必须做到下述的两点：

（一）敌人在登陆行动中最脆弱的时候，就是当他们还坐在登陆艇驶向滩头的时候。所以我们的防御部署也应以能在此刻及时地给予他们迎头痛击为考量。低水位的障碍物、滩头上的地雷和各种武器的集中火力，都足以使登陆部队在行动时比平常感到千百倍的困难。

（二）我们局部的兵力应阻止侵入军扩展他们的桥头阵地，以使其阵地无法达到相当大的面积，否则他们就可以在补给方面维持下去。此时，从其他地区中抽调来的装甲和摩托化兵力，应该集中在感受威胁正面的后方，从那里发动一次逆袭，以铲除敌人的立足点。由于敌人的空袭，摩托化兵力到达的时间可能不会那么快，所以补救之法就只有加强海岸防线上的守备兵力。

不幸的是，虽然我们已经尽了最大的努力来加速工作，但是海岸防线还是没能如期完成，达到我们所要求的标准。此外，无论元首大本营也好，西线总司令也好，他们都没有认清诺曼底是最受威胁的地区，他们都认为从战略上看来，盟军可能登陆的地区应该是在加来海峡方面。不过就盟军方面来说，任何战略计划能否成功，要先看登陆的行动是否成功。诺曼底的防御强度远不如加来地区，那么盟军当然有避重就轻的可能。他们第一个要考虑的问题就是登陆的成功。至于今后战略上的发展却是一个次要的问题。盟军有的是时间和物资，他们并不需要投机取巧。

拜尔莱因将军附注：这里的叙述有少许疑问，伦德施泰特固然始终认为盟军会在加来地区实施登陆，可是元首大本营方面却一再要求注意诺曼底方面的危险。

隆美尔在这里可能是笔误，但也可能是他认为元首大本营并不清楚诺曼底的危险程度，因为在盟军侵入之前，隆美尔要求调动几个装甲师和其他部队到诺曼底附近的时候，元首大本营并未批准这个要求。

当时，我曾经有两个要求：（一）是在塞纳湾中布雷。（二）调动某些部队——几个装甲师、一个高射炮军、一个多管火箭炮旅和伞兵部队等等——到诺曼底地区去。可是在盟军侵入之前，以上两点没有一点能够办到。所以一开始，我们就处于不利的地位。

隆美尔此处所指的是装甲训练师和党卫军第十二装甲师。假使他这个计划实现了，那么当盟军登陆的时候，德军就可以用下列兵力马上向盟军发动一个反扑：一共是520辆各型装甲战斗车辆、120门突击炮和自行火炮、1200辆装甲人员载运车（事实上，在6月6日那一天，只有第二十一装甲师能够立即应战，他们的实力不过150辆战车、60门突击炮和自行火炮、300辆左右的装甲人员载运车）。此外，还有好几百门高射炮和一大批多管火箭炮，也都可以使盟军受到严重的损失。

虽然如此，我仍相信：即令当盟军登陆时这些兵力已部署在海岸附近，我们这一仗也还是很难有获胜的希望。因为我们的逆袭可能会被盟军的海军炮火和空中轰炸击成碎片，而在这种狂轰滥炸之下，我们的炮兵阵地可能会全部失去作用。此外，我们布雷的工作做得也不够广泛，而大规模建立滩前障碍物的计划也没能如期完成。当我们开始工作的时候，本来就已经太迟了。同时盟军的战略轰炸对交通——尤其是诺曼底方面——实在破坏得太厉害，所以根本无法使工作的速度再提高。总之，当敌人的空军和炮兵占有这样完全的优势时，可以说是谁也没有办法应付了。

我所预料的事实后来都不幸言中。摩托化部队花了好几天的时间——实际上多半是夜行军，才勉强挣扎到了前线，可是他们在途中受到的损失已经极为惊人。

有一件事是已经确定的：我们在海岸上没有把敌人击退，从而失去了最后一个有利机会——我是指我们可以利用这场胜利为基础，再从事政治上的发展，那么其价值才真是难以估计。

不过话又说回来，真正最大的机会却是在北非就已经丧失掉了。因为我们的最高当局根本就没有认清北非战场在战略上的重要性。他们一再犯错误，最后才使轴心国部队不得不在突尼斯投降。我觉得我有必要在这里将非洲战场的重要性加以说明，并且解释为什么他们不知道利用这个机会的理由，由于负责当局对这个战场在战略上的潜在价值和它的特质认识得不够清楚，才使这个战役变成一个极大的悲剧。等到他们认清了之后，他们又拒绝承认时间已经太迟了。那个时候，地中海地区的战略情况早已起了激烈的变化，要再想维持非洲战场已经不可能了。

有好几年的时间，英国人只用少数的兵力，就守住整个近东地区，兵力最高的时候也不过 12 个师。这些师曾经一再吃败仗，被我们打得七零八落，可是轴心国方面的实力总是不够强大，无法对他们的战果做战略性的扩张。但是英国的近东集团军却是这个广漠地区的唯一保护力量，这个地区对盟军方面具有极大的重要性。其理由如下述：

英国近东集团军所握有的地区包括下列几部分（实际上，应称为"中东"集团军）：

（一）苏伊士运河、埃及和东非洲。在这次战争中，苏伊士运河本身所具有的战略重要性，远不如一般人想象的那样巨大。其原因是由于意大利人在西西里可以把地中海封锁住。

（二）叙利亚、美索不达米亚和伊朗。有三个因素使这个地区对盟军具有特殊的重要性：

（1）1939 年，伊朗和伊拉克两国大约生产了 1500 万吨的石油，而罗马尼亚只有 650 万吨而已。若是轴心国占领了这个地区，则陆军就可以更提高其摩托化的程度，这正是在俄罗斯平原上制胜的一个重要因素。同时空军的力量也可以大为增强。

（2）美国军火和物资的主流都是经由波斯湾中的巴士拉流入苏联。那里有数以万计的战车和车辆，正在卸载转运的途中。轴心国若能占领这个地区，则美国的船只就只好开往摩尔曼斯克（Murmansk）去卸货了。在那一条航线上，由于他们的护航舰队必须经过一大段挪威的海岸线，所以会受到德国飞机和潜艇的威胁。

（3）假使轴心国部队能够占领整个地中海海岸线和美索不达米亚，那么向苏联南部发动攻势，这就是一个最好的基地。英国人不再能阻止德意的运输船只经过地中海，所以不会再有补给上的困难。

这就是英国人对地中海地区的战略情况的必然分析。那么这个情况对轴心国而言，又有怎样的可能性，现在再申论如下：

关于非洲战场方面，最重要的问题是：假使把德国的总兵力做一次较好的分配，那么是否能获得地中海上的制空权，并使在北非的轴心国部队在补给方面获得安全的保障？

第二个差不多同等重要的问题是：假使把德国总兵力作一次较好的分配，是否可以从比较不重要的地区中，抽出一些机械化部队，把他们用到北非方面来？

哈尔德上将在 1941 年曾向我说过，德国陆军总司令部认为在北非开辟战场实在是一种失策的行为，所以德国军队在那里的任务最多就只是使意军在利比亚的抵抗尽量多拖一点时间而已。哈尔德为了说明他的想法是合理的，便表示：要在北非长久补给两三个师的兵力，似乎是不可能的事。当我在非洲指挥作战的时候，他一直抱着这样的看法。早在 1941 年的 6 月间，高斯将军率领了一个由 OKW 派来的考察团来到非洲，研究在这个战场上使用较大兵力的可能性，但后来却一点下文都没有。

关于地中海地区的全盘战略情况，OKW 和 OKH 所表示的看法不仅是消极的，而且也缺乏责任感。我们在补给方面的困难比起英国人来说真是小巫见大巫：他们的物资必须绕过好望角，航行 1.2 万英里才能够到达目的地。

要想抽调足够的兵力到北非来，并且保证他们的运输和补给都不感到困难，事实上只要采取下述的步骤就可以成功：

（一）调动驻在法国、挪威和丹麦等地的空军单位，使地中海地区的空军实力达到适当程度的集中，以建立局部的制空权。

（二）把那些留在法国和德国境内无事可做的装甲师和摩托化师，抽调几个开往北非战场。在那个时候，盟军对于欧陆并无做大规模侵入战的能力。

（三）先攻占马耳他岛。

（四）指定一个专人管理补给问题，具有对物资处理和保护指挥的全权。在政治方面，他也应该获有充分的支持。

这些都是可以办得到的正常行动。但假使当时真能如此，则我们在非洲的战争就一定可以获得一个决定性的胜利。

一直等到在非洲战场惨败之后，消息传到了欧洲，那些人才开始认清非洲的重要性。于是开始力求补救之道。世界上的小人物都是不见棺材不流泪的。尽管盟军对于地中海的封锁此时要比 1941—1942 年更严密得多，但是他们非常拼命，在一个月之内居然使得运往突尼斯的物资达到 6 万吨之多。可已经太迟了。（从那不勒斯到突尼斯的航程，当然也比到的黎波里、班加西、托布鲁克等地近得多。）

我们在北非的人，曾经一再呼吁当局应该注意到非洲战场的战略价值，但是每次都受到上级的斥责。我们从来不曾放过为我们的观念做宣传的机会，但还是一点结果都没有。

若是能够提供我们较多的摩托化部队，并保证一条安全的补给线，那么我们在 1941 年年初到 1942 年夏季之间，就可能会获得下述的成就：

（一）我们可以击溃英国的野战军，于是到达苏伊士运河的道路就完全打通了。英国人也许要两个月的时间，才能够把生力军调到近东地区来。在这两个月当中，我们可以任意地发动各种形式的作战（所以我们可以假定：在这种情形下，英国人根本就不会再派援兵去近东地区了）。

（二）一旦占领了整个地中海的海岸线，运往北非的补给在途中就不会受到任何阻碍。而我们也可以向伊朗和伊拉克境内发动深入性的攻击，切断苏联到巴士拉的运输线，占领那里的油田，并建立一个向苏联南部进攻的基地。在匆忙之中，苏联人一定拼凑不出一支摩托化兵力，无论在组织方面和战术方面，在这个开阔的平原上，他们都将不是我们的对手。

（三）当我们在美索不达米亚准备向苏联南部发动一次大规模攻势的时候，我们同时也要切断摩尔曼斯克和苏联内陆的联系，然后从芬兰发动攻势去占领它。这个行动必须把我们的摩托化和装甲兵力用在极北的地区中，对我们的运输而言当然是一个沉重的负担，不过这却是一个值得一试的企图。如果成功，苏联人和美国人就完全被隔断了。这两个重要的港口——巴士拉和摩尔曼斯克——都已经被封锁，而日本人在太平洋中也可以切断美国人的运输舰队。苏联人剩余的唯一港口只有阿尔汉格尔斯克（Archangel），那里的位置很不好，一年中要封冻好几个月。

（四）我们最后的战略目标，是准备攻入南高加索以夺取巴库的油田。这一刀才真正可以刺伤苏联的要害。由于缺乏燃料，多数的苏联战车都会丧失作战能力，他们的空军也不能起飞，同时他们再也不可能指望获得任何有效的美国援助。在这种情形下，苏联就成了俎上肉，任由我们宰割。

当我提出这样一个作战计划的时候，那些短视的人马上反驳说我是痴人说梦，根本不愿考虑。事实上，这个计划没有一点不是正确可行的，它的基础绝对不是空洞的理论。这个计划实在具有100%的可能性。在世界战争中，一个人应该具有世界性的眼光。在英国第八军团的后面，固然有好几百万平方英里的土地，可是事实上成问题的只是这个利比亚沙漠中的一条单薄防线。只要这一条线被突破了，我军就会势如破竹地冲入后面那些不设防的国家，一点都不费力。


拜尔莱因将军附注：这里的想法也不是完全没有漏洞，其中有一些问题值得考虑。譬如说，当德军把大量的摩托化兵力抽调到非洲之后，那么盟军就有在欧洲提前登陆的可能。不过德军也有一个对策，那就是在东线上改取守势，而抽出一部分兵力来防守西欧。7月16日，在托布鲁克被德军攻陷之后，罗斯福曾经给霍普金斯（Hopkins）一份备忘录，从这里就可以看出美国人对这两个战场的相对重要性的比较，那份备忘录的原文如下："不管苏联是否会崩溃，中东必须要倾全力加以固守。我希望你考虑到苏伊士运河也沦陷后的一切影响。"


OKW对这整个问题的解决方法，足以代表德国国防军中某一部分人的特殊见解——这就是所谓"参谋本部的看法"。这些人好像以为整个战略的领域都是他们的"独家货"。他们自命为谨慎，但是却和英国的蒙哥马利不同。蒙哥马利素以谨慎著名，他认为一切都应有百分之百的把握，而反对果敢冒险的行为。在战略方面，这种态度是对的，但是在战术方面却不尽然。可是这些人所谓的"谨慎"，事实上只是怕负责任。一方面只要有旁人（上级）肯签字，他们甘于做一切不合理的作战，这些作战从战略上来看只能算是一种赌博，少有成功的希望。另一方面，他们从来不敢主动提出一个作战计划，即令这个计划绝对没有什么危险，而且更具有极大的成功希望也是一样。我认为这种态度才是使我们失败的主因，所以在下文中很想再详细地加以检讨。

拜尔莱因将军附注：我们绝对不存偏袒的心理，从上述的种种，可以获得下面两点结论：

（一）隆美尔对于补给方面的批评大致是正确的。毫无疑问，假使对这个问题多加注意，那么至少在1942年夏季以前，非洲战场上的补给不会缺乏。

（二）隆美尔的战略计划，似乎要比 OKW 的方法——一方面永无止境地向苏联进攻，而另一方面却让西方国家去培养他们的实力——合理多了。也许唯一的疑问就是：无论在军事上和经济上，专靠德意日三国的力量并不足以战胜整个世界。

# 近代军事领导能力

在19世纪的最后25年当中，所有欧洲各大强国，都开始用比较合于"知识分子"阶级典型的军官们，来从事所谓参谋本部的工作。这些人所受的教育都是把战争当作一种科学看待。施利芬认为："总司令就是一个军队的头脑。"这个观念已经为各国所普遍接受了。选择军官的标准，主要是要看他有无文人的气质。这种注重军官知识训练的观念，是由于下述事实所导致的必然后果：

（一）征兵制普遍被采用，使军队的数量大为增加。

（二）在补给和战斗两方面，各种新型技术工具的数量不断增加，使无论在战争观念方面或战争准备方面，都需要一种更广泛而精密的计划。虽然战斗的基本原理还是那样的简单——因为一切战斗的主要任务，还是由步兵来担负——可是在执行的时候，却变得越来越复杂了。

（三）战争的执行，无论是在战略方面或战术方面，事实上都已经发展成为一种科学。

甚至在科学的事项方面，每一个欧洲民族也都有一种受传统影响的强烈趋势。所以第一次世界大战之后，各国的军事当局对现有的战争工具都认为已经把它们的威力发挥到了最高的限度，于是多数欧洲国家的参谋本部在思想方面不免僵化。他们在原则方面，不假思索地接受过去伟大人物的观念，并开始往牛角尖里面钻，从此注意到的都只是复杂的细节问题。照他们看，也不过是"公文旅行"而已，但他们对自己的观念却死命坚持着不放松。不久以后，他们就连一个最简单的机会也都看不清楚。但谈起理论来，却还头头是道。

在德国，空军和战车兵种的发展由于《凡尔赛和约》的影响而告中断。这可能是一个不幸中的大幸，因为这使得我们在理论方面是在一个比较自由的环境中求发展，而不像其他的国家因为有了现成的单位，在组织和战术等方面都受到限制和束缚。此外，纳粹党在许多原则上的问题也不理会参谋本部的那一套而径行自作主张。在欧洲的其他国家中，例如英国和法国，他们的军事发展既没有中断，又不会受到革命性的影响，所以他们一步一步地成为极端僵化的形态，配合不上现代战争的需要。1940 年，假使英法两国在军事组织上、训练上和战术思想上都能合于现代化的要求，则当时的德国即令有较新式的战车和空军，也还不一定能占多大的优势。

虽然如此，德国的军官团也还是未能完全摆脱旧有的主观偏见。在德国有一个特殊的派系，他们拼命地反对一切现代化的工作，始终认为步兵是任何陆军中的主要兵种。这对今天德军在东线方面的战争也许是对的，可是对将来的战争却不尽然。我们注意的应该是这种未来的情形，战车将会是所有战术思想的中心。非洲战役和这个战役带来的新战争观念，是哈尔德将军之辈永远不能了解的。他们坚守那些传统的观念和成例，即令这些东西早已过期、变得不正确，他们也一概不加理会。其结果，遂令戈林和希姆莱等人认为他们自己对战争的了解，要比这些正统的军人还更高明些，而他们这种"票友唱戏"的姿态常常误了大事。同时他们也就把那些高级军事指挥官，连同他们的职业性参谋本部，都一律打入冷宫了。

我和我的幕僚们对所有这些无谓的军事理论一概置之不理，因为技术上的发展早已把它们打倒了。未来在战术方面的领袖人才将是战斗中的决定因素，因为未来战斗的主要着眼点，就是要在战术上把敌人加以毁灭。这种领袖人才不仅在智慧方面需要高度的天才，同时在个性方面也必须要有足够的强度，足以负得起他应负的责任。由于部队摩托化之后使得未来在战术上的可能性益增复杂，所以对于一个会战的过程，最多只能做一个大致的预测。因为如此，所以决定会战胜负的因素是心灵的弹性、勇于负责的个性、谨慎和大胆的微妙混合，以及对于战斗部队的控制力量。关于未来军官团的训练问题，我认为对于下列几点应特别加以注意：

（一）对于高级军官的基本训练，应特别重视技术和组织方面各事项的一般了解。这种教育的目的是要使受教的人能够保持一颗独立的心灵。所以最重要的一点，就是要教会军官们对有关基本原则的问题，如何保持着一种批评性的思想。对于以往某些伟大军人的观念固应加以尊敬，但绝不可流于迷信，甚至连讨论都不敢。只要对于基本原理能有相当健全的了解，则任何具有合理冷静头脑的人，只要他的思想不受到限制，那么他自己一定可以把一切细节做好。

（二）在观念建立以后，马上要加以执行。这是精力和主动精神的问题。一个军人所需要的是现实智慧和精力的结合体。一有企图，马上就要彻底地付诸实行。青年军官从他开始接受训练之日起，就应该明了：他所需要的精力应该和心智一样多。伟大的胜利常常是军官精力的总成绩。

（三）多数军事理论家都忽略了部队的心理问题。一般人都认为有平均标准的表现就可以满意了。事实上，对于士兵对战争的态度实应有深刻的认识，此点极为重要。今天，要一个人离开他的家园，在最困难危险的条件下来到前线上尽忠职守，必须要有极高度的理想和精神，才能够达成这种任务。所以指挥官对这一点绝不可存有任何的幻想。军官们一定要尽量设法使他们的部下保持这种理想的精神。

若是能够对心理问题做很精巧的处理——"以身作则"是一个主要的办法——则部队的表现常常可以好到难以想象的程度。

最重要的是，指挥官对他的部下，必须设法建立一种"个人性"和"伴侣性"的接触，但是对他的权威却又丝毫不能放松，每当攻击开始之时，在士兵中绝不可以有这种想法：认为他们的死伤数是可以用或然率定律事前计算出来的。因为假使这样一来，他们的热心就都会冷却了。士兵们的信心必须经常加以提高，否则会慢慢丧失殆尽。当士兵们进入战场的时候，一定要使他们怀着一种轻松的心情，并且使其对在上面领导他作战的指挥官，一点都不感到怀疑。

在对苏作战中，德军常常没有注意到这种原则，往往毫无目的地把整师整军的兵力任敌人去吞食。其结果使所有的官兵在进入战斗时，都怀着一颗沉重的心，一点都不想勇往直前。一个军队被迫和强敌作战时，最要紧的是必须特别小心，不要让任何单位陷于死地或绝境。只有这样才可以减轻恐怖和焦急的心理作用。对所有的军官而言，都应该特别重视部队的心理问题，应该学会如何适当处理。

（四）当两军相遇在战场上的时候，双方的指挥官依照他个人对敌情的判断和他想如何击败敌人的意图，都各自有他的特殊作战计划。而战斗就从这两方面之中发展出来。在历史上只有极少数的会战是完全依照一方面的计划而发展的。其理由通常不是胜利者在量和质两方面都占了绝对的优势，就是失败者完全无能，完全没有抵抗的能力。在开阔平坦的地区做现代化的机动战争，一场会战将不再是几日之内就可以解决的，双方对于主动权的争夺，可能在一个地区中拉锯达数星期之久。在这种环境之下，指挥官最主要的特长就是要了解他的对手，并且能够料想到对手的心理反应。高级指挥官对战斗中的心理问题，必须密切注意，他并且要学习利用这些有关心理问题的知识。

（五）在训练方面，必须极力避免每一个军种和每一个兵种走向过分专门化的趋势。在德国，空军和陆军经常在"斗法"之中。这种权力的斗争像在拆自己的台。一定要注意三军间和各兵种间的团结，千万不要让他们发生分裂和对立的现象。

# 非洲战役的回顾

除非在数量上有绝对的优势，而忽略一切有关部队勇气的问题，否则一个会战的胜利绝不是胜利者单方面计划的结果。决定胜负的不仅是胜利者的优点，失败者的错误更是一个重要的因素。这个规律可以应用在非洲战场上面：因为英国人在前线犯了很多错误，才使我们有可能胜利。以下就是英国第八军团失败理由的简述：

德国所有的装甲部队在战争以前就已经有很好的理论基础。这要感谢古德里安将军的努力。我们在装甲部队的训练和组织方面，都已经达到了可以实际运用的标准。而英国人却是保守成性，他们的负责当局对机械化战争的理论，几乎是拒绝接受——虽然最初研究这种理论的人是他们。在战争刚开始的时候，英国人在战事方面的发展始终不会超过步兵战车和轻型侦察战车的阶段。他们对机械化战争的训练也不注意。对运动的速度、弹性以及指挥官与部队之间的密切接触，他们都完全不讲究。不过只有侦察单位却是唯一的例外，他们的侦察单位要算是第一流的。

在英国本土曾经组成一个装甲师，在埃及另外组成了一个。不过一直到 1940 年 5 月间，德国发动攻势之后，才有一个师被送往法国。因为到达得太晚，对战局未能发生作用。结果使英国陆军在装甲化上的发展看起来似乎比真正的情况还要落后。

英军的指挥官固然很快就认清了他们自己的弱点，但是专靠摩托化，即令是再优良也还不足以转败为胜。英国军队的组织太笨重，军官和指挥官的再训练，也非短期可以完成。英国战车和战防炮的射程都太短，一直到 1942 年夏天才有所改善，最初步兵战车甚至连高爆炮弹都没有，而只有穿甲弹。我认为大多数的英国高级指挥官都有守旧的倾向。唯一显出来具有相当天才的人，就只有韦维尔。奥钦烈克是一个非常好的领袖，但是他对战术方面却完全听任部下行事。

这些人能力太差，常常中了我的诱敌计而胡乱发生反应。孔令汉和李特奇都不能算是军事专家，所以他们对英军的训练，也无法使其更现代化。此外，他们对兵力的运用也很少能合乎机动战争的要求。不过 7 月间在阿拉曼，奥钦烈克却居然发挥了主动精神，在这一次作战中证明他是智勇兼备的。每一次当我的德国摩托化部队准备要突破英军防线时，他立即向其他地方的意大利部队发动一个反攻，把他们击散。结果不是迫近到我们的补给地区，就是向南面造成突破的威胁。于是每一次我都不得不停止我自己的攻击，以救援受威胁的地区。

因为前任积有许多痛苦且可贵的经验，所以蒙哥马利就坐享其成了。同时，我方的补给情形越来越恶劣，而盟军的物资却大量地流入北非，所以蒙哥马利所拥有的物资优势，要比韦维尔和奥钦烈克都大得太多了。

蒙哥马利在拟订计划时，任何小细节都不会遗漏。他放弃一切书本理论，而完全以经验来当作指南针。他对防守和进攻都拟出了一套系统的方法。他的原则是绝不打没有制胜把握的仗。当然，这也有一个先决条件，就是他必须具有物资优势，事实上也正是如此。他非常谨慎，照我看，似乎有一点过度，不过他本来就不需要冒险。尤其是在他的后面有大人物的支持，供给他所有需要的物资。

毫无疑问，蒙哥马利应该算是一个战略家，而不是一个战术家。在一个机动的会战中，指挥一支兵力，对他而言并不算是非常在行。虽然事实上他对某些战术原理也应用得很不错，但在较高级战略计划方面，他应该可以有更伟大的成就。在诺曼底侵入战中，盟军就是由他所指挥的。我们很难有机会可以指控说，蒙哥马利曾经犯过一次严重的战略错误。

一般说来，通常英国的高级军官，在思想方面都偏重战略，而比较轻视战术。其结果使多数的军官在拟订作战计划时，都只注意到在战略上他们所希望获得的目的，而忽视了他们在战术上有无达到此种目的的能力。

　　从整个战局上看来，英国人不断调换他们的总司令，实在是一个很大的错误。结果是强迫新人要一再重复地学习前人所已经学过的痛苦教训。这些英军的指挥官都是很有能力的军官，只不过其中有一部分具有偏见——许多德国将军刚刚到非洲的时候也犯有同样的毛病——当他们碰了第一次钉子之后，便知道改变方针。可是英国当局却常常不等他们再有试验一次的机会，就先把他们撤换掉了。

　　最使人感到惊异的，却是美国人对于现代战争的适应速度实在是太快了，主要的原因是他们素来崇尚实用主义和物质主义，他们也一向不重视传统和无价值的理论。由于注重实用，而且善于争取主动，再加上他们的物质资源丰富，结果使美国在经济方面成为世界上的第一强国。就今天的世界局势而论，一个国家具有最古老的传统，或是人民具有最高度的牺牲精神，都没有什么用处。而真正最重要的却是钢铁和石油的产量。

　　在欧洲，有许多人浪费许多的精力在那些只能使他们自己感到自我满足而并无实利的事情上面。这种人在今天的生活中，已经很难有适应的能力了。假使把这种人放在军队的机构中，他们也是障碍，所以最好把他们清除掉。

　　柯林罗斯（Colin Ross，德国一位著名旅行作家）在他的《西半球》一书中，对美国人的性格曾经有过很彻底的分析和很恰当的描写。只有这种民族，在生存竞争中才具有控制世界的资格。今后的战争是以工业地区和研究实验室来当作战场的。

　　美国经济界的领袖人物和美国的参谋本部已经创造出了奇迹。美国陆军无论在组织、训练和装备等方面，都显出他们具有极大的想象力和远见。而更重要的是足以证明美国人民有采取一致行动，建立一个具有真正打击力量的战争机器的决心。在极短的时间内，他们凭空建立了一支强大的陆军，在装备、武器和组织等方面，都达到了独步世界的标准。虽然在某些装备的素质方面，我们可能居于领先的地位，但是美军的组织可以说是具有"普遍的平衡"，而装备兵器方面是在不断的发展中，这都是我们所望尘莫及的。

无论就战术或战略而言，诺曼底登陆都要算是一个一流的杰作。它证明美国人至少在技术方面具有足够的勇气，敢于使用许多在过去所不曾试用过的工具。欧洲旧派的将军们若是有这样大的兵力，当然也可以执行同样的侵入战，但是他们绝不会有这样精密的准备——无论在技术、组织和训练哪一方面都莫不如此。我素来很重视盟军的力量，可是他们的战争机器能如此复杂，而又能运用得这样顺利，也出乎我的意料。

在突尼斯，美军付出了相当大的代价才学到了一些经验，而这个经验对他们却有很大的贡献。即令在那个时候，美国将军在对部队作战术运用时也已显示出他们很高明的本领。不过一直等到我们看到巴顿军团在法国境内的成就，才知道他们在机动战方面也已经有如此惊人的成绩。凭良心说，美国人对非洲战争的经验，所获得的益处似乎要远比英国人为大，这也可以证明下述的公理是正确的：教育要比再教育容易。

我们在北非战役中所占有的最基本和最重要的优点，可能是当我们在1941年到非洲去的时候，我们的人员比较容易接受新的训练。我麾下的军官尤其是青年的指挥官和参谋人员，在思想方面都比较现代化，不像英国军官们那样受着保守主义的束缚。

从一开头，我们的努力目标就是要使我们的军队具有随机应变的能力，而且能够惯于高速的运动。若是军官们不具有足够的主动精神，使他们的部队勇往直前，或是过分拘守传统的观念，都会毫不客气地被免职，甚至被送回欧洲。对于低级的参谋人员，我并不注意他们的战略知识是否充足（实际上低级军官何必一定要懂得战略），最重要的却是他们对战术应该有很好的基础，有能力应付当前的许多战术问题。我也曾尽量设法使我和前方战斗部队之间保持着极密切的通信联络。我的结论是：最好的办法是把司令部设立在前线的附近，设有无线电装备，并用一支强大的卫队来加以保护。对于我的军官，我要求他们能够吃苦耐劳、身先士卒和以身作则，这样才能使军队产生一种优良的团队精神。在我指挥的德国部队当中，从来不曾发生过士气崩溃的现象，也从来不曾有人由于失望和疲倦的原因而向敌人投降。部队总能够自动保持良好的纪律，甚至是在最艰难的环境之下。

德意两国的最高统帅部使我们白白放弃了在北非获胜的机会。由于许多德意两国的兵力在突尼斯做了无谓的牺牲，结果使我们在意大利南部再也挡不住盟军的登陆。盟军在这一次试验成功之后，更增强了信心，使他们敢于冒险在法国登陆。全凭着我们部队的英勇奋战，以及凯塞林和魏斯特伐两人的卓越领导，才使意大利的战线没有立即崩溃。但是突尼斯的悲剧却使墨索里尼的威望一落千丈，而更使他那个重建"罗马帝国"的幻梦也跟着消失了。

虽然盟军在意大利的山地中已经被阻住了。可是不久以后，就在诺曼底发动了更强大的登陆，用他们的炮兵、战车和空军，把我的部队打得粉碎。

我们不可能有力量同时担负三条战线的作战。苏军在东线方面已经突破了我们的防线，击毁了我们好多个师的兵力，并且逐渐往西逼迫。现在我们在极大困难之中，用尽了手头的最后预备兵力，才算是勉强在东西两方面各自拼凑起一道新的防线。所以，在德国上方的天空，已经变得非常黑暗了。